本教材获上海外国语大学教材基金资助

高等院校经济学管理学系列教材

财务报表
分析与估值

张美霞　仓勇涛　编著

北京大学出版社
PEKING UNIVERSITY PRESS

图书在版编目(CIP)数据

财务报表分析与估值/张美霞,仓勇涛编著. —北京:北京大学出版社,2021.8
高等院校经济学管理学系列教材
ISBN 978-7-301-32363-2

Ⅰ. ①财⋯　Ⅱ. ①张⋯ ②仓⋯　Ⅲ. ①会计报表—会计分析—高等学校—教材
Ⅳ. ①F231.5

中国版本图书馆 CIP 数据核字(2021)第 154719 号

书　　　　名	财务报表分析与估值	
	CAIWU BAOBIAO FENXI YU GUZHI	
著作责任者	张美霞　仓勇涛　编著	
责 任 编 辑	吕　正	
标 准 书 号	ISBN 978-7-301-32363-2	
出 版 发 行	北京大学出版社	
地　　　　址	北京市海淀区成府路 205 号　　100871	
网　　　　址	http://www.pup.cn　　新浪微博:@北京大学出版社	
电 子 信 箱	sdyy_2005@126.com	
电　　　　话	邮购部 010-62752015　发行部 010-62750672　编辑部 021-62071998	
印 刷 者	北京市科星印刷有限责任公司	
经 销 者	新华书店	
	787 毫米×1092 毫米　16 开本　24.5 印张　537 千字	
	2021 年 8 月第 1 版　2021 年 8 月第 1 次印刷	
定　　　　价	68.00 元	

前　　言

财务报表是企业对外披露信息的重要方式，阅读和分析财务报表是认识和了解一家企业商务活动和经营业绩的有效途径，也是从事会计、审计、管理、投资和商务活动的专业人士的必备技能。用于教学和学习的财务报表分析教材种类繁多，从不同的视角和运用不同的逻辑对企业财务报表进行解读，体现了不同编著者的思考和感悟。我们在编写本书的过程中，阅读和参考了大量的教材、著作和论文，深受启迪。

本书侧重于从经营战略和竞争优势、会计政策选择和会计估计判断的视角解读企业的财务报表。众所周知，财务报表是企业经营活动的最好表述，且受到企业经营战略和会计策略的共同影响，而经营战略和会计策略具有持续性，因此，对于财务报表信息进行分析是预测企业未来经营业绩和发展潜力的最有效方式。Palepu、Healy 和 Bernard 教授认为，有效的财务报表分析应包括经营战略分析、会计分析、财务分析和前景分析四个步骤。本教材借鉴和参考了这种观点。但我们同时强调行业比较和商业模式的重要性，以及管理层会计判断对财务报表信息质量的影响，并主要从股东投资和估值的角度进行财务报表的阅读和分析。对于财务比率的学习，也将关注点置于理解和运用方面，而非计算技术本身。据此，本教材共分为五个部分：财务报表分析概述、经营和战略分析、会计分析、财务分析、前景分析。但在教学和学习中，会计分析和财务分析部分可以结合进行，经营和战略分析实际上是贯穿始终的。

本书的适用读者，包括学习和从事会计、审计、金融、投资以及工商管理的高年级本科生、硕士研究生和商务人士。我们期望本书对于使用者具有一定的帮助和启发。具备一定的会计和相关专业的知识和经验不是必需要求，但确实有助于提高学习的效率。

书中所使用的案例和每章的案例分析题，大多是我国上市公司的真实案例，个别案例隐去了实名。案例数据主要取自上市公司的公开财务报告或其他信息披露。采用实例的目的主要是为了更好地解释教材的内容和增强学习效果，并不构成投资建议。本教材也没有涉及金融性企业的财务报表分析。

本教材编写的初衷，主要是想把教学实践中遇到的问题、积累的经验、反思和感悟等与学习者分享，同时提供一些适用的教学资料。在写作过程中，思路不断被修正和自我否定，最终成稿，却倍觉惶然不安。也因遇到各种问题一再推迟交稿，幸得吕正编辑的耐心等待和谅解，并在书稿修订过程中付出了巨大努力，无比感激！

本书的写作安排如下：第1—2章、第5—11章由张美霞（上海外国语大学）编写，第3—4章由张美霞和李煦平（滑铁卢大学）编写，第12—13章由仓勇涛（上海外国语大学）编写。

教材多有疏漏之处，敬请读者不吝赐教。

张美霞　仓勇涛

2021 年 7 月 20 日

目录
CONTENTS

第三部分 会计分析

第四部分 财务分析

第五部分　前景分析

第一部分

财务报表分析概述

[主要内容]

    财务报表分析的目的

    上市公司的信息披露体系与信息环境

    财务报表体系及其逻辑关系

    财务报表分析框架与基本技术

[学习提示]

    财务报表分析的目的是了解企业经营业务并更好地作出经济决策。

    阅读年度报告是合理且高效的财务报表分析方法。

    非财务信息与财务信息对于财务报表分析同等重要。

    财务报表分析包括经营分析、会计分析、财务分析和前景分析。

    财务报表分析的基本技术是比较分析法和比率分析法。

第 1 章

财务报表分析的目的

1. 了解财务报表分析的目的和主体
2. 了解上市公司的信息披露规范和体系
3. 掌握年度报告的结构和内容
4. 了解信息披露环境对公司信息披露的影响

第 1 节　财务报表分析的目的

一、财务报表分析的目的

（一）财务报表的目的

财务报表分析的目的与企业财务报告的目标是一致的。国际会计准则理事会（International Accounting Standards Board，以下简称 IASB）在其《财务报告概念框架》中认为："通用财务报告的目标是提供关于报告主体的、有助于现有的和潜在的投资者、贷款人及其他债权人作出关于向主体提供资源的决策的财务信息。这些决策包括买卖或持有权益工具和债务工具，以及提供或清偿贷款及其他形式的信贷。……关于管理层职责履行的信息，对拥有投票权或可以通过其他方式影响管理层行动的现有和潜在的投资者、贷款人及其他债权人来说同样有用。"我国现行的《企业会计准则——基本准则》将财务报告的目标定为"向财务会计信息使用者提供与企业财务状况、经营成果和现金流量等有关的信息，反映企业管理层受托责任履行情况，帮助财务会计报告使用者作出经济决策"。也就是说，会计准则制定机构明确认为财务会计信息应兼具反映管理层受托责任和决策有用性两个基本目的。

财务报表是解决企业信息不对称问题的有效机制之一。信息不对称是现代企业制度下由于财产所有权与控制权分离而产生的管理层与股东和债权人等资本提供者之间的信息不对称现象，即管理层拥有关于企业和自身的私有信息，而财务资源提供者却无法观察和知晓，因而难以进行经济评价和有效监管，从而导致各种代理问题。财务会计运用专门的方法和程序，对企业的交易和事项进行分类、记录、计量和汇总，将纷繁复杂的商务语言转化为类别清晰的会计语言，最后汇总编制成格式简明又易懂的财务报表，提供给企业的股东、债权人等利益相关者，使其了解企业经济活动的过程和结果，在一定程度上降低了外部投资者和债权人等利益相关者与管理层之间的信息不对称程度。人们把财务会计信息比喻为企业经营活动的快照（snapshot）和录像（video），这生动地描述了从经营活动到财务报表等会计信息的产生过程。因此，财务会计信息是企业经营活动的反映，是公司治理机制的组成部分。对企业的财务报表进行阅读和分析是对该企业经营活动和发展前景进行全面了解的有效途径。

财务报表所提供的关于企业经营状况和财务业绩的信息，除了反映企业管理层受托保管和使用财务资源的责任及资源使用的效果外，还有助于外部投资者和债权人等评价企业未来现金流量的金额、时间和不确定性，并进行投资估值。从整个资本市场来看，财务会计信息还具有优化资源配置的功能，具有经济后果。

（二）财务报表分析的目的

财务报表的目标并非旨在反映一个报表主体的价值，而是提供信息以作为信息使用者进行决策和估值的基础。[①] 财务报表提供的是原始信息，财务报表使用者通常根据自己的目的，运用一定的方法和逻辑对财务报表数据进行进一步加工、分析和比较，以获得所需信息并作出决策。

一般情况下，对通用财务报表进行的数据分析和指标计算，有助于评价报表主体的流动性和财务风险、盈利能力、营运能力和发展能力，对未来的现金流量进行预测，以满足业绩评价、信贷评估、财务预警等不同的信息需求。通过阅读和分析财务报表，还能够了解企业的经营战略方向和竞争优势、经营风险和发展前景，以作为投资决策或信贷决策的基础。因此，财务报表分析的目的是企业财务报表目标的合理延伸，对财务报表进行分析的过程，即是通过财务数据还原企业经营活动、了解企业经营活动的过程。

二、财务报表分析者的构成

财务报表信息的使用者和分析者一般是指企业的利益相关者，主要包括外部的投资者和债权人等财务资源提供者，还包括政府、监管机构、税务当局、财务分析师、审计师、资信评估机构、客户、供应商、社会公众，以及企业管理层、员工、工会组织等。不同的利益相关者关注的财务信息内容有所不同，如投资者关注公司的盈利与风险，债权人关注公司的信用与流动性，审计师注重会计信息的合法与公允，监管机构关注公司信息披露的规范性与合法性，管理层关注公司的运营效率及信息披露的市场反应，供应商和客户关心与企业商业合作关系的持续性等。一般认为，按照公认会计原则编制的通用目的财务报表，综合反映了报告主体的财务状况、经营成果和现金流量，能在一定程度上满足不同财务报告使用者的信息需求。在资本市场中，投资

---

① 国际会计准则理事会. 国际财务报告准则（2015）.

者、债权人和财务分析师是对财务信息需求最多的群体①，也是财务报表分析课程推定的学习对象。

（1）投资者。我们这里所指的投资者是指企业的股东权益（或称所有者权益）资本提供者，包括现实的投资者和潜在的投资者，可以是自然人，也可以是机构。由于股东权益是剩余权益，股东承担了企业的剩余风险，难以量化且无法预期，因而股东更关注企业的长期盈利能力、成长能力、现金流量和财务风险，也更愿意付出努力去获取信息和分析信息，以降低投资的不确定性。权益资本投资者所作的分析通常是最综合的，基本包含了其他财务报表使用者对财务报表分析的要求。这也是我们习惯从投资者和投资决策的角度学习财务报表分析的原因。

事实上，不同的投资者获取和分析信息的能力与动力存在较大差异。一般而言，控股股东或者大股东拥有接触公司和获取额外信息的机会；由于对财务报表的阅读和分析需要一定的专业知识和技能，并需付出大量的时间和成本，只有机构投资者和少数个人投资者更有意愿和能力去挖掘信息和分析信息，因而，他们是分析财务报表的主要群体。

（2）债权人。对企业提供贷款的商业银行或其他金融机构，也是财务报表的积极使用者。商业银行在贷款决策前需要对借款企业进行信用分析，评估借款企业的偿债能力和借款项目的盈利能力。如果财务报表分析的结果显示借款企业的资产不足以抵偿债务，或者债务资本比率高于行业平均值，或者投资项目的回报低于贷款利息，贷款将存在较高风险。为了保证资金的安全性，银行还可能将某些财务比率作为贷款的约束性条件。除了从银行贷款外，企业还会通过公开发行债券或融资租赁等方式进行融资，现实的和潜在的债券投资者同样会关注债券估值和分析企业的偿债能力。

（3）财务分析师。在资本市场中，财务分析师是非常重要的财务报表使用者。财务分析师分为卖方分析师（sell-side analyst）和买方分析师（buy-side analyst）。卖方分析师一般隶属于投资银行，主要是对证券发行方进行分析，以更好地推介投资银行所承销的证券；买方分析师一般隶属于证券投资基金和产业基金等机构投资者，需要为本机构的投资提供信息；独立财务分析师则为各类投资者和投资机构等提供分析报告。财务分析师一般具有较强的收集信息和分析信息的能力，除了财务报表，还会对企业的行业环境、产品市场、公司治理、宏观经济环境、经济政策等进行全面研究，实地调研也是财务分析师获取信息的一种常用方式。

---

① 管理层需要了解本企业的经营状况以更好地作出管理决策，同样关注报告主体的财务信息，但管理层并不依赖通用目的财务报告，因为他们拥有内部信息，且是向其他信息需求者提供信息的主体。政府部门和监管机构可以利用其所拥有的行政权或监管权要求企业直接提供其所需要的信息。相比之下，投资者和债权人（贷款银行除外）多数情况下无法要求企业单独向其提供信息，必须依赖企业提供的通用目的财务报告，因而是财务报表的主要使用者和分析者。与管理层相比，这些信息使用者在财务分析中还需要对信息的虚实和真假进行判断，对管理层会计选择的动机进行推测。此外，学术研究者也是会计信息的主要使用群体，研究人员主要是通过各种数据库提取数据并进行统计分析。财务报表通常也是会计、金融和投资等专业教学和学习所使用的主要资料。

三、财务报表分析的信息来源

为了作出合理的判断和决策，信息需求者不仅需要对财务报表进行分析，还需要从各种渠道获取非财务信息及环境信息。财务报表分析所使用的信息来源包括：

(1) 企业的定期财务报告（年度报告、半年度报告和季度报告）及各种临时公告；

(2) 企业管理层薪酬和激励计划，以及预算和经营业务统计资料等；

(3) 注册会计师的财务报表审计报告；

(4) 行业环境信息，包括行业政策、业务模式、成长性和可比企业数据等；

(5) 宏观经济数据、经济政策和监管政策；

(6) 财务分析师和投资机构的研究和分析报告；

(7) 监管机构的统计数据和分析报告；

(8) 专业数据库的统计数据；

(9) 媒体和互联网的报道；

(10) 实地调研信息，等等。

这些信息来源既包括内部信息也包括外部信息。其中，财务报告不仅提供了财务信息，也包含了行业信息和政策信息等大量非财务信息。尤其是上市公司的定期财务报告，遵循了公认会计原则，且经过外部审计师的鉴证，又是公开披露的信息，任何人都可很容易地获得。因此，对于所有的信息需求者，财务报告都是最基本也是最重要的财务分析依据。环境和行业等外部信息则提供了财务分析的比较基准或旁证数据，有助于更好地解读企业的财务报表。

总之，财务报表分析就是在阅读并理解财务报告的基础上，对财务报表数据进行加工并综合各种信息进行解读的过程。通过财务报表分析，能够了解企业的经营业务和核心竞争力，为投资和信贷等经济决策提供支持。

第2节　上市公司的信息披露体系

一、信息披露的类型

信息披露是指报告主体以定期报告和临时报告等形式，将报告主体的经营状况、财务业绩、重大事项等相关信息，向投资者和社会公众公开的行为。

上市公司的信息披露包括强制性披露和自愿性披露两种情形。强制性信息披露是指上市公司按照相关法律和法规的要求，遵照司法管制主体、公共管制机构、自律性管制主体等制定的披露规范进行的信息披露，信息披露的时间、内容、方式和程序都是统一规定的。自愿性信息披露是上市公司自愿和自发地提供某些信息的行为，如管理者对公司长期战略及竞争优势的说明、环境保护和社区责任、慈善捐赠、盈利预测等。上市公司可能会基于提升公司形象、改善投资者关系、回避诉讼风险、预期调整等动机主动对公众披露某些信息，自愿披露是管理层传递信息的积极方式，是一种重要的信息来源。

财务报表使用者在对上市公司进行分析时，应关注其是否遵循强制性信息披露规范，以及自愿性信息披露的内容和动机。

二、信息披露的规范

（一）信息披露的规范体系

在我国，与上市公司强制性信息披露相关的法律和规范主要包括四个层次：

第一个层次是法律，主要是指全国人民代表大会及其常务委员会制定的《中华人民共和国证券法》（以下简称《证券法》）、《中华人民共和国会计法》、《中华人民共和国公司法》、《中华人民共和国刑法》等。如《证券法》中规定："信息披露义务人披露的信息，应当真实、准确、完整，简明清晰，通俗易懂，不得有虚假记载、误导性陈述或者重大遗漏。"① 同时规定了年度报告和中期报告的披露时间、需要临时公告的重大事项等。

第二个层次是行政法规，主要是指国务院制定的《企业财务会计报告条例》和《总会计师条例》等。

第三个层次是部门规章和规范性文件，主要包括两部分：一是中国证监会制定的《上市公司信息披露管理办法》、公开发行证券的公司信息披露内容与格式准则、公开发行证券的公司信息披露编报规则、解释性公告等②；二是财政部制定的会计准则，包括基本准则、具体准则和应用指南、解释等。

第四个层次是业务规则，主要是指上海证券交易所和深圳证券交易所制定的《股票上市规则》、各种信息披露指引和规范运行指引等。

上述规范体系中，中国证监会和证券交易所通常对上市公司的所有信息披露进行规范，不限于财务会计信息；会计准则主要是规范财务会计信息的形成和披露，包括经济交易和事项的会计确认和计量、以及财务报表的编制。

---

① 2014 年修订的《证券法》第三章第三节"持续信息公开"中要求，"发行人、上市公司依法披露的信息，必须真实、准确、完整，不得有虚假记载、误导性陈述或者重大遗漏"。2019 年修订的《证券法》专设一章用于规范信息披露制度（第五章信息披露），对信息披露的要求也进行了修改，规定："信息披露义务人披露的信息，应当真实、准确、完整，简明清晰，通俗易懂，不得有虚假记载、误导性陈述或者重大遗漏。"（第 78 条）按照最高人民法院的界定，虚假记载是指信息披露义务人在披露信息时，将不存在的事实在信息披露文件中予以记载的行为；误导性陈述是指虚假陈述行为人在信息披露文件中或者通过媒体，作出使投资人对其投资行为发生错误判断并产生重大影响的陈述；重大遗漏是指信息披露义务人在信息披露文件中，未将应当记载的事项完全或者部分予以记载。

② 中国证监会发布的上市公司信息披露规范，如《公开发行证券的公司信息披露内容与格式准则第 2 号——年度报告的内容与格式》《公开发行证券的公司信息披露编报规则第 15 号——财务报告的一般规定》《公开发行证券的公司信息披露内容与格式准则第 3 号——半年度报告的内容与格式》《公开发行证券的公司信息披露内容与格式准则第 13 号——季度报告的内容与格式》等。

（二）企业会计准则

企业会计准则是财务会计信息生成和列报的基本依据，规范了会计要素确认、计量、报告的原则和技术性标准等。了解企业会计准则是阅读和分析财务报表的基础。目前，IASB 致力于制定全球范围内通用的国际财务报告准则，并被许多国家或地区采用。我国现行的企业会计准则也是按照与国际财务报告准则保持实质性趋同的原则制定的，且先后实现了与香港财务报告准则和欧盟会计准则的等效。

我国现有会计准则包括企业会计准则和小企业会计准则两套体系。

企业会计准则适用于上市公司和大中型企业。我国从 1992 年 11 月份开始发布《企业会计准则——基本准则》。现行企业会计准则体系是财政部于 2006 年 2 月 15 日发布的，于 2007 年开始实施，最初包括 1 项基本准则、38 项具体准则和配套的应用指南。之后，随着国际财务报告准则的制定和修订不断地进行修订和补充。截至 2019 年 12 月 31 日，已经形成包含 1 项基本会计准则、42 项具体会计准则及其应用指南、13 项会计准则解释的会计准则体系。财政部还通过企业会计准则讲解、解读、实务问答和应用案例的形式对企业会计准则进行解释和说明。

企业会计准则各组成部分的基本内容如下：

（1）基本准则。企业基本准则规范了财务报告目标、会计基本假设、会计信息质量要求、会计要素的定义及其确认、计量和报告原则等基本问题。基本准则指导具体准则的制定，并为会计准则中尚未规范的实务问题提供会计处理原则。

（2）具体准则。具体准则主要规范企业发生的交易或事项的会计处理，包括资产、负债、所有者权益、收入、费用和利润的确认、计量和报告规则。其中的《企业会计准则第 30 号——财务报表列报》和第 31—37 号具体准则规范了财务报表编制和列报的具体方法。

（3）应用指南。应用指南是对具体准则相关条款的细化和对有关重点难点问题提供的操作性规定，包括会计科目和主要财务处理等。

（4）解释。解释是对具体准则实施过程中出现的问题、具体准则条款规定不清楚或者尚未规定的问题作出的补充说明。

《小企业会计准则》（财会〔2011〕17 号）是财政部于 2011 年 10 月 18 日发布的，于 2013 年 1 月 1 日起实施，主要是为了规范小企业的会计确认、计量和报告行为，适用范围主要包括我国境内依法设立的、符合《中小企业划型标准规定》的非上市和非金融类小型企业。

三、上市公司的信息披露体系

（一）上市公司的信息披露体系

根据上述信息披露的法律和规范，在上海证券交易所和深圳证券交易所上市的公司，其信息披露主要由三个部分组成：

第一部分，入市信息披露，主要包括股份初始发行和上市时披露的招股说明书和上市公告书。招股说明书和上市公告书中需至少包含企业近三年经过审计的财务会计报告。

第二部分，上市之后的持续性定期信息披露，包括年度报告、半年度报告和季度报告。年度财务报表必须经过外部注册会计师的审计，并出具审计报告。此外，上市公司还可能会披露内部控制评价报告、内部控制审计报告和其他要求的信息。

第三部分，临时公告，即上市公司对发生的可能对股票交易价格产生较大影响的投资者尚未得知的重大事件，除立即向证券监管部门和证券交易所报送临时报告外，还需立即公告。这些重大事件包括重大投资行为、重大资产处置、异常交易、重大损失、订立重要合同、公司涉嫌犯罪被司法机关立案调查、获得大额政府补贴、公司董事变动、持股 5％ 以上的股东或实际控制人的持有股份或控制公司的情况发生的较大变化等。

上市公司的信息披露体系如图 1-1 所示。

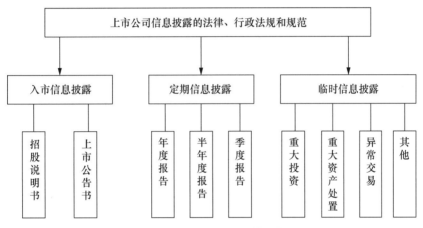

图 1-1　上市公司的信息披露体系

（二）上市公司的信息披露渠道

境内上市公司的信息披露渠道主要是中国证监会指定的报刊和网站，包括《中国证券报》《上海证券报》《证券日报》《证券时报》《证券市场周刊》，以及上海证券交易所网站（www.sse.com.cn）、深圳证券交易所网站（www.szse.cn）、巨潮资讯网（www.cninfo.com.cn）等。上市公司也可同时在本公司官方网站披露相关信息。境外上市公司需按海外上市地证券交易所指定的方式进行信息披露。

四、年度报告的结构及内容

（一）年度报告的整体结构

年度报告是上市公司披露信息的重要方式。与中期报告相比，年度报告的内容和格式最全面也最完整。年度报告中不仅包含公司年末的财务状况和过去一年的经营业绩等会计信息，还包含经营业务、重大事项、股本结构、公司治理等非财务信息，尤其是管理层对公司过去一年经营活动的分析总结和对未来发展前景的展望，对财务报表使用者了解上市公司的业务活动、竞争优势、发展战略和经营风险，以及评价管理层责任和预测未来发展趋势具有重要的价值，是投资估值的基础。正因如此，年度报告对企业管理层同样非常重要。年度报告也是管理层运用会计估计和判断最多的信息披露形式，受到管理层内在动机的直接影响。

财务报表是年度报告的主要组成部分。财务报表使用者在分析财务报表之前，首先要熟悉年度报告的整体结构，对企业的业务概况、经营情况、主要财务数据等进行基本的了解。按照中国证监会发布的《公开发行证券的公司信息披露内容与格式准则第 2 号——年度报告的内容与格式》，上市公司的年度报告通常由 12 个部分构成，其中的第 1 部分至第 10 部分包含大量的非财务信息，是正确理解财务报表信息的基础，财务报表使用者需要仔细阅读并利用其中包含的信息。

上市公司年度报告的具体结构如下：

（1）重要提示、目录和释义；

（2）公司简介和主要财务指标；

（3）公司业务概要；

（4）经营情况讨论与分析；

（5）重要事项；

（6）股份变动及股东情况；

（7）优先股相关情况；

（8）董事、监事、高级管理人员和员工情况；

（9）公司治理；

（10）公司债券相关情况；

（11）财务报告；

（12）备查文件记录。

（二）年度报告的具体内容

1. 重要提示、目录和释义

"目录"是财务报告的大纲，有时具有链接功能。"释义"是对财务报告中特定术语的解释。"重要提示"通常简明扼要地提示一些基本但非常重要的信息，如对财务报表的审计意见、利润分配预案、关联方非经营性占用资金和违规担保、对公司生产经营产生实质性影响的特别重大风险等。关联方非经营性占用资金和违规担保是潜在的财务风险。

如果注册会计师出具了非无保留审计意见，在分析财务报表之前，应首先了解非无保留审计意见的原因，对企业的财务状况和经营业绩作出初步判断，对财务报表信息的质量和可信赖程度进行初步评价。

2. 公司简介和主要财务指标

"公司简介"部分主要是介绍公司的股票上市地点、股票代码、联系方式等基本信息。"主要财务指标"部分列报了公司近三年的主要财务数据和主要财务指标、报告年度的分季度财务数据、非经常性损益的项目和金额、采用公允价值计量的项目的金额及其对当期利润的影响、境内外会计准则下的会计数据差异等。其中，"主要财务数据"主要包括近三年的营业收入、归属于上市公司股东的净利润、归属于上市公司股东的扣除非经常性损益后的净利润、经营活动产生的现金流量净额、归属于上市公司的净资产和总资产；"主要财务指标"包括近三年的基本每股收益、稀释每股收益、扣除非经常性损益前和后的加权平均净资产收益率等。根据这些数据，可以获得对公司近三年的经营状况和经营规模、盈利能力和盈利质量等状况及其变化趋势的总体了解。因此，在分析财务报表之前，建议首先对该部分内容进行仔细阅读。

[例]　上海复星医药（集团）股份有限公司（简称"复星医药"）是一家医药制造企业，在上海证券交易所（A 股股票代码：600196）和香港联交所（H 股股票代码：02196）同时上市。其 2019 年年度报告中的"公司简介和主要财务指标"部分披露的主要财务数据如下。（为了便于阅读，我们将金额单位修改为"万元"）

（1）复星医药近三年主要财务数据如表 1-1 所示。

表 1-1　复星医药近三年主要财务数据

项目	2019 年	2018 年	本年比上年同期增减	2017 年
营业收入(万元)	2,858,515	2,491,827	14.72%	1,853,356
归属于上市公司股东的净利润(万元)	332,162	270,792	22.66%	312,450
归属于上市公司股东的扣除非经常性损益的净利润(万元)	223,396	208,979	6.90%	234,591
经营活动产生的现金流量净额(万元)	322,241	295,011	9.23%	258,023
归属于上市公司股东的净资产(万元)	3,188,807	2,797,774	13.98%	2,532,687
资产总额(万元)	7,611,965	7,055,136	7.89%	6,197,101

（2）复星医药近三年主要财务指标如表 1-2 所示。

表 1-2　复星医药近三年主要财务指标

项目	2019 年	2018 年	本年比上年同期增减	2017 年
基本每股收益(元/股)	1.30	1.07	21.50%	1.27
稀释每股收益(元/股)	1.30	1.07	21.50%	1.27
扣除非经常性损益后的基本每股收益(元/股)	0.87	0.83	4.82%	0.95
加权平均净资产收益率	11.55%	10.26%	1.29%	13.02%
扣除非经常性损益后的加权平均净资产收益率	7.77%	7.92%	(0.15%)	9.77%

注：( )内为负数。

（3）复星医药境内外会计准则下会计数据的差异如表 1-3 所示。

表1-3　复星医药境内外会计准则下会计数据的差异　　　　（单位:万元）

项目	归属于上市公司股东的净利润		归属于上市公司股东的净资产	
	本期数	上期数	期末数	期初数
按中国会计准则	332,162	270,792	3,188,807	2,797,774
股权分置流通权			(5,689)	(5,689)
按香港财务报告准则	332,162	270,792	3,188,118	2,792,085

注:( )内为负数。

（4）复星医药分季度主要财务指标如表1-4所示。

表1-4　复星医药分季度主要财务指标　　　　（单位:万元）

项目	第一季度	第二季度	第三季度	第四季度
营业收入	673,001	744,275	705,485	735,753
归属于上市公司股东的净利润	71,229	80,383	54,758	125,791
归属于上市公司股东的扣除非经常性损益的净利润	52,956	63,804	55,478	51,157
经营活动产生的现金流量净额	40,819	104,200	87,817	89,406

（5）复星医药非经常性损益项目及其金额如表1-5所示。

表1-5　复星医药非经常性损益明细表　　　　（单位:万元）

项目	2019 年	2018 年	2017 年
非流动资产处置损益	170,922	39,218	38,666
计入当期损益的政府补助(与公司正常经营业务密切相关,符合国家政策规定、按照一定标准定额或定量持续享受的政府补助除外)	13,786	11,351	5,415
持有交易性金融资产、交易性金融负债的公允价值变动损益和处置交易性金融资产、交易性金融负债和可供出售金融资产取得的投资收益	(27,735)	27,215	61,935
除上述各项之外的其他营业外收入和支出	3,009	4,406	(1,670)
其他符合非经常性损益定义的损益项目	(7,195)		(1,871)
少数股东权益影响额	(5,246)	(3,365)	(1,715)
所得税影响额	(38,775)	(17,012)	(22,901)
合计	108,766	61,813	77,859

注:( )内为负数。

（6）复星医药采用公允价值计量的项目如表1-6所示。

表1-6　复星医药采用公允价值计量的项目　　　　（单位:万元）

项目名称	期初余额	期末余额	当期变动	对当期利润的影响金额
交易性金融资产	61,612	45,665	(15,947)	(2,471)
其他非流动性金融资产	250,581	198,315	(52,265)	(31,873)

（续表）

项目名称	期初余额	期末余额	当期变动	对当期利润的影响金额
其他权益工具投资	12,631	10,771	(1,860)	
其他流动负债		972	(972)	(972)
合计	324,824	255,723	(71,045)	(35,316)

注：（　）内为负数。

根据上述内容，我们可以了解到以下信息：

其一，公司近三年的营业收入稳定增长，报告期内四个季度的营业收入比较均衡，没有很强的季节性波动。有些企业的业务具有明显的季节性，收入和现金流可能会集中在某个季度。除季节性因素外，如果企业的收入、利润或现金流集中在第四季度，应关注具体原因，是否存在提前确认收入或非流动资产处置、债务重组等事项。需要注意的是，如果一家公司的营业收入的年度和季度增长曲线过于稳定甚至接近完美，一般不可轻易得出乐观的结论。有些企业如软件开发和定制、建筑服务、咨询服务等的收入确认过程包含大量的管理层估计和判断，财务报表使用者应关注公司收入确认的会计政策。

其二，复星医药 2019 年的净利润比上年增长 22.66%，但扣除非经常性损益后，净利润增长率为 6.9%。非经常性损益（10.88 亿元）贡献了约 33% 的净利润（33.22 亿元）。根据非经常性损益明细表，处置非流动资产损益、政府补助、公允价值变动损益和投资收益是影响近三年企业业绩的主要项目。另外，第四季度的净利润约 12.6 亿元，占全年净利润的 38%，比第三季度增长 130%。进一步查阅年度报告后发现，第四季度发生非流动资产处置损益约 17.09 亿元，主要原因是复星医药两家附属公司香港实业和平耀投资分别出售了所持有的两家联营公司的股权，以及收到政府补助约 1.38 亿元。

其三，经营活动现金流量净额与净利润比较匹配，近三年的利润现金含量分别为 0.83、1.09 和 0.97，盈利质量较高。

其四，由于该公司在上海和香港地区两地同时上市，需要按照中国会计准则和香港财务报告准则分别编制两套财务报表，两份财务报告的净利润和净资产基本一致。

另外，总资产比上年增长 7.89%。根据"公司业务概要"部分的解释，报告年度公司的流动资产增长了 13.34%，非流动资产增长了 6.03%，具体原因包括销售收入增长贡献的经营性现金流及相应的应收账款和存货的增长、子公司复宏汉霖 H 股募集资金增加的货币资金等。

3. 公司业务概要

公司业务概要部分通常披露下列内容：公司的主要业务、经营模式和行业情况；报告期内主要资产的重大变化及其原因；核心竞争力。但各公司披露的详细程度存在较大差异，有些企业会详细披露影响企业运营的主要行业政策、业绩驱动因素、公司客户所处行业的状况等。

通过该部分内容，可以获得对企业的业务范围、经营模式和盈利模式、行业状况的基本了解，对企业在行业中的竞争地位和核心竞争优势作出初步判断。例如，从该部分我们了解到，复星医药的主要业务有三大模块：药品制造与研发、医疗器械与医学诊断、医疗服务，其中的药品制造与研发是公司的核心业务。

4. 经营情况讨论与分析

经营情况讨论与分析，或称管理层讨论与分析（management discussion and analysis，以下简称 MD&A），主要是公司管理层对报告期内主要经营情况的回顾与分析，以及对未来发展的展望。该部分主要是从业务层面解释财务数据变动的原因及其反映的可能趋势，既包括历史信息、财务信息和定量信息，也包括前瞻性信息、非财务信息和定性信息。

一般认为，MD&A 提供了基于公认会计准则产生的表内信息及报表附注无法提供的信息，满足了投资者对信息相关性和前瞻性更高的要求，因而是上市公司对外披露信息当中最具价值的部分（李锋森和李长青，2012）。管理层的经营讨论与分析在某种程度上降低了管理层与外部财务报表使用者之间的信息不对称，提高了信息透明度，有助于外部投资者了解公司的经营现状和未来规划。在进行财务报表分析时，财务报表使用者应仔细阅读该部分内容，并可直接利用管理层在该部分的数据分析。

〔例〕以下是复星医药 2019 年年度报告中"经营讨论与分析"部分的大纲：

一、经营情况讨论与分析

（一）经营概览

二、报告期内的主要经营情况

（一）主营业务分析

（二）非经营业务导致利润重大变化的说明

（三）资产、负债情况分析

（四）行业经营性信息分析

（五）投资状况分析

三、关于本集团未来发展的讨论与分析

（一）行业格局和趋势

（二）发展战略

（三）经营计划

（四）因维持当前业务并完成在建投资项目所需的资金需求

（五）可能面对的风险

四、公司因不适用准则规定或国家秘密、商业秘密等特殊原因，未按准则披露的情况和原因说明

从"经营情况讨论和分析"部分，我们可获得下列主要信息：

（1）报告期内的经营概况。主要是对报告期内的营业收入、现金净流入等的金额

和增减变动进行的文字描述。

（2）对报告期内主要经营业务的分析。该部分主要是以表格和叙述的形式，对企业报告期末的财务状况和过去一个年度的经营业绩及其变化进行的回顾和分析。这些分析包括资产负债表、利润表和现金流量表中的主要项目的金额及其变动的信息，以及财务报表中没有列示的信息。如分行业、分产品、分地区的收入、成本、毛利及其变动情况；产销量情况分析；产品或业务的成本构成分析；主要销售客户及主要供应商的交易金额和比例；期间费用和所得税费用的金额和变动；研发投入情况；现金流的金额及变动；资产和负债的余额、变动及其解释；重大股权投资、非股权投资和以公允价值计量的金融资产等投资情况；重大资产和股权出售情况，包括资产性质、交易对手、定价原则、交易金额、对本期利润的贡献等。

这些数据分析可以作为对公司市场前景和盈利潜力进行预测的基础。财务报表使用者可以直接使用这些分析结果，以节约信息搜寻和分析的时间。例如，根据主营业务收入的行业构成、地区构成、产品构成情况表，能够了解企业的业务结构、主要市场和利润的主要来源；根据产销量情况分析表所列报的主要产品报告期生产量、销售量、期末库存量及比上年的增减变动比例，可以了解企业产品市场的变化趋势。通常情况下，如果产、销、存同增，或产、销、存基本不变但收入增加，一般表示产品市场前景较好；如果产、销下降但库存增加，或产、销、存基本不变但收入降低，一般表示市场萎缩或产品竞争激烈；如果销售不变但生产和库存增加，毛利率可能会提高。

以研发投入为例，研发投入的规模和持续变动是评价企业未来的创新能力和竞争力的重要指标。研发投入的大部分主要信息是在"经营讨论与分析"部分披露的，包括研发投入的总额、会计处理方法、研发投入占营业收入的比例、研发投入变化的解释说明等。我们可以通过复星医药 2019 年年报中披露的研发投入信息来了解经营讨论与分析的重要性。

[例] 第四节　经营情况讨论与分析

······

二、报告期内主要经营情况

（一）主营业务分析

······

3. 费用

报告期内，本集团研发费用为 204，140.06 万元，较 2018 年增长 37.97％。研发费用的变化主要系报告期内加大了对小分子创新药、生物创新药和生物类似药的研发投入、一致性评价的集中投入，以及增加对创新孵化平台的研发投入所致。

4. 研发投入

（1）研发投入的会计处理

本集团将内部研究开发项目的支出，区分为研究阶段支出和开发阶段支出。

研究阶段的支出，于发生时计入当期损益。开发阶段的支出，只有在同时满足下列条件时，才能予以资本化，即：完成该无形资产以使其能够使用或出售在技术上具有可行性；具有完成该无形资产并使用或出售的意图；无形资产产生经济利益的方式，包括能够证明运用该无形资产生产的产品存在市场或无形资产自身存在市场，无形资产将在内部使用的，能够证明其有用性；有足够的技术、财务资源和其他资源支持，以完成该无形资产的开发，并有能力使用或出售该无形资产；归属于该无形资产开发阶段的支出能够可靠地计量。不满足上述条件的开发支出，于发生时计入当期损益。

结合医药行业研发流程以及自身研发的特点，本集团在研发项目取得相关批文或者证书（根据国家药监局颁布的《药品注册管理办法》批准的"临床试验批件""药品注册批件"或者法规市场国际药品管理机构的批准）之后的费用，并且评估项目成果对企业未来现金流量的现值或可变现价值高于账面价值时，方可作为资本化的研发支出；其余研发支出，则作为费用化的研发支出。

研发投入情况如表1-7所示。

表1-7 研发投入情况表

本期费用化研发投入(亿元)	20.41
本期资本化研发投入(亿元)	14.22
研发投入合计(亿元)	34.63
研发投入总额占营业收入比例(%)	12.12
制药业务研发投入总额占制药业务收入比例(%)	14.38
本题团研发人员的数量(人)	2,147
研发人员数量占本集团总人数的比例(%)	6.84
研发投入资本化的比重(%)	41.05

（2）情况说明

本报告期制药业务的研发投入为31.31亿元，增长39.12%，占制药业务收入的14.38%。研发投入增长主要系报告期内加大对小分子创新药、生物创新药和生物类似药研发投入、一致性评价的集中投入，以及增加对创新孵化平台的研发投入所致。

……

（四）行业经营性信息分析

……

2. 公司药（产）品研发情况

研发投入同行业比较情况如表1-8所示。

表 1-8　同行业比较情况

同行业可比公司	研发投入金额(万元)	研发投入占营业收入比例	研发投入占净资产比例
恒瑞医药	389,633.60	16.73%	17.42%
丽珠集团	82,772.99	8.82%	6.89%
华润三九	53,393.7	3.63%	4.44%
上海医药	150,876.63	6.42%	3.15%
长春高新	40,648.7	5.51%	5.37%
同行业平均研发投入金额(万元)			143,465.12
本集团报告期内研发投入金额(万元)			346,322.78
本集团报告期内研发投入占营业收入比例(%)			12.12%
本集团报告期内制药业务研发投入占制药业务收入比例(%)			14.38%
本集团报告期内研发投入占净资产比例(%)			8.83%

注 1：上述 5 家可比公司来源于 2019 年年度报告。

注 2：同行业平均研发投入金额为上述 5 家可比公司 2019 年研发投入的算术平均值。

研发项目对公司的影响：

在研产品未来主要将在本集团实现生产和销售，有利于进一步丰富完善产品线，提升本集团医药制造业务的竞争力和盈利能力；有关研发投入占本集团医药制造与研发业务营业收入的比重合理，不会对本集团经营业务的开展产生不利影响。

根据上述内容，可以了解到：

首先，复星医药披露了研发支出的投资方向（主要是制药业务）、研发支出资本化的具体标准、资本化的金额和比重。复星医药的研发投入总额（34.63 亿元）中的 41.05%，资本化后计入无形资产，其余 58.95% 共 20.41 亿元费用化计入当期利润；研发投入总额中的 31.31 亿元投入药品研发，即复星医药的核心业务。

其次，根据行业内可比企业的信息，复星医药的研发投入总额、研发投入占营业收入的比例、研发投入占净资产的比例等三项数据，都高于行业平均水平，仅次于恒瑞医药，研发投入力度比较大。

最后，虽然研发总投入增速较大（比上年增长超过 30%），占营业收入的比例也较高（12.12%），但复星医药认为，目前的研发投入占营业收入的比例是合理的。因此，财务报表使用者可以合理预期，复星医药的研发强度将不会削弱。

（3）对未来发展的讨论与分析。该部分是管理层关于公司未来的战略、经营计划和风险的展望与分析。报表使用者通过该部分内容，可以了解企业所属行业的发展现状和趋势、企业可能采取的经营战略和计划等，获得对行业和企业面临的风险类型的感性认知。

总体看，在年度报告中，"经营情况讨论与分析"部分具有较多的信息含量，尤其是"关于未来发展的讨论与分析"部分，是自愿性信息披露最多的部分，其内容和详细程度充分体现了管理层的酌量权和判断权。

许多研究人员发现，管理层在披露信息时倾向于"报喜不报忧"，对好消息和坏消息选择性披露，或者流于形式、空话套话，或者对于好消息使用比较积极的措辞或语调，尽量淡化负面消息。尽管如此，人们同样发现，管理层的讨论与分析是存在信息增量的，其中的非财务信息是对财务报表信息的有益补充。某些前瞻性战略信息，如计划的资本支出、产品或业务结构的调整等，将会修正投资者对未来业绩的预测。但管理层对于前瞻性信息的披露可能是选择性的，并精心选择不同的语言表述技巧。如果我们发现管理层采用了非常肯定的语气去陈述某些信息，内容的准确性和可信度通常较高。

5. 重要事项

重要事项一般是指对公司股票价格、投资者投资决策、经营状况和业绩具有重大影响的事项，有些重要事项已经作为临时报告进行披露，有些重要事项则是在年报中首次披露。与经营情况讨论与分析部分不同的是，该部分通常涉及较多的财务信息，有助于投资者理解和分析财务报表。

重要事项部分涉及的内容较多，一般包括下列内容：

（1）普通股利润分配或资本公积转增预案。主要内容包括：公司现金分红政策的制定、执行和调整情况，近三年的利润分配和资本公积转增方案或预案，股份回购情况。

现金分红是股东投资收益的重要组成部分，是估值模型的基础。持续且稳定的现金分红是企业盈利稳定和现金流充足的直接证据。一般情况下，管理层倾向于平滑股利支付，只有在企业的长期盈利能力改变时才会调整企业的股利政策。因此，如果企业股利维持不变或稳定增长、已经进行或计划进行股份回购，一般认为企业的盈利比较稳定或处于增长状态；而降低分红、将现金股利改为股票股利、停止分红等情形，除非有充分的理由，可能是因为企业的盈利下降或者资金周转遇到困难，是值得注意的信号。

（2）承诺事项履行情况。主要内容包括：公司的实际控制人、股东、关联方、收购人等的承诺事项，如控股股东增持公司股票的承诺、盈利预测达成情况、业绩承诺完成情况等。

（3）控股股东及其关联方对上市公司的非经营性资金占用情况。非经营性占用资金是指上市公司为大股东及其附属企业垫付的工资、福利、保险、广告等费用和其他支出，代大股东及其附属企业偿还债务支付的资金，有偿或无偿、直接或间接拆借给大股东及其附属企业的资金，为大股东及其附属企业承担担保责任形成的债权，在没有商品和劳务对价情况下提供给大股东及其附属企业使用的资金或证券监管机构认定的其他非经营性占用资金等。控股股东及其关联方对上市公司的非经营性资金占用，会对上市公司的正常经营活动产生极大的影响。

（4）公司对会计师事务所"非标准审计意见审计报告"的说明。如果财务报表被出具非标准审计意见，董事会、监事会、独立董事（如有）需要作出解释和说明。如前所述，财务报表使用者应该对审计报告中非无保留意见的原因进行独立分析。

（5）会计政策、会计估计变更或重大会计差错更正的说明。主要内容包括：变更或更正的情况、原因及其影响，以及追溯调整或重述的结果。会计政策和会计估计变更或重大差错更正，可能会对报告期的净利润和关键财务指标产生重大影响，财务报表使用者应该对会计变更的动机进行深入分析，判断这些变更是否影响公司未来业绩的持续性。

（6）聘任、解聘会计师事务所情况。主要内容包括：企业年度财务报告审计的会计师事务所、审计服务年限、审计费用、签字会计师等。

如果企业在报告年度更换了会计师事务所，财务报表使用者应关注变更的原因，是因为公司控制权变更、管理层调整、审计轮换等引起的变更，还是因为审计师与公司管理层之间在关键会计政策的选择和运用上意见不一致，或者对出具的审计意见类型存在分歧。如果企业没有披露变更审计师的具体原因，在财务报表分析时应持谨慎态度。

（7）面临暂停上市风险、终止上市的情况和破产重整的情况。上市公司可能会因为财务业绩变差或违法行为被暂停上市或终止上市。按照证券交易所的《股票上市规则》，上市公司经审计的财务报表数据如果存在下列情形的，即需要进行退市风险警示：连续两个会计年度的净利润为负；最近一个会计年度的期末净资产为负，或营业收入低于 1,000 万元，或被出具无法表示意见或者否定意见的审计报告。这些情形如果再持续一个会计年度，其股票可能将被暂停上市。[①] 如果财务报告存在重大会计差错或者虚假记载，或未按期披露年度报告或中期报告，或股本总额、股权分布不再具备上市条件等情形，被退市风险警示后仍未在限期内改正的，也将被暂停上市。如果上市公司存在欺诈发行、重大信息披露违法或者涉及国家安全、公共安全、生态安全和公众健康安全等领域的重大违法行为，可能会被强制退市。另外，某些丧失偿债能力的企业，在法院受理破产申请后、宣告债务人破产前，如果债务人或者债权人向法院申请进行重整，法院受理批准后，可能会进行业务重组或债务调整。

存在退市风险或进行破产重整的上市公司，能否摆脱财务困境和恢复正常营业能力存在较高的不确定性。财务报表使用者在分析这类公司的财务报表时，应对其退市风险的原因和概率、持续经营能力、公司的应对措施、重整计划等持非常谨慎的态度，对公司披露的信息作出独立的判断。

（8）重大诉讼、仲裁事项。重大诉讼、仲裁事项可能会使企业支付巨额现金，或者对企业的未来发展产生重大影响，还可能影响财务报表中的关键财务数据。

---

① 原《证券法》规定了上市公司股票暂停上市和终止上市的情形。2019 年修订的《证券法》删除了原《证券法》关于股票暂停上市和终止上市交易的规定，明确由证券交易所按照业务规则决定上市交易的股票是否终止上市。

对于重大诉讼或仲裁事项的信息披露，一般分三种情况：① 如果重大诉讼或仲裁事项在报告期末尚未结案，根据案件的进展情况、涉及金额等，可能需要确认预计负债；② 如果报告期末尚未结案但审计报告日前结案，由于法院判决证实了企业在资产负债表日的现时义务，应作为资产负债表日后调整事项，调整原确认的相关预计负债，或确认一项新负债；③ 如果重大诉讼或仲裁事项发生在资产负债表日后审计报告日前，应作为资产负债表日后非调整事项进行披露。

（9）处罚和整改情况。这种情况主要是指上市公司及其董事、监事、高级管理人员、控股股东、实际控制人、收购人等在报告期内是否存在被有关机关进行调查、追究刑事责任、行政处罚等情况及相关的整改措施。

如果企业或高级管理层存在违法违规的行为，在一定程度上表示企业存在某些管理或治理缺陷，这些缺陷可能会对企业的经营活动或财务报告产生负面影响。

（10）报告期内上市公司及其控股股东、实际控制人诚信状况的说明。主要是指报告年度上市公司的控股股东、实际控制人是否存在未履行法院生效判决、所负数额较大的债务到期未清偿等违反诚信的情形。

（11）公司的股权激励计划、员工持股计划或其他员工激励措施及其在本报告期的实施情况。股权激励是协调管理层行为和股东目标的一项公司治理机制，目的是使管理者与股东实现利益共享、风险共担，促使管理层在经营企业时遵从股东利益最大化的原则。上市公司常用的股权激励方式主要包括限制性股票和股票期权，激励对象一般包括高管人员、核心技术人员或核心业务人员。由于股权激励计划通常以利润、收入、净资产收益率等为行权条件，很可能引发对利润、收入或成本费用的操纵行为。

（12）重大关联交易。关联交易是指关联方之间转移资源、劳务或义务的行为，重大关联交易的标准一般由证券交易所确定。重大关联交易可能与日常经营相关，或者是资产或股权的收购、出售，共同对外投资，借款等。关联交易是企业日常经营活动中的常见现象，有利于稳定企业与供应商或客户等之间的业务关系，降低交易成本，提高交易效率，但关联交易也会成为企业利益输送或利益转移的工具，或者成为企业操纵收入和利润的手段，对上市公司的财务状况、经营业绩和未来的发展具有重大影响。

上市公司通常应披露公司的关联交易方、关联关系、关联交易的类型和内容、金额及占同类交易金额的比例、结算方式等。这些关联交易有的是在年报中首次披露，有的进行过临时公告；至财务报表编制日，有些事项的后续实施没有进展或变化，有些事项则有了不同进展或变化。通过阅读该部分内容，财务报表使用者能够全面了解那些影响企业财务状况和经营业绩的关联交易，对于公司经营的独立性和持续经营能力以及盈利质量作出独立的判断。

（13）重大合同及其履行情况。重大合同主要包括：影响公司当年利润总额 10% 或 10% 以上的托管、承包、租赁事项，报告期内履行的及尚未履行完毕的重大担保，委托他人进行现金资产管理等。其中，重大担保一般指公司及其子公司为股东、实际控制人、子公司等提供的担保。委托他人进行现金资产管理，一般包括购买银行、券商、信托等出售的理财产品和各种基金产品、委托贷款等。

重大合同中的业务可能会影响企业当年的业绩或未来的业绩，或增加企业的财务风险。例如，在重大担保合同中，如果被担保对象资产负债率较高或偿债能力较差，或者担保总额占公司净资产比例较高，很可能会使担保者承担连带清偿责任。再如，委托他人管理的现金资产，也存在一定的本息俱损的风险。

（14）社会责任情况。企业社会责任主要包括对股东和债权人、职工、供应商、客户等的权益保护，以及对环境的保护和社会公益行为等。环境信息通常是强制性披露信息。如果上市公司进行了慈善捐赠、开展了公益活动、扶贫、环境保护等，通常会积极主动进行社会责任信息的披露，以提升企业声誉。

（15）其他重要事项。如修改公司章程，董事、监事及高官人员变更等事项。

6. 普通股股份变动及股东情况

在年度报告中，该部分用以披露公司发行的普通股股份的情况，主要内容包括：股份的变动及其说明，证券发行与上市情况，股东总数、前10名股东和前10名流通股股东及其持股情况，股份质押情况，控股股东及实际控制人情况等。通过这些披露，财务报表阅读者能够了解公司股本在报告年度的增减变动及其原因（如增发、配股、回购等）、股权集中度、公司控制权等情况。

控股股东和实际控制人对于公司的发展至关重要。按照《中华人民共和国公司法》（以下简称《公司法》）的规定，控股股东是指出资额占有限责任公司资本总额50%以上或者其持有的股份占股份有限公司股本总额50%以上的股东；或者出资额或持股比例不足50%，但依其出资额或者持有的股份所享有的表决权已足以对股东会、股东大会的决议产生重大影响的股东。实际控制人是指虽不是公司的股东，但通过投资关系、协议或者其他安排，能够实际支配公司行为的人。实际控制人拥有公司的实际控制权。根据企业的控股股东和实际控制人，可以判断公司的性质是民营企业还是国有企业、中央企业还是地方企业等，同时能够更好地解读企业的运营效率、经营业绩、管理行为、会计策略等。

[例] 根据2019年年度报告，复星医药的控股股东是上海复星高科技（集团）有限公司，持有复星医药38.1%的股份；郭广昌通过层层持股，控制了上海复星高科技（集团）有限公司，因而是复星医药的实际控制人，复星医药属于民营企业。华润三九医药股份有限公司的控股股东是华润医药控股有限公司，持股比例63.6%，最终控制人则是国务院国有资产管理委员会。

7. 优先股相关情况

优先股是相对于普通股而言的，优先股股东一般拥有优先利润分配权和优先剩余财产分配权，享有固定的股息率，可能还拥有股息累积、参与剩余利润分配、转换普通股等权利。在沪、深交易所上市的公司中，目前发行优先股的公司数量不是很多。如果公司发行了优先股，就需要在年度报告中披露优先股的发行与上市、股东数量和持股情况、持股5％以上或前10名大股东的持股情况、利润分配、回购和转换、表决权的恢复等情况。

如同有息负债一样，优先股因其股息率固定而对普通股股东的回报率产生财务杠杆效应，列报时需要区分其中的负债成分和权益成分。在计算公司的每股收益、净资产收益率、每股净资产、资本结构等重要财务比率时，需要对优先股股利或优先股权益进行调整。

8. 董事、监事、高级管理人员和员工情况

本部分内容主要包括两部分：一是董事、监事、高级管理人员的情况，包括个人基本信息、专业背景和工作经历、年度报酬、股权激励、受处罚情况等；二是员工的情况，包括员工数量、专业构成、教育程度构成等。

董事会的结构以及高管团队成员的个体特征、货币薪酬、股权激励等，对公司的发展可能具有重要影响。

9. 公司治理

在沪、深两证券交易所上市的公司，需要遵循《公司法》《证券法》《上市公司治理准则》以及证券交易所《股票上市规则》等关于公司治理的规定，制定详细的公司章程，并披露公司遵循上述法规和规则的情况。披露的主要内容包括：一是公司的治理结构，包括董事会、监事会、股东大会等的设置、召开、履行职责的情况；二是控股股东与公司的人员、资产、财务、机构和业务方面的相互独立性及同业竞争情况；三是对公司是否披露内部控制自我评价报告和内部控制审计报告进行说明，并注明披露的网址。

10. 公司债券发行情况

许多上市公司通过发行短期或长期债券为生产经营或投资项目募集资金。如果企业具有公开发行并在证券交易所上市，且在年度报告批准报出日未到期或到期未能全额兑付的公司债券，应在该部门披露这些债券的基本信息、报告期内的付息兑付、募集资金使用、资信评级、债券增信、偿债计划等情况。

当公司存在已发行债券时，将会披露反映企业偿债能力和债务本息的偿付情况的会计数据和财务指标，包括：息税折旧摊销前利润（EBITDA）、流动比率、速动比率、资产负债率、EBITDA全部债务比、利息保障倍数、现金利息保障倍数、EBITDA利息保障倍数、贷款偿还率、利息偿付率等。财务报表使用者在分析公司的偿债能力时，可以直接使用这些数据。

［例］复星医药在"公司债券发行情况"部分披露了2016—2018年发行的5期公司债券（表略），这些债券的期限分别为4年或5年，信用等级均为AAA，均为按年付息到期还本，募集资金总额70.5亿元，已全部投入使用。另有三期超短期融资券，本息已全部兑付。截至报告期末，复星医药的会计数据和财务指标如表1-9所示。

表 1-9　复星医药会计数据和财务指标

项目	2019 年	2018 年	比上年增减(%)	变动原因
息税折旧摊销前利润(万元)	712,092	585,617	21.60	
流动比率	1.17	1.00	17.00	
速动比率	0.94	0.82	14.63	
资产负债率(%)	48.50	52.39	(3.89)	注 1
EBITDA 全部债务比(%)	19.29	15.85	3.44	注 2
利息保障倍数	5.12	4.81	6.44	
现金利息保障倍数	4.83	5.61	(13.90)	
EBITDA 利息保障倍数	6.51	6.25	4.12	
贷款偿付率(%)	100	100	0.00	
利息偿付率(%)	100	100	0.00	

注 1：本集团持续调整优化融资结构，降低负债水平和融资成本，年内将投资收回的资金用于偿还带息负债，降低债务水平。2019 年年末，本集团资产负债率为 48.50%，较上年末降低 3.89 个百分点；

注 2：EBITDA 全部债务比为 19.29%，较上年年末增加 3.44 个百分点。

从表 1-9 中可以看出，公司 2019 年的盈利能力和偿债能力总体都比上年提高了，报告期末不存在债务本息不能兑付而违约的状况。在表 1-9 的底注中，公司还解释了资产负债率降低和 EBITDA 全部债务比提高的原因。

11. 财务报告

"财务报告"部分在年度报告中占据较大的篇幅。这部分内容主要包括审计报告和经审计的财务报表。财务报表包括近两年的比较资产负债表、比较利润表、比较现金流量表、比较所有者权益（股东权益）变动表和报表附注。编制合并财务报表的公司，除提供合并财务报表外，还需提供母公司财务报表。合并财务报表和母公司财务报表可以单独列报，也可以合并成一张报表，分"合并数"和"母公司数"分列呈报，但在附注中，合并财务报表附注和母公司财务报表附注是分开披露的。对"财务报告"的分析是本教材后续章节的主要内容。

12. 备查文件目录

年度报告的最后一般需简要列出置备于公司住所和证券交易所以供社会公众查阅的文件（原件或具有法律效力的复印件）的目录。这些文件主要包括：载有公司负责人、主管会计工作负责人、会计机构负责人签名并盖章的财务报表；载有会计师事务所盖章、注册会计师签名并盖章的审计报告原件；报告期内在中国证监会指定网站上公开披露过的所有公司文件的正本及公告的原稿。

五、分部信息

在年度报告中，分部报告信息是一项非常重要的内容。一般情况下，企业存在多种经营业务或跨地区经营的，应当区分业务分部和地区分部，披露分部信息。业务分部是指企业内可区分的、能够提供单项或一组相关产品或劳务的组成部分，该组成部分承担了不同于其他组成部分的风险和报酬。地区分部是指企业内可区分的、能够在一个特定的经济环境内提供产品或劳务的组成部分，该组成部分承担了不同于在其他经济环境内提供产品或劳务的组成部分的风险和报酬。因此，财务报表使用者可以通过分部信息了解企业的主要风险和报酬。

企业在定期报告中，一般以业务分部或地区分部为基础确定报告分部。通常情况下，确定为报告分部的业务分布或地区分部的大部分收入是对外交易收入，且满足下列条件之一：(1) 该分部的收入占所有分部收入合计的 10% 或者以上；(2) 该分部的利润（亏损）的绝对额占所有盈利分部利润合计额或者所有亏损分部亏损合计额绝对额的两者中较大者的 10% 或者以上；(3) 该分部的资产占所有分部资产合计额的 10% 或者以上。上市公司通常会根据内部组织结构、管理要求、配置资源、业绩评价等目的确定分部或业务单元，并按企业会计准则和信息披露的要求确定报告分部。复星医药划分了药品制造与研发、医疗器械与医学诊断、医疗服务、医药分销和零售、其他五个报告分部，恒瑞医药没有报告分部，华润三九确定了医药行业、印刷包装和其他三个报告分部。

[例] 复星医药 2019 年的报告分部的简要信息如表 1-10 所示。其中，分部资产不包括交易性金融资产、委托贷款、其他非流动金融资产、其他权益工具及总部资产。分部负债不包括交易性金融负债、短期借款、其他流动负债中的短期融资券、一年内到期非流动负债、长期借款、应付债券及总部负债，这些资产和负债均由集团统一管理。资本开支包括报告期直接外购固定资产、无形资产、工程物资和报告期新增在建工程、长期待摊费用及开发支出。

表 1-10　分部信息披露　　　　　　　　　　　　（单位：万元）

项目	药品制造与研发	医疗器械与医学诊断	医疗服务	医药分销和零售	其他	合计（未抵销）
分部收入	2,178,050	377,842	304,447	0	9,985	2,870,324
分部净利润	207,296	49,543	155,931	163,354	(39,005)	537,119
分部资产	4,013,990	738,516	963,621	1,287,974	417,735	7,421,837
分部负债	1,942,117	151,696	214,947	0	29,127	2,337,886
资本开支	292,961	18,356	101,089	0	17,132	429,538

注：( ) 内为负数。

根据表 1-10 计算各报告分部的收入、资产、负债、净利润和资本开支在报告分部合计数中所占的比例，如表 1-11 所示。药品制造与研发分部的资产占比约为 54%，但收入、负债占比分别达到 75% 和 83%；利润主要集中在药品制造与研发、医疗服务、医药分销和零售三个分部，医药分销和零售虽然作为独立的分部，但主要是药品制造与研发业务的延伸。医疗服务的净利润和资本开支所占比例都较大，应结合近几年分部信息的变化趋势分析企业是否在进行战略布局的调整。

表 1-11 分部的经营业绩和财务状况占比

项目	药品制造与研发	医疗器械与医学诊断	医疗服务	医药分销和零售	其他	合计（未抵销）
分部收入	75.88%	13.16%	10.61%	0.00%	0.35%	100%
分部净利润	38.59%	9.22%	29.03%	30.41%	(7.25%)	100%
分部资产	54.08%	9.95%	12.98%	17.35%	5.64%	100%
分部负债	83.07%	6.49%	9.19%	0.00%	1.25%	100%
资本开支	68.20%	4.27%	23.53%	0.00%	4.00%	100%

注：( )内为负数。

第 3 节　信息披露的环境

一、管理层的信息披露酌量权

财务报告是缓解上市公司信息不对称问题的一项有效机制。信息不对称是指商业交易中，一些人比其他人具有信息优势。在两权分离的公司制企业中，信息不对称是指管理者（即代理人）拥有投资者（即委托人）所不了解的信息。信息不对称主要有两种类型：逆向选择（adverse selection）和道德风险（moral hazard）。逆向选择是一种事前的信息不对称，是指代理人利用其所拥有的信息优势选择有利于自身利益但有损于委托人利益的行为；道德风险是一种事后的信息不对称，是指由于工作努力程度和工作效率等的不可观察和难以监督，代理人会偷懒或增加闲暇时间，并利用信息优势保护自己既得利益的机会主义行为。由于管理者和内部人员比外部人掌握更多有关公司当前状况及未来前景的内部信息，他们可以利用这些信息，以牺牲外部投资者的利益为代价获得私有利益。一般认为，充分和及时的信息披露有利于降低外部利益相关者与管理层之间的信息不对称，将内部信息转化为外部信息，既可以证实管理层的受托责任，又为利益相关者提供了经济决策的依据，因而是解决公司代理问题的一种有效机制。

由于管理层拥有关于企业的私有信息和信息披露的控制权，对企业的信息披露具有非常重要的影响。这种影响表现在三个方面：

（1）管理层对于信息披露的内容、数量和时机的酌量权。管理层可能倾向于提前披露或夸大披露"好消息"，不披露或延迟披露"坏消息"，或精心选择信息披露时机，并有意无意地与其增持或减持公司股票的时间存在某种巧合。即使对于强制性披露的信息，管理层仍有能力影响披露的数量和时机。

（2）管理层对于会计政策和会计估计的选择权。现行会计准则赋予管理层越来越多的会计判断权，这种判断权表现在多个方面，如会计政策选择权，在实施所选择会计政策过程中的会计估计判断权，变更会计政策或会计估计的权力等。

以房地产开发企业的投资性房地产为例，在建造房地产的初期，管理层应根据持有目的将该物业划分为存货、在建工程或投资性房地产；如果认定为投资性房地产，管理层将决定该投资性房地产的后续计量是采用成本模式还是公允价值模式；如果采用公允价值模式，管理层将根据其拥有的数据和其他信息，确定公允价值的估值技术，如市场法、收益法或成本法；如果采用成本模式对投资性房地产进行后续计量，管理层应对该项资产的折旧方法、使用年限和净残值等作出估计，并在会计期末对投资性房地产的减值迹象进行判断；管理层还可以选择在某期间将成本模式变更为公允价值模式，甚至将投资性房地产转回固定资产。总体上，管理层的判断和选择对信息披露的质量和数量均有较大影响。

（3）管理层对文本信息表达方式的酌情权。管理层在信息披露时，可以选择措辞与表达方式。由于语言文字的丰富多样，语义的表达非常灵活，不同的措辞和语调可能具有不同的信息传递效果。尤其在年度报告的"经营讨论与分析"部分，存在大量的文本信息，管理层往往会精心选择所使用的表述方式，如采用更积极的语言描述企业的战略、计划和竞争优势，淡化企业面临的风险，甚至在面临财务困境时仍然采用偏乐观的词汇等。

二、信息披露的成本

信息披露是有成本的，企业会权衡信息披露的成本与收益，较高的信息披露成本可能会降低企业信息披露的数量和质量，因而是信息披露的一项重要制约因素。

企业的信息披露成本一般包括下列四项：

（1）收集和提供信息的成本。收集和提供信息的成本，包括对经济交易或事项的信息收集、处理、鉴证、披露等发生的成本，以及对已披露信息的质询进行处理和答复的成本。多数情况下，企业是基于法律规范和会计准则的强制要求进行信息披露的，因此，信息的收集和提供成本是不可避免成本，一般能够进行计量。

（2）诉讼成本。诉讼成本是指因企业信息披露不充分、存在虚假记载、误导性陈述等，投资者或政府等对企业提起诉讼，企业应诉的成本和支付的赔偿，也包括应对错误指控而发生的费用。为了避免或减少诉讼成本，企业在信息披露中可能持更谨慎的态度。

（3）竞争劣势成本。竞争劣势成本一般是指竞争对手通过企业公开的财务报告或其他信息，得知企业的商业秘密等信息，使得企业在市场竞争或产品开发等方面失去竞争优势造成的损失。

事实上，上市公司的信息披露受到暂缓与豁免制度的保护。信息披露的暂缓与豁免制度是指对于商业秘密或不确定性信息，及时披露可能损害公司利益或误导投资者的，公司可以申请暂缓披露；如果披露会导致其违反国家有关法律或属于国家秘密的，可以豁免披露义务。① 因此，对于因信息披露是否会导致竞争劣势，以及可能存在的竞争劣势成本，很难进行准确验证或衡量。

（4）政治成本。政治成本是企业因某些会计数据而受到政府管制，致使其经营活动所受到的影响。一般认为，盈利太高和规模太大都会引发政治成本。（Scott，2000）Watts 和 Zimmerman 认为，报告盈利往往会受到人们的重视，也可能影响管制机构的行为。如果一家企业报告了过高的盈利，而这家企业恰好又是垄断性企业或看起来很有势力的大型企业，很容易受到媒体和消费者的关注，有可能导致更高的税收、对企业产品价格或收费的更严格的管制、更多的社会责任、甚至对业务和规模扩张的限制，这些情况都表明企业承担了政治成本。考虑到可能的政治成本，企业可能会更谨慎披露盈利信息，推迟收益的确认或选择更保守的会计政策。② 不同的资本市场中，政治成本的表现形式各不相同，不可一概而论。

三、监管机构的倾向性

监管部门的倾向性、制定的信息披露标准、对虚假信息的惩戒力度等，都是影响企业信息披露数量和质量的重要因素。监管机构从维护资本市场的公平、公正、公开和保护投资者利益的角度出发，往往倾向于充分披露，要求信息披露的内容更多和更及时，以提高信息披露的透明度。但政府监管也存在成本。Watts 和 Zimmerman 认为，政府在要求公司提供信息时，也要进行成本与收益的权衡，"只有披露成本较低或者信息的社会价值大于市场价值时，政府所要求的信息揭示才是可取的"。

如前所述，我国目前已经建立起比较规范的信息披露规范体系，对信息披露的时间也有明确规定。随着证券发行制度的改革和资本市场的快速扩张，证券监管机构对上市主体信息披露的要求也更加具体。上海证券交易所在 2013 年对上市公司提出"不披露即解释"原则，要求上市公司对于"应当披露"的信息，若不披露就必须在年度报告中作出解释③，这些规定增加了上市公司需要披露的信息的数量。对于财务报表使用者来说，如何从厚达几百页的年度报告中提取对其决策有用的信息，并读懂

---

① 　相关规定可以查阅《证券法》《股票上市规则》和《公开发行证券的公司信息披露内容与格式准则第 2 号——年度报告的内容与格式》，以及上海证券交易所发布的《上市公司信息披露暂缓与豁免业务指引》。

② 　Scott（2000）认为，政治成本还有另外一种形式，如外来竞争将降低本国企业的盈利能力。要想避免这一点，受影响的公司就会设法促使政府采取进口保护措施，一种做法就是采用会降低收益的会计政策，让政府知道自己的利润正在下降。

③ 　上海证券交易所 2013 年 12 月发布的《上市公司日常信息披露工作备忘录第十二号——上市公司分行业经营性信息披露》规定：上市公司和相关信息披露义务人应当遵循"不披露即解释"的原则，即对于本备忘录规定的"应当披露"的临时公告和定期报告内容，上市公司和相关信息披露义务人未披露的，应当在年度报告中向市场解释其未作披露的原因并作特别提示。另外，该备忘录还鼓励上市公司披露从事的其他行业的经营性信息和息税前利润、自由现金流等非企业会计准则规范的倾向公司价值判断的关键指标。

财务报表，需要经过一定的学习和训练。

四、审计师的合理保证

公开上市公司的年度财务报表必须经过注册会计师的审计并出具审计报告，阅读审计报告是快速了解企业财务报表信息质量和经营业绩的一种有效方式。财务报表使用者在分析财务报表之前，应阅读审计报告，了解审计师对财务报表出具的审计意见类型和提及的关键审计事项与强调事项。

对于财务报表使用者来说，注册会计师审计至少具有两个方面的作用：

一是财务报表信息的质量在一定程度上受到审计的合理保证。注册会计师以独立于信息提供者和信息使用者的身份，遵循审计执业准则、职业道德和专门的审计程序，对财务报表是否遵守财务报告编制基础和是否公允反映被审计单位的财务状况、经营成果和现金流量等收集证据和发表意见，对财务报表不存在重大错报提供合理保证。在审计过程中，审计师还需要对管理层所选择的会计政策和所作会计估计的合规性与合理性进行判断。因此，注册会计师审计在一定程度上提升了财务报表的质量，提高了财务报表信息的可信赖程度。

审计师对于财务报表发表的审计意见类型包括无保留意见、保留意见、否定意见和无法表示意见。无保留意见表示财务报表在所有重大方面按照企业会计会计准则编制并实现了公允反映；保留意见是指财务报表中存在重大但不广泛的错报；否定意见表示财务报表中存在重大且广泛的错报；无法表示意见表示审计师无法获取充分、适当的审计证据以作为形成审计意见的基础。根据审计意见的类型，财务报表使用者应考虑是否应该信任企业的财务报表或评价财务报表的信息质量。

二是审计报告是了解企业经营状况和经营业绩的快捷途径。审计报告中的关键审计事项是注册会计师根据职业判断认为对当期财务报表审计最为重要的事项。这些事项可能具有较高的重大错报风险，或包含重大的管理层判断（包括对高度不确定性的会计估计）。审计报告中的强调事项是注册会计师认为对于财务报表使用者理解财务报表至关重要的事项，如异常诉讼或监管行动、持续经营能力的重大不确定性等。关键审计事项和强调事项有助于财务报表使用者快速了解企业经营、财务等方面存在的问题，具有较高的决策相关性和有用性。

思考与分析

▌ 名词解释

财务报表	财务分析师	企业会计准则
经营情况讨论与分析	重要事项	年度报告

强制性信息披露　　　　　　自愿性信息披露　　　　分部报告

思考题

1. 请简述不同财务报表使用者进行财务报表分析的目的。

2. 为什么说财务报表分析是"从财务报表到经营活动的过程"？

3. 请简述我国上市公司的信息披露规范和信息披露体系。

4. 请简述年度报告中"经营讨论与分析"部分的主要内容。

5. 对于投资者来说，年度报告中"经营讨论与分析"部分的"研发投入"信息对于投资决策有何价值？

6. 年度报告中的"分季度主要财务指标"包括哪些内容？如何进行分析？

7. 什么是重要事项？上市公司的年度报告中需要披露哪些重大事项？

8. 在进行财务报表分析时，如何利用审计报告所提供的信息？

9. 上市公司披露信息可能会发生哪些成本？这些成本如何影响信息披露？

10. 管理层的信息披露酌量权体现在哪些方面？对于财务报表信息会产生哪些影响？

11. 分部报告能够提供哪些信息？

案例分析题

⊙ 案例（一）

下面两段话是一篇学术文章中关于年度报告的作用及管理层语调的研究观点和研究结论。请进行阅读，然后回答问题。

作为上市公司信息披露中最重要的组成部分，年报不仅向外部投资者展示公司年末的财务状况和过去一年的经营成果及其变化趋势，同时也向投资者传递着公司管理层对过去一年公司业务的分析总结和对公司未来发展前景的展望的相关信息。年报是投资者对上市公司进行价值判断和投资决策的重要的信息来源，同时也是公司每年向外部投资者提交的最重要的一份"答卷"。正因如此，相比于其他信息披露形式，内部人"粉饰"年报的动机更为强烈。进一步地，与其他信息披露形式的语调（如业绩说明会）相比，年报语调被内部人操纵的空间更大。

……

（笔者）基于中国 A 股非金融公司 2007—2014 年年报语调的文本分析，研究了年报语调与年报披露后的内部人交易行为之间的关系。研究发现，年报语调越积极，公司高管在年报公布后一段期间内的卖出股票规模越大，净买入股票规模越小，即公司管理层一边在编制年报时采用积极语调暗示他们看好公司的基本面和发展前景，一边在年报公布后卖出其所持公司股票，属于典型的"口是心非"行为。进一步研究发现，相比于年报披露后中期市场表现好、信息透明度高、国有控股的公司，"口是心非"的现象在年报披露后中期市场表现差、信息透明度低、非国有控股的公司更加显著；而公司盈余管理程度、交易者职位（是否核心高管）对年报语调与高管交易关系的影响不显著。这表明在公司市场绩效表现不好、受到的监督越弱时，公司高管越可能口是心非地通过管理年报语调为其股票交易造势。

资料来源：曾庆生、周波、张程、陈信元. 年报语调与内部人交易："表里如一"还是"口是心非"？管理世界，2018（9）：143—160.

讨论与分析：

1. 在财务报表分析所依据的资料中，年度报告为什么非常重要？

2. 管理层对信息披露的影响主要表现在哪些方面？

3. 在年度报告的"经营讨论与分析"部分，管理层对于经营业绩的回顾分析和关于未来的展望是否会运用不同的语调？财务报表使用者如何识别管理层运用积极语调的真正目的？

⊙ **案例（二）**

某上市公司是一家软件外包服务提供商，主要从事软件开发与技术服务。该公司在"公司简介和主要财务指标"部分，披露了 2017—2019 年的主要财务数据、分季度主要数据、非经常性损益的项目和金额，相关资料如下。

1. 2017—2019 年主要财务数据和主要财务指标，如表 1-12 所示。

表 1-12　某上市公司财务数据与指标

项目	2019 年	2018 年	增减	2017 年
营业收入(万元)	66,013.67	53,401.38	23.62%	48,607.62
归属于上市公司股东的净利润(万元)	16,941.24	1,591.79	964.29%	3,937.58
归属于上市公司股东的扣除非经常性损益的净利润(万元)	459.17	526.29	−12.75%	1,994.91
经营活动产生的现金流量净额(万元)	(1,970.13)	(5,827.71)	66.19%	1,807.85
基本每股收益(元/股)	2.1177	0.1990	964.17%	0.4922
稀释每股收益(元/股)	2.1177	0.1990	964.17%	0.4922
加权平均净资产收益率	30.82%	3.50%	27.32%	9.36%
项目	2019 年年末	2018 年年末	增减	2017 年年末
资产总额(万元)	85,007.97	59,621.84	42.58%	53,850.87
归属于上市公司股东的净资产(万元)	64,609.36	46,124.87	40.07%	44,932.57

注：（ ）内为负数。

2. 2019 年分季度主要财务指标，如表 1-13 所示。

表 1-13　某上市公司 2019 年分季度财务指标　　　　　　　（单位：万元）

	第一季度	第二季度	第三季度	第四季度
营业收入	12,377.05	16,908.49	17,235.37	19,492.76
归属于上市公司股东的净利润	(564.10)	649.09	484.69	16,371.55
归属于上市公司股东的扣除非经常性损益的净利润	(822.80)	571.85	327.71	382.41
经营活动产生的现金流量净额	(1,090.57)	(1,072.02)	(942.94)	1,135.41

注：( )内为负数。

3. 2017—2019 年非经常性损益项目及金额，如表 1-14 所示。

表 1-14　2017—2019 年非经常性损益项目及金额　　　　　（单位：万元）

项目	2019 年	2018 年	2017 年
非流动资产处置损益	15,900.36	(14.16)	(4.96)
计入当期损益的政府补助	865.06	1,122.43	2,188.33
委托他人投资或管理资产的损益	38.53		
持有交易性金融资产等的公允价值变动损益和处置交易性金融资产等的投资收益	(19.57)	122.17	11.00
除上述各项之外的其他营业外收入和支出	272.33	(28.19)	40.17
其他符合非经常性损益定义的损益项目	(382.34)		
减：所得税影响额	191.82	136.57	291.85
少数股东权益影响额(税后)	0.47	0.18	
合计	16,482.07	1,065.50	1,942.68

注：( )内为负数。

4. 非流动资产处置损益，主要是公司将其持有的某子公司的 100％ 股权作价 2.04 亿元并对某联营公司进行增资，从而确认投资收益 1.59 亿元。注册会计师在审计报告中对此事项的描述为："因此项关联交易形成大额投资收益，且管理层对该股权实施评估时运用了重大会计估计和判断，我们将此项关联交易识别为关键审计事项。"

讨论与分析：

1. 请分析该上市公司营业收入的变动及其质量。

2. 请分析该上市公司 2019 年第四季度净利润和经营活动现金流量净额大幅度增加的原因，评价该公司盈利能力的持续性。

3. 请分析非经常性损益的构成及其对当期净利润的影响。

4. 请分析该上市公司总资产和净资产增加的可能原因。

财务报表体系与分析框架

1. 了解上市公司的财务报表体系及其逻辑关系
2. 了解财务报表信息的质量要求及其影响因素
3. 掌握财务报表分析的逻辑框架
4. 掌握和运用财务报表分析的基本技术

第 1 节　财务报表体系

一、财务报表体系

财务报表是对企业财务状况、经营成果和现金流量的结构性表述，是定期报告的主体，是经营活动的数据化表现形式。按照现行会计准则和监管部门的要求，上市公司需要披露的一套完整的财务报表体系至少应当包括"四表一注"，即资产负债表、利润表、现金流量表、所有者权益（或称股东权益）变动表以及附注。企业将发生的交易和事项通过在财务报表中确认和在附注中披露的方式向外部信息需求者提供信息。《企业会计准则第 30 号——财务报表列报》《企业会计准则第 31 号——现金流量表》《企业会计准则第 33 号——合并财务报表》等会计准则规范了财务报表项目的具体列报要求和方式。

（一）资产负债表

资产负债表是反映企业某一特定日期的资产、负债、所有者权益等财务状况的会计报表。通过资产负债表，可以了解企业所拥有或控制的资源及其结构、承担的负债义务及财务风险、所有者权益的规模及资本保值和增值情况。以资产负债表为基础，结合利润表和现金流量表，通过数据对比或计算各种财务比率，能够对企业的偿债能力、营运能力和盈利能力等进行分析和评价。

（二）利润表

利润表是反映企业一定会计期间内的收入、费用和利润情况的财务报表。利润表揭示了企业利润的来源和构成，反映了企业的盈利能力和持续性，有助于评价未来现金流量的时间、金额和不确定性。利润表和资产负债表以权责发生制为基础，受到管理层会计判断的广泛影响。

（三）现金流量表

现金流量表是反映企业一定会计期间内现金及现金等价物的流入和流出情况的会计报表。现金流量表以收付实现制为基础，分别经营活动、投资活动、筹资活动列报现金流入量和现金流出量，反映了企业现金流量的来源和构成，是对资产负债表和利润表的补充。以经营活动现金流量为基础计算的财务比率，有助于评价企业的支付能力、偿债能力和收入、利润的质量。

（四）所有者权益变动表

所有者权益变动表（或称股东权益变动表）是反映所有者权益各组成部分在报告期内增减变动情况的报表。所有者权益变动表采用矩阵形式，列示了资本、其他综合收益、留存收益等各组成部分的增减变动，反映了报告期内的权益资本交易和利润分配情况，以及会计政策变更和前期差错更正的累积影响数。通过所有者权益变动表，能够综合了解所有者权益变动的根源和权益资本的保值及增值能力。

（五）附注

报表附注是指对会计报表中列示项目的进一步解释，以及对未能在报表内列示的信息的详细说明。附注通常采用表格或文字描述的形式，既有定量信息，也有定性信息，这增加了财务报表的可理解性。财务报表使用者应当仔细阅读报表附注。

附注在财务报告中通常占有较大的篇幅，一般包括下列信息：

1. 企业的基本情况。即对企业经营业务、注册地、主要会计政策的简要提示。

2. 财务报表的编制基础。即对财务报表遵守企业会计准则还是国际财务报告准则等的简要说明。

3. 遵循企业会计准则的声明。即企业对所提交的财务报表全部遵循企业会计准则的例行声明。但财务报表使用者应该知道，这种声明并非是对财务报表信息质量的保证，也无法阻止财务舞弊行为。

4. 重要会计政策和会计估计。即披露财务报表项目所运用的重要会计政策及所作的重要判断、所作的重要会计估计及所采用的关键假设。

5. 会计政策和会计估计变更以及差错更正的说明。即说明会计变更或差错更正的原因及对财务报表项目的影响。

6. 报表重要项目的说明。主要是对重要报表项目的构成或增减变动的详细解释。

7. 其他需要说明的重要事项。包括或含有和承诺事项、资产负债表日后非调整事项、关联方关系及其交易等。

在本章后面的内容中，我们将分别对财务报表的列报基础和会计政策、会计估计及其变更进行讨论和学习。在会计分析部分，我们将对各财务报表中的重要项目进行学习。

我国企业会计准则规定，上市公司需要在财务报告中同时披露母公司财务报表和合并财务报表（如有）。母公司财务报表是个别报表，合并财务报表是母公司以企业集团为会计主体所编制的财务报表。企业集团包含了母公司及其所控制的全部子公司，因此，合并财务报表反映了母公司所控制的全部资源及其为股东创造价值的能力。我们在讲述财务报表分析时，以合并财务报表为主要依据，有时也会使用母公司财务报表的相关信息。需要注意的是，合并财务报表的报告主体是会计主体，并不是法律主体。从法律的角度看，单独法律主体的个别财务报表，对于市场监管、税收征管和债务承担等法律相关的责任和义务更重要。

二、财务报表之间的逻辑关系

各财务报表从不同的角度反映了企业的财务状况和经营业绩，彼此独立又相互对应，报表项目之间还可相互查考和验证。财务报表之间的逻辑关系主要体现在两个方面：一是财务报表之间的联结关系；二是财务报表项目之间的匹配关系。这些勾稽关系为财务报表分析提供了一条基本思路。

（一）财务报表之间的联结关系

资产负债表是时点报表，利润表是时期报表。资产负债表与利润表之间的勾稽关系主要体现在两个方面：其一，净利润是留存收益的来源。根据会计要素之间的关系式：资产＝负债＋所有者权益＋收入－费用，利润增加最终将增加所有者权益，利润减少最终将减少所有者权益。如果报告期没有对股东进行利润分配，留存收益（未分配利润和盈余公积之和）的期末余额与期初余额之间的差额就是报告期间实现的净利润或发生的净亏损。其二，资产负债表中"其他综合收益"项目的期末余额与期初余额之间的差额，也在利润表中进行了详细的分类列报。

所有者权益变动表反映了报告期内所有者权益各项目的增减变动，包括所有者投入和减少资本的情况、所有者权益项目的内部结转等，是对资产负债表内各权益项目期末余额和期初余额之间差额的具体解释；表内列报的关于利润分配和未分配利润的数据，既是利润表的延伸，也是将利润表和资产负债表联结在一起的桥梁。

现金流量表是对资产负债表内现金及现金等价物的期末余额与期初余额之间差额的动态反映。现金流量表是以利润表项目为起点，结合资产负债表项目的增减变动编制的，从而使得三张财务报表内的有关项目之间建立起一定的对应关系。如"销售商品、提供劳务收到的现金"是以营业收入为起点，对应收账款、应收票据、预收账款、应交税费等项目的变动进行调整后得到的；"购买商品、接受劳务支付的现金"是以营业成本为起点，对存货、应付账款、应付票据、预付账款等项目的变动进行调整后得到的。现金流量表反映了以现金收付制为基础的财务状况和经营业绩，是对权责发生制基础的资产负债表和利润表的补充。

资产负债表、利润表、现金流量表和所有者权益变动表之间的勾稽关系如图 2-1 所示。整体来看，资产负债表反映了期末和期初两个时点的资产、负债和所有者权益的状况，利润表、现金流量表和所有者权益变动表则是对资产负债表内某些项目在报告期内的变动情况的详细解释，资产负债表在现行财务报表体系中居于较为核心的地位。

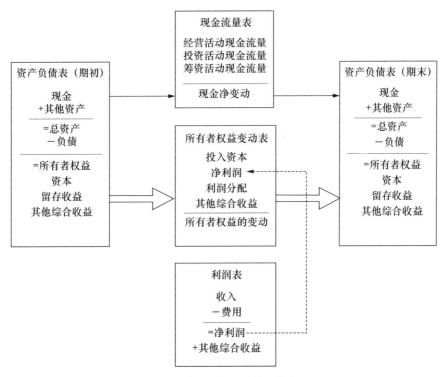

图 2-1 财务报表之间的逻辑关系

（二）财务报表项目之间的匹配关系

财务报表项目之间普遍存在以交易或事项为基础的匹配关系。这种匹配关系，首先是运用复式记账原理的结果，如应收账款与营业收入、存货与营业成本之间的对应关系；其次是遵守法律和商业惯例的结果，如营业收入与税金及附加、营业收入与销售费用等。

在经营政策不变的情况下，如果存在匹配关系的项目之间发生变动方向的背离，财务报表使用者就应对企业经营活动是否正常、收入和费用的确认和计量、报表项目的分类、数据可靠性和利润质量等保持合理的怀疑。例如，当营业收入增长时，应收账款、存货、营业成本、净利润通常都会有不同程度的增长。如果营业收入大幅度增长但利润下降，或者净利润增长但经营活动现金流量净额为负数，或者应收账款增速超过营业收入增速，就要关注是否存在提前确认收入或虚增收入的现象；如果存货增速超过营业收入和营业成本的增速，则应关注存货发出的计价方法，以及是否存在通过虚增资产虚增毛利的现象。

三、财务报表的编报基础

（一）财务报表的编制基础

编制基础是指编制财务报告的标准。依据不同的编制基础，财务报表的构成、格式、列报项目及交易或事项的可选会计政策存在不同程度的差异。因此，对财务报表进行分析之前，应了解财务报表的编制依据，以便确定合适的评价标准。财务报表编制基础分为通用目的编制基础和特殊目的编制基础。通用目的编制基础是指用以满足广大财务报表使用者共同财务信息需求的财务报表编制基础，如企业会计准则、国际财务报告准则等；特殊目的编制基础是指用以满足特定财务报表使用者对财务信息需求的财务报表编制基础，如计税核算基础、监管机构的报告要求和合同的约定等。以下所分析的财务报表都是通用目的编制基础财务报表。

在报表附注部分，企业应首先披露其所遵循的财务报表编制基础。企业选择的财务报表编制基础，通常是法律法规所要求的编制基础，或者适合企业性质及财务报表目标的可接受的编制基础。例如，在上海证券交易所和深圳证券交易所上市的公司，都要遵循财政部发布的企业会计准则。但有些公司同时在境内外上市，就需要按照不同的财务报告编制基础编制多套财务报表，这些财务报表列报的财务状况和经营成果可能相同，也可能存在或多或少的差异。

[例] 北京北辰实业股份有限公司（简称"北辰实业"，股票代码：601588)，在上海证券交易所和香港联合交易所同时上市，需要分别按照中国企业会计准则、《公开发行证券的公司信息披露编报规则第 15 号——财务报告的一般规定》和香港地区财务报告准则编制两套财务报表。在 2019 年年度 A 股财务报告中，北辰实业披露了按照境内外会计准则披露的净利润和净资产的差异情况，如表 2-1 所示。为了方便阅读，我们把数据的金额单位修改为"万元"。

按境外会计准则披露的 2019 年度净利润和净资产余额分别高出 2.5 亿元和 64.7 亿元，占中国境内准则基础的净利润和净资产余额的 15.21％和 37.25％。差异的主要原因是投资性房地产采用了不同的后续计量模式。在香港地区财务报告准则下，投资性房地产采用公允价值模式进行后续计量，不计提折旧或摊销；在中国企业会计准则下，投资性房地产采用成本模式进行后续计量，按其预计使用寿命及净残值率分期计提折旧或摊销。净利润和净资产的差异额基本等于投资性房地产计提的折旧费用和公允价值变动之和。

表 2-1　境内外会计准则下会计数据的差异

项目	净利润		归属于上市公司股东的净资产	
	本期数（2019 年）	上期数（2018 年）	期末数	期初数
按中国会计准则（万元）	165,395	118,951	1,736,806	1,521,746
投资性房地产所计提的折旧（万元）	13,788	13,683	180,472	166,684
投资性房地产公允价值变化（万元）	11,374	8,415	466,562	434,536
按香港地区会计准则（万元）	190,557	141,049	2,383,839	2,122,966
差异	25,162	22,098	647,034	601,220
比例（按中国会计准则）（%）	15.21	18.58	37.25	39.51
比例（按香港地区财务报告准则）（%）	13.20	15.67	27.14	28.32
公允价值变动/中国会计准则数（%）	6.88	7.07	26.86	28.56

　　中国会计准则和香港地区财务报告准则均允许投资性房地产采用公允价值计量模式。但中国企业会计准则规定："企业通常应当采用成本模式对投资性房地产进行后续计量，……只有存在确凿证据表明投资性房地产的公允价值能够持续可靠取得的，才可以采用公允价值模式计量。"香港地区财务报告准则要求企业对投资性房地产采用公允价值计量并在报表中确认的方式，或者以成本计量并在附注中披露公允价值信息的方式。香港地区监管机构对投资性房地产采用公允价值计量持鼓励态度，A 股上市公司的监管机构则持更加谨慎的态度。

　　北辰实业的案例说明，公司采用两套编制基础所列报的财务状况和经营业绩存在一定差异，需要在财务报表分析时进行调整。由于我国企业会计准则实质性趋同于国际财务报告准则，多数在沪、深和香港地区同时上市的公司编制的两套财务报告列报的净资产和净利润、以及净资产收益率和每股收益可能差异不大，反映的盈利能力也基本相同。

　　（二）持续经营列报基础

　　持续经营是会计核算的基本前提之一，是会计确认、计量及编报财务报表的基础。会计视角的持续经营，是指在可以预见的将来，企业会按照当前的规模和状态继续经营下去，不会停业，也不会大规模削减业务。处于持续经营状态的企业，意味着对资产和负债可按流动性分类和列报；处于非持续经营状态的企业，一般按清算价值基础编制财务报表，其资产应采用可变现净值计量、负债应按预计结算金额计量。企业在编制财务报表时，需要综合考虑市场风险、经营风险、目前或长期的盈利能力、偿债能力、财务弹性以及企业管理层改变经营政策的意向等因素，对其持续经营能力进行综合评价，并在报表附注中作出是否以持续经营假设为列报基础的声明。如果企业对其持续经营能力存在重大疑虑，应披露存在的重要不确定因素。但实际上，多数企业并不愿意轻易披露这类负面信息。

　　企业是否处于非持续经营状态，往往取决于管理层对企业所处环境的判断。按照《企业会计准则第 30 号——财务报表列报》应用指南，企业如果有近期获利经营的历史且有财务资源支持，则表示以持续经营为基础编制财务报表是合理的。如果出现下列状况之一，通常表明其处于非持续经营状态：（1）企业已在当期进行清算或停止营业；（2）企业已经正式决定在下一个会计期间进行清算或停止营业；（3）企业已确定在当期或下一个会计期间没有其他可供选择的方案，将被迫进行清算或停止营业。

对企业经营状态的分析涉及复杂的职业判断。多数情况下，一家公司只要没有进入法律上的破产清算程序，所提供的财务报表都会声明以持续经营为列报基础。但资本市场中经常发生这样的情况，有一些经营业务已近乎停顿的企业仍在按持续经营假设编制财务报表；有些看起来业绩良好的公司却突然爆出亏损的消息，或者陷入严重的流动性危机，甚至曝出财务作假，突如其来的坏消息导致股价暴跌，投资者损失惨重。"冰冻三尺，非一日之寒"，经营风险往往是日常经营活动中不断累积的结果，在财务报告中总能找到蛛丝马迹。因此，财务信息使用者应该了解会计准则对持续经营假设的界定，通过财务报表分析对企业的持续经营能力作出独立判断。

阅读审计报告是了解公司当前经营状态的一种有效途径。为了降低审计风险，审计师需要评估被审计单位管理层运用持续经营假设编制财务报表的适当性，以及是否存在有可能导致被审计单位持续经营能力存在重大不确定性的事项或情况。审计师一般从财务、经营、其他三个方面判断企业是否存在持续经营不确定性[①]，其中，财务方面的情形包括：净资产为负或营运资金出现负数，发生重大亏损，关键财务比率不佳，到期日无法偿还债务，无法履行借款合同的条款，与供应商由赊购变为货到付款，发生重大经营亏损，坏账大幅度增加或者重要客户经营状况恶化，信用评级下降，等等。这些情形，或者与流动性和偿债能力相关，或者与盈利能力相关。当审计师认为企业存在持续经营不确定性时，可能会在审计报告中以"强调事项"的形式进行说明。因此，财务报表使用者可以直接参考审计师的专业意见，或者借用这些标准对财务报表数据进行分析。需要注意的是，许多业绩突变的企业的财务报表也被出具了无保留审计意见。

［例］某上市公司 YYX 的 2019 年财务报表被注册会计师出具了"无法表示意见"的审计报告，原因共有四项：预计负债的转回、其他应收款减值准备、与持续经营相关的重大不确定性、中国证监会立案调查。其中的第三项如下：

"3. 与持续经营相关的重大不确定性

[①] 《中国注册会计师审计准则第 1324 号——持续经营》应用指南和《中国注册会计师审计准则问题解答第 13 号——持续经营》中经营方面的情形包括：管理层计划清算被审计单位或终止运营；关键管理人员离职且无人代替；失去主要市场、关键客户、特许权、执照或主要供应商；出现用工困难问题；重要供应短缺；出现非常成功的竞争者；过度依赖某个项目的成功；被审计单位所属行业发生重大变化；主要生产线已经出现非正常停产；产品和服务的需求出现大幅下滑或结构性调整，等等。监管或其他方面的情形包括：违反有关资本或其他法定或监管要求；未决诉讼或监管程序可能导致其无法支付索赔金额；法律、法规或政府政策的变化预期会产生不利影响；对发生的灾害未购买保险或保额不足；被审计单位被司法机关立案调查或可能面临行政处罚等。

　　YYX 2019 年度扣除非常性损益后净利润为 —2.80 亿元，经营活动产生的现金流量净额为 —1.30 亿元。且由于诉讼事项导致 YYX 包括基本户在内的多个银行账户、所持子公司股权、多处房产被冻结。此外，YYX 因借款合同纠纷被银川市中级人民法院纳入失信被执行人名单。上述事项表明，YYX 存在多项对财务报表整体具有重要影响的重大不确定性，虽然 YYX 已在财务报表附注二中充分披露了拟采取的改善措施，但我们无法取得与评估持续经营能力相关的充分、适当的审计证据，因此我们无法判断 YYX 运用持续经营假设编制 2019 年度财务报表是否适当。"

　　根据注册会计师的审计报告，YYX 公司存在重大亏损、经营活动现金流量净额为负数、诉讼、资产被冻结、失信等问题。由于审计报告置于财务报表之前，审计师对财务报表的关键财务数据和企业经营状况的提示，对于财务报表使用者具有极大的参考价值。如果出现类似 YYX 公司这样的审计报告，投资者和债权人在评价企业的盈利能力和偿债能力时，应持非常谨慎的态度。

四、会计政策和会计估计与管理层判断

（一）会计政策和会计估计的含义

　　会计政策是企业进行会计核算和报表项目列报的基础。一项交易或事项选择不同的会计处理原则或运用不同的惯例或方法，其会计处理结果可能存在很大的差异。因此，财务报表使用者进行财务报表分析时，需要事先了解企业进行会计处理所选用的会计政策。

　　会计政策是指企业在会计确认、计量和报告中所采用的会计原则、计量基础和具体会计处理方法。某些经济业务存在不止一种可供选择的会计政策，由企业在法规允许的范围内结合本企业的业务特点作出选择。对于一般企业，比较重要的会计政策包括：发出存货的计价方法，长期股权投资的后续计量，投资性房地产的后续计量，固定资产、无形资产和生物资产的初始计量，借款费用的处理，合并政策等。

　　会计估计是指企业对结果不确定的交易或事项以最近可利用的信息为基础所作的判断。由于经济活动的内在不确定性，财务报表中的许多项目很难进行精确计量，需要企业在会计核算时根据经验及所掌握的信息或资料作出估计或判断。对于一般企业，比较重要的会计估计主要包括：存货可变现净值的确定，公允价值的确定，固定资产、无形资产和生产性生物资产等的预计使用寿命、净残值、折旧或摊销方法，预计负债初始计量的最佳估计数等。会计估计是企业会计核算中不可避免的，合理运用估计并不会削弱财务报表的可靠性。

　　会计政策和会计估计对于会计信息的可比性和可靠性具有重大影响。这种影响主要体现在两个方面：一是会计政策的选择和会计估计的判断；二是会计政策和会计估计的变更。管理层对于会计政策和会计估计的选择及其变更行使决策权，这使得会计处理结果能够体现管理层的职业判断能力和灵活性，反映了企业的会计策略和财务报

表信息的质量。

（二）会计政策与会计估计选择与管理层判断

在很大程度上，财务报告是以估计、判断和模型为基础，而不是基于精确的描述。[①] 谨慎性原则要求企业不要高估收益和利润，也不要低估负债和损失，有助于约束管理层滥用判断权的行为。过于激进的会计政策和会计估计往往是企业存在经营风险或盈余管理的信号。从决策有用性的角度看，谨慎的数据是否更有价值是值得讨论的，管理层在会计选择时是否以及如何考虑和运用谨慎原则也是值得探讨的。如果管理层利用其判断权披露更多的专有信息，或反映真实的资产价值和利润水平，会计信息的质量就会得到提高。但财务报表使用者很难识别会计选择的灵活性与操纵之间的界限。

一般认为，同行业中的公司从事类似的经济业务，采用类似的经营模式，处于相同的经济环境中并承受大致相同的经营风险，会计政策的选择也应大致相同。因此，可以用行业内可比企业选择的会计政策作为参考和评价标准；同理，行业均值或中值也是会计估计的最佳参照。当企业之间对于相同的关键交易或事项采用不同的会计政策和会计估计时，为了进行会计信息的比较，就需要进行会计调整。

行业正常水平（如行业中值或均值）可在相当程度上体现会计估计的可验证性。同行业中的公司受到相同的宏观政策和外部环境影响，从事类似的经济业务，在经营活动中面临类似的商业信用风险水平。如果管理层在某一期对某类资产的会计估计水平明显背离行业水平，会计信息可验证性的压力可能促使管理层作出会计估计变更。比如，如果管理层确定的某项固定资产会计折旧年限相对较长，可能导致固定资产得不到及时更新，甚至延误企业的正常生产运营。反之，如果管理层确定的某项固定资产会计折旧年限相对较短，就会出现固定资产的账面折余价值为零时，资产实物仍可继续正常使用的局面，可能导致过早的固定资产购置预算和股东资本性支出的浪费。[②]

（三）会计政策和会计估计的变更与管理层判断

会计政策变更是指对相同的交易或事项由原来采用的会计政策改用另一种会计政策的行为，可能涉及计量基础，或者列报，或者会计确认的变更。会计政策变更分强制性变更和自愿性变更两种情形。强制性变更是指根据国家法律、行政法规或国家统一的会计制度等要求变更会计政策的情况，属于法定性变更。近几年，随着会计准则的修订和财务报表格式的调整，强制性会计政策变更现象频繁发生，并涉及多数公司。由于上市公司执行新修订准则的时间不同，会计政策变更使得企业前后会计期间之间以及不同企业之间的相关报表项目之间缺乏可比性。自发性变更一般是指企业为

---

① 国际会计准则理事会认为，"在很大程度上，财务报告是以估计、判断和模型为基础的，而不是基于精确的描述。《财务报告概念框架》规范了构成这些估计、判断和模型基础的概念。这些概念是理事会以及财务报表编制者力求达到的目标。"

② 吴溪、杨育龙、陆正飞. 会计估计变更伴随着更激进的盈余效应吗？［J］. 会计研究，2015（4）：11—19.

了提供更可靠、更相关的信息而变更原会计政策的行为。相对来说,自发性会计政策变更依赖于管理层的判断,往往具有明确的目的性。会计政策变更通常采用追溯调整法进行会计处理。不管是强制性的还是自发性的,会计政策变更可能会对报告期内的净资产和净利润产生巨大影响,同时使得变更前后的财务报表信息缺乏一贯性和可比性。

会计估计变更,是指企业据以进行会计估计的基础发生了变化,或者由于取得新信息、积累了更多经验以及后来的发展等对会计估计进行的修订。会计估计变更主要发生在资产和负债项目的后续计量中,如由于资产和负债的当前状况及预期经济利益和义务都发生了变化,需要对资产或负债的账面价值或者资产的定期消耗金额进行调整。会计估计变更可能只影响当期损益(如坏账计提比例的改变),也可能对当期和未来较长期间的损益产生影响(如固定资产预计使用寿命的变更)。会计估计变更一般采用未来适用法进行会计处理。由于会计估计是企业根据现有信息对未来所作的判断,会计估计变更反映了管理层对先前所作判断的修正,同样会使得企业前后会计期间的会计信息缺乏可比性。

需要注意的是,会计政策和会计估计的变更,既没有改变公司的经营效率,在短期内甚至也没有改变现金流的数量和时间,但可能改变报告期及未来若干年度的会计利润、净资产和资本结构,或引起股价的波动,从而具有经济后果。因此,财务报表使用者在进行会计分析时,要关注企业会计政策和会计估计变更的合理性及其对财务报表项目的影响,尤其是所引起的盈利性质或变动趋势的改变以及关键财务比率指标的变化。对于自发性变更,应结合企业是否存在融资需求、业绩压力、契约履行、退市、股权激励计划等情况,了解企业的真正动机,以对财务会计信息的可比性和质量作出独立判断。

(四)会计估计变更与会计差错更正

会计估计变更与会计差错更正是不同的概念。

会计差错产生于财务报表要素的确认、计量、列报和披露,包括计算错误、会计政策应用错误、忽视或曲解实施、舞弊等。会计差错包括当期差错和前期差错。当期差错一般在当期财务报表中更正,前期差错是在一个或多个以前会计期间因未使用或错误使用可靠信息而导致财务报表存在遗漏或错误描述,需要采用追溯重述法进行修改。财务报表中的重要差错很可能会导致财务报表使用者对企业的财务状况和经营业绩产生误解,影响其作出的经济决策。

因此,会计估计变更不属于会计差错更正,除非前期的会计估计是错误的。也就是说,只有存在确凿证据表明由于重大人为过失或舞弊等原因,在作出会计估计时未合理使用编制前期财务报表时已经或能够取得的可靠信息,导致前期会计估计结果未能恰当反映当时的情况,才属于会计估计差错,需要进行追溯重述。

第 2 节 财务报表信息的质量要求

一、财务报表信息的质量要求

财务报表信息的有效性在很大程度上取决于其质量。在实务中，财务报表信息的生成需要遵循一套既定的流程，以及复杂的确认、计量和报告规则。总体上，权威部门制定的报表编报规则及具体监管要求对财务报表信息质量具有较大的影响。欧盟把"真实和公允"（true and fair）奉为财务报表的最高质量标准。IASB 在《财务报告概念框架》中，将有用财务信息的基本定性特征描述为决策相关性和忠实表达，把可比性、可验证性、及时性和可理解性界定为提升性质量特征。我国《企业会计准则——基本准则》界定了会计信息的八项质量要求，其中，可靠性、相关性、可理解性和可比性属于首要质量要求和基本质量特征，实质重于形式、重要性、谨慎性和及时性是次级质量要求，是对首要质量要求的补充和完善。财务报表使用者应理解这些质量要求的含义，了解其在实际执行中遇到的挑战，以决定如何合理利用财务报表提供的信息。

（一）财务报表信息的基本质量要求及其受到的挑战

1. 可靠性

可靠性要求如实反映实际发生的交易或事项，即财务报表信息应当中立、无偏、忠实表达。可靠性是高质量会计信息的基础。不可靠的信息会误导投资者的决策。

可靠性原则受到的挑战至少来自两个方面：其一是虚假陈述、会计要素的提前或推迟确认、选择性披露等，这些行为违背了有关法律或监管规范，属于舞弊性行为；其二是因计量的不确定性而进行的会计估计，如固定资产折旧年限的估计、预计负债的估计等。一般认为，合理的会计估计并不会降低会计信息的有效性，但会计估计需要管理层进行判断，可能存在利用会计估计或会计估计变更操纵利润的现象。

2. 相关性

相关性是指财务报表信息满足使用者需要的程度，即决策有用性。相关性原则要求企业提供的会计信息与投资者的经济决策相关，具有预测价值、反馈价值和及时性。某些情况下，财务报表使用者的决策目标不同，对可靠性和相关性的要求也不同。如对计量属性的选择，历史成本更可靠，但公允价值反映了资产的真实价值，更具有决策相关性。投资者和财务分析师希望会计信息具有较高的预测价值，审计师更关注信息的可靠性。

3. 可比性

可比性要求同一企业不同时期发生的相同或者相似的交易或者事项，应当采用一致的会计政策，不得随意变更；不同企业发生的相同或者相似的交易或者事项，应当采用相同或相似的会计政策，以便对会计信息进行比较和评价。

可比性遇到的最大挑战是会计政策的选择和变更所引起的信息不可比性问题。当存在多个备选会计政策的时候，由管理层行使判断权。财务报表分析者应了解不同主体或同一主体不同时期的会计政策的差异及其对财务报表信息的影响，在使用财务报表数据进行决策时，对于会计政策和会计估计不同造成的差异，应进行调整。

可比性遇到的另一个挑战是多元化经营引起的企业之间财务信息的不可比性问题。当企业之间的业务范围差别较大时，财务报表使用者需要谨慎选择信息比较的基准。

4. 可理解性

可理解性要求企业提供的会计信息应当清晰明了，便于理解和使用。可理解性是对信息提供者的基本要求，但受到信息使用者理解能力的挑战。由于会计信息具有较强的专业性，可理解性主要是对于那些具有一定生产经营和会计方面的专业知识并愿意努力学习的人而言的。财务报表编制者一般不必考虑信息使用者个体的理解能力和运用能力，但需要对信息进行清晰的分类和列报。理性的投资者则需要了解自身知识的局限性，或考虑是否借助专业人士的帮助。

(二)财务报表信息的次级质量要求及其受到的挑战

1. 实质重于形式

实质重于形式原则，要求企业按照交易或事项的经济实质而不仅仅是法律形式进行会计确认、计量和报告。当交易和事项的法律形式与经济实质不一致时，应以经济实质作为确定会计处理方法的依据。但会计准则中缺乏对经济实质的明确界定，多数业务都需要会计人员结合具体交易或事项进行判断。如果对一项交易或事项的经济实质存在不同理解，会计处理结果也就不同。

2. 重要性

一般认为，在合理预期下，如果某信息的省略或误报影响了使用者的经济决策，则该信息就具有重要性。重要性是判断某类信息是否在表内单独列报的重要标准，重要的项目需要单独列报，不重要的项目可与其他项目合并列报。详细披露重要的信息是为了增强信息的决策相关性。但重要性并没有统一的量化标准，需要管理层根据交易的金额和性质进行判断。因此，重要性原则遇到的最大挑战可能是管理层的不当判断以及选择性信息披露。

3. 谨慎性

谨慎性原则是指会计确认、计量和报告时，不应高估资产或收益，也不应低估负债和费用，以使财务报表使用者了解企业经营活动面临的风险和不确定性。谨慎性同样是基于管理层的判断和决策。仅就广泛存在的资产减值会计来说，在实际执行中遇到的问题就包括计提不足、设置秘密准备、利用资产减值进行利润清洗或在各会计期间之间转移利润等现象。对于投资决策来说，谨慎性基础的信息不一定更具有决策有用性。

4. 及时性

及时性原则要求企业对所发生的交易或事项，及时进行确认、计量和报告。信息具有时效性，及时披露能够提高会计信息的决策有用性。提前或推迟确认收入和费用、选择信息披露的时机等，均与及时性原则相悖。但定期财务报告本身具有滞后的特性，尤其是年度报告。

二、影响财务报表信息质量的因素

财务报表信息质量受到各种内在因素和外在因素的影响，这些因素的影响具有不确定性。

（1）会计准则的不完备性。会计准则对会计信息质量的影响具有系统性，不完备的规则给企业规避不利信息披露提供了机会。经营租赁的会计处理就是一个典型的事例。原租赁会计准则将承租人的租赁业务分为经营租赁和融资租赁，对于融资租赁，需要在表内确认长期资产和长期负债；经营租赁则属于表外信息。承租人很容易通过构造租赁合同条款的方式，规避会计准则中融资租赁的确认条件①，从而将大部分租赁业务分类为经营租赁，以避免在表内确认大额的租赁负债。这种处理方式导致财务报表使用者很难评价承租方所控制的经济资源总量和负债融资情况。2018 年修订的租赁准则改变了这一处理方法，要求除短期租赁和低价值资产外，承租人在会计处理时需将经营租赁和融资租赁全部计入表内。那些租赁资产较多的公司，资产结构、资本结构和关键财务比率都发生了较大的变化。

（2）经济业务的创新与复杂性。技术的进步和环境的变化催生了大量新技术、新产品和新产业，互联网、信息技术、人工智能等改变了企业的商业模式和盈利方式。相应地，在会计确认、计量和列报中遇到的新问题和不确定性问题也越来越多，包括如何判断企业的商业实质、何时及如何确认收入和费用、如何计量企业拥有的营销渠道和客户关系等。因此，如何穿透法律形式恰当反映这些交易和事项的经济实质，成为影响会计信息质量的重要因素。

（3）会计政策的可选择性和会计判断的偏差。应计制增加了会计政策的可选择性，会计准则又将这些选择权赋予企业管理层。管理层本身存在专业知识的局限、收集信息的局限和估计的偏差，因此，很难判断管理层的会计选择是否公允并真实反映企业的财务状况和经营成果。

（4）管理层的机会主义动机和降低契约成本的要求。会计政策选择具有经济后果，因而受到经理层机会主义的影响。Watts 和 Zimmerman 提出了分红计划、债务契约和政治成本等三个机会主义动因，认为管理层为了增加个人收益、避免债务违约和降低企业的政治成本而刻意选择会计政策或操纵某些财务数据。此外，控制权争夺、税收、监管、融资需求、市场竞争等因素也对会计政策选择和财务信息质量具有直接或

---

① 根据 2006 年《企业会计准则第 21 号——租赁》及其应用指南，符合下列一项或数项标准的，承租人当认定为融资租赁：（1）在租赁期届满时，租赁资产的所有权转移给承租人。（2）承租人有购买租赁资产的选择权，所订立的购买价款预计将远低于行使选择权时租赁资产的公允价值，因而在租赁开始日就可以合理确定承租人将会行使这种选择权。（3）租赁期占租赁资产使用寿命的大部分（75％或以上）。（4）承租人在租赁开始日的最低租赁付款额现值，几乎相当于租赁开始日租赁资产的公允价值（90％或以上）；出租人在租赁开始日的最低租赁收款额现值，几乎相当于租赁开始日租赁资产的公允价值。（5）租赁资产性质特殊，如果不作较大改造，只有承租人才能使用。

间接的影响。

（5）审计师的鉴证质量。我们已经讲过，注册会计师通过独立执行鉴证程序，对财务报表整体上不存在错误和舞弊以及按照会计准则编制提供合理保证，总体上提高了财务报告的质量。但审计质量受到很多因素的制约，如注册会计师的专业胜任能力、独立性、行业专长、执业环境、会计师事务所的规模等，并可能受到客户变更审计师的威胁或者审计意见购买的诱惑。

会计准则没有提供会计信息质量的衡量标准，但许多文献提出了多种会计信息质量的衡量方法，这些方法已由不同的研究者用不同的样本验证，可供财务报表使用者参考。

（1）盈余管理的程度。会计信息的质量高低主要表现为盈余质量的高低，因而可以用公司的盈余管理水平进行测度，如采用 Jones 模型或修正的 Jones 模型计算的可操控应计额，采用应计利润－现金流模型计算的营运资本转换为经营活动现金流的程度，等等。

（2）会计信息的透明度。会计信息透明度是指上市公司的外部市场参与者对公司特质信息的可获得程度。[①] 信息透明度越高，投资者与企业之间的信息不对称程度就越低。衡量会计信息透明度的方法包括公司自愿性信息披露的水平，或者信息透明度的评分等。

（3）审计意见或审计费用。如果审计师对财务报表出具了非无保留审计意见，可能表示财务报告中存在重大错报，意味着财务报表没有真实或公允地反映企业的财务状况或经营业绩；另外，未预期的审计费用通常被视为存在审计意见购买行为，也可以作为会计信息质量较低的标志。

需要说明的是，上述方法是学术文献中所采用过的研究方法。除了审计意见外，其他方法都需要进行计算。对于以投资决策或信贷决策为目的的财务报表使用者来说，最好使用简单直观的方法，如企业选择的会计政策和会计估计是否比同行业其他企业更稳健，报告期的会计盈余是否主要由非经常性损益构成，会计政策变更或会计估计变更对净利润的影响，营业收入和利润的现金含量等，有关内容可参见会计分析部分。

三、财务报表分析的局限性

财务报表提供了一家企业的综合性信息，是了解企业经营活动和盈利能力的最佳渠道，目前尚未有任何一种信息系统能够综合反映企业的经济活动并提供全面完整的信息，从而替代财务报表。但财务报表本身具有局限性，财务报表使用者应该了解这些局限性，并根据分析目的构建合适的分析框架。

（1）财务报表数据是历史性信息。如果企业未来的经营范围、业务模式等发生变化，或者随着企业内部和外部环境的变化，资产的未来经济利益和负债的未履行义务发生变化，历史财务数据的预测价值和决策有用性将会降低。

（2）财务报表数据的真实性。真实性是财务报表信息有用性的基础，虚假数据会误导信息使用者。一般认为，使用者在分析财务报表时也应该识别是否存在虚假数

---

① Piotroski J. D.，Wong T. J.，Institutions and information environment of Chinese listed firms [J]．National Bureau of Economic Research，2012（12）：201-242.

据。投资者如果具备一定的会计专业知识并了解企业的经营业务和行业状况，将有助于提高对会计信息的鉴别能力。

（3）财务报表数据的可比性。会计政策和会计估计的选择与变更、多元化经营等导致的数据不可比是财务报表分析时遇到的现实问题。财务报表使用者需要熟悉报表重要项目的主要会计政策和会计估计，如果发生变更，应了解会计变更的原因和经济后果。

（4）财务报表使用者的不同解读标准。不同财务报表使用者的目的不同、风险偏好不同，对同一项财务数据或财务指标的解读也有所不同。通常情况下，债权人对资产负债率更敏感，投资者更关注企业的长期盈利能力和成长性，管理层关心股权激励计划中的财务指标。例如，对于相同的资产负债率与财务风险的关系，股东和债权人的解读可能是不同的。

四、财务报表分析的逻辑框架

（一）经营活动与财务报表的关系

经营活动与财务报表之间的关系如图 2-2 所示。

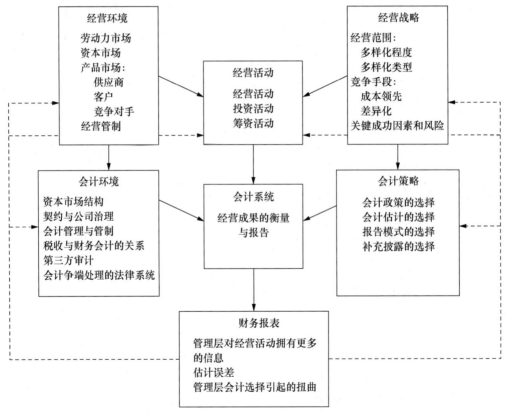

图 2-2　经营活动与财务报表之间的关系[①]

---

① 克里舍·G. 佩普，保罗·M. 希利，维克多·L. 伯纳德. 运用财务报表进行企业分析与估价：教材与案例（第二版）[M]. 孔宁宁，丁志杰译. 北京：中信出版社，2004. 图中的虚线为本书编者添加。

（1）财务报表是经营活动的反映，从经营活动到财务报表的过程，就是商务语言转换为会计信息的过程。

经营活动受经营环境和经营战略的影响。经营活动是指企业为了达成经营目标所开展的各种活动，包括经营性活动、投资性活动和筹资性活动。经营环境是指企业所处的行业环境、宏观经济环境和社会环境，包括劳动力市场、资本市场、产品市场以及管制机制等，是企业获得各种生产要素并开展经营活动所处的环境。经营战略是指企业采取何种战略以谋求在所处行业环境和市场环境中生存和发展，包括确定经营活动的范围和竞争手段等，以及如何建立自身的竞争优势。

企业发生的交易或事项，将按照既定的会计程序，通过确认、计量、分类和汇总，以财务报表的形式披露给信息使用者，尤其是股东和债权人等资本提供者。这个过程受到会计环境和会计策略的双重影响。会计环境包括资本市场结构、公司治理、会计惯例、税收、法律等因素。会计策略是指企业在既定的会计法律规范体系下对会计政策、会计估计、报告格式、补充披露等的选择，会计策略体现了管理层的会计酌量权。会计环境和会计策略共同影响会计处理过程和财务报表信息的质量。

（2）财务报表分析是了解经营活动和经营战略的有效方式，财务报表分析的过程，即是从会计信息到业务活动的过程。外部财务报表使用者通过阅读和分析财务报表，能够了解企业的经营业务和竞争战略，以及会计信息是否或在多大程度上反映了企业的经营活动过程和结果，识别企业的关键成功要素和风险，以预测企业未来的发展趋势和盈利能力，为经济决策提供可靠的依据。

（二）财务报表分析的逻辑框架

财务报表分析的目的是通过财务报表认识企业的商业实质并预测未来的发展趋势和合理估值的过程。Palepu、Healy 和 Bernard 认为，有效的财务报表分析应该包括四个主要步骤：经营和战略分析、会计分析、财务分析和前景分析，如图 2-3 所示。这种观点被许多学者认可并在教学中广泛应用。我们在本书中也借鉴同样的财务报表分析框架。

1. 经营和战略分析

经营和战略分析（business and strategy analysis），就是对企业所处的经营和行业环境以及形成持续竞争优势的战略进行分析，以识别企业的主要利润驱动因素和面临的风险。经营和战略分析包括行业分析和战略分析，行业分析主要是了解影响行业盈利能力的主要因素，竞争战略分析是对企业所采取的竞争策略和核心竞争力进行的评析，整体战略分析关注企业所经营的业务或产品的范围。

经营和战略分析有助于发现企业的竞争优势和盈利潜力，理解企业的商业实质和会计政策的选择，为预测企业未来的业绩提供合理的假设，是会计分析、财务分析和前景分析的基础。企业通常在年度报告中的"经营情况讨论与分析"部分讨论其经营和战略。无论是投资者还是债权人、监督机构还是管理层，具备一定的行业和业务知识，了解企业的经营业务、行业环境和政策环境，熟悉公司的经营、行业和战略，都是正确解读财务报表信息的基础。

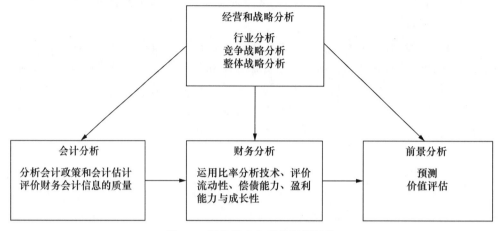

图 2-3　财务报表分析的逻辑框架

2. 会计分析

会计分析（accounting analysis），主要是通过分析企业会计政策的选择和会计估计的判断，评价财务会计信息对企业经营状况和财务业绩的反映程度。会计分析有助于判断会计信息的质量和可比性，提高财务分析结论的可靠性。会计分析的内容包括识别财务报表中存在的错误或舞弊、评价会计政策和会计估计的选择与变更、评价公司的盈余质量和盈余的持续性。进行会计分析需要具备一定的会计知识，熟悉会计准则，了解会计政策选择的经济后果。对于会计政策和会计估计不一致造成的差异，能够进行调整。

3. 财务分析

财务分析（financial analysis），主要是通过对财务报表相关项目等计算财务比率的方式，对企业的财务状况和经营成果进行分析和评价。财务比率的计算、分析和比较，是财务报表分析的基本技术。财务比率一般包括流动性和偿债能力比率、盈利能力比率、运营能力比率和发展能力比率等。财务比率简明直观，易懂易用，是广泛运用的财务报表分析方法。财务报表使用者不仅需要掌握财务比率的计算方式，更重要的是学会正确解读财务比率，通过财务比率了解企业的运营模式和竞争优势。

4. 前景分析

前景分析（prospective analysis），是在经营分析、会计分析和财务分析的基础上，基于企业当前的资本规模、股东权益收益率、收入增长率等盈利状况，结合公司的竞争优势、战略规划、行业和市场数据等，预测未来现金流量的时间、金额和不确定性的过程。前景分析包括预测和估值。预测是通过对增长前景、盈利能力、财务政策等建立假设，对未来的收入、利润、现金流量和资产、负债状况等作出的预估。估值则是运用各种模型和方法，将预测结果用于对资产或权益的价值进行评估的过程。财务分析师经常会提供关于公司增长和证券价值的建议。对于外部投资者来说，权益证券的估值是影响其投资决策的重要因素。

第 3 节 财务报表分析的基本技术

一、财务报表分析的基本技术

财务报表分析的基本技术包括比较分析法和比率分析法。以这两种方法为基础，财务报表使用者还可以进行共同比财务报表分析、因素分析和综合分析。

（一）比较分析法

1. 比较分析法的含义

比较分析法（comparative analysis approach），是通过计算实际数与基数的差异额和差异百分比，评价企业财务状况和经营业绩的一种分析方法。比较分析法是最基本和最常用的财务分析技术，只有对财务数据和财务指标进行比较，才能得出结论并作出评价。

用于比较的财务数据，可以是绝对数值，也可以是相对比率；可以是不同企业之间的横向比较，也可以是同一企业不同期间的纵向比较；可以是两期比较，也可以是多期比较；进行多期间趋势分析时，可以采用环比法，也可以采用定基比法。由于现行财务报表均是比较式财务报表，对两期数据进行比较是最常用的方法。例如，FX公司 2019 年年度利润表中披露的本年营业收入为 285.85 亿元，上年为 249.18 亿元，则本年比上年增长 36.67 亿元，增长率为 14.72%。假设同行业内某可比企业的收入增长率为 33.7%，行业的收入平均增长率为 9%，则可以认为 FX 公司的增长快于行业内的多数企业。

2. 运用比较分析法的基本要求

（1）相互比较的数据，必须具有同质性，在指标内容、时间长度、计算方法、计价基础等方面保持口径一致。如果同一报表项目在不同企业或同一企业的不同期间采用了不同的会计处理方法和计量基础，或包含的范围不同，往往需要先进行调整，再进行比较。

（2）用作比较的基准数据，如果是负数、零或者很小，可能无法计算变动百分比或者无法对计算结果进行合理解释。因此，对于异常的变动或大幅的差异，分析者应考虑基准数据的特征。一般情况下，处于成长期或产品刚投放市场的企业，因业务基数较小，资产、收入和利润的增长率一般较高，但这种高速增长可能是暂时的。财务数据的异常变动也可能是某些特殊事件的结果，如突然爆发的传染病，可能导致航空、铁路、旅游餐饮、娱乐影视等行业的当年收入较往年同期大幅度减少，但医药和医用防护用品企业的业绩却会有不同程度的提高，这种影响可能是暂时的，也可能是长期的，需要结合环境信息进行分析。

3. 比较基准的类型

比较分析的结论取决于所选择的比较基准。常用的比较基准主要包括经验标准、行业标准、历史标准和预期标准，分析者应基于不同的分析目的选择适用的基准。

（1）经验标准。经验标准即一般公认标准，是在大量或长期的实践中所形成的经验值，如流动比率的经验值为 2，速动比率的经验值为 1，资产负债率的经验值为 50％等。需要注意的是，经验标准使用方便但缺乏充分的理论依据，没有考虑不同资本市场的特征和行业属性，仅可作为参考。事实上，大多数财务指标并不存在广泛适用的经验标准。

（2）行业标准。行业标准是指企业所属行业的指标值，包括行业平均值、中位数、最优水平或可比企业的值。同行业的企业具有相似的经营模式，受到相同的宏观经济政策的影响，处于相同的行业环境和市场环境中，一般具有相似的财务报表特征。因此，无论对于外部财务报表使用者还是内部经营管理，行业标准都是较为可靠的比较标准。以行业均值和中位数作为比较基准，可以评估企业在行业中的竞争地位；以行业最优值和可比企业值作为比较基准，有利于发现企业的优势和差距。

需要注意的是，即使是同行业企业之间，仍存在可比性问题。这是因为相互对比的企业之间在整体战略、产品和业务细分市场、规模、会计政策选择等方面可能存在差异。因此，应尽量选择业务模式或产品和业务细分市场相同或相似的企业作为比较对象，并对会计处理方法的差异进行调整。

　　［例］按照中国证监会的上市公司行业分类结果，复星医药和恒瑞医药均属于制造业门类（C）中的医药制造业行业大类（大类代码 27）①，但两者的细分业务和业务范围并不完全相同，复星医药（600196）的主营业务包括药品制造与研发、医疗器械与医学诊断、医疗服务，药品制造与研发的收入占全部营业收入的 76％；恒瑞医药（600276）只有医药制造一项主营业务。因此，对两家公司的主营业务增长率和毛利率进行对比时，应考虑业务结构的差异。以下是两家公司 2019 年的主营业务收入增长率和毛利率：

　　恒瑞医药：主营业务收入增长率为 33.59％，毛利率为 87.48％。

　　复星医药：主营业务收入增长率为 14.70％，毛利率为 59.63％。

　　其中：药品制造与研发，收入增长率为 16.51％，毛利率为 65.64％；

　　　　　医疗器械与诊断，收入增长率为 2.66％，毛利率为 52.38％；

　　　　　医疗服务，收入增长率为 18.61％，毛利率为 25.52％。

（3）历史标准。历史标准即指本企业某项财务指标过去某一时期（如上年、上年同期或某一历史时期）的实际值。历史标准可以是本企业历史最好水平、正常经营条件下的水平、连续多年的平均值或上年同期实际值。在企业经营战略、经营模式和会计政策延续不变或变动较小的情况下，以历史数据作为基准，能够反映企业经营业绩

---

　　① 在确定企业所属的行业时，可以参照国家质量监督检验检疫总局和国家标准化管理委员会发布的《国民经济行业分类》，该标准将国民经济行业划分为门类、大类、中类和小类四级。对于上市公司财务报表进行分析时，还可以参照中国证监会制定的《上市公司行业分类指引》（2012 年修订）确定上市公司所属的行业。

和财务状况的发展趋势。但如果企业变更了会计政策或会计估计，或者由于合并、重组、战略调整等改变了经营范围和业务模式，或者外部经营环境发生变化，财务数据的历史可比性就会降低。

（4）预期标准。预期标准分为目标标准和预测标准。目标标准一般是指企业制定的各种预算目标，通常只在企业内部进行财务分析与业绩评价时使用。预测值包括管理层预测值和市场预测值。管理层预测主要是指企业在招股说明书、财务报告、股东大会或股权激励计划中披露的对收入和利润等关键业绩指标增长的预期，投资者可以将这些预期作为对公司业绩和未来成长性分析的基准。市场预测值主要是指财务分析师对企业的收入增长和盈利增长的预期。无论是管理层预测还是分析师预测，预测数值都会受到预测者的经验、信息量、预测方法等因素的影响。由于预测的偏差，或经营环境的变化，实际值常常会偏离预测值，并产生某些经济后果，甚至存在股价下跌的风险。

（二）比率分析法

1. 比率分析法的含义

比率分析法是指通过计算财务报表相关项目之间的比率进行财务分析的方法。财务比率便于计算，直观易懂，且消除了不同企业规模差异的影响，便于不同企业同一期间以及同一企业不同期间的比较，是一种基本的财务分析技术。

2. 财务比率的分类

（1）根据所反映的内容，财务比率可以分为短期偿债能力比率、长期偿债能力比率、资产运营效率比率、盈利能力比率和成长性比率。

短期偿债能力比率是指反映企业流动性或短期偿债能力的财务比率。

长期偿债能力比率是指反映企业资本结构和长期偿债能力的财务比率。

资产运营效率比率是指反映企业资产管理能力和资产周转速度的财务比率。

盈利能力比率是指反映企业资产和资本盈利能力的财务比率。

成长性比率是指反映企业成长性和发展趋势的财务比率。

（2）根据相关项目之间的关系，财务比率分为相关比率和构成比率。

相关比率是指对彼此不同但又相关的项目进行对比得到的财务比率。如根据净利润与净资产计算的净资产收益率，根据流动资产与流动负债计算的流动比率，根据营业收入与总资产计算的总资产周转率等。

结构比率一般是指某项财务数据的组成部分与总体的比率，反映了财务报表某项目的结构合理性。如流动资产占总资产的比例、材料成本占产品总成本的比例、流动负债占总负债的比例等。

3. 运用财务比率时应注意的问题

（1）进行财务比率分析必须选择适当的比较基准，以便对计算的结果进行评价并作出判断。

（2）计算财务比率的相关项目，可能属于同一财务报表，也可能属于不同财务报表。如计算总资产周转率时，营业收入是利润表项目，是时期数据，总资产是资产负债表项目，是时点数据，一般需要对时点数据进行加权平均。

（3）计算财务比率时，应观察所使用数据的特征，尤其在数据为负值的情况下，应考虑计算结果的合理性。例如，如果净资产为负数，对产权比率就无法作出合理的解释；净利润和净资产均为负值与均为正值时，按公式计算的净资产收益率可能是相等的，但没有人认为这两种情况下的企业盈利能力是相同的。

（4）财务比率具有经济后果，如净资产收益率和收入增长率常被企业作为股权激励计划的执行条件，流动比率和资产负债率被作为债务契约的限制性条款。因此，企业管理层存在操纵财务比率的动机。变更会计政策和会计估计、提前确认收入或者提前偿还债务，都将改变财务比率的结果，从而影响业绩激励计划或债务契约的执行。

（三）共同比财务报表

共同比财务报表（common-size statement），或称同型报表，是对财务报表整体运用比率和比较分析法的一种分析形式。其具体做法是将财务报表中某一项目作为基准，其他所有报表项目均标准化为该基准的百分比的形式。一般情况下，共同比资产负债表以总资产作为基准，共同比利润表以营业收入作为基准。

利用共同比财务报表，可以便捷地对同一企业不同时期的报表进行整体对比，揭示资产结构和资本结构的变化，或者利润构成和利润变化的主要原因；对同一行业不同企业的报表整体进行对比，能够了解各企业在经营活动、投资活动、融资活动等方面的差异，比较各企业的竞争优势；还可以对不同行业不同企业的报表整体进行对比，获得对不同行业的资产结构和盈利模式等方面系统性差异的了解。

［例］复星医药、恒瑞医药、华润三九均属医药制造行业。截至 2019 年年末，三家公司均已执行新修订的收入准则、金融工具准则和租赁准则。三家公司 2019 年年末的合并资产负债表和 2019 年度的合并利润表分别如表 2-2 和表 2-3 所示。

从资产规模看，复星医药最大，2019 年年末的总资产为约 761 亿元，恒瑞医药约为 275 亿元，华润三九约为 201 亿元；从股本规模看，恒瑞医药约为 44 亿元，复星医药为 26 亿元，华润三九不到 10 亿元，均没有发行其他权益工具。从利润表看，2019 年的营业收入分别为：复星医药约为 286 亿元，恒瑞医药约为 233 亿元，华润三九约 147 亿元；三家公司的净利润分别为 37 亿元、52 亿元和 21 亿元。

表 2-2 资产负债表

2019 年 12 月 31 日 （单位：万元）

项目	复星医药 2019 年	复星医药 2018 年	增长率	恒瑞医药 2019 年	华润三九 2019 年
流动资产：					
货币资金	953,327	854,652	11.55%	504,365	304,580
交易性金融资产	45,665	61,612	−25.88%	851,980	
应收票据	24,012	71,251	−66.30%	52,856	

（续表）

项目	复星医药 2019 年	复星医药 2018 年	增长率	恒瑞医药 2019 年	华润三九 2019 年
应收账款	436,760	362,364	20.53%	490,625	275,096
应收款项融资	44,510				213,965
预付款项	41,568	47,214	−11.96%	59,116	19,078
其他应收款	40,492	43,577	−7.08%	89,438	67,983
存货	394,054	328,739	19.87%	160,681	143,244
其他流动资产	59,949	30,762	94.88%	22,071	5,333
流动资产合计	2,040,337	1,800,173	13.34%	2,231,130	1,029,280
非流动资产：					
长期股权投资	2,092,978	2,142,753	−2.32%		1,451
其他权益工具投资	10,771	12,631	−14.73%	6,000	
其他非流动金融资产	198,315	250,581	−20.86%	53,943	2,732
投资性房地产					1,355
固定资产	741,037	708,325	4.62%	254,197	322,135
在建工程	314,991	203,980	54.42%	153,283	39,030
使用权资产	52,480				
无形资产	791,597	715,134	10.69%	34,976	180,982
开发支出	305,022	204,077	49.46%		28,757
商誉	901,399	885,391	1.81%		335,368
长期待摊费用	16,069	9,520	68.79%	15,509	9,338
递延所得税资产	19,609	17,313	13.26%	6,609	12,582
其他非流动资产	127,361	105,257	21.00%		47,342
非流动资产合计	5,571,628	5,254,963	6.03%	524,517	981,073
资产总计	7,611,965	7,055,136	7.89%	2,755,648	2,010,353
流动负债：					
短期借款	635,829	561,754	13.19%		3,000
应付票据	24,457	14,900	64.14%		31,879
应付账款	215,275	218,428	−1.44%	128,925	70,853
预收款项				22,264	
合同负债	50,368	53,090	−5.13%		79,786
应付职工薪酬	69,740	57,870	20.51%	64	78,147
应交税费	75,963	47,891	58.62%	22,508	31,138
其他应付款	390,622	304,987	28.08%	73,502	372,288
一年内到期的非流动负债	256,226	510,660	−49.82%		
其他流动负债	24,897	22,745	9.46%		2,229
流动负债合计	1,743,377	1,792,325	−2.73%	247,263	669,319
非流动负债：					
长期借款	729,304	863,066	−15.50%		

（续表）

项目	复星医药 2019 年	复星医药 2018 年	增长率	恒瑞医药 2019 年	华润三九 2019 年
应付债券	528,386	403,946	30.81%		
长期应付款	25,121	41,689	−39.74%		1,021
长期应付职工薪酬					2,075
预计负债					156
租赁负债	41,019				
递延收益	41,735	36,349	14.82%	12,222	35,535
递延所得税负债	299,405	290,836	2.95%	2,409	14,059
其他非流动负债	283,197	267,655	5.81%		
非流动负债合计	1,948,167	1,903,540	2.34%	14,631	52,846
负债合计	3,691,543	3,695,865	−0.12%	261,895	722,165
股东权益：					
股本	256,290	256,306	−0.01%	442,281	97,890
资本公积	1,214,365	1,054,465	15.16%	166,297	118,076
减：库存股		(171)		(41,984)	
其他综合收益	(46,799)	(27,478)	70.32%	653	(355)
盈余公积	252,380	237,500	6.27%	255,524	53,591
未分配利润	1,512,571	1,277,152	18.43%	1,654,761	987,183
归属于母公司股东权益合计	3,188,807	2,797,774	13.98%	2,477,532	1,256,384
少数股东权益	731,615	561,498	30.30%	16,220	31,803
股东权益合计	3,920,421	3,359,271	16.70%	2,493,753	1,288,188
负债和股东权益合计	7,611,965	7,055,136	7.89%	2,755,648	2,010,353

表 2-3　利润表

2019 年 12 月 31 日

（单位：万元）

项目	复星医药 2019 年	复星医药 2018 年	增长率	恒瑞医药 2019 年	华润三九 2019 年
一、营业总收入	2,858,515	2,491,827	14.72%	2,328,858	1,470,192
其中：营业收入	2,858,515	2,491,827	14.72%	2,328,858	1,470,192
二、营业总成本	2,714,764	2,355,192	15.27%	1,765,795	1,295,726
其中：营业成本	1,154,342	1,036,531	11.37%	291,294	483,007
税金及附加	25,984	25,584	1.56%	21,634	20,553
销售费用	984,676	848,753	16.01%	852,497	655,028
管理费用	259,078	223,944	15.69%	224,118	94,226
研发费用	204,140	147,961	37.97%	389,634	44,188
财务费用	86,544	72,419	19.50%	(13,382)	(1,275)
其中：利息费用	107,469	92,966	15.60%		441

（续表）

项目	复星医药 2019 年	复星医药 2018 年	增长率	恒瑞医药 2019 年	华润三九 2019 年
利息收入	18,665	14,574	28.07%	12,714	2,277
加：其他收益	31,305	27,671	13.13%	18,971	20,228
投资收益	356,550	181,545	96.40%	30,927	80,486
其中：对联营和合营企业的投资收益	143,141	134,900	6.11%		(35)
公允价值变动收益（损失）	(35,316)	20,436	−272.81%	3,753	61
资产减值损失	(38,997)	(9,719)	301.24%	(547)	(20,944)
信用减值损失	(9,711)	(2,716)	257.54%	(1,323)	(1,194)
资产处置收益（损失）	1,773	(299)	−692.26%	124	(161)
三、营业利润	449,356	353,553	27.10%	614,968	252,943
加：营业外收入	7,738	8,286	−6.61%	81	4,646
减：营业外支出	4,518	3,880	16.45%	9,473	726
四、利润总额	452,575	357,959	26.43%	605,576	256,863
减：所得税费用	78,223	55,971	39.76%	72,931	42,955
五、净利润	374,352	301,988	23.96%	523,645	213,908
（一）按经营持续性分类					
1. 持续经营净利润（净亏损）	374,352	301,988	23.96%	523,645	213,908
2. 终止经营净利润（净亏损）					
（二）按所有权归属分类					
1. 归属于母公司股东的净利润	332,162	270,792	22.66%	532,803	211,249
2. 少数股东损益	42,190	31,196	35.24%	(158)	2,659
六、其他综合收益的税后净额	(21,783)	(66,868)	−67.42%	290	540
归属于母公司股东的其他综合收益净额	(19,321)	(60,854)	−68.25%	365	540
1. 不能重分类进损益的其他综合收益	(1,959)	(18,283)	−89.28%		
2. 将重分类进损益的其他综合收益	(17,362)	(42,570)	−59.22%	365	540
归属于少数股东的其他综合收益净额	(2,461)	(6,015)	−59.08%	(75)	
七、综合收益总额	352,570	235,120	49.95%	523,935	214,448
八、每股收益					
（一）基本每股收益	1.30	1.07	21.50%	1.20	2.16
（二）稀释每股收益	1.30	1.07	21.50%	1.20	2.16

注：（　）内为负数。

由于三家公司的规模不同，为了便于比较，我们将三家公司的资产负债表和利润表标准化，转化为共同比资产负债表和共同比利润表。为了便于展示，我们把共同比资产负债表按照资产和负债及股东权益分成两张表，如表 2-4 和表 2-5 所示，共同比利润表如表 2-6 所示。表内同时列示了复星医药 2018 年的共同比财务报表，除了一年内到期的长期负债和投资收益这两个项目，两年的资产负债表结构和利润表结构变动不大。下面的分析主要是对三家公司 2019 年年末共同比报表的对比。

表 2-4　共同比资产负债表（资产部分）

项目	复星医药 2019 年 （%）	复星医药 2018 年 （%）	增减变动 （＋/－） （%）	恒瑞医药 2019 年 （%）	华润三九 2019 年 （%）
流动资产：					
货币资金	12.52	12.11	0.41	18.30	15.15
交易性金融资产	0.60	0.87	－0.27	30.92	
应收票据	0.32	1.01	－0.69	1.92	
应收账款	5.73	5.14	0.60	17.80	13.68
应收款项融资	0.58				10.64
预付款项	0.55	0.67	－0.12	2.15	0.95
其他应收款	0.53	0.62	－0.09	3.25	3.38
存货	5.18	4.66	0.52	5.83	7.13
其他流动资产	0.79	0.44	0.35	0.80	0.27
流动资产合计	26.80	25.52	1.29	80.97	51.20
非流动资产：					
长期股权投资	27.50	30.37	－2.88		0.07
其他权益工具投资	0.14	0.18	－0.04	0.22	
其他非流动金融资产	2.61	3.55	－0.95	1.96	0.14
投资性房地产					0.07
固定资产	9.74	10.04	－0.30	9.22	16.02
在建工程	4.14	2.89	1.25	5.56	1.94
使用权资产	0.69				
无形资产	10.40	10.14	0.26	1.27	9.00
开发支出	4.00	2.89	1.11		1.44
商誉	11.84	12.55	－0.71		16.68
长期待摊费用	0.21	0.13	0.08	0.56	0.46
递延所得税资产	0.26	0.25	0.01	0.24	0.63
其他非流动资产	1.67	1.49	0.18		2.35
非流动资产合计	73.20	74.48	－1.29	19.03	48.80
资产总计	100.00	100.00	0.00	100.00	100.00

表 2-5　共同比资产负债表(负债和股东权益部分)

项目	复星医药 2019 年 (%)	复星医药 2018 年 (%)	增减变动 (+/-) (%)	恒瑞医药 2019 年 (%)	华润三九 2019 年 (%)
流动负债:					
短期借款	8.35	7.96	0.39		0.15
应付票据	0.32	0.21	0.11		1.58
应付账款	2.83	3.10	(0.27)	4.68	3.52
预收款项				0.81	
合同负债	0.66	0.75	(0.09)		3.97
应付职工薪酬	0.92	0.82	0.10	0.00	3.89
应交税费	1.00	0.68	0.32	0.82	1.55
其他应付款	5.13	4.32	0.81	2.66	18.52
一年内到期的非流动负债	3.37	7.24	(3.87)		
其他流动负债	0.33	0.32	0.00		0.11
流动负债合计	22.91	25.40	(2.50)	8.97	33.29
非流动负债:					
长期借款	9.58	12.23	(2.65)		
应付债券	6.94	5.73	1.22		
长期应付款	0.33	0.59	(0.26)		0.05
长期应付职工薪酬					0.10
预计负债					0.01
租赁负债	0.54				
递延收益	0.55	0.52	0.03	0.44	1.77
递延所得税负债	3.93	4.13	(0.19)	0.09	0.70
其他非流动负债	3.72	3.79	(0.07)		
非流动负债合计	25.59	26.99	(1.39)	0.53	2.63
负债合计	48.50	52.39	(3.89)	9.50	35.92
股东权益:					
股本	3.37	3.63	(0.27)	16.05	4.87
资本公积	15.95	14.95	1.01	6.03	5.87
减:库存股				(1.52)	
其他综合收益	(0.62)	(0.39)	(0.23)	0.02	(0.02)
盈余公积	3.32	3.37	(0.05)	9.27	2.68
未分配利润	19.87	18.10	1.77	60.06	49.10
归属于母公司股东权益合计	41.89	39.66	2.24	89.91	62.50
少数股东权益	9.61	7.95	1.65	0.59	1.58
股东权益合计	51.50	47.61	3.89	90.50	64.08
负债和股东权益总计	100.00	100.00		100.00	100.00

注:( )内为负数。

表 2-6　共同比利润表

项目	复星医药 2019 年 (%)	复星医药 2018 年 (%)	增减 (+/－) (%)	恒瑞医药 2019 年 (%)	华润三九 2019 年 (%)
一、营业收入	100.00	100.00	0.00	100.00	100.00
二、营业总成本	94.97	94.52	0.45	75.82	88.13
其中:营业成本	40.38	41.60	(1.21)	12.51	32.85
税金及附加	0.91	1.03	(0.12)	0.93	1.40
销售费用	34.45	34.06	0.39	36.61	44.55
管理费用	9.06	8.99	0.08	9.62	6.41
研发费用	7.14	5.93	1.20	16.73	3.01
财务费用	3.03	2.91	0.12	(0.58)	(0.09)
其中:利息费用	3.76	3.73	0.03		0.03
利息收入	0.65	0.58	0.07	0.55	0.15
加:其他收益	1.10	1.11	(0.02)	0.81	1.38
投资收益	12.47	7.29	5.19	1.33	5.47
其中:对联营企业和合营企业的投资收益	5.01	5.41	(0.41)		(0.00)
公允价值变动收益(损失)	(1.24)	0.82	(2.06)	0.16	
资产减值损失	(1.36)	(0.39)	(0.97)	(0.02)	(1.42)
信用减值损失	(0.34)	(0.11)	(0.23)	(0.06)	(0.08)
资产处置收益(损失)	0.06	(0.01)	0.07	0.01	(0.01)
三、营业利润	15.72	14.19	1.53	26.41	17.20
加:营业外收入	0.27	0.33	(0.06)	0.00	0.32
减:营业外支出	0.16	0.16	0.00	0.41	0.05
四、利润总额	15.83	14.37	1.47	26.00	17.47
减:所得税费用	2.74	2.25	0.49	3.13	2.92
五、净利润	13.10	12.12	0.98	22.49	14.55
持续经营净利润(净亏损)	13.10	12.12	0.98	22.49	14.55
归属于母公司股东的净利润(净亏损)	11.62	10.87	0.75	22.88	14.37
少数股东损益(净亏损)	1.48	1.25	0.22	(0.01)	0.18

（1）根据共同比资产负债表，三家公司的资产结构存在一定的差异。

复星医药的总资产中，流动资产占比 26.8%，非流动资产占比 73.2%。流动资产的主要构成项目是货币资金、应收账款和存货；非流动资产的主要构成项目是长期股权投资、商誉、无形资产和固定资产。

恒瑞医药的总资产中，流动资产占比 80.97%，非流动资产只占 19.03%。流动资产的主要构成项目是货币资金和交易性金融资产，两项合计占 49.22%，其次是应收账款，占 17.8%；非流动资产主要包括固定资产和在建工程。

华润三九的总资产中，流动资产占比 51.2%，主要是货币资金、应收账款、应收款项融资和存货；非流动资产占比 48.8%，主要是商誉、固定资产和无形资产。

就具体的资产项目看，三家公司的存货相差不多，华润三九的固定资产占比较高，复星医药和华润三九的商誉和长期股权投资较多，这是公司对外并购或参股联营企业与合营企业的结果。恒瑞医药的表内没有商誉和长期股权投资，开发支出余额为零，货币资金和交易性金融资产约占总资产的 49%。

（2）根据共同比资产负债表，三家公司的负债和股东权益部分的结构也存在一定差异。

复星医药的资产负债率为 48.5%，主要负债项目是长期借款、应付债券、短期借款等融资性负债和其他应付款，即外部负债融资。华润三九的资产负债率为 35.92%，主要是其他应付款；恒瑞医药的资产负债率只有 9.5%，且主要是流动负债（其他应付款），股东权益占比非常高，资本结构简单明晰。

从股东权益看，复星医药的股东权益的主要构成项目是资本公积和未分配利润，占总资产的 35%；华润三九的留存收益占比约为 52%，恒瑞医药的留存收益占比约为 69%。留存收益是历年未利润分配的累积，是内源融资，较高的留存收益减少了对外部融资的依赖。

（3）共同比利润表。共同比利润表反映了报告期净利润的构成和主要影响项目。三家公司的营业总收入均为营业收入，但净利润对收入的比例，即营业净利率相差较大，恒瑞医药约为 22.49%，复星医药约为 13.10%。

差异较大的项目主要有三项：一是营业成本率，恒瑞医药的营业成本率为 12.51%，即毛利率约为 87.49%，其他两家公司均超过 30%。由于复星医药有三个主营业务板块，且毛利率差异较大，公司间具有一定的不可比性，需要进一步分析。二是研发费用率的差异，恒瑞医药的研发费用占比最高，华润三九最低，这与研发支出的规模和资本化政策有关。三是投资收益，复星医药和华润三九的投资收益对报告期的净利润影响较大，主要与公司处置股权投资有关，但投资收益具有较大的不确定性。

三家公司的期间费用的比例分别达到 54%、62%、54%，抵销了大部分实现的毛利。医药公司往往在市场营销和研究开发上持续不断地投入巨额资金，因此销售费用和研发费用占收入的比例较高。尤其是销售费用，均占收入的 34% 以上，这是影响利润的主要项目。研发费用的多少与研发支出的资本化会计政策有关，如前所述，恒瑞医药采用了将全部研发支出费用化的做法，因而研发费用占收入的比例较大。

财务报表使用者可以根据共同比财务报表的结果，对公司的财务风险和盈利能力作进一步分析。

二、财务报表分析的其他方法

（一）因素分析法

因素分析法，也称连环替代分析法，是用于分析某财务数据或财务比率变动的影响因素及每个因素的影响程度的一种财务分析方法。进行因素分析时，首先要将财务指标分解为可以计量的具体因素，确定替代顺序，然后顺次用各因素的实际值替代基准值，据以测定各因素对分析指标的影响程度。例如，净资产收益率由销售净利率、总资产周转率和权益乘数三个指标构成，如果报告期净资产收益率比上年发生较大变动或与行业均值之间存在差异，就可以运用因素分析法进行分析，以确定主要的驱动因素或风险点。

（二）综合分析法

综合分析法是以个别财务比率为基础，按照一定的逻辑关系将若干独立的个别财务比率结合在一起，以对企业的经营业绩和财务状况进行综合分析与评价的过程。单项财务比率反映了企业某一方面的财务特征，但财务比率之间并非是独立无关的，商业交易包含的基本经济关系和复式记账原理决定了财务报表各要素项目之间必然存在勾稽对应关系。财务比率之间的联系主要表现在两个方面：一是不同的财务比率包含相同的报表项目，该项目的变动将引起相关财务比率同时变动。例如，营业收入是总资产周转率和营业净利率的计算因子，当收入增长时，总资产周转率和营业净利率都会发生变动；净利率较低的企业通过提高收入以加快资产周转，因而能够保持与净利率较高但周转较慢的企业差不多的盈利能力。二是某些财务比率之间存在包含关系，从而可以利用某些财务比率解释另一些财务比率的变动。例如，总资产收益率可以分解为营业净利率和总资产周转率；净资产收益率可以分解为总资产收益率和权益乘数等。财务比率之间的逻辑关系使得财务报表使用者能够更好地了解企业的经营活动、投资政策和财务政策，了解企业经营业绩的主要驱动因素及竞争优势。

杜邦分析法是最常运用的一种综合分析法。杜邦分析法强调财务比率之间的内在联系，以净资产收益率为核心，将其分解为销售净利率、总资产周转率和权益乘数三个财务比率。比率评分法也是一种综合性分析方法，这种方法是通过选择若干代表性财务比率，分别设定标准值和评分权重，以对实际财务比率进行打分的做法，总分值反映了企业的整体财务状况。

思考与分析

名词解释

财务报表体系	财务报表编制基础	持续经营假设
可靠性	相关性	会计政策
会计政策变更	会计估计	会计估计变更
共同比财务报表	比较分析法	比率分析法

思考题

1. 了解财务报表的编制基础，对于财务报表分析有何意义？

2. 企业在财务报表附注中所作的关于持续经营假设的声明，是否表明企业不存在持续经营重大不确定性的状况？如何判断企业是否处于非持续经营状态？

3. 请简述会计政策和会计估计的含义。财务报表分析时，如何评价企业会计政策和会计估计的选择与变更的恰当性？

4. 企业基本会计准则规定了哪些财务报表信息的质量要求？这些要求是否具有同等的重要性？在实际执行中遇到哪些挑战？

5. 请简述现行财务报表体系的构成及各财务报表之间的勾稽关系。

6. 请简述财务报表分析的局限性，并说明如何弥补这些局限性。

7. 财务报表分析的基本技术有哪些？请解释其含义。

8. 运用比较分析法进行财务报表分析时，如何选择比较基准？

9. 何为共同比财务报表？财务报表分析时，共同比财务报表能提供哪些有用的信息？

案例分析题

⊙ 案例（一）

江西赣粤高速公路股份有限公司（以下简称"赣粤高速"，股票代码：600269），上市地为上海证券交易所。2020 年 4 月 21 日，赣粤高速发布关于会计估计变更的公告，重新调整了每标准车流量应计提的单位折旧额。具体内容如下：

1. 会计估计变更的原因及内容

经国家发展和改革委员会批准，公司昌九高速公路改扩建项目于 2019 年 9 月 30 日正式建成通车。根据《关于同意重新核定南昌至九江高速公路收费年限有关事项的批复》（赣交财务字〔2019〕97 号），同意重新核定昌九高速公路收费年限，核定的收费年限暂定为 30 年，收费起止日为 2019 年 10 月 1 日至 2049 年 9 月 30 日。

根据目前公司会计政策的规定，公司经营的高速公路资产采用工作量法（车流量法）计提折旧，各收费路段的工作量（车流量）由公司聘请独立的专业交通研究机构进行路况及交通量调查，并以此计算每标准车流量应计提的单位折旧额，每年公司按实际车流量与预测车流量孰高原则计算当年应计提的公路资产折旧。公司每三年重新预测剩余收费期的总车流量，并据此调整以后年度应计提的折旧，以保证路产价值在经营期限内全部收回。

公司委托第三方中介机构对昌九高速公路重新进行车流量预测，并出具了《江西省昌九高速公路交通量分析及预测报告》。根据财政部颁布的《企业会计准则第28号——会计政策、会计估计和会计差错更正》和公司会计估计变更等相关规定，公司采用上述报告确定的预测车流量作为折旧依据，重新调整以后年度每标准车流量应计提的单位折旧额。本次会计估计变更起始日为2019年10月1日。

本次会计估计变更后，公司按照第三方中介机构出具的《江西省昌九高速公路交通量分析及预测报告》计提折旧。具体变动情况如表2-7所示。

表2-7　昌九高速会计估计变更具体变动情况　　　　　　　　　　（单位:元）

路段	计提折旧的公路资产价值(2019年9月30日公路净值)	本次会计估计变更前标准车流量单位折旧额	本次会计估计变更后标准车流量单位折旧额	2019年10—12月车流量（按实际车流量与预测车流量孰高计提）	2019年10—12月应计提折旧		会计估计变更对2019年10—12月的公路折旧影响金额
					改扩建完成后不延长收费年限	改扩建完成后延长收费年限	
昌九高速	6,484,056,375	48.93	7.71	5,002,551	44,788,584	8,546,584	(206,241,999)

注:( )内为负数。

2. 会计估计变更对当期和未来期间的影响

根据《企业会计准则》规定，公司对昌九高速公路剩余收费期的车流量进行变更属于会计估计变更事项，应采用未来适用法进行相应会计处理，不进行追溯调整。

本次会计估计变更预计将减少公司2019年10—12月的折旧20,624.20万元，减少营业成本20,624.20万元，增加所得税费用5,156.05万元，增加归属于母公司所有者的净利润15,468.15万元，增加归属于母公司所有者权益15,468.15万元。

讨论与分析:

1. 何为会计估计变更？请解释会计估计变更的原因和会计处理方法。

2. 会计估计变更是否意味着原先的估计是错误的？

3. 请查阅赣粤高速的年度财务报告，分析本案例中的会计估计变更对变更年度和以后年度净利润和净资产的影响。

⊙ **案例（二）**

H公司和S公司是同一细分行业的两家上市公司，两家公司执行新修订会计准则的时间相同。2019年年度的利润表如表2-8所示。

表 2-8　H 公司和 S 公司 2019 年年度利润表　　　　（单位：万元）

项目	H 公司	S 公司
一、营业总收入	20,076,198	8,879,290
其中：营业收入	20,076,198	8,879,290
二、营业总成本	19,262,579	8,861,264
其中：营业成本	14,086,840	7,856,948
税金及附加	80,205	50,673
销售费用	3,368,213	573,043
管理费用	1,011,326	168,961
研发费用	626,694	158,947
财务费用	89,302	52,693
其中：利息费用	174,711	90,444
利息收入	55,022	51,867
加：其他收益	128,221	57,766
投资收益	547,954	25,251
其中：对联营企业和合营企业的投资收益		5,512
公允价值变动收益/（损失）	7,672	(179)
信用减值损失	(15,037)	(6,174)
资产减值损失	(86,058)	(30,309)
资产处置收益/（损失）	48,573	1,219
三、营业利润	1,444,944	65,599
加：营业外收入	39,097	3,678
减：营业外支出	20,981	2,753
四、利润总额	1,463,061	66,524
减：所得税费用	229,622	33,091
五、净利润	1,233,439	33,432
（一）按经营持续性分类		
1. 持续经营净利润（净亏损）	902,153	33,432
2. 终止经营净利润（净亏损）	331,287	
（二）按所有权归属分类	0.3347	0.8189
1. 归属于母公司股东的净利润	820,625	6,056
2. 少数股东损益	412,815	27,376

注：（　）内为负数。

2019 年 12 月 31 日的合并资产负债表和母公司资产负债表中的长期股权投资和股东权益等项目如表 2-9 所示。

表 2-9　H 公司和 S 公司股东权益等具体项目表　　　　（单位:万元）

项目	H 公司		S 公司	
	合并数	母公司数	合并数	母公司数
长期股权投资	2,046,076	3,556,648	274,341	966,578
资产总额	18,745,424	4,960,295	7,398,921	3,103,163
归属于母公司的股东权益	4,788,832		1,302,003	
少数股东权益	1,710,154		811,554	0.3840
股东权益合计	6,498,986	1,898,459	2,113,557	898,885

讨论与分析:

1. 在财务报表分析时，为什么要使用共同比财务报表?

2. 请分别将两家公司的利润表转化为共同比利润表。

3. 请分析和比较两家公司营业利润和净利润的主要影响因素。

4. S 公司的少数股东权益占股东权益的比率约为 38.40%，但少数股东损益占当年净利润的比例高达 81.89%，请分析其可能的原因，并与 H 公司进行比较。

第二部分

经营和战略分析

[主要内容]

行业分析和竞争战略分析

整体战略和商业模式分析

[学习提示]

经营和战略分析是财务报表分析的起点。

不同的竞争战略会形成不同的财务报表特征。

经营和战略分析包括行业分析、竞争战略分析和整体战略分析。

财务报表分析是了解企业经营活动和经营战略的有效方式。

商业模式是企业创造价值的基本原理，盈利模式是商业模式的主要逻辑。

第 3 章

经营和战略分析

1. 了解经营和战略分析的目的和内容
2. 了解行业分析的基本思路
3. 掌握影响行业盈利能力的五力分析法
4. 了解竞争战略的类型并能够识别企业的竞争优势

经营和战略分析就是对企业所处的行业及形成持续竞争优势的战略进行的分析。经营和战略分析的目的是识别企业的主要利润驱动因素和面临的风险，对企业的盈利潜力进行定性评价。Palepu，Healy 和 Bernard 将经营和战略分析作为财务报表分析的起点。他们认为，"分析师可以通过战略分析对公司经营的经济意义进行定性分析，以便后续的会计和财务分析建立在公司现实状况的基础上；也可以通过战略分析确认公司的利润动因和主要风险，从而评估公司当前业绩的可持续性并对未来业绩作出预测。"

企业的经营战略包括行业选择、竞争定位和整体战略。相应地，经营和战略分析包括行业分析、竞争战略分析和整体战略分析三个方面。其中：行业分析主要关注行业的盈利能力；竞争战略分析主要关注个体企业在行业内所采取的竞争策略和形成的竞争优势；整体战略分析主要关注企业的经营范围和多元化经营的程度及其对企业业绩和价值创造的影响。

第 1 节 行 业 分 析

一、行业的分类

对企业进行财务报表分析时，首先必须确定企业所属的行业（industry）。按照《国民经济行业分类》，行业是指"从事相同性质的经济活动的所有单位的集合"。经济活动分为主要活动、次要活动和辅助活动。当一个单位对外从事两种以上的经济活动时，占其单位增加值（如营业收入）份额最大的一种活动称为主要活动；除主要活动以外的对外经济活动，属于次要活动；为了保证主要活动和次要活动正常运转而进行的内部活动，属于辅助活动。一个单位的行业性质是由其主要经济活动确定的。

中国证监会参照《国民经济行业分类》制定的《上市公司行业分类指引》，于 2001 年 4 月份发布，实行三级分类法，包括 13 个门类、91 个大类和 288 个中类。2012 年，证监会又对其进行了修订，将上市公司的经济活动分为门类、大类两级，目前共有 19 个门类（A—S）和 90 个大类（1—90），如表 3-1 所示，限于篇幅，表内没有列出大类名称。例如，农、林、牧、渔业为 A 门类，其下分 5 个大类：01 农业，02 林业，03 畜牧业，04 渔业，05 农、林、牧、渔服务业；制造业为 C 门类，其下共分 31 个大类，包括农副食品加工业、食品制造业、纺织业、医药制造业等。

表 3-1　门类代码与门类名称

门类代码	门类名称	大类代码
A	农、林、牧、渔业	01—05
B	采矿业	06—12
C	制造业	13—43
D	电力、热力、燃气及水生产和供应业	44—46
E	建筑业	47—50
F	批发和零售业	51—52
G	交通运输、仓储和邮政业	53—60
H	住宿和餐饮业	61—62
I	信息传输、软件和信息技术服务业	63—65
J	金融业	66—69
K	房地产业	70
L	租赁和商务服务业	71—72
M	科学研究和技术服务业	73—75
N	水利、环境和公共设施管理业	76—78
O	居民服务、修理和其他服务业	79—81
P	教育	82
Q	卫生和社会工作	83—84
R	文化、体育和娱乐业	85—89
S	综合	90

《上市公司行业分类指引》中对上市公司分类的标准和依据，主要是经会计师事务所审计且已公开披露的合并财务报表中的营业收入或利润数据。具体规定为：当上市公司某类业务的营业收入比重大于或等于 50％时，将其划入该业务相对应的行业；当上市公司没有一类业务的营业收入比重大于或等于 50％，但某类业务的收入和利润均在所有业务中最高，而且均占公司总收入和总利润的 30％（含）以上时，则该公司归属该业务对应的行业类别；不能按照上述分类方法确定行业归属的，由上市公司行业分类专家委员会根据公司实际经营状况判断公司行业归属；归属不明确的，划为综合类。中国证监会每个季末都会公布上市公司的行业分类结果。

我们在前面两章中已经介绍过，复星医药的主营业务分为药品制造与研发、医疗器械与医学诊断、医疗服务三个板块，其 2019 年和 2018 年的营业收入及其占比如表 3-2 所示。很显然，因其药品制造与研发的营业收入占总营业收入的比例在 75％以上，应将其归属于医药制造业，大类代码为 27。

表 3-2　复星医药各业务板块的营业收入及其占比

业务板块	2019 年		2018 年	
	营业收入(万元)	比例	营业收入(万元)	比例
药品制造与研发	2,176,587	76.26%	1,868,134	75.08%
医疗器械与医学诊断	373,581	13.09%	363,886	14.62%
医疗服务	303,992	10.65%	256,296	10.30%
合计	2,854,160	100.00%	2,488,316	100.00%

除了中国证监会提供的行业分类标准外，Wind 资讯公司和中证指数有限公司也建立了各自的行业分类标准。Wind 的行业分类标准借鉴了权威的全球行业分类标准 GICS (Global Industries Classification Standard)，建立了四级行业体系结构。中证指数有限公司则将上市公司分为 10 个一级行业和 25 个二级行业。上海申银万国证券研究所有限公司也建立了自己的行业分类标准。财务报表使用者可根据分析目的选择使用。

确定行业性质是对企业财务报表进行分析的基础。只有确定行业归属后，才能对企业进行行业环境分析、评估企业所在行业的盈利潜力、市场环境和风险、评价企业的经营模式和竞争优势，在进行会计分析和财务分析时，才能确定会计政策和各项财务比率的行业比较基准或选择可比公司。更重要的是，只有了解企业所属行业的商业逻辑，才能对财务报表信息进行恰当解读。

二、行业分析的基本内容

（一）了解行业特征

为了更好地解读财务报表信息，财务报表使用者应了解企业所属行业的特征。黄世忠教授（2007）认为，行业的特征是指特定行业在某一时期的基本属性，它综合反映了该行业的基本状况和发展趋势。[①] 他把行业特征分为竞争特征、需求特征、技术特征、增长特征、盈利特征等五个方面。

一般情况下，财务报表使用者应了解企业所属行业的下列信息：

（1）行业的基本商业逻辑，即该行业提供何种产品或服务（what）、客户是谁（who）、提供产品或服务的方式（how），这些因素构成了行业的盈利模式。

（2）行业的规模和地位，即行业的产出和市场规模及其上游行业和下游行业。同时，还应了解行业中规模最大的企业及所分析企业在行业中所处的地位。

（3）行业的市场结构。一个行业基本上可以分为四种市场结构：完全竞争、完全垄断、垄断竞争和寡头垄断。不同市场的竞争强度和定价模式不同。完全竞争市场中，生产者众多，可以自由进出，没有企业能够影响产品的市场价格；完全垄断市场中，市场被独家企业所控制，产品缺少替代品，垄断者具有定价权；垄断竞争市场中，产品之间存在差异，但生产者对产品价格具有一定的控制能力；寡头垄断市场

---

① 黄世忠．财务报表分析：理论·框架·方法与案例［M］．北京：中国财政经济出版社，2007.

中，大型生产者具有一定的垄断定价能力。

（4）行业的政策环境。影响行业的政策因素包括环境保护、资本监管、税收和财政政策等。这些政策或监管要求可能会鼓励或限制企业开展某些业务活动，或对其产品定价进行干预。

（5）行业所处的生命周期阶段。行业生命周期分为投入期、成长期、成熟期和衰退期等不同的阶段。一个企业的发展空间与行业所处的生命周期是相向的。财务报表使用者可以综合运用产出增长率、利润率、技术成熟度、资本投入规模等因素判断行业所处的生命周期阶段。

（二）获取行业信息的途径

获取行业信息的途径有很多，如国家统计局的统计资料、投资机构和财务分析师的行业研究报告、数据库、财经网站、行业论坛、上市公司披露的年度报告等。在年度报告的"公司业务概要"部分，上市公司应对其所在行业的状况进行分析或说明，这些信息能够使财务报表使用者对该公司所在行业的状况以及企业在行业中的地位获得基本了解。因此，通过年度报告了解行业信息，是行业分析的良好起点。

以下是华润三九和恒瑞医药两家公司在 2019 年年度报告中对行业状况的说明。

恒瑞医药对医药行业情况的说明如下：

（三）行业情况

2019 年，医药制造业规模以上工业企业实现营业收入 23，908.6 亿元，同比增长 7.4%，高于全国规模以上工业企业同期整体水平 3.6 个百分点。发生营业成本 13，505.4 亿元，同比增长 5.7%，高于全国规模以上工业企业同期整体水平 1.6 个百分点。实现利润总额 3，119.5 亿元，同比增长 5.9%，高于全国规模以上工业企业同期整体水平 9.2 个百分点。医药制造营业收入利润率约为 13.05%，较上年同期提升 0.3 个百分点，高于全国规模以上工业企业同期整体水平 7.19 个百分点。（数据来源：国家统计局）

（四）公司行业地位

恒瑞医药是国内知名的抗肿瘤药、手术用药和造影剂的研究和生产基地之一。公司产品涵盖抗肿瘤药、手术麻醉类用药、特色输液、造影剂、心血管药等众多领域，已形成比较完善的产品布局，其中，抗肿瘤、手术麻醉、造影剂等领域市场份额在行业内名列前茅。报告期内，公司作为国内医药创新和高质量发展的代表企业，荣获"全国五一劳动奖状"，并在中国化学制药行业年度峰会中荣获"2019 中国化学制药行业工业企业综合实力百强""2019 中国化学制药行业创新型优秀企业品牌"等众多荣誉。

华润三九对医药行业状况的说明如下：

2. 医药行业发展概况

过去十年，医药卫生体制改革不断深化，基本建立了较为完善的制度框架，取得了重大进展和明显成效。人民健康状况持续改善，人均期望寿命从 2010 年的 74.83 岁提高到 2015 年的 76.34 岁；婴儿死亡率由 2008 年的 14.9‰下降至 2015 年的 8.1‰；医疗卫生投入持续加大，2018 年，全国医疗卫生费用达到 59，121.9 亿元，占 GDP 的比重上升至 6.46%，并呈现不断上升的趋势。

随着经济社会的发展以及医药卫生体制改革的深化，医药行业整体保持了良好的增长趋势，在鼓励创新的政策引导下，行业格局正在发生深刻变化。IQVIA 数据显示，2018 年，医药行业整体市场规模达到 1.34 万亿元，其中，医疗市场占比超过 80%。受创新药在医院终端增长驱动，2019 年前三个季度，医药市场整体增速有所上升，但零售终端增速有所放缓。同时，医药行业集中度较低，竞争激烈。截止到 2018 年，中国医药工业企业共计 7，581 家，排名前 100 的工业企业的市场份额占比 32.5%，仍呈现小而散的格局，行业整合将是大势所趋。互联网及新技术的应用推动了"互联网＋医＋药"的发展模式的探索，线上问诊、购药等服务改善了就医体验，发展潜力巨大。

在政策层面，国家先后出台一系列鼓励创新的重磅文件，包括建立药品优先审评审批制度，推行临床试验备案制和默示许可制，加快创新药通过谈判进入医保等，极大地鼓励了企业创新的热情，创新药数量显著增加。同时，通过仿制药一致性评价、药品带量采购等措施，满足患者的用药需求，降低了医保负担，推动了行业格局的深刻变革。

在中医药方面，国家高度重视中医药的发展，2019 年 10 月颁布的《关于促进中医药传承创新发展的意见》，明确了中医药传承发展的六大方面，对于发挥中医药在维护促进人民健康中的独特作用、推动中药治疗提升和产业高质量发展，提出了具体意见，是中医药发展的长期利好。

随着《"健康中国 2030"规划纲要》的落地，健康理念正在从以治病为中心向以健康为中心转变，医疗卫生投入将进一步加大，预计未来中国医药行业将继续呈现良好的发展态势和巨大的发展潜力。具有研发创新能力、品牌优势以及具有整合能力的企业将在竞争中占据优势地位，具有高临床价值的产品将获得更大的市场空间，赢得行业和市场的认可。

从上述两家上市公司的实例可以看出，每家公司提供的行业信息的内容和详细程度存在较大的差异。如第 1 章所述，管理层对其所讨论和分析的内容具有较大的酌量权。尽管如此，我们仍然可以根据企业的分析，获得对行业环境状况的一些基本了解。从上述两家上市公司的行业情况说明中，我们至少可以获得下列信息，这些信息有助于判断企业的盈利趋势：

（1）行业规模，如收入、利润、公司数量等；

（2）行业发展状态，如增长速度、行业集中度等；

（3）影响行业增长的因素，如人均寿命、医疗卫生体制改革等；

（4）行业政策环境，如药品审批制度、鼓励创新的政策、管制政策、环保政策等；

（5）行业发展模式的转变，如"互联网＋医＋药"的发展模式、线上问诊和购药等。

三、行业的盈利能力

著名战略管理学家迈克尔·波特教授（Michael Porter）将行业定义为由一批为相同的市场生产相似产品或服务的公司的集合。他认为，在行业中存在五种力量，这些力量共同决定了这个行业的盈利能力。管理人员通过评价在行业中发挥作用的力量的相对强度，能够对竞争环境产生新的和重要的认识，有助于形成更好的竞争战略。[①]

波特提出的影响行业盈利能力的五种力量，包括现有企业间的竞争、新进入者的威胁、替代产品的威胁、购买者的议价能力和供应商的议价能力。如图 3-1 所示，前三种力量反映了该行业的实际和潜在竞争程度，决定了某一特定行业获得超额利润的能力；后两种力量决定了行业在投入市场和产出市场上分别相对于供应商和客户的议价能力，决定了其在产业链中的地位及最终可达到的利润水平。

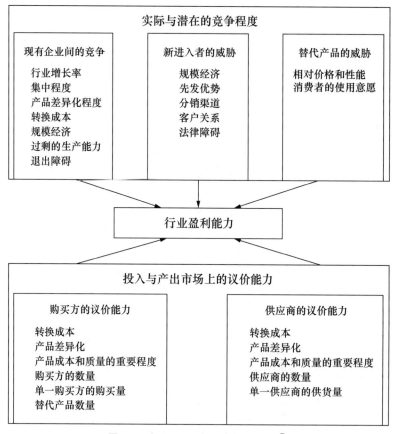

图 3-1　行业盈利能力的影响因素[②]

---

①　大卫·福克纳，克利夫·鲍曼. 竞争战略［M］. 李维刚译. 北京：中信出版社，1997.

②　克里舍·G. 佩普，保罗·M. 希利，维克多·L. 伯纳德. 运用财务报表进行企业分析与估价：教材与案例（第二版）［M］. 孔宁宁、丁志杰译. 北京：中信出版社，2004. 文字表达略有改动.

（一）实际的和潜在的竞争程度

实际和潜在的竞争程度，描述了一个行业内的竞争环境或企业面临的竞争状态，决定了产品的定价模式，而价格是影响收入和利润的一项主要因素。

1. 现有企业之间的竞争

影响行业内的竞争强度的因素包括：行业增长率、行业集中度、差异化程度与转换成本、规模经济、过剩的生产能力与退出障碍等。

从行业增长率看，如果一个行业处于快速增长状态，行业内的现有企业就不需要从其他企业夺取市场份额来获得增长。相反，如果行业处于不增长或低增长状态，现有企业获得增长的唯一方法就是从其他企业那里争夺市场份额。

从行业集中度看，同行业中公司的数量及其规模决定了该行业的集中程度，从而影响行业内各公司的协调定价和采取的竞争方式。

从产品的独特性和转换成本看，如果产品和劳务具有独特性，可以在一定程度上避免直接竞争，并提高客户的转换成本。如果企业的转换成本很低，或者购买者能够不发生损失在各供应商之间进行转换，就可能刺激行业内的价格竞争。

从规模经济或学习成本及成本结构看。陡峭的学习曲线或明显的规模经济效应，会刺激企业之间的竞争。如果产品成本中的固定成本占比较高，企业就存在充分利用生产能力的巨大压力，因而可能采用降低价格以扩大销售的竞争手段。

从剩余生产能力和退出障碍看，如果整个行业产能过剩，且资产专用化程度较高时，企业同样会普遍采取降低价格以充分利用剩余生产能力的做法，避免退出该行业。

2. 新进入企业的威胁

一个行业的新进入者将会改变行业的现有生产能力，并分享现有企业的市场份额，产品价格可能会降低或产品特性会发生改善，从而影响整个行业的盈利能力。影响一个行业新进入企业威胁的因素包括：规模经济、先发优势、分销渠道与客户关系、法律障碍等。

具体地说，如果一个行业存在巨大的规模效应，新进入者将面临明显的成本劣势；行业内的现有企业在行业标准制定、材料供应、经营许可、学习成本等方面往往具有先行优势，并开发和占有既定的分销渠道，使得新进入者必须进行巨额投资；在某些特殊行业，如广播和电信业、出租车行业、医疗服务业等，还存在许可证、专利权、版权等法律限制，对意图进入者形成法律障碍。

3. 替代品的威胁

替代品与现有产品具有相同的功能，因而对现有产品的市场和价格构成威胁。替代品的威胁取决于相互竞争的产品或服务的相对价格和性能，以及消费者使用替代品的意愿。如果替代品的价格比较低，将会抑制现有产品的价格上限，降低现有企业的收入。

（二）投入市场和产出市场上的议价能力

在投入市场，企业与劳动力、原材料和零部件以及资金的供应者发生交易；在产出市场，企业或者将产品直接出售给最终消费者，或者与分销链上的中间商签订合同。在所有这些交易中，投入与产出市场上的相对经济实力对行业中各公司的总体盈利能力均十分重要（Palepu *et al.*，2004）。

1. 购买方的议价能力

购买方的议价能力主要是指其迫使产品价格下降的能力，一般取决于购买方对产品或服务的价格敏感度和相对议价能力。

价格敏感度决定了购买方愿意讨价还价的程度。一般情况下，如果产品不具有独特性且转换成本较低，购买方就拥有较强的议价能力。如果该产品在购买方成本中占比较大，购买方的价格敏感性就较高。此外，该产品对提高购买方产品质量的重要程度也是影响购买方价格敏感性的重要因素。

相对议价能力决定了购买方能够使价格下降的程度。议价能力取决于交易双方放弃该笔交易所需付出的成本。总体看，买方的相对议价能力受到供应商数量、购买方数量和单一购买方的购买数量、替代产品的数量、转换成本以及购买方后向一体化等因素的影响。

2. 供应商的议价能力

供应商的议价能力表现为提高销售价格的能力，与购买方的议价能力是相对的。一般情况下，当供应商数量较少、替代品较少、转换成本较高、产品或服务对于购买方的经营或产品至关重要，或存在前向一体化的可能时，供应商的议价能力就较强。[①]

投入与产出市场上的议价能力，描述了行业或企业在产业链中的相对强势或弱势地位。如果一个行业同时面临强大的供应商和议价能力较强的购买方，它就很难将增加的成本以更高的价格转嫁给购买者，该行业的利润就会受到严重的挤压。同理，如果一个企业相对于供应商或客户具有强大的议价能力，它就能够通过降低进货成本或提高产品售价来获得较高的利润，从而比行业内其他企业具有相对竞争优势，成为行业内的领先者。

财务报表使用者通过对财务报表项目的分析，能够在一定程度上识别企业是否在投入或产出市场上具有议价能力，以及企业在产业链中的地位。

第 2 节　竞争战略分析

一、竞争战略的类型

企业的利益相关者最终关注的是某企业个体的盈利能力和发展前景。Palepu 和

---

① 福克纳和鲍曼认为，"供应商"一词的含义还包括资金和专门技能的提供者。如果一个行业依赖于某些拥有专门技能的人，这些人就能够提出增加收入的要求。福克纳和鲍曼提到了广告代理高度依赖于少数富有创造性的设计人员的例子。在现实生活中，航空公司的飞行员、足球俱乐部的足球明星都是具有较强议价能力的供应商的例子。

Healy 认为，一个企业的盈利能力不仅受到行业结构的影响，也受其在行业中定位时所作战略选择的影响。[①] 竞争战略是企业确定本企业产品或服务在行业内竞争优势和竞争地位的策略，是企业总体战略的一部分。在每个行业中，总有一家或几家企业，因为其成功实施的竞争战略和形成的竞争优势，获得远超过行业平均水平的盈利。迈克尔·波特教授将企业的竞争战略分为成本领先战略、差异化战略和聚焦战略，并认为这些战略都能使企业建立起可持续的竞争优势。下面的内容主要是讨论成本领先和差异化两种竞争战略，聚焦战略的内容安排在第 4 章。

（一）成本领先战略

成本领先战略（cost leadership），是指企业以较低的成本提供与其竞争对手相同的产品或服务。实行成本领先战略的企业的目标，是成为行业中成本最低的制造商、销售商或服务提供商。在成本最低的情况下，只要其销售价格与行业平均水平相差不多，就能够获得稳定的且高于行业平均水平的利润。低成本提高了企业的安全边际，在产品价格降低时，使企业仍能够保持一定的盈利水平，因而是一种有效的防御和竞争手段。实施低成本战略的企业往往具有较大的经营规模或较高的市场占有率，通过规模经济实现降低成本的目的。因此，低成本战略为行业外的新进入者设置了巨大的障碍。

实行成本领先战略的企业把控制成本作为管理的重点。获取成本领先的方式有很多种，包括规模经济、范围经济、简洁的产品设计、较低的研究开发费用和营销费用、严格高效的成本控制系统等。制造业、商品流通业、航空运输业等都存在低成本运营的范例。制造业企业可以通过大批量生产以降低产品的生产成本；零售企业通过增开店面和扩大规模降低进货成本；廉价航空公司通过缩小座椅间距、增加客运量、减少附加服务等降低运营成本。

（二）差异化战略

差异化战略（differentiation），是指企业提供独特的产品或服务，以满足特定目标客户的需求，这种独特性通常是客户认为重要的某一个或多个特征。差异化战略的实施方式包括提高产品质量、增加产品种类、提高服务品质、缩短交货时间等。差异化的产品或服务能够最终形成某种独特的品牌，并与行业内的其他企业生产的产品或提供的服务相区别。差异化产品的目标客户群体是特定的，其价格和成本往往高于行业平均水平，但只要差异化带来的溢价超过实施差异化战略的成本，就能获得高于行业平均水平的回报。

实施差异化战略的企业通常在研究开发、工程技术和市场推广方面进行大量的投资，致力于打造和不断推出独具个性或品质的产品或服务，驱动市场需求和消费，培养顾客对品牌的忠诚度。因此，差异化战略属于进攻型战略。各行业中都存在能够提

---

① 克蕾沙·G. 帕利普，保罗·M. 希利 . 经营分析与评价（第四版）. 朱荣译 . 大连：东北财经大学出版社，2008.

供差异化产品或服务的企业，即使在竞争非常激烈的电子产品行业和汽车行业，也是如此。

竞争战略是总体战略的一部分，一个企业选择了某种竞争战略并不意味着其会自动获得竞争优势。Palepu 等认为，为了取得竞争优势，公司必须具有执行并保持所选战略的核心能力，并以适当的方式构造其价值链。核心能力是指公司所拥有的经济资产，而价值链是公司将投入转换为产出所执行的一系列行动。

竞争战略必须具有独特性，难以被其他企业所模仿。如果企业的竞争战略能够很容易地被竞争对手所复制，就无法形成竞争优势。企业的竞争策略可能是众所周知的，但只有其"一直被模仿，从未被超越"时，才具有独特的能够获得超额收益的竞争优势。资源基础理论认为，企业的竞争优势可能根源于其所拥有的某种特殊资源，这种特殊资源能够给企业带来经济租金，同样不易被模仿和超越。如品牌、自然资源、产品市场和资本市场的声誉、有经验的管理团队、训练有素的员工、企业文化等。对于科技型公司，学习和知识管理能力也是难以被模仿的特殊资源。总而言之，公司的核心能力、价值链的独特性以及难以被竞争对手模仿的程度决定了其竞争优势的可持续性。

几乎所有能够使企业获得超额利润的资源最终都会凝结成品牌这种外在的显性形式，并获得产品市场、资本市场和劳动力市场的一致认可，最终为企业带来价值。Palepu 等认为，"品牌产品能够通过以下方式为其所有者创造价值：（1）花费低于竞争对手的营销费用，因为市场对产品的认知度高；（2）与分销商和零售商形成合力，因为客户希望他们持有该品牌；（3）使产品价格高于竞争对手，因为客户对产品价值有较高的认知。与专利权和版权不同，品牌没有使用期限的限制。如果经营得好，品牌可以成为企业的永久性资产。"某种优势资源或品牌的形成，通常是企业长期投入和不断积累的结果，但在会计处理上，这些支出在发生时可能没有资本化，而是作为费用计入当期损益。

低成本战略和差异化战略并非不可融合。实施差异化战略的企业也会努力控制成本，实施成本领先战略的企业也不会拒绝提高价格带来的盈利机会。波特教授认为，每种基本战略都是企业创造和保持竞争优势的独特方法。假如一家企业能同时实现成本领先和差异化战略，因利益具有累积效应，其回报将不可限量，但同时具有成本领先和差异化的机会可能是暂时的。

二、竞争优势的识别

投资者在分析企业的经营业务和竞争战略时比较关注的问题可能包括两个方面：其一，如何通过财务报表识别企业的竞争优势。不同的竞争策略会使财务报表具有不同的表现特征。如果企业实施了某种竞争战略并形成了相应的竞争优势，一般能够通过财务报表数据进行验证。其二，企业的竞争优势是否具有持续性。那些最基本的能够使企业保持长期稳定的竞争优势和获得超额利润的竞争力就是企业的核心竞争力。

企业的竞争优势可能因为各种原因丧失，如被竞争对手模仿甚至被超越、新技术或新规则的出现、客户需求的变化等。尤其是随着互联网和信息技术的发展，许多新兴产业应运而生，企业不仅面临来自行业内部的竞争，还面临来自行业外部的威胁。只有在研究开发、设计、生产、服务等方面持续投入，才能保持竞争优势。

实施成本领先战略和差异化战略的企业，具有不同的盈利逻辑。从实现利润的途径看，差异化战略侧重于价格端，成本领先战略侧重于成本端，因而其财务报表尤其是利润表的结构存在一定的差异。

（一）成本领先战略下的财务报表特征

成功实施低成本战略的企业，能够以较低的价格提供产品或服务吸引客户，致力于"薄利多销"。总成本最低战略是个系统工程，是在保证产品和服务质量的基础上，控制直接成本和期间费用，同时提高经营效率，加快资产周转。因此，财务报表数据通常具有下列特征：

（1）由于提供较低价格的产品或服务，毛利率较低。

（2）由于客户知晓企业的低价运营模式，销售费用率一般较低。

（3）产品或服务的类型可能比较固定，因而研发费用率较低。

（4）为了达到一定的利润水平，企业需要提高运营效率，提高总资产周转速度。

（5）为了保持低成本优势，必须具备一定的规模，不断扩大生产或运营能力，如不断进行固定资产投资或增开店面，或进行并购。

（二）差异化战略下的财务报表特征

一般来说，与同行业公司相比，成功实施差异化战略的企业，由于其产品或服务的独特性，能够向客户要求高于同类产品或服务的价格，在产业链上具有相对强势的地位。其财务报表数据通常具有下列特征：

（1）能够以较高的价格出售产品或服务，毛利率较高；

（2）为了保持产品知名度和增强客户体验，渠道维护投入多，销售费用率较高；

（3）在竞争激烈的市场上，可能需要不断推陈出新，研发费用率较高。

（4）由于价格高于同类产品，客户群体和市场占有率有所局限，总资产周转速度较慢。

（5）占用客户和供应商的资金。

不管是低成本战略还是差异化战略，只要形成某种竞争优势和稳定的市场份额，企业就可能获得高于行业平均的投资回报。由于相对于客户或供应商具有较强的议价能力，能够及时收回货款，现金流动较快，应收债权较少或预收款项较多，或者具有较长的应付账款周转期，因而具有较高的正值经营活动现金流量净额。

思考与分析

名词解释

经营和战略分析	竞争战略	行业分析
供应商议价能力	成本领先战略	差异化战略
竞争优势	行业盈利能力	

思考题

1. 请试述财务报表分析时需要进行经营和战略分析的原因及其内容。
2. 请简述影响行业盈利能力的五种力量。
3. 何谓竞争战略？企业可以采取的竞争战略有哪些？
4. 如何从财务报表中识别企业采取的竞争战略和形成的竞争优势？
5. 请举实例分析实施差异化战略企业的财务报表特征。
6. 请举实例分析实施低成本战略企业的财务报表特征。
7. 低成本竞争战略是否意味着价格一定要低于竞争对手？

案例分析题

⊙ 案例（一）

春秋航空股份有限公司（以下简称"春秋航空"，股票代码：601021），是中国首批民营航空公司之一，主要从事国内、国际及港澳台航空客货运输业务及与航空运输业务相关的服务。与全服务航空公司不同，春秋航空定位于低成本航空经营模式，凭借价格优势吸引大量对价格较为敏感的自费旅客以及追求高性价比的商务旅客构成的细分市场客户。截至 2019 年年末，春秋航空已经拥有 93 架 A320 飞机、210 条国内外在飞航线和 93 个国内外通航城市，是国内载运旅客人次、旅客周转量最大的民营航空公司之一，同时也是东北亚地区领先的低成本航空公司。

以下资料是春秋航空 2019 年年度的利润表（部分）、资产负债表的部分项目和经营活动现金流量净额的数据。为了便于比较，我们同时提供了东方航空、南方航空、中国航空等三家航空公司的相关数据。

表 3-3　2019 年年度利润表（部分）　　　　　　（单位：百万元）

项目	春秋航空	东方航空	南方航空	中国国航
一、营业收入	14,703	120,860	154,322	136,181
二、营业总成本				
其中：营业成本	13,127	107,200	135,668	113,246
税金及附加	6	307	348	274
销售费用	242	6,348	7,923	6,637
管理费用	149	3,784	4,040	4,445
研发费用	101	160	352	491
财务费用	213	6,332	7,460	6,169
其中：利息费用	318	5,169	5,845	4,949
利息收入	146	96	74	163
加：其他收益	1,230	6,324	4,084	3,643
投资收益	50	368	225	538
公允价值变动收益（损失）	(16)	25	265	0
信用减值损失	(32)	(16)	(13)	(41)
资产减值损失	(4)	(4)	(38)	3
资产处置收益（损失）	4	38	148	116
三、营业利润	2,096	127,595	158,993	9,178
加：营业外收入	96	876	924	237
减：营业外支出	2	38	56	310
四、利润总额	2,189	128,433	159,861	9,105
减：所得税费用	514	819	975	1,853
五、净利润	1,675	127,614	158,886	7,252
持续经营净利润	1,675	3,483	3,095	7,252
归属于母公司股东的净利润	1,841	3,195	2,651	6,409

注：（　）内为负数。

2019 年经营活动现金流量净额与总资产、净资产等的年末余额如表 3-4 所示。

表 3-4　2019 年经营活动现金流量与资产负债表的部分项目　（单位：百万元）

项目	春秋航空	东方航空	南方航空	中国国航
经营活动现金流量净额	3,436	28,972	38,122	38,340
归属于上市公司股东的净资产年末余额	15,039	66,765	63,863	93,506
总资产年末余额	29,367	282,936	306,646	294,254
固定资产年末余额	11,546	95,573	84,374	88,890
使用权资产年末余额	—	127,361	149,941	116,827

讨论与分析：

1. 何谓低成本竞争战略？如何实现低成本竞争战略？

2. 拥有低成本竞争优势的财务报表具有哪些特征？

3. 请根据上述资料计算四家航空公司的有关财务比率或财务指标，并分析对比春秋航空的低成本竞争战略的实施效果。

4. 请分析成功实施低成本战略需要具备的条件。

⊙ 案例（二）

以下是两家上市公司的年度报告中关于核心竞争力的描述。

上海汽车集团股份有限公司（以下简称"上汽集团"，股票代码：600104），2019年的营业收入为 8,265 亿元，比上年同期减少 6.88%，基本每股收益为 2.191 元，加权平均净资产收益率为 10.53%。上汽集团在年度报告的"公司业务概要"部分中对公司的核心竞争力的分析如下：

一是国内领先的市场竞争优势。公司整车产销规模多年来一直保持国内领先地位，产品覆盖各主要细分市场，生产制造基地遍布全国，销售服务网络点多面广，有利于公司持续提高市场影响力和对用户需求的快速响应能力。

二是协同融合的产业体系优势。公司是国内汽车产业链布局最完整、体系综合实力最强的汽车企业，并且瞄准汽车行业发展新趋势，推进实施"电动化、智能网联化、共享化、国际化"的"新四化"发展战略，在新能源汽车、智能网联汽车、移动出行服务等核心技术关键领域进行了全面布局，并努力将创新技术优势向海外溢出，实现差异化竞争，通过整体协同、四化融合，加快构建面向未来、具有全球竞争力的业务生态体系。

三是持续提升的创新能力优势。公司已建立起全球联动的自主研发体系，自主创新能力以及合资企业的本土化研发水平占据国内领先地位；新能源汽车自主掌控核心技术，互联网汽车研发和产品应用全球领先，智能驾驶关键技术领域全面布局，移动出行服务、汽车金融服务、汽车产业链服务等领域创新能力突出，业务规模和服务能力处于国内行业领先地位。

贵州茅台酒股份有限公司（以下简称"贵州茅台"，股票代码：600519），2019 年的营业收入为 854 亿元，比上年同期增长 16.01%，基本每股收益为 32.80 元，加权平均净资产收益率为 33.09%。贵州茅台在其年度报告的"公司业务概要"和"经营情况讨论与分析"部分分别描述了公司的核心竞争力和竞争优势。

报告期内核心竞争力分析如下：

公司拥有著名的品牌、卓越的品质、悠久的文化、厚重的历史积淀、独特的环境、特殊的工艺等优势组成的核心竞争力。报告期内公司核心竞争力未发生重大变化。

关于公司未来发展的讨论与分析如下：

（1）格局和趋势。在白酒行业由高速度增长迈向高质量发展的新阶段下，行业主要呈现以下三个发展趋势：一是品质至上，在居民收入提高和消费持续升级的背景下，以名优白酒为代表的品质消费，更加契合消费者日益增长的美好生活需要；二是分化加剧，市场竞争逐步进入挤压式增长和结构性繁荣新常态，大酒企、名优品牌市场竞争优势更加明显；三是集中度提升，行业市场份额将加速向优势品牌、优势产能和优势产区集中，行业结构不断升级，整体格局不断优化，业内外整合活动日趋频繁。

（2）公司竞争优势。一是公司拥有著名的品牌、卓越的品质、悠久的文化、厚重的历史积淀、独特的环境、特殊的工艺等优势所组成的核心竞争力，是公司良性发展的坚实基础；二是公司拥有实力雄厚的管理、技术和营销团队以及精通制酒、制曲、勾兑、品评的工匠队伍，是公司永葆核心竞争优势的坚强保障；三是公司拥有稳定的消费人群、忠实的"茅粉"群体、成熟的销售体系，抗风险能力强，发展基础稳固。

讨论与分析：

1. 请解释竞争优势与核心竞争力的含义。

2. 请查阅年度报告和有关资料，分析上汽集团的核心竞争力。

3. 请查阅年度报告和有关资料，分析贵州茅台的核心竞争力。

4. 请比较上汽集团和贵州茅台的核心竞争力的差异。试对两家公司如何保持各自的竞争优势提出一些建议。

第 4 章

整体战略与商业模式分析

1. 了解聚焦战略和多元化战略的特点
2. 掌握根据财务报表识别多元化经营的方法
3. 了解商业模式的定义和类型
4. 了解资产配置与商业模式的关系

第 1 节　整体战略分析

一、整体战略的分类

整体战略是指企业的业务单元所跨的行业范围，而竞争战略是指企业业务或产品层次的战略。从企业整体层面看，有的企业专门经营一种业务，有的企业则从事多种经营活动。整体战略涉及如何配置企业的资源。规划良好的整体战略可以将特定的资源配置于不同的经营业务中，以降低企业的整体运营成本或增加整体收入。一般情况下，整体战略分为聚焦战略和多元化战略两种类型，整体战略分析即是对企业是通过专一化经营还是通过多元化经营创造价值的分析。

（一）聚焦战略

聚焦战略（focus strategy），又称作集中型战略或专一化战略，是指把经营战略的重点放在一个特定的细分目标市场上，为特定地区或特定购买者群体提供特定的产品或服务。

实施聚焦战略的企业，一般通过集中其资金、技术、人力、管理等资源，为某一细分市场提供产品或服务。由于经营的专一化，企业能够以更高的效率提供更好的产品或服务，更容易在成本领先或差异化方面构建起竞争优势，形成可识别的核心竞争力，获得更高的市场占有率，从而超越业务多元化的竞争对手。但专一化经营企业的成长性取决于目标市场的增长。如果目标市场发生变化，如市场萎缩，或者出现势均力敌的竞争对手，企业经营很可能会陷入困境。

（二）多元化经营战略

多元化经营战略（strategy of diversification），是指企业不局限于一种产品或一个行业，而是在多个相关或不相关的产业领域同时经营多项不同业务的战略。多元化经营可以分为相关多元化经营和非相关多元化经营。

1. 相关多元化经营

相关多元化经营是指当企业开发新产品和进入新市场时，选择与现有经营存在共性或战略匹配关系的新业务。相关多元化经营可以将现有的专有技能、生产能力或者技术转移到新的经营中去，因而提供了实现规模经济或协同效应的可能性。

相关多元化经营又可以分为不同的类型，如同心多元化经营，即利用原有生产技术制造与原有产品用途不同的新产品；水平多元化经营，即生产新产品销售给原市场的客户；垂直多元化经营，即前向一体化经营或后向一体化经营。成功的相关多元化易于形成规模经济，从而降低企业的整体成本并增加企业的整体利润，或因降低投资成本而提高投资回报率。

相关多元化经营的优势主要来源于协同效应，在一定程度上解决了现有业务的下列问题：（1）现有的业务部门拥有转移给其他业务部门或企业的生产技术和资源，从而提供了实现协同效应的机会。（2）企业已建立起强大的品牌知名度，如腾讯、小米、可口可乐等，品牌是一种可以转移的资源，多元化后仍能够利用或增强这种品牌效应。（3）企业具有强大的营销和服务能力，能够利用现有营销资源开拓新市场，或将多个业务单元的研究开发、服务、营销等结合在一起。（4）企业存在剩余的产能，利用多元化可以解决产能过剩问题并转移可以利用的资源。

许多企业通过收购或兼并完成多元化进程，这种情况下，企业可能面临的风险包括：其一，所谓的相关性和协同效应可能根本就不存在，甚至是操纵数据的结果。其二，即使协同效应存在，也可能因为执行不力无法达到预期的效果。其三，由于产业相关性较高，购并业务很可能会触犯反垄断的有关法律。

2. 非相关多元化经营

非相关多元化是指企业的新经营与原有产品或业务没有相关之处。这种多元化战略下，两种经营在市场、分销渠道、生产技术及研发资源等方面缺少"共性"，缺少通过交换或转移生产技术和资源而产生协同效应的机会。

一个企业进入非相关领域的原因可能是基于以下的考虑：（1）管理或分配现金流。即通过并购一家"现金牛"（cash cow）企业以获取充裕的现金流，从而降低对举债或股权融资的需求，也可能是为了利用过多的现金存量进行投资。（2）进入高投资回报率前景的行业或高速发展的行业，以提高企业的资本收益率。（3）抓住以较低的价格收购另一家企业的机会，获得较高的投资回报率。（4）分散风险，通过非相关多元化降低企业对单一产品或业务的过度依赖。当多元化经营企业中的各个部门之间的相关性较低时，就会呈现较高水平的共同保险效应，从而降低企业的系统性风险水平。（5）多元化经营企业创造了一个很大的内部资本市场，能够创造更多的净现值为正的投资机会，有效解决企业投资不足的问题。

多元化战略是一个使企业偏离其现有市场、产品或核心能力的发展战略，非相关多元化意味着企业进入了一个不同的行业，面对不同的市场和客户，运用不同的技术和管理策略。波特教授认为，企业在进行多元化决策时应考虑三个问题：其一，所进入的行业的前景如何？如其盈利潜力不明显，则进入该行业会有非常高的风险；其二，进入该行业需要的投资是多少？企业应该确保其盈利能弥补多元化的支出；其三，企业是否会比多元化经营之前更好？如果不能通过多元化获得竞争优势，应避免这种战略。彼得·德鲁克认为，所有成功的多元化经营都有着相似的核心，如相似的市场、技术或生产方式。如果缺少这些条件，仅靠财务关系（financial ties）并不能使多元化经营获得成功。因此，多元化经营可能是企业的机会，也可能是威胁。如果新经营与原经营业务之间存在一个真正合理的"共性"，将有助于提高多元化经营成功的概率，否则企业就应存在其他合理的原因，以支持其多元化战略决策。

对于专一化经营战略和多元化经营战略孰优孰劣，存在不同的观点。一般认为，如果企业产品或业务单一，对该产品及其市场和客户就会产生过多的依赖性，增加企业的经营风险和生存风险。但专一经营下的主营业务清晰，能够使企业全力专注于某一领域，形成核心竞争力，构筑起所谓的"护城河"。实务中，专一化经营的成功企业比比皆是，如微软、贵州茅台、福耀玻璃等，都是主营业务非常集中但业绩良好的公司。多元化经营的主要好处是分散经营风险，并可能形成若干个利润增长点。但多元经营分散了企业的有限资源、研究开发力量和管理力量，难以在每个领域都形成核心竞争力。实务中，许多大型集团实施的是混合多元化经营战略，既包括相关多元业务，也包括非相关多元业务。

二、整体战略的识别与分析

（一）多元化经营对财务报表分析的影响

前面关于企业战略的讨论主要是基于管理的视角。财务报表使用者在阅读财务报告时，应首先对企业的整体战略进行基本了解，识别企业采取的是专一化经营战略还是多元化经营战略；如果是多元化经营，应了解各业务单元之间是否存在相关性，以及每个业务单元的收入和盈利能力。需谨记在心的是，多元化经营企业创造的价值未必高于单一经营企业，而多元化经营的风险未必低于单一经营企业。多元化经营有可能是管理层机会主义和过度投资驱动的结果。Palepu 等（2004）认为，通过多种经营战略创造价值实际上很困难。他们对通过并购形成多元化经营后引起的股价减损提供了三种解释："首先，经理对多元化经营和扩张的决策通常受到组织规模最大化而非股东价值最大化愿望的驱动；其次，多元化经营公司受到代理问题的影响，从而导致次优投资决策和较差的经营业绩；最后，资本市场发现难以监控和估价多种经营组织，因为对各经营部门业绩的披露不充分。"因此，财务报表使用者应通过财务数据而不是仅仅根据管理层的描述来分析和评价企业的经营战略对经营业绩的影响。

对于财务报表使用者来说，多元化经营增加了会计分析和财务分析的难度。尽管年度报告的"公司业务概要""经营情况讨论与分析"和"分部报告"部分披露了企业多元经营业务的信息，这些信息可能不足以对各经营单元的业绩和风险进行完整的评价。财务报表使用者在分析多元化经营企业的财务报表时可能会遇到一些技术障码，且很难提出完美的解决方案。这些技术障碍包括：

（1）如何选择企业所属的行业及行业比较基准；

（2）如何透过财务报表识别企业的核心竞争力；

（3）如何确定企业各业务单元面临的风险及其对企业整体盈利能力的影响；

（4）如何识别企业的利润增长潜力，并预测未来的业绩增长趋势，等等。

（二）企业主营业务的异质性与多元化经营的识别

财务报表使用者可以借鉴学术文献中衡量企业多元化经营的方法。这些方法中所适用的标准包括：

（1）公司业务涉及的行业数量。当涉及的行业数量大于 1 时，即可判定该公司属于多元化公司。

（2）熵指数，即公司在某个行业的收入占总收入的比重。各经营单元的收入比例差距越小，行业分散度越高，多元化程度就越高。

（3）赫芬达尔指数，即各经营单元的收入占公司总收入之比的平方之和。当指数为 1 时，企业经营单一产品或行业；指数越接近于 0，企业的多元化程度越高。

一般意义上的多元化经营是指主营产品的多元化，即企业的业务跨越了相关或不相关的多个行业，产品进入多个异质市场。主营业务产品结构一般分三种情况：一是单一产品单一行业；二是多种产品但属于同一行业；三是多种产品且跨多个行业。后两种情况表示企业的产品或业务存在一定的异质性。如果以主营业务收入中产品的品种数和各类产品收入的比例作为企业是否多元化经营的主要判断标准，上述三种情况大致属于专一化经营、横向多元化经营和纵向多元化经营。这里的行业分类可以参照中国证监会的《上市公司行业分类指引》中的两位数行业分类代码或其他的行业分类标准，或者细分行业标准。

[**例**] 表 4-1 列举了 6 家上市公司 2018 年财务报告中的收入数据。这 6 家公司的主营业务收入占营业收入的比例均在 95％以上，因此，可以根据主营业务的行业构成或产品构成来了解企业的经营多元化程度。如复星医药的主营业务包括药品研制与开发、医疗服务、医疗器械与诊断三个业务板块，涵盖实物产品和服务业务，各类经营产品或服务的用途不同，但具有一定的相关性。比亚迪的主营产品包括二次充电电池及光伏、手机部件及组装、汽车及相关产品，分属电子元器件制造业、日用电子器件制造业、交通运输设备制造业，在主营业务收入中的占比分别为 6.88％、32.47％、58.44％，也属于多元化经营。复旦复华的主营业务包括工业、软件开发业、房地产业，收入占比分别为 48.58％、20.72％、30.70％，属于典型的跨界多元化经营。贵州茅台的主营产品是酒类，主要是茅台酒；福耀玻璃的主营产品是玻璃，包括汽车玻璃和浮法玻璃；东方航空的主营业务是航空运输，以客运为主，可以认为属于专一经营企业。

表 4-1　营业收入的行业结构

公司	营业收入（亿元）	主营业务收入（亿元）	主营业务收入占比	主营业务的行业构成或产品构成（占主营业务收入的比例）
复星医药	249.18	246.98	99.12%	药品研制与开发（75.08%）、医疗服务（10.30%）、医疗器械与诊断（14.62%）
比亚迪	1,300.55	1,238.45	95.23%	电子元器件（6.88%）、日用电子器件（32.47%）、交通运输设备（58.44%）的制造、其他（2.21%）
复旦复华	13.96	13.82	98.96%	工业（48.58%）、软件开发（20.72%）、房地产（30.70%）
东方航空	1,149.30	1,097.87	95.53%	航空运输：客运（94.7%）、货邮运输（3.3%）、其他（2%）
贵州茅台	736.39	735.65	99.90%	酒类：茅台酒（89.02%），其他系列酒（10.98%）
福耀玻璃	202.25	198.84	98.31%	玻璃：汽车玻璃（84.86%）、浮法玻璃（14.12%）、其他（1.02%）

注：福耀玻璃的产品收入比例为未抵销数。

第 2 节　商业模式分析

一、商业模式的界定

（一）商业模式的定义

企业要在经营活动中实施其制定的经营战略并取得预期效果，应建立一套适合的商业模式。商业模式（business model），或称为经营模式，通常用于描述一个企业的商业逻辑。但对于如何定义商业模式，存在多种观点。魏炜和朱武祥（2016）认为，商业模式是基于利益相关者的交易结构，包括交易主体（谁参与交易）、交易方式（怎么交易）和交易定价（如何收支）三个方面的内容。[①] 商业模式是基于交易结构的效率乘数，不同的商业模式存在效率上的差异。他们认为，一个好的商业模式能够为企业及其利益相关者创造最大的价值。Zott 和 Amit 认为，商业模式描述了一个组织与外部利益相关者的联系，以及与这些利益相关者进行经济交换并为所有这些交易伙伴创造价值的方式。

Osterwalder 和 Pigneur 在《商业模式新生代》（*Business Model Generation*）一书中用商业模式画布（business model canvas）来描述并定义商业模式，认为"商业模式描述了企业如何创造价值、传递价值和获取价值的基本原理"。企业的商业活动包括客户、产品服务、基础设施、财务生存能力等四个主要方面，商业模式就像一个为

---

① 　魏炜，朱武祥. 商业模式案例与公案教学［M］. 北京：机械工业出版社，2016 年.

实现商业活动目标而制定的战略蓝图。他们认为，任何一种商业模式都可以通过九个基本构造块（building blocks）进行描述和定义。这九个构造块的简要含义如下：

（1）客户细分（customer segments）。用以描绘企业想要接触或服务的不同人群或组织。客户细分群体的类型包括大众市场、利基市场、区格化市场、多元化市场、多边平台等。客户是所有商业模式的核心。企业必须定义客户细分群体，以设计相应的商业模式。

（2）价值主张（value propositions）。用以描绘为特定客户细分群体创造价值的系列产品和服务。价值可以是定量的（如价格、服务速度），也可以是定性的（如设计、客户体验）。价值主张通过迎合细分群体需求的独特组合来创造价值。

（3）渠道（channels）。用以描绘公司如何接触、沟通客户传递其价值主张。任何渠道都要经历认知、评估、购买、传递、售后等五个阶段。渠道可以分为直销渠道和非直销渠道、自有渠道和非自有渠道等，每种渠道都具有不同的有效性和成本效益，需要企业整合。

（4）客户关系（customer relationships）。用以描述企业与特定细分群体建立的关系类型，如个人助理型、专用个人助理型、自助服务型、自动化服务型、社区型、共同创作型等。建立客户关系的目的是获取和维系客户并提升销售额。

（5）收入来源（revenue streams）。用以描绘公司从每个客户群体获得的现金收入。一个商业模式可以包含两种不同类型的收入：客户一次性支付形成的收入和客户为了获得价值主张与售后服务而持续支付的费用。收入的方式包括资产销售、使用收费、订阅收费、租赁收费、授权收费、经纪收费、广告收费等。如果客户是商业模式的心脏，收入来源就是动脉。

（6）核心资源（key resources）。用以描绘商业模式有效运转所必需的最重要因素。核心资源包括实体资产、金融资产、知识资产、人力资源等，可以是自有的，也可以是租借的。如微芯片制造商需要资本集约型的生产设施，而芯片设计商则更关注人力资源。

（7）关键业务（key activities）。用以描绘为了确保商业模式的运行，企业必须实施的最重要的活动。如制造产品、问题解决方案、平台、网络等。

（8）重要合作（key partnerships）。用以描绘使商业模式有效运行所需要打造的合作关系。重要的合作关系通常包括：与非竞争者之间的战略联盟关系，与竞争者之间的战略合作关系，为开发新业务构建的合资关系，为确保可靠供应构建的购买方—供应商关系等。合作关系的动机主要是优化商业模式和形成规模经济效应、降低风险和不确定性、获取特定业务等。

（9）成本结构（cost structure）。用以描绘运营一个商业模式所引发的所有成本。成本驱动的商业模式注重在所有环节尽可能地节省成本，创造和维持最经济的成本结构，因而采用低价的价值主张、最大限度自动化和广泛外包，如廉价航空公司就是以成本驱动商业模式为特征的。而价值驱动的商业模式专注于创造价值，如豪华酒店的特点是采用增值型的价值主张和提供高度个性化服务。

从上述九个构造块的具体内容可以看出，商业模式涵盖了企业的价值链构造和盈利模式，体现了企业所拥有的低成本竞争战略或者差异化竞争战略。

（二）商业模式的类型

Osterwalder 和 Pigneur 还提出了商业模式的五种类型：非绑定式商业模式，长尾式商业模式，多边平台式商业模式，免费式商业模式，开放式商业模式。

非绑定式商业模式，是指企业存在三种不同的基本业务类型：客户关系型业务、产品创新型业务和基础设施型业务，每种业务类型都包含不同的经济驱动因素、竞争驱动因素和文化驱动因素。这三种类型可能同时存在于一家公司内，但理论上这三种业务可分离成独立的实体，以避免冲突。

长尾式商业模式，其核心是多样少量，为利基市场提供多种产品，但每种产品的销量可能较少，即利基产品需要低库存和强大的平台。

多边平台式商业模式，是指将两个或两个以上有明显区别但又相互依赖的客户群体集中在一起，通过促进各客户群体之间的互动来创造价值的模式，如谷歌通过搜索引擎形成的平台赚取广告收入就属于这种模式。

免费式商业模式，是指有一个庞大的客户细分群体可以享受持续的免费服务，如在人流量庞大的地铁站投放免费报纸，但通过在报纸上刊登广告以赚取收入的模式。

开放式商业模式，是指企业通过与外部伙伴的系统合作，"由外到内"地引入外部创意，或者"由内到外"地将企业内部闲置的创意和资产提供给外部，以创造和捕捉价值。

从这些商业模式类型的特征可以看出，商业模式与经营战略是不同的概念，经营战略以长期目标为核心，商业模式更关注企业短期的运营。低成本和产品差异化等竞争战略可以通过不同的商业模式实施。因此，当企业的资源、行业地位、外部市场等内部和外部环境条件发生变化时，商业模式就需要适时进行更新和调整。

成功的商业模式能够持续为客户创造独特的价值，且难以被竞争对手或新进入者模仿，即使人们都了解这些模式的运作原理，也难以复制。如大家都熟知的戴尔公司的电脑直销模式，在当时也是广为人知，但几乎没有企业能够模仿成功。究其原因，一种独特的经营模式是建立在公司特有的资源、业务流程、企业文化等基础之上的，这些资源和生产流程包含的"软性充分"很难被完全复制。

互联网和信息技术改变了企业运营的方式和盈利模式。下面的一段话描述了互联网时代的商业模式的特点：

> 随着工业经济时代演进到互联网时代，商业模式发生了极大的改变。在互联网的不确定下，以往的商业模式被颠覆，传统意义上可依托的壁垒被打破，任何的经验主义都显得苍白无力。黑莓、诺基亚、东芝、摩托罗拉等多家国外著名传统电子厂商被兼并、倒闭的消息接踵而至。苹果公司成为世界上市值最高的公司。中国的小米公司成立 4 年市值已超百亿美元。无数例子说明，互联网时代的商业模式，需要让消费者参与生产和价值创造，让厂商与消费者连接，厂商与消费者共创价值、分享价值。这样才能够既享有来自厂商供应面的规模经济与范围经济的好处，又享有来自消费者需求面的规模经济与范围经济的好处。如果说商

业模式是一个组织在明确外部假设条件、内部资源和能力的前提下，用于整合组织本身、顾客、供应链伙伴、员工、股东或利益相关者来获取超额利润的一种战略创新和可实现的结构体系以及制度安排的集合，那么，笔者认为，互联网时代的商业模式是在充满不确定性且边界模糊的互联网下，通过供需双方形成社群平台，以实现其隔离机制来维护组织稳定和实现连接红利的模式群。

资料来源：罗珉，李亮宇. 互联网时代的商业模式创新：价值创造视角 [J]. 中国工业经济，2015（1）：95—107.

二、盈利模式分析

盈利模式是商业模式的主要逻辑。盈利模式描绘了收入、成本和现金流的创造路径，体现了企业独有的竞争优势，是多数外部财务报表使用者非常关注的信息。在年度报告中，上市公司都会对其经营模式或者业务流程进行一定的介绍，但要了解企业具体的盈利模式，还需要查询更多的资料并对财务报表进行深入分析。

现行会计准则或财务报告准则对经济业务的处理、会计报表的列报和分类的规定，某种程度上也体现了管理层对商业模式或盈利模式的判断。如房地产开发企业开发的房屋建筑物，用于出售的，分类为存货，盈利来源是售价与成本的差额；用于出租的，分类为投资性房地产，盈利方式是租金；自用的，分类为固定资产，在其预计寿命期内逐渐转移其价值。此外，在金融资产的分类中也体现了对商业模式的考虑。

互联网和信息技术的发展改变了商业交易的场所、拓展了交易的空间和时间、提高了交易的效率，在某种程度上改变甚至颠覆了企业的经营和盈利逻辑，使所有企业都面临巨大挑战。新兴企业更注重利用互联网和信息技术进行模式创新，但即使是传统的制造业和零售业，利用其在供应链管理、研发管理、品牌管理等方面的优势，仍可能保持较快的增长速度并获取较高的投资回报率。

[例] COSTCO WHOLESALE（开市客）是一家美式的连锁会员制仓储量贩店，总部位于西雅图，在多个国家或地区开设了连锁店。在 2018 年和 2019 年《财富》全球 500 强企业中排名均为第 35 位，2019 年，实现营业收入约 1,416 亿美元。2019 年 8 月 27 日，COSTCO 在上海市开出中国第一家实体门店。COSTCO 实行会员制，只向会员提供商品和服务，全球会员已逾 9,600 万人，其在中国的会员年费为人民币 299 元。

COSTCO 经营的商品种类繁多，包括生鲜肉品、食品、新鲜蔬果、办公用品、汽车用品、服饰、小家电、家居用品、电子产品、杂货、运动用品等。近年来，零售电商平台日益普及，对多数零售商业造成巨大冲击。但 COSTCO 的主要运营方式仍然是线下实体店，并致力于以低价向消费者提供商品和服务，且连续多年保持超过 24% 的净资产收益率。

1. COSTCO 的自我定位

在其中国官方网站上，我们可以看到该公司的简短介绍：

开市客

1976 年，在开市客成立的第一天起便立下承诺，"为所应为，勇于承担应尽的责任与义务，以尽可能低的价格持续为会员提供高品质的商品及服务"。直至今日，开市客 COSTCO 的核心理念从未改变。

开市客的商品策略

通过仓储批发商业模式的经营管理成本，开市客得以以相当优惠的价格销售商品。所有商品均以原装货盘运送，并陈列于简单的卖场环境中，这样能更高效的存放及转移商品至销售区域。此外，卖场为自助式，会员所购买的商品可以利用回收的空纸箱包装。

会员制卖场

开市客全球会员逾 9,600 万人，拥有强大的购买力。我们通过大量采购的方式，避免过度包装，尽可能降低成本，将省下的利润完全回馈给广大会员。每年收取定额会费维持开市客的日常运营及管理，努力为会员创造更多价值。一卡在手，全球随心购，开市客会员在开市客全球任意卖场均可享受购物权益。

2. COSTCO 的收入和利润构成

表 4-2 列示了 COSTCO 披露的 2016—2019 年年度利润表部分项目的内容。

表 4-2　合并利润表（部分）　　　　　　　　　　　　　　（单位：百万美元）

项目	52 周，截至 2019 年 9 月 1 日	52 周，截至 2018 年 9 月 2 日	53 周，截至 2017 年 9 月 3 日	52 周，截至 2016 年 8 月 28 日
收入				
净销售收入	149,351	138,434	126,172	116,073
会员费	3,352	3,142	2,853	2,646
合计	152,703	141,576	129,025	118,719
经营费用				
商品成本	132,886	123,152	111,882	102,901
销售及管理费用	14,994	13,876	12,950	12,068
开业准备费	86	68	82	78
合计	147,966	137,096	124,914	115,047
商品销售毛利	16,465	15,282	14,290	13,172
经营利润	4,737	4,480	4,111	3,672
归属于 COSTCO 的净利润	3,659	3,134	2,679	2,350

根据表 4-2 计算和分析有关指标，如表 4-3 所示。

（1）从收入的构成看，COSTCO 的收入主要包括两个部分：商品销售收入，约占总收入的 97.8%；会员费收入，约占总收入的 2.2%，收入结构比较稳定。

（2）从对利润的贡献看，销售商品的毛利率约为 11.02%，销售及管理费用主要是为商品销售而发生的，约占收入的 10%，也比较稳定，说明公司奉行一贯的定价和毛利策略。总体看，商品零售部分对营业利润的贡献率约为 30%。如果忽略为了管理会员和取得会员费所发生的支出，会员费就是对营业利润的毛贡献，约占营业利润的70%。考虑所得税影响后，会员费占净利润的比例更高。

（3）从对经营活动现金流量净额的贡献看，会员费属于单向现金流入，是消费者事先缴纳的现金，约贡献了一半的经营活动现金流量。

表 4-3　财务指标计算

项目	52 周,截至 2019 年 9 月 1 日	52 周,截至 2018 年 9 月 2 日	53 周,截至 2017 年 9 月 3 日	52 周,截至 2016 年 8 月 28 日
毛利(百万美元)	16,465	15,282	14,290	13,172
商品销售收入/总收入	97.80%	97.78%	97.79%	97.77%
会员费/总收入	2.20%	2.22%	2.21%	2.23%
收入增长率	7.89%	9.72%	8.70%	—
会员费增长率	0.15%	0.23%	0.18%	—
销售商品的毛利率	11.02%	11.04%	11.33%	11.35%
销售及管理费用/商品销售收入	10.04%	10.02%	10.26%	10.40%
经营利润率	3.10%	3.16%	3.19%	3.09%
净利润率	2.40%	2.21%	2.08%	1.98%
会员费/经营利润	70.76%	70.13%	69.40%	72.06%
会员费/经营活动现金净流量	52.74%	54.42%	42.42%	80.38%
存货周转率(次)	11.66	11.16	11.38	11.47

3. COSTCO 盈利模式的分析

如上分析，仅从财务报表数据看，COSTCO 的盈利模式似乎主要来自会员制模式下的会员费。进一步分析可知，客户之所以愿意购买会员并续费，是因为COSTCO 能够提供低价且高质量、多样化的商品和服务，为顾客创造价值，这是其核心竞争力所在。

低价的基础是低成本。COSTCO 的商品中，约 25% 是自有品牌（如Kirkland Signature），75% 是其他品牌。公司能够将自有品牌的成本和价格控制在较低的水平上，并以此促使供应商降低价格。由于 COSTCO 的经营规模非常大，是不可多得的销售平台，因而对于供应商具有较大的吸引力，使 COSTCO能够以较低的成本采购各种商品。

COSTCO 的商品种类多，且多以大数量包装销售，包装越大，相对就越便宜，既为客户创造了价值，又增加了销售额，提升了存货周转率。COSTCO 的存货周转率近 12 次，差不多一个月商品就可周转一次，营运效率较高。

COSTCO 销售的商品也存在一定的差异化优势，尤其是肉类产品的价格相对较低且质量又高，具有较好的口碑，增加了消费者的黏性和忠诚度。

总体上，与其他实行会员制的企业或实行低价策略的企业相比，COSTCO 将会员制与低成本、高质量成功结合在一起，构建了独特的商业模式和盈利模式。会员制是其商业模式的组成部分，规模经济和低成本为基础形成的竞争优势是企业的关键成功要素。

三、资产配置结构与盈利模式

企业的经营战略需要通过经济资源的配置和运营实现。资产的配置结构不但是执行经营战略的结果，还直观反映了企业的商业模式和盈利方式。随着社会分工的日益精细化以及创新型交易的不断涌现，许多新兴企业形成了以轻资产配置为主的商业模式，传统行业企业对轻资产的投资和配置也愈加重视。

重资产和轻资产是相对区分的概念。一般而言，重资产主要是指企业所持有的存货、厂房、设备等有形资产；轻资产主要是指企业的无形资产，包括品牌、客户关系、人力资源、企业文化、流程管理等。

重资产企业属于资本密集型企业，需要在内部形成固定生产能力，因而在存货和固定资产等经营性资产上进行大量投入，固定成本高，经营风险和流动性风险大，同时承受较高的产品市场风险和行业内竞争压力。反映在财务报表中，固定资产和存货占总资产的比例较高，固定资产折旧费用等固定成本在产品成本中占比较大；反映在财务比率中，资产周转率较低。为了降低产品成本，企业必须尽可能地充分利用现有生产能力，形成规模效应以降低产品成本。制造业和交通运输业企业的运营过程通常涵盖研发、采购、制造、销售的全过程，具有典型的重资产配置特征，价值链相对完整。由于自行生产产品或提供服务，企业能够对产品或业务质量进行全程监控。

轻资产企业一般分为两类：一类企业是基于其自身的业务属性，本身即具有轻资产特质。这类企业包括：技术、软件开发等科技类公司，咨询、审计、法律等服务类公司，网络平台类公司，投资类公司等；另一类企业主要是品牌类或知识产权类公司，通过将制造加工过程、物流等外包或转让出去，只保留研究开发、产品设计、质量监控、直销与服务、品牌管理、供应链管理等高附加值环节，从而实现轻资产运营，典型的如苹果、耐克等。这类公司通常具有较高的品牌知名度、较强的资源整合能力、较快的市场反应速度和广泛的销售网络。反映在财务报表中，轻资产公司往往具有较高的现金储备和无形资产，较低的应收账款、存货、固定资产以及较低的有息负债，营业成本和利息费用较低，但研发费用和广告营销费用较大，经营活动现金净流量比较充裕；反映在财务比率中，资产负债率较低，资产周转速度较快，毛利率较高，盈利能力通常高于行业平均水平，具有良好的成长性。有效的产品质量监控、稳定的供货渠道和高度的市场声誉，对于轻资产公司的生存和发展至关重要。

并不是所有的企业都适合轻资产模式运营。如奶制品行业，为了控制产品质量和保持产品质量的稳定性，一般都拥有自营奶源基地、加工生产线和配送物流，以便对产品加工过程进行监控和保持长期竞争优势。在发达的资本市场中，有一些轻资产公司通过股权收购的方式参股或控制重资产类公司。因此，轻资产和重资产的区分是相对的，尤其对于多元化经营企业，不存在绝对的轻资产经营模式或重资产经营模式。

思考与分析

名词解释

整体战略	多元化战略	聚焦战略	商业模式
盈利模式	重资产	轻资产	

思考题

1. 请简述整体战略的类型和整体战略分析的目的。

2. 请比较聚焦战略和多元化战略的特点、风险与核心竞争力。

3. 对多元化经营企业进行财务报表分析时，如何选择可供比较的行业基准？

4. 如何通过主营业务收入的构成识别企业采纳的是多元经营战略还是专一经营战略？

5. 请简述商业模式画布的九个构造模块。

6. 财务报表中，哪些资产属于重资产？哪些资产属于轻资产？两种资产配置模式下的关键财务比率有何不同的特征？

7. 请简述盈利模式与经营战略的关系。

8. 请谈谈移动互联网对企业商业模式的影响。

案例分析题

⊙ 案例（一）

通用电气（General Electric Company，GE）是全球性数字工业公司，其业务单元跨越多个行业，包括能源、可再生能源、航空、医疗保健、资本管理等。其中，能源部门（the power segment）提供与能源生产相关的技术，包括燃气和蒸汽轮机、发电机和发电服务。可再生能源部门（the renewable energy segment）提供风力发电平台、硬件和软件、海上风电涡轮机、风力发电机的叶片、水电产业相关服务和高压设备等。航空部门（the aviation segment）为商用及军用飞机制造发动机和螺旋桨、提供零部件及维修服务。医疗保健部门（the healthcare segment）为医学成像、数字解决方案、患者监测和诊断、药物研发、生物制药等提供技术支持。资本部门（the capital segment）提供飞机、飞机发动机、直升机的租赁和融资服务以及保险业务。该公司 2018—2019 年的主营业务收入构成如表 4-4 所示。

表 4-4　通用电气 2018-2019 年主营业务收入构成

业务部门	2019 年度		2018 年度	
	主营业务收入 （百万美元）	占总收入比例	主营业务收入 （百万美元）	占总收入比例
能源	18,625	19.50%	22,150	22.99%
可再生能源	15,337	16.05%	14,288	14.83%
航空	32,875	34.42%	30,566	31.73%
医疗保健	19,942	20.88%	19,784	20.54%
资本管理	8,741	9.15%	9,551	9.91%
合计	95,519	100.00%	96,339	100.00%

微软（Microsoft Corporation）的主营业务是开发并持续为客户提供新价值的软件、服务、设备和解决方案。根据 2019 年的财务报告，微软的主营业务包括三个板块：生产力和业务流程（productivity and business processes），提供操作系统、跨设备生产力应用程序、服务器应用程序、业务解决方案应用程序等；"智慧云"（intelligent cloud），为客户提供基于"云"的解决方案和咨询服务；个人计算机业务部门（more personal computing），提供旨在所有设备上协调终端用户、开发人员和信息技术专业人员利益的产品和服务，包括个人电脑、平板电脑、游戏和娱乐设备等。该公司 2018 年度和 2019 年度的主营业务收入构成如表 4-5 所示。

表 4-5　微软 2018-2019 年主营业务收入构成

业务板块	2019 年度		2018 年度	
	主营业务收入 （百万美元）	占总收入比例	主营业务收入 （百万美元）	占总收入比例
生产力和业务流程	41,160	32.71%	35,865	32.50%
智慧云	38,985	30.98%	32,219	29.19%
个人计算机业务	45,698	36.31%	42,276	38.31%
合计	125,843	100.00%	110,360	100.00%

讨论与分析：

1. 何谓多元经营战略？请简述多元经营战略的类型。

2. 比较通用电气和微软的主营业务结构，分析其是否属于多元化经营，并比较两家公司经营业务构成的相同或不同之处。

3. 如何判断多元化经营是否创造了价值？

⊙ 案例（二）

下面是一篇学术论文中关于国内零售业盈利模式的观点和研究结论，请阅读后回答问题。

国内零售商的盈利模式大致可以分为两种：一种是以赚取进销差价为单一利润来源的传统盈利模式，另一种是既赚取进销差价，又向供应商收取其他费用的综合盈利模式。在零售业界，进销差价产生的利润被称为前台毛利，向供应商收取的其他费用被称为通道费或后台毛利。因此，笔者把"前台＋后台"的综合盈利模式称为"通道费模式"。国内零售业盈利模式的发展也正是经历了传统模式和通道费模式两个阶段：在 20 世纪 90 年代中期以前，国内零售商普遍采用的是传统盈利模式，而在家乐福进驻中国之后，其"前台＋后台"的通道费模式被本土零售商普遍效仿并沿用至今。

　　笔者通过对零售企业的实地调研发现，国内零售企业向供应商收取的后台毛利由两部分构成：一是与销量直接相关的事后返利，业内称"返佣"；二是与销量无关的各种其他收费，如水电费、条码费、磅秤价签费、网络信息费、物流配送费、促销服务费等。

资料来源：刘向东，王庚，李子文．国内零售业盈利模式研究——基于需求不确定性下的零供博弈分析［J］．财贸经济，2015（9）：108—117.

讨论与分析：

1. 请解释盈利模式的含义以及盈利模式与竞争优势的关系。
2. 后台毛利是否是零售业两种盈利模式的本质区别？
3. 互联网和信息技术的发展如何影响传统零售业的盈利模式？
4. 零售企业的规模大小是否影响其所采用的盈利模式？
5. 请查阅一家零售业上市公司的财务报表并对其盈利模式进行分析。

第三部分

会 计 分 析

[主要内容]

资产分析

负债和股东权益分析

收入和利润分析

现金流量分析

[学习提示]

会计分析的目的是评价财务报表信息对企业经营活动的反映程度。

会计分析主要是对财务报表的结构和项目进行分析。

会计分析需要评价报表项目列报所运用的会计政策和所作的会计估计。

管理层的会计裁量权对于会计信息质量具有重大影响。

会计分析有助于理解商务活动的经济实质和管理层判断的内在动机。

会计分析与财务比率分析可以结合进行。

资 产 分 析

1. 掌握资产负债表的结构及其作用
2. 了解资产的特征与列报规则
3. 学习按不同的分类对资产结构进行分析的方法
4. 掌握主要流动资产项目的会计政策与分析方法
5. 掌握主要长期经营性资产项目的会计政策与分析方法
6. 掌握重要对外投资性资产项目的会计政策与分析方法

第1节　资产负债表的作用和结构

一、资产负债表的作用

资产负债表（the balance sheet），即财务状况表（the statement of financial position），是反映企业某一特定日期（如月末、季末、年末）所拥有的经济资源、所承担的义务和所有者权益等财务状况的会计报表。资产负债表是静态报表，是某一时点资产、负债和所有者权益的"快照"。在现行财务报表体系中，资产负债表是第一张财务报表，是财务报表体系的核心。

资产负债表提供了报告实体某一特定日期的下列信息：

（1）企业所拥有或控制的经济资源的总量及其分布。资产总量反映了企业的总规模；资产分布即资产结构，反映了企业的资产配置状况、战略布局和财务弹性。

（2）企业的资金来源及其构成。资产负债表反映了企业的资金来源结构，即负债和所有者权益的相对比例；同时反映了企业的负债总额及其结构，以及所有者权益总额、结构和投入资本的保值、增值情况。

（3）将资产、负债和所有者权益项目进行对比，通过计算流动比率、速动比率、资产负债率、产权比率等财务指标，能够反映企业的流动性、长期偿债能力和面临的财务风险。

（4）将资产负债表项目与利润表项目进行对比，可以计算总资产收益率、净资产收益率、总资产周转率等财务指标，能够反映企业的盈利能力和资产管理效率。

二、资产负债表的结构

（一）资产负债表的格式

资产负债表内包含资产、负债和所有者权益三项会计要素，一般有两种列报格式：报告式和账户式。报告式资产负债表是上下结构，自上而下依次列示资产、负债和所有者权益。账户式资产负债表是左右结构，左边列示资产，右边自上而下依次列示负债和所有者权益。根据现行会计准则的规定，在上海和深圳两地公开上市的上市公司资产负债表应采用账户式，如第2章表2-1所示。

账户式资产负债表直观地表达了资金来源与资金占用之间的恒等关系，反映了资产、负债和所有者权益三个会计要素之间的内在联系，构成了资产负债表的理论框架。其表达式为：

$$资产＝负债＋所有者权益$$

（二）资产负债表项目的分类

资产负债表项目按流动性列报。流动性是指资产的变现或耗用时间以及负债的偿还时间。在资产负债表内，先列报流动性强的资产或负债，再列报流动性弱的资产或负债。一般企业（即非金融类企业）通常存在明显可识别的营业周期，按流动性分类有助于反映营业周期内预期能变现的资产和应偿还的负债。但银行、证券、保险等金融类企业的经营活动没有明显可识别的营业周期，其资产和负债无法按流动性进行严格的分类，在表内大致按流动性列示。除非特别说明，我们在讨论资产和负债的流动性时，主要以一般企业为例。

1. 流动资产和非流动资产

资产的流动性，是指资产转化为现金的速度和能力。按照流动性，资产分为流动资产和非流动资产两类。其中，流动资产（current asset），是指将在一年内或超过一年的一个可识别的正常营业周期内变现或耗用的资产，一般应具备下列条件之一：（1）预计在一个正常营业周期中变现、出售或耗用；（2）预计从资产负债表日起一年内（含一年）变现；（3）主要为交易目的而持有；（4）自资产负债表日起一年内，交换其他资产或清偿债务的能力不受限制的现金或现金等价物。流动资产以外的资产，均归类为非流动资产（non-current asset）。

正常营业周期，通常是指从购买用于加工的资产起至获得现金或现金等价物的期间。正常营业周期通常短于一年，但农业企业、房地产开发企业、大型船舶制造企业等的正常营业周期往往超过一年。在分析财务报表时，通常用存货周转天数和应收账款周转天数之和作为企业的营业周期。

2. 流动负债和非流动负债

负债的流动性，通常是指债务的偿还期。与流动资产的判断标准类似，流动负债（current liability）的确认一般需要满足下列条件之一：（1）预计在一个正常营业周期内清偿；（2）主要为交易目的而持有；（3）自资产负债表日起一年内到期应予清偿；

（4）企业无权自主地将清偿推迟至资产负债表日后一年以上。流动负债以外的负债，均归类为非流动负债（non-current liability）。

多数负债需要用现金偿还，某些负债需要企业提供商品或服务偿还，负债按流动性的分类与其偿还方式无关。有些经营性负债项目，如应付账款、应付职工薪酬等，属于企业正常营业周期中运用的营运资本的组成部分。即使这些负债在资产负债表日后超过一年才予以清偿，仍应将其划分为流动负债。

3. 资产和负债的重分类

资产和负债的分类是否恰当，直接影响使用者对于企业短期和长期偿债能力的判断。但资产和负债按流动性的划分并不是绝对的。

（1）非流动资产中将于资产负债表日后一年内到期的部分，如一年内将要到期的债权投资、其他债权投资和一年内可收回的长期应收款等，应在报表中重分类为"一年内到期的非流动资产"，作为流动资产项目列报。对于某项非流动资产或处置组，如果企业主要通过出售而非持续使用收回其账面价值，应将其划分为持有待售资产，按流动资产列报。

（2）非流动负债中将于资产负债表日后一年内将要到期的部分，如一年内将要到期的长期借款、应付债券、租赁负债、长期应付款等，应在报表中重分类为"一年内到期的非流动负债"，作为流动负债项目列报。而对于资产负债表日后一年内到期的负债，如果企业有意图且有能力自主地将清偿义务展期至资产负债表日后一年以上，应将其归类为非流动负债；如果企业不能自主地将清偿义务展期的，即使在资产负债表日后、财务报告批准报出日之前签订了债务的重新安排清偿计划协议，仍应列为流动负债。

负债按流动性的分类，反映的是负债在资产负债表日的有效合同安排，资产负债表日后的债务展期或宽限条款、再融资等行为，与资产负债表日对于负债流动性状况的判断无关。因此，对于资产负债表日或之前违反了长期借款协议等而被要求提前偿还的长期负债，应当归类为流动负债。但如果企业在资产负债表日或之前已经获得资产负债表日之后一年以上的宽限期，企业能够在此期限内改正违约行为，且在宽限期内债权人无权要求企业随时清偿的，该负债在资产负债表日仍应作为非流动负债列示。这些情况下，贷款人（如银行）享有判断违约事项是否发生或是否给予宽限期的完全自主权，也就是说，相关负债的重分类并非完全取决于管理层的判断和决策，但管理层需要了解有关事实并运用相关信息。

第 2 节　资产的特征与列报规则

一、资产的特征

资产（asset）是企业拥有或控制的经济资源，是企业开展经营活动的物质基础，也是收入和利润的最终来源。资产的确认原则和计量属性的选择和运用属于重要的会计政策和会计估计。在阅读和分析财务报表时，了解资产的特征及其会计确认和计量的政策与方法，有助于评价资产的质量和预测未来的盈利潜力。

资产的会计确认要满足可定义性、可计量性、相关性和可靠性等基本条件。我国《企业会计准则——基本准则》将资产定义为"过去的交易或者事项形成的、由企业拥有或者控制的、预期会给企业带来经济利益的资源"。过去的交易或者事项，是指已经发生的购买、生产、建造行为等；由企业拥有或者控制，是指企业享有某项资源的所有权，或者该资源能够被企业所控制；预期会给企业带来经济利益，是指直接或间接导致现金或现金等价物流入企业的潜力。能够带来未来经济利益是资产的本质特征。符合上述特征，且同时满足以下两项条件的经济资源，可确认为资产：（1）与该资源有关的经济利益很可能流入企业；（2）该资源的成本或者价值能够可靠计量。资产的定义和确认条件是资产列报和资产减值的理论依据，也是评价资产质量的理论基础。

计量属性是指会计要素的数量特征或外在表现形式，是确定会计要素金额的基础。资产列报时可用的计量属性包括历史成本、重置成本、可变现净值、现值和公允价值。其中，资产的历史成本（historical cost），是指资产在购置时所支付的现金或现金等价物的金额，或者所付出的对价的公允价值；重置成本（replacement cost），是指现在重新取得相同或相似资产所需支付的现金或现金等价物的金额；可变现净值（net realizable value），是指资产正常对外销售所能收到的现金或现金等价物的金额，扣减该资产至完工时估计将要发生的成本、预计销售费用及相关税费后的金额；现值（present value），是指资产预计从其持续使用和最终处置中所产生的未来净现金流入量的折现金额；公允价值（fair value），是指市场参与者在计量日发生的有序交易中，出售一项资产所能收到的价格。因此，总资产的账面价值中包含了多种计量属性。

资产在初始确认时通常按照其取得或购建时所发生的实际成本计量，这部分实际成本反映了当时的交易成本或公允价值，具有客观性和可验证性。随着资产的使用和环境的变化，历史成本可能背离资产的真实价值，而公允价值等非历史成本则能更好地反映资产的预期经济利益，因而具有更高的决策相关性。历史成本计量的资产，以折旧或摊销费用的形式影响当期损益，具有系统性和稳定性；以公允价值计量的资产，以公允价值变动的形式影响当期损益，具有不可预测性和波动性。公允价值的估值技术包括市场法、收益法和成本法，在估值时需要依赖管理层的判断和选择，体现了管理层的主观倾向。

二、资产的列报规则

（一）资产的所有权归属、控制权与资产的确认

在阅读资产负债表时，多数人会理所当然地将表内呈报的资产视为企业拥有法定所有权的资产。资产的法定所有权意味着在法律限定范围内，所有权人对其所属的资产拥有全面支配的权利，即依法享有占有、使用、收益和处分的权利，对该资产因使用而带来的未来经济利益具有独占权和排他权，同时承担该资产的主要风险。多数情

况下，资产的确认是以法定所有权为前提的，但并非完全如此。按照实质重于形式的原则，资产的确认既应考虑法定所有权，也应考虑实质控制权。某些不拥有所有权但拥有实质性控制权的资产也属于企业控制的经济资源，只要符合资产的其他特征和确认条件，就应确认为资产并在表内列报，如租赁业务形成的使用权资产。此外，在列报的资产中，可能还存在使用受限的资产，使得企业可支配的资源少于确认的资产。

（1）使用权资产。使用权资产，是指承租人没有取得法定所有权的以租赁方式租入的资产。租入资产一般与自有资产的性能和用途相同，具有相同的生产经营能力。2018 年之前，多数国家的会计准则对租赁资产的规定类似，即将租赁资产分为融资租赁和经营租赁两类。承租人在会计处理时要作出明确区分，如果是融资租赁资产，需要同时在表内确认长期资产（"固定资产"项目）和长期负债（"长期应付款"项目）；如果是经营租赁资产，则只需要确认租金费用，不在表内反映该租赁资产和相应的负债。这种做法低估了企业的长期资产和长期负债。2016 年 1 月份，国际会计准则理事会发布《国际财务报告准则第 16 号——租赁》（IFRS 16），要求承租人将所有租赁（除豁免情况外）均计入资产负债表内，分别确认使用权资产和租赁负债。我国财政部于 2018 年 12 月发布了修订的《企业会计准则第 21 号——租赁》（财会〔2018〕35号），也采用了同样的规定，经营租赁资产开始从表外转入表内。对于从事交通运输、零售、能源设施建设等租入经营性资产较多的企业，使用权资产的数量和金额可能非常庞大，这一规定对企业的资产结构、资本结构和关键财务比率产生了很大的影响。

［例］航空业是租赁固定资产业务较多的行业。以东方航空（600115）、南方航空（600029）、中国国航（601111）三大航空公司为例，这三家航空公司均从 2019 年起执行修订后的租赁准则，在 2019 年年末的资产负债表中开始单独列报"使用权资产"和"租赁负债"。我们从这三家公司 2019 年年末的资产负债表中摘录的固定资产、使用权资产和资产总额的数据如表 5-1 所示，同时计算了固定资产和使用权资产在资产总额中所占的比例。

表 5-1　固定资产与使用权资产的比例

项目	东方航空	南方航空	中国国航	平均值
固定资产（百万元）	95,573	84,374	88,890	89,612
使用权资产（百万元）	127,361	149,941	116,827	131,376
合计	222,934	234,315	205,717	220,989
资产总计（百万元）	282,936	306,646	294,254	294,612
固定资产占总资产的比例	33.78%	27.51%	30.21%	30.42%
使用权资产占总资产的比例	45.01%	48.90%	39.70%	44.59%
固定资产和使用权资产的比例	78.79%	76.41%	69.91%	75.01%

三家公司的资产总规模相差不多，资产结构相似。固定资产和使用权资产的合计数占总资产的平均比例为 75.01%，使用权资产平均占比为 44.59%，南方航空高达 48.9%。航空公司的使用权资产主要包括采用融资租赁和经营租赁方式

租入的飞机，这些飞机提供了航空公司一半以上的运营能力，虽然航空公司没有取得这些资产的法定所有权，但控制了这些资产的使用过程和收益，并承担了相应的主要风险，因此，这些飞机属于企业能够控制的经济资源。由于飞机是航空公司的主要经营性资产，如果不确认这部分使用权资产，企业的资产规模将大幅降低，无法反映航空公司的真正运营能力。同样，如果不确认经营性租赁的负债，也无法反映航空公司的负债状况和偿债压力。

（2）所有权或使用权受到限制的资产。所有权或使用权受到限制，是指法律上认可的其他权利导致本企业对该资产的占有、收益、处分等权利受到了限制，如资产被冻结，或作为负债的抵押物或质押物等。存放在银行的履约保证金和质押、背书或已贴现尚未到期的应收票据，也属于使用受限的资产。受限资产不能正常使用或用于偿还其他债务，使得企业实际能够支配的经济资源少于列报的金额，降低了报告期的流动性和支付能力。

（3）账外资产。一个企业可能拥有某种资源，使其能够获得超过行业平均水平的盈利，但由于该资源不满足确认和计量的条件，为之所发生的支出均在当期费用化。这种资产被称为账外资产或表外资产，如自创商誉、自创品牌、人力资源、地理位置等，能够使企业获得某种独特的竞争优势，是超额收益的主要来源。在对企业进行财务报表分析时，应根据对企业和市场的了解，或通过非财务信息、新闻报道、行业研究资料等，分析企业是否存在表外经济资源。

（二）资产的收益形式与收益的不确定性

资产的本质特征是能够带来未来经济利益的经济资源。收入和利润的实现、成本和费用的发生、经营活动现金流量的形成，乃至企业价值的创造，主要来源于资产的运用。资产实现经济利益的形式多种多样，有些资产的收益具有较大的不确定性。

（1）资产收益形式的多样性。企业主要通过资产的使用或交易获取经济利益，如商品存货通过出售实现其价值，固定资产和无形资产通过用于生产经营活动带来收益，投资性房地产的收益形式是租金或出售收入，交易性金融资产的收益形式是公允价值变动损益和投资收益等。资产的分类和收益形式主要取决于企业的经营目的和商业模式。

（2）未来经济利益的不确定性。资产实现预期经济利益的时间和金额具有较大的不确定性，尤其是长期资产的寿命期较长，技术、产品市场和资本市场以及企业经营战略都可能发生难以预期的变化，因此，如何使资产的确认和计量反映其未来经济利益是财务报告所面临的巨大挑战，需要依赖管理层的估计和判断。如商誉和研究开发支出的确认，一般情况下，企业确认收购溢价形成的商誉和外购的专利、技术等无形资产，但不确认经营过程中形成的商誉，对于内部研究开发支出是否确认为无形资产则需要进行判断。这种处理方法的差异并不是因为外购资产带来的经济利益具有较高的确定性，只是更容易解决计量问题。

（三）资产计量的稳健性与公允价值

对资产进行会计分析，要求评价资产的账面价值是否反映其真实价值，以增强决策的信息相关性。但稳健性原则要求企业在确认、计量和报告时应谨慎从事，不高估资产或者收益，也不低估负债或者费用，当资产的可收回金额低于账面价值时，就应该预计资产的减值及减值损失，而稳健性与公允价值似乎很难兼顾。

现行资产负债表中，公允价值的运用越来越广泛。一般来说，固定资产、无形资产等经营性资产多以历史成本计量，除非发生对外投资、非货币资产交换、出售等对外交易，一般不确认资产升值的收益；对持有的有价证券，如交易性金融资产、其他权益工具投资、其他债权投资、交易性金融负债等，倾向于公允价值计量；投资性房地产可采取成本计量模式或公允价值计量模式。

三、资产分析的内容

对资产进行会计分析，一般包括两个层面：整体的资产结构分析和具体的资产项目分析。对资产结构进行分析，主要目的是了解企业的资产配置状况，更好地了解企业的经营战略和利润来源；对资产项目进行分析，主要是分析资产确认和计量的具体会计政策和会计估计，以及资产的周转性和营利性等特征。

第 3 节　资产结构的分析

一、资产结构的含义

资产结构是指各类资产或各项资产之间的相对比例关系，一般用各类或各项资产在资产总额或分类资产中的比例表示。由于不同资产的流动性和获利方式不同，因而不同的资产结构下，企业的运营效率和盈利能力也不相同。

不同行业的经营模式不同，资产结构通常存在系统性差异；同一行业内的不同企业，由于实施了不同的竞争战略、资产配置策略和业绩激励机制等，资产结构也可能存在较大差别。

对资产结构进行分析的方法，一是共同比资产结构分析，具体做法可参照第 2 章表 2-3 共同比资产负债表；二是资产分类结构分析，即根据资产流动性、经营性和资本密集性等标准对资产进行分类和结构分析。

二、资产结构的分析

（一）流动性资产与非流动性资产的结构分析

按流动性对资产进行分类和分析，符合资产负债表的列报惯例。一般企业的流动资产主要包括货币资金、交易性金融资产、应收及预付款项、存货等；非流动资产主要包括长期股权投资、固定资产、在建工程、无形资产、开发支出、商誉等。相对来说，流动资产周转较快但收益能力低，非流动资产周转较慢但收益能力高。因此，流动资产和非流动资产的结构决定了企业整体的资产周转速度和盈利能力。

根据 CSMAR 数据库对上市公司 2018 年年末资产结构的统计，运输业的流动资产比例最低，固定资产比例最高，如航空运输业的流动资产占比约 23%，固定资产占比约 55%；建筑相关行业的流动资产比例最高（如建筑安装业约 97%，房屋建筑业约为 85%），固定资产比例最低（约 1—3%）；其他行业大致介于两者之间，如家电制造业的流动资产比例为 54%，固定资产比例约 46%。我们在第 2 章的共同比资产负债表（表 2-3）中曾经对比过三家医药公司的资产结构，表 5-2 中列示了另外三家处于不同行业的上市公司的资产结构。

[例] 东方航空、万科 A 和掌趣科技分别属于不同的行业（航空企业、房地产开发企业、游戏开发企业），且规模悬殊。2018 年，这三家公司均尚未开始执行修订的新租赁准则，固定资产中包含了自有固定资产和融资租赁资产。2018 年年末的资产结构如表 5-2 所示。

三家公司中，东方航空的非流动资产占比最高（主要构成是固定资产），占总资产的 74.20%；万科的流动资产占比较高（主要构成是存货）；这两家公司都属于投资密集型企业。掌趣科技的非流动资产占比也较高，但主要构成是商誉，长期股权投资和货币资金也较多，没有存货且只有少量的固定资产。总体看，流动资产和非流动资产的结构反映了各行业的核心经营业务对资产配置的要求。

表 5-2　流动资产与非流动资产的结构

项目	东方航空(600115)		万科 A(000002)		掌趣科技(300315)	
	金额(亿元)	比例	金额(亿元)	比例	金额(亿元)	比例
货币资金	6.62	0.28%	1,884.17	12.33%	12.41	21.19%
存货	19.50	0.82%	7,503.03	49.08%	—	0.00%
流动资产合计	159.32	6.73%	12,950.72	84.72%	15.96	27.25%
长期股权投资	22.73	0.96%	1,295.28	8.47%	11.19	19.11%
固定资产	1,756.75	74.20%	115.34	0.75%	0.33	0.56%
商誉	90.28	3.81%	2.17	0.01%	20.11	34.33%
非流动资产合计	2,208.33	93.27%	2,335.08	15.28%	42.62	72.77%
资产总计	2,367.65	100.00%	15,285.79	100.00%	58.57	100.00%

（二）经营性资产与对外投资性资产的结构分析

经营性资产是企业日常经营活动中所使用的资产，包括应收账款、存货、固定资产、无形资产、投资性房地产等。对外投资性资产是企业通过购入被投资实体的股权或债权等形成的资产，包括交易性金融资产、债权投资、其他债权投资、其他权益工具投资、长期股权投资、其他非流动金融资产等。

经营性资产与对外投资性资产的盈利模式和风险不同。企业能够控制经营性资产的使用过程，并通过使用这些资产获取经营性利润。经营性资产的风险主要包括经营风险、行业风险、市场风险和技术风险等。对外投资性资产代表的是对被投资企业资产的索取权，投资方不能直接控制这些资金的使用，而是通过利息、股利等形式分享被投资单位的经营成果，或通过资本市场获取资本利得，其收益受到被投资单位的盈利能力、利润分配政策、信用和支付能力、资本市场状况等多种因素的影响。

经营性资产与对外投资性资产的资产配置结构，反映了企业执行不同的经营战略及盈利模式。经营性资产占比较高的企业，大多数经济资源投入了企业内部的经营活动中，如多数汽车制造企业；对外投资性资产较多的企业，意在利用闲置的资金或者进行资本运作以谋求对外投资的高收益。财务报表使用者还可以通过计算两类资产的收益率，进一步了解两类资产的盈利能力。

[例]我们根据三家医药公司的资产负债表（表 2-1）和利润表（表 2-2），对经营性资产和对外投资性资产的结构进行分析，如表 5-3 所示。我们把交易性金融资产、长期股权投资、其他权益工具投资、其他非流动金融资产作为对外投资性资产，其他资产均作为经营性资产。把投资收益作为对外投资性资产的收益，营业利润扣除投资收益后的余额作为经营性利润，属于经营性资产的收益。需要说明的是，这些界定不是非常严格，只是大致进行分析。然后，分别计算经营性资产和对外投资性资产占总资产的比例、经营性资产收益率和对外投资性资产的收益率。另外，还计算了经营资产收入比，用以反映企业为了获得 1 元的营业收入需要投入的经营性资本。表 5-3 显示，复星医药的对外投资资产获得了较高的收益率；恒瑞医药的经营资产收益率更高，其对外投资的资产主要是理财产品，因而投资收益率较低；华润三九的经营性资产也取得了不错的回报，但该公司当年度的对外投资收益率异常高，主要是受到当年年度股权处置的影响。按华润三九2019 年年度报告，"报告期内公司出售所持有深圳市三九医院有限公司的 82.89% 股权，确认投资收益人民币 761，061，146.13 元；注销公司与重庆慧远药业有限公司合资设立的重庆三九慧远药业有限公司，减少长期股权投资人民币28，000，000.00元。"

就经营性资产收入比看，恒瑞医药为 0.79，经营效率相对更高。

表 5-3　经营性资产与对外投资性资产的结构

项目	复星医药（2019 年）	复星医药（2018 年）	恒瑞医药（2019 年）	华润三九（2019 年）
经营性资产/总资产	69.16%	65.02%	66.91%	99.79%
对外投资性资产/总资产	30.84%	34.98%	33.09%	0.21%
经营性资产收益率	8.54%	7.71%	33.35%	12.61%
投资性资产收益率	15.19%	7.36%	3.39%	1,924.12%
经营性资产收入比	1.84	1.84	0.79	1.36

（三）重资产和轻资产的结构分析

重资产一般是指企业所持有的存货、厂房、设备等有形资产；轻资产主要是指企业的现金、无形资产和商誉等资产。重资产和轻资产的相对结构主要反映了企业所采用的商业模式和盈利逻辑,我们已在第4章中进行过一些讨论,此处不再赘述。

第4节　流动资产项目的分析

一、货币资金的分析

货币资金是资产负债表中的第一个项目。货币资金,或称现金(cash),是企业经营过程中以货币形态存在的资产,包括库存现金、银行存款和其他货币资金,其他货币资金包括外埠存款、银行汇票存款、银行本票存款、信用证保证金存款、信用卡存款和在途资金等。广义的现金项目,包括货币资金、交易性金融资产和拆出资金。现金具有即时支付能力和最强的流动性,是企业财务实力的证明。同时,货币资金的价值自动与其所在时点的货币购买力相等,账面价值与公允价值相同,基本不存在估值问题。除了外币现金折算汇率的选择,也不存在复杂的会计政策和会计估计。

银行存款是货币资金的主要组成部分,如果企业的银行存款存放于国有商业银行或集团财务公司等信用评级较高的金融机构,货币资金一般不存在重大的信用风险。但如果企业持有外币资金,将面临一定的汇率风险。

对货币资金进行分析时,至少要注意以下三个方面:

(1)期末货币资金余额比上年的增减变动。如果报告期末的货币资金较上年年末有较大的变化,可能的原因包括:报告年度销售规模或信用政策的变动,债务或权益融资活动,对外或对内的大规模投资活动。企业在年度报告中一般会对现金的大幅度变动进行解释。

(2)现金使用的限制。货币资金的使用可能会受到各种限制,不能随时支取或用于经营,从而使得企业实际可以动用的资金少于列报的金额,企业的支付能力和流动性可能并不高。货币资金使用受到限制的情形,包括限定用途、票据保证金、保函和信用证保证金、存放中央银行款项、被质押的存款、补偿性余额等。如果企业因税收、外汇管制、投资等原因将资金存放于境外,在使用上还可能会受到所在国法律的限制,并承受汇率变动的风险。

另外,合并资产负债中的货币资金,是母公司与子公司的合计数,并不代表母公司本身或子公司本身的实际支付能力。

[例] 某房地产开发企业2017年年末持有货币资金1,741.2亿元,比2016年的870.32亿元增加870.88亿元,增长率为100.07%。公司对货币资金增加的解释是销售回款增加所致。

该公司2017年合并利润表中的营业收入为2,429.0亿元,比上年增长1%。当年对合格投资者公开发行两期公司债券,募集资金总额为40亿元(净额为39.88亿元),并全部用于投资(总投资为39.91亿元);长期借款年末余额为

960 亿元，比上年末增长 70%。

公司的经营性债权和经营性债务的变化如下：

应收账款的年末余额为 14.33 亿元，上年年末为 20.75 亿元，减少 6.42 亿元；

应付账款的年末余额为 1，734.39 亿元，上年年末为 1，380.48 亿元，增加 353.91 亿元；

预收款项的年末余额为 4，077.06 亿元，上年年末为 2，745.46 亿元，增加 1，331.6 亿元；

销售商品、提供劳务收到的现金为 3，684.05 亿元，上年度为 2，865.33 亿元，增加 818.72 亿元。

由于该公司属于房地产开发企业，商品房销售实行预售制度，预收款项较多，以前年度的销售回款也较多，可以认为公司对货币资金增加的解释比较合理。

该公司 2017 年年末持有的货币资金 1741.2 亿元中：人民币占比为 85.4%；使用受限的银行存款为 97.95 亿元（包含质押或冻结 82.65 亿元）；存放境外的资金为 264.61 亿元；母公司持有 844.38 亿元。

（3）现金的规模和超额持有现象。在谈到现金持有量时，人们一般是指货币资金、交易性金融资产和拆出资金之和。现金的规模，通常是指现金的持有量及其在流动资产或总资产中所占的比例。众所周知，企业必须为日常交易、预防意外开支甚至预期之外的投资和购买机会置存一定数量的现金。但现金的收益性较差，保留过多的现金会影响企业的盈利能力。按照公司金融理论，企业可以通过建立模型以测算最佳的现金持有量。如果现金过少，将存在遭遇流动性危机或错失某些投资机会的风险；如果现金过多，则说明公司可能缺少净现值为正的投资机会，还可能发生无效率投资等代理问题，此时，公司应该增加现金股利或通过股份回购等方式将现金支付给股东。

但在实务中，很多企业的现金持有量非常高。我们从 2015—2019 年的年度报告中摘录了 6 家上市公司的货币资金、现金（包括货币资金、交易性金融资产和拆出资金）、现金及现金等价物的金额，并与流动资产和总资产进行了对比。表 5-4 列出了这 6 家上市公司的现金持有量及其分别占流动资产和总资产比例的 5 年平均值。总体看，这些公司的现金持有量不仅规模较大，在资产中的占比也较高。流动资产中的 25% 以上是现金，最多的是贵州茅台，现金约占流动资产的 77%。从总资产的构成看，贵州茅台约有 64% 的资产是现金，比例最低的公司也达到了 11.41%。这种现象在许多国际性大公司中普遍存在，如腾讯、苹果、微软、亚马逊等公司的现金储备同样非常惊人。学术研究中把这种现金持有过多的现象称作"现金超额持有"。

表 5-4 现金在资产中所占的比例

项目	复星医药	恒瑞医药	华润三九	青岛啤酒	贵州茅台	上汽集团
货币资金(亿元)	70.71	46.49	18.23	109.24	633.70	1,103.66
交易性金融资产(亿元)	2.75	17.04	0.00	5.71	0.00	105.16
拆出资金(亿元)					235.54	
现金及现金等价物(亿元)	59.39	40.61	17.27	101.63	783.50	958.35
现金/流动资产	50.62%	30.74%	25.31%	74.32%	77.02%	30.89%
现金/总资产	12.64%	24.79%	11.41%	35.71%	64.22%	17.47%
现金及现金等价物/总资产	10.22%	21.65%	10.80%	31.57%	57.89%	13.85%

一般情况下，现金总量与企业规模有关，资产规模和业务收支规模较大的企业，现金总量较大。但企业应该在资产中保留多大比例的现金，实际上并没有一个统一的标准。许多研究文献认为，公司治理、行业差异性、资产结构、产品市场竞争、融资约束、并购和投资机会、成长性、股利政策、过度股权融资等都是影响企业现金持有量的因素。通常情况下，现金的超额持有可能是下列原因：期末前刚进行大额筹资；经营活动现金流量净额的逐年积累；为现金股利或研究开发进行的现金储备等。近几年，资本市场中还出现了通过虚增现金进行财务舞弊的事件。

对于投资者来说，现金持有规模传递了公司经营优势和风险的信息。如果一家企业的现金储备较多，且源于正常经营活动现金流入的积累，一般表明该企业的业务或产品具有某种差异性和不可替代性，市场地位稳固，现金创造能力较强；而产品缺少竞争力的企业，货款回笼速度相对较慢，资金积累有限。更重要的是，充足的现金是企业避免陷入经营和财务困境的一道屏障，尤其在遭遇特殊困难的时期，现金储备可能是企业能否生存下去的最终决定因素。

现金储备较多的其他好处包括降低对外部融资的依赖和增加企业经营的柔性。减少外部融资意味着企业的融资成本会降低。至于对经营活动的影响，资源基础理论认为，一种资源如果指定了某种用途，就很难还原。任何一个时点上的资源储备都是先前资源配置决策的结果，这种资源储备限制了企业的灵活性。而如果一种资源具有多项用途，就会增加企业经营的灵活性，现金就属于这样的资源。例如，企业可以将其拥有的 1 亿元现金投向任何产品或产业，但一旦将这 1 亿元现金购买了某种制造设备，它就只可能从事特定产品的生产，资源就具有了专用性，专用性能够提高产出的效率及资源的价值，但降低了使用的灵活性。

二、应收及预付款项的分析

(一) 应收及预付款项的范围

应收及预付款项，是指企业在日常生产经营过程中形成的各项债权，包括应收票据、应收账款、应收款项融资、其他应收款以及各种预付款项等。其中，应收票据和应收账款产生于销售活动；预付账款产生于采购活动；其他应收款是上述三个项目以外的各种应收、暂付款项，与购、销活动之外的多种交易或事项相关。2019 年 4 月，财政部发布《关于修订印发 2019 年度一般企业财务报表格式的通知》（财会〔2019〕6 号），在资产负债表中增加"应收款项融资"项目，反映资产负债表日以公允价值计量且其变动计入其他综合收益的应收票据和应收账款等，企业一般将质押、背书转让或贴现的应收票据分类为"应收款项融资"。

应收及预付款项是比较复杂的报表项目，且与收入确认相关，因而是会计分析和财务分析的重点内容之一。其他原因还包括：首先，应收及预付款项是企业的经营性资产和重要的金融工具，具有较高的机会成本、信用风险和资产减值的风险。其次，应收及预付款项也是会计政策选择灵活性较高和易被操控的项目，尤其是信用减值的会计处理，包含了较多的管理层判断。再次，应收及预付款项反映了企业与客户和供应商之间的商业信用关系，反映了企业相对于客户和供应商的议价能力。最后，应收账款和应收票据可以进行抵押、保理和贴现，是企业经常运用的融资工具。

应收及预付款项的主要会计政策是信用减值的预计。此外，在对应收及预付款项进行分析时，还要关注这些项目的规模和增减变动、账龄、客户或供应商、可回收性等特征。

（二）应收账款和应收票据的分析

1. 应收账款和应收票据的规模

应收账款（accounts receivable）和应收票据（bills receivable）的规模与企业的业务规模、行业特性、销售模式、对客户的议价能力、信用政策等因素相关。如果企业的产品需要通过经销商或零售商进行销售，应收款项的规模通常就较大；产品缺少竞争力、信用政策宽松的企业，应收款项的规模也较大。正常经营情况下，一家企业的应收账款与营业收入的比例相对比较稳定且同向变动。财务报表分析时，应关注应收账款期末余额的增减变动，收入的虚增通常会伴随应收账款的虚增。

应收票据是企业持有的未到期或未贴现的商业票据，主要产生于信用销售。应收票据的账面价值应反映商业汇票未来现金流量的现值或票面值。商业票据分为商业承兑汇票和银行承兑汇票两种。其中，银行承兑汇票以银行信用作保证，风险敞口较小，是质量较高的债权。与应收账款相比，应收票据的回收具有更高的可靠性，如果企业的应收款中应收票据较多且主要是银行承兑汇票，则商业债权的整体质量较高。

2. 应收账款和应收票据的融资功能

企业可以持应收账款和商业汇票向银行或其他金融机构进行质押、贴现、背书转让，以融通资金。应收账款的转让和应收票据的贴现如果含有追索权，即当债务人到期未偿还该项债务时，贴现企业负有还款的责任，此时的应收债权转让等同于质押贷款，应增加短期负债；如果不含追索权，贴现企业没有连带付款责任，则该应收债权可注销，并确认债权转让损益。有些企业认为，如果贴现或转让的商业票据是银行承兑汇票，且承兑人是大型商业银行或上市银行，票据一般不存在兑付风险，故可直接注销转让的应收账款或贴现的应收票据。不同的处理方式对资产负债表项目和关键财务比率具有不同的影响。

[例] H、S、G 三家公司同属家用电器制造业的同一细分行业。三家公司的资产规模相差比较大，G 公司最大，S 公司最小。2018—2019 年，三家公司的应收及预付款项的列报情况如表 5-5 所示。

表 5-5　应收及预付款项的构成

项目	H公司		S公司		G公司	
	2019 年	2018 年	2019 年	2018 年	2019 年	2018 年
应收票据（亿元）	139.51	143.00	27.21	61.02		359.11
应收账款（亿元）	110.16	105.33	84.08	84.25	85.13	77.00
应收款项融资（亿元）			20.72		282.26	
预付款项（亿元）	12.73	5.94	15.28	20.98	23.96	21.62
应收款项合计（亿元）	249.67	248.33	132.01	145.27	367.39	436.11
应收及预付款项合计（亿元）	262.40	254.27	147.29	166.25	391.35	457.73
预收款项（亿元）		0.15	26.71	24.32	82.26	97.92
总资产（亿元）	1,874.54	1,680.92	739.89	715.07	2,829.72	2,511.16
营业收入（亿元）	2,007.62	1,841.08	887.93	833.85	1,981.53	1,981.23
比例：						
应收账款/总资产	5.88%	6.27%	11.36%	11.78%	3.01%	3.07%
应收款项合计/总资产	13.32%	14.77%	17.84%	20.32%	12.98%	17.37%
应收及预付款项/总资产	14.00%	15.13%	19.91%	23.25%	13.83%	18.23%
应收款项合计/营业收入	12.44%	13.49%	14.87%	17.42%	18.54%	22.01%

从规模上看，G 公司的应收款项最多，H 公司次之，S 公司最少；但 S 公司的应收款项及预付款项占总资产的比例较高。从应收款项的构成看，G 公司的应收款项中，82% 是应收票据，其中约 95.6% 是银行承兑汇票，回款风险小，收款保障程度高，还可以通过贴现提前回笼资金，因此，G 公司的应收款项整体质量较高。不仅如此，G 公司的预收账款也较多。可以推断，G 公司与客户之间的交易结算以银行承兑汇票、预收款或货到付款方式为主。能够使客户采用银行承兑汇票方式付款或提前付款的基础，是该公司产品的市场竞争力及以此为基础形成的对于客户的议价能力，使得客户对于该公司具有较强的商业依赖性。

3. 应收账款的客户构成

上市公司需要在报表附注中披露应收账款的客户构成信息，包括前五大客户欠款和关联方欠款。前五大客户欠款反映了应收账款的集中度。如果应收账款过于集中，且长期保持余额不变，应考虑大额坏账的风险。如果企业应收账款在年末时大幅度增加且集中于某一个或几个客户，或者是关联方，则应对该企业是否虚构收入持怀疑态度。对于关联方欠款，应了解欠款的内容、定价方式、欠款金额和比例，判断应收关联方欠款的坏账风险。

4. 应收账款的减值和注销

应收款项使企业面临一定的信用风险，即交易对手违约导致款项不能收回的风险。应收款项越多，信用管理成本就越高，违约现象一般也越多。

应收账款、应收票据、应收款项融资、预付账款和其他应收款，在资产负债表中应按减除坏账准备后的可回收净值列报。坏账的核算方法包括直接注销法和备抵法。现行企业会计准则限定企业采用备抵法，即在资产负债表日，企业对应收账款的信用风险进行评估，发生减值的，计提坏账准备并确认信用减值损失。[①] 在确定应收账款确实无法收回且批准核销时，再进行注销。

应收及预付款项的主要会计政策是信用减值的预计或坏账准备的计提。坏账准备的计提方法包括余额百分比法、账龄分析法和赊销百分比法。多数企业按应收账款余额和账龄计提坏账准备，并区分两种情况：对单项金额重大且账龄较长的应收账款，单独计提坏账准备；对其他的应收账款，按类似信用风险特征组合（如账龄组合或低风险组合）计提坏账准备。一般情况下，信用期内的应收账款发生坏账的概率较低；逾期时间越长，坏账可能性越大。相对来说，银行承兑汇票发生重大信用风险的概率较低，故许多企业不对银行承兑汇票计提坏账准备。

采用备抵法预计应收账款减值损失，需要管理层进行判断和估计。新金融工具准则修订之前，应收账款减值采用已发生损失法，根据实际已发生减值损失计提减值准备；2017 年修订的新金融工具准则提出"预期信用损失法"，要求以未来可能的违约事件造成的损失的期望值来计量当前应当确认的损失准备。管理层需要综合多方面信息，预期未来发生违约的概率，对未来 12 个月或整个存续期的预期信用损失率进行估计。管理层的判断权还表现在，当企业的应收款项因债务人破产、死亡、财务状况恶化等原因确实无法收回时，管理层需要对相关状况进行分析，确定是否核销相关的应收款项。

对应收款项进行会计分析时，应根据公司的业务特点、以前年度应收款项的实际损失率、同行业状况等因素，结合应收账款账龄表，判断信用减值损失准备计提的合理性，同时关注是否存在利用信用减值损失准备的计提和转回、变更计提比例的方式，对报告期利润进行调节的现象。

[例] 2014 年 1 月 21 日，山河智能装备股份有限公司（以下简称"山河智能"，股票代码：002097）发布《关于会计估计变更的补充公告》，对 2012 年财务报告中应收账款的坏账准备计提比例进行了变更，如表 5-6 所示。

---

① 2017 年及之前的财务报表中，计提的应收账款减值损失列作"资产减值损失"。《企业会计准则第 22 号——金融工具确认和计量》修订后，从 2018 年起，计提的应收账款坏账损失称为"信用减值损失"。

表 5-6 应收账款坏账准备计提比例的变更

账龄	变更前计提比例	变更后计提比例
0—1 年(含 1 年)	5%	2%
1—2 年(含 2 年)	10%	6%
2—3 年(含 3 年)	15%	15%
3—4 年(含 4 年)	35%	40%
4—5 年(含 5 年)	50%	70%
5 年以上	100%	100%

根据表 5-6，不长于 2 年的短期债权的坏账准备计提比例降低了，3—5 年债权的计提比例提高了。会计估计变更对合并报表各项目的影响如表 5-7 所示。由于调整了坏账准备的计提比例，公司的总资产和净资产年末余额分别增加 4,031.6 万元，当年的资产减值损失减少 4,743.06 万元，净利润增加 4,031.6 万元，避免了亏损。

表 5-7 会计估计变更对资产负债表和利润表的影响 （单位：万元）

报表项目	变更前	变更后	影响金额
应收账款	157,203.58	162,070.56	4,866.98
其他应收款	1,507.27	1,383.35	(123.92)
递延所得税资产	3,140.22	2,428.76	(711.46)
盈余公积	9,726.09	10,129.25	403.16
未分配利润	53,812.07	57,440.51	3,628.44
资产减值损失	6,387.75	1,644.69	(4,743.06)
利润总额	(3,380.61)	1,362.45	4,743.06
所得税费用	106.17	817.63	711.46
净利润	(3,486.78)	544.82	4,031.60
归属于母公司所有者的净利润	(3,123.53)	908.07	4,031.60

注:( )内为负数。

5. 应收账款的流动性

应收账款是被客户占用的资金，具有机会成本。在既定的商业模式下，一个企业的应收账款规模和流动性一般与同行业企业相似。一般认为，回款速度越快，流动性越强，应收账款的质量就越高。应收账款的流动性可以用应收账款周转率表示，即企业的应收账款在一定期间（如一年）内平均回收的次数或间隔天数。该指标的计算和分析详见第 9 章。

（三）预付账款的分析

预付账款（prepayment），是指企业按照合同规定预付的款项，如购货预付款和预付在建工程价款等。预付账款虽然属于资产性质，但是已经支出的现金，一般无法动用和变现，不能增加企业的流动性。如果预付账款的数额和比例较大，在分析企业的流动性和偿债能力时，应考虑扣除。

对于预付账款的分析，有两个方面的问题值得关注：

（1）经营活动中形成的预付账款，通常是预付给供应商的购货款，属于流动资产。当企业更依赖于供应商的产品或服务时，常常需要预付货款。如果预付账款大幅度增加，交易对手是关联方且企业的经营规模又没有发生显著变化时，应考虑预付账款的合理性，是否存在向关联方输送利益的可能。

（2）企业购进机器设备等固定资产而预付的设备采购款，在"预付账款"科目中进行核算，但在编制财务报表时，是否仍然作为"预付账款"项目作为流动资产列报，存在争议。一般认为，按照资产的定义和流动资产的分类标准，预付设备采购款应属于长期资产，作为"其他非流动资产"列报。

（四）其他应收款的分析

其他应收款（other receivables），是指应收票据、应收账款和预付账款之外的各种应收及暂付款项，包括应收的各种赔款、罚款，应收的押金、代垫款、暂付款，存出保证金，应收股利，应收利息等。其中，应收股利是指企业因对外股权投资而应收未收的股利，应收利息是指对外债权投资和银行存款而产生的应收未收的利息，存续时间较短，收款保障程度较高。

从性质和内容看，其他应收款不属于企业的主要债权项目。但有些公司的其他应收款余额巨大，占总资产比例较高。对于这种情况，应结合报表附注分析其具体构成，关注其中是否包含与关联方的往来款，是否存在大股东资金占用甚至不解释构成内容的现象。

三、存货的分析

（一）存货的构成

存货（inventory），是指企业在日常活动中持有以备出售的产成品或商品、处于生产过程中的在产品、在生产过程或提供劳务过程中耗用的材料和物料等。存货是以实物形态存在的流动资产，包括原材料、在产品、产成品、自制半成品、库存商品、委托加工物资、周转材料、消耗性生物资产等，不同行业或不同企业的存货构成存在一定的差异。

存货是企业的一项基础性经营资产，在制造业、商品流通企业、房地产开发企业、农林牧渔业等许多行业中，存货在总资产中占有较高的比例，对企业的财务状况和经营业绩具有重大影响，是会计分析时应重点关注的报表项目之一。与固定资产不同，企业持有的多数存货通过最终出售实现其价值。因此，对存货进行分析，应重点关注存货发出的计价方法和期末计量属性，并对存货的流动性和盈利能力进行评价。

（二）存货发出的计价方法

发出存货成本的计价方法是一项重要的会计政策。发出存货的计价，是指将可供销售或使用存货的成本在期末结存存货与发出存货之间进行分配，最终计算出销售成本的过程。以商品存货的销售为例，报告期可供销售的存货成本将分为销售成本和期末存货两个部分，分别计入利润表和资产负债表。其计算公式如下：

期初存货成本＋本期增加存货成本＝本期销售成本＋期末存货成本

不同的存货计价方法计算确定的期末存货价值和销售成本不同，企业的净利润、净资产甚至现金流量也不相同，并影响毛利率、存货周转率和流动性比率。

当存货按照计划成本核算时，会计期末需要对计划成本差异进行调整。当存货按实际成本核算时，存货发出的具体计价方法包括先进先出法、加权平均法（包括移动加权平均法和一次加权平均法）和个别计价法。

存货发出计价方法应反映存货的实物流转过程，或以合理的实物流转假设为基础。通常情况下，对于性质和用途相似的存货，应采用相同的发出计价方法；对于不能替代使用的存货、为特定项目专门购入或制造的存货以及提供劳务的成本，应采用个别计价法；低值易耗品和包装物等周转材料，可采用一次摊销法或五五摊销法。财务报表分析时，可以通过报表附注了解企业采用的存货发出计价方法。

（三）存货的期末计量与减值

资产负债表日，存货应当按照期末存货的实际成本与可变现净值孰低列报，存货的期末计量也是一项重要的会计政策。可变现净值，是指日常经营活动中存货的估计售价或合同价格减去至完工时估计将要发生的成本、预计的销售费用及相关税费后的金额。如果可变现净值低于成本，表示存货发生了减值，应当计提存货跌价准备并确认资产减值损失。存货跌价准备应当按单项存货计提，数量繁多、单价较低的存货可按存货类别计提；与在同一地区生产和销售的产品系列相关、具有相同或类似用途和目的，且难以与其他项目分开计量的存货，可以合并计提跌价准备。如果以前减记存货价值的因素消失，原计提的存货跌价准备可以转回，恢复资产价值。因此，存货减值的计提和转回对多个会计期间的资产负债表和利润表都具有重大影响。

存货的特性与存货的价值密切相关。一般来说，时效性较强的产品，如服装、食品和饮料、书籍报刊等，以及技术进步较快的产品，如电子产品等，价值更容易减损；生产过程受自然环境影响较大的生物性资产，更容易发生减值。尤其是农林牧渔行业，生产过程受自然力影响较大，如自然灾害、气候与环境变化、病虫害、动物疾病等，在某种程度上是"看天吃饭"，存货减值风险较高。[①] 由于农林牧渔行业的存货占总资产比例较高，存货减值将对企业的财务状况和经营业绩将产生极大的负面影

---

① 生物资产是指有生命的动物和植物。生物资产分为消耗性生物资产、生产性生物资产和公益性生物资产。《企业会计准则第 5 号——生物资产》要求："企业至少应当于每年度终了对消耗性生物资产和生产性生物资产进行检查，有确凿证据表明由于遭受自然灾害、病虫害、动物疫病侵袭或市场需求变化等原因，使消耗性生物资产的可变现净值或生产性生物资产的可收回金额低于其账面价值的，应当按照可变现净值或可收回金额低于账面价值的差额，计提生物资产跌价准备或减值准备，并计入当期损失"。自然灾害包括火灾、旱灾、水灾、冻灾、台风、冰雹等现象。准则还规定，"消耗性生物资产减值的影响因素已经消失的，减记金额应当予以恢复，并在原已计提的跌价准备金额内转回，计入当期损益。生产性生物资产减值准备一经计提，不得转回。公益性生物资产不计提减值准备。"

响。同时，消耗性生物资产的数量和可变现价值的核实与认定难度较大，容易受到人为判断的干扰。我国许多爆出财务造假的上市公司，如蓝田股份、绿大地、万福生科、獐子岛等，都属于农林牧渔行业。

存货可变现净值的确定以及减值的确认和转回是重要的会计估计，需要依赖管理层的判断，难免出现误差或主观偏向。因此，对存货进行会计分析时，应关注存货可变现净值的认定方法和存货减值准备的计提依据及转回情况，分析其对净资产和利润的影响，判断企业是否存在利用存货减值准备的计提或转回调节利润的现象。了解企业的行业环境和自然环境，计算存货跌价准备对存货的比例并与同行业进行对比，是分析存货减值的有效方法。

（四）存货的流动性

存货的流动性，即存货的周转速度，是指存货从取得至在企业内部完成生产加工并最终出售的全过程所经历的时间。与现金一样，企业必须置存一定数量的存货，以保证经营活动的正常进行。但持有存货会发生额外的成本，如仓储成本、投入资金的机会成本、陈旧过时或毁损、减值等。良好的存货流动性，有利于避免存货积压和资金沉淀，提高企业盈利能力。

存货的流动性可用存货周转率表示，存货周转率表示一个会计期间内存货的周转次数，或周转一次所需的时间，该指标的计算和解读参见第 9 章。

（五）存货的盈利能力

存货的盈利能力通常用毛利率衡量，即指存货的增值能力。毛利率等于营业收入与营业成本的差额除以营业收入。毛利率越高，存货盈利能力就越强。较高的毛利率可能源于较高的产品定价或较低的制造成本，是企业竞争优势的反映。

毛利率受到会计选择和生产计划的影响，包括下列情形：一是发出存货计价方法的选择。如在物价持续上涨的情况下，采用先进先出法会使期末存货价值偏高和销售成本偏低，毛利率较高。二是生产量和销售量的平衡关系。如果生产量大于销售量，单位存货分摊的固定成本更低，使得销售存货的毛利率较高。三是虚增存货，同样会达到提高毛利率的效果。毛利率具有相对稳定性和行业差异性，财务报表使用者可以将报告期的毛利率与同行业均值或企业历史数值进行对比，以评价存货的盈利能力，以及较高的毛利率是市场竞争力的结果，还是会计政策选择所致甚至财务造假的结果。有关毛利率计算的详细解释，可以参考第 10 章。

四、其他流动资产项目的分析

（一）合同资产

"合同资产"项目，是根据修订后的收入准则新设置的一个报表项目，用于反映企业已向客户转让商品或提供劳务有权收取对价的权利。合同资产并不是一项无条件收款权，该权利通常取决于企业履约义务的完成情况。与应收账款相比，合同资产不但面临信用风险，还面临履约风险。

（二）持有待售资产

"持有待售资产"项目，反映资产负债表日划分为持有待售类别的非流动资产及划分为持有待售类别的处置组中的流动资产和非流动资产的期末账面价值。非流动资产或处置组只有在同时满足"可立即出售"和"出售极可能发生"这两个条件时，才能被划分为持有待售资产核算和列报。非流动资产划分为持有待售资产改善了企业的流动性比率。

（三）其他流动资产

"其他流动资产"项目，反映不能计入内容明确界定的流动资产项目的各项资产，包括：结构性存款及理财产品、待抵扣税金、套期工具、应收退货成本等。尽管"其他流动资产"项目看起来像是兜底的项目，其余额有时却非常庞大，需要在阅读财务报表时查阅附注，了解其具体内容。

第5节　长期经营性资产项目的分析

一、长期经营性资产的主要会计政策

长期经营性资产（long-term operating asset），主要是指可供企业在经营活动中长期使用、形成企业生产经营能力的长期资产。在资产负债表中，长期经营性资产主要包括固定资产、无形资产、投资性房地产、在建工程、研究支出、商誉等项目，以及长期股权投资和长期应收款等。

长期经营性资产的会计处理，不但影响较长时期的资产价值和利润，还可能影响现金流量。长期经营性资产相关的会计政策和会计估计，主要包括资产成本的确定、成本摊销和资产减值三个方面。

（1）长期经营性资产初始成本的计量，尤其是计量属性的选择和支出资本化政策。

（2）长期经营性资产的成本摊销或折旧方法的选择与估计，以及会计估计的变更。

（3）长期经营性资产的期末计量，尤其是资产减值的判断和可回收金额的确定。

二、固定资产的分析

固定资产（fixed asset），是指企业为生产商品、提供劳务、出租或经营管理而持有的、预计使用寿命超过一个会计年度的有形资产，包括房屋建筑物、机器设备、运输设备、工具器具等。这里的出租固定资产，仅指以经营租赁方式出租的房屋建筑物以外的固定资产。

固定资产是衡量企业生产经营能力的一项重要的基础性经营资产。企业持有固定资产的目的是自用，而非出售。固定资产价值高、使用期长、周转慢，是企业经营风险的一项主要来源。

（一）固定资产的计量属性与支出资本化政策

固定资产的初始计量即入账价值的确定是一项重要的会计政策。固定资产的取得成本是指企业为购建某项固定资产使其达到预定可使用状态之前所发生的一切合理的、必要的支出。固定资产的取得方式包括购入、自建、融资租入、企业合并、接受投资、债务重组、非货币资产交换等，不同来源的固定资产，初始成本的具体构成不同。

在对固定资产成本进行分析时，应关注其计量属性的选择和支出资本化政策的影响。

（1）固定资产一般按实际成本计量，但可能会使用现值计量属性。这种情况是指购买固定资产的价款超过正常信用条件而延期支付时，实质上具有融资性质，因而以购买价款的现值为基础确定固定资产的成本，但计算现值的相关因子需要管理层进行估计。

（2）固定资产的支出资本化问题，主要与更新改造支出和借款费用有关。固定资产的更新改造等后续支出，如果满足资产确认的两个条件，可以资本化计入该资产的成本。为建造固定资产负债融资所发生的借款费用，符合资本化条件的，也应记入固定资产成本，不符合资本化条件的，计入当期损益。借款费用的资本化必须同时具备三个条件：资产支出已经发生，借款费用已经发生，为使资产达到预定可使用或可销售状态所必需的购建或生产活动已经开始。

支出的资本化或费用化，不仅影响报告期的资产价值和利润，还影响整个固定资产存续期间的资产负债表和利润表、以及反映企业营运效率和盈利能力的关键财务比率。

Subramanyam 和 Wild（2009）认为，资本化和费用化对收益计量（利润）和财务比率计算具有四个方面的影响[①]：

① 资本化对于利润的影响。一是延迟成本的确认，使当期的收益增高，其后各期的收益降低；二是使收益系列更为平滑，支出费用化会使得收益序列更加易变。

② 资本化对投资回报率的影响，同时体现在分子（收益）和分母（投资基数）上。由于资本化降低了收益的易变性，因而也就降低了投资回报率的易变性。支出费用化增加了收益易变性，又降低了投资基数，使得投资回报率指标更为易变，可用性降低。费用化还会造成对收益指标的偏好。

③ 支出费用化低估了拥有大量生产性资产的企业的股东权益，使偿债能力比率（如负债股权比率）变得更差。

④ 资本化对营业现金流量的影响。费用化的支出，被报告为经营活动现金流量；资本化的支出，被报告为投资活动现金流量。这就意味着，资产成本的即期费用化会高估获得资产时的经营现金流出量而低估投资活动现金流出量。

（二）固定资产折旧的分析

1. 固定资产折旧方法的选择

固定资产折旧（depreciation），是指在固定资产使用寿命期内，按照确定的方法

---

① 　K. R. 苏布拉马尼亚姆，约翰·J·怀尔德. 财务报表分析（第 10 版）［M］. 宋小明译. 北京：中国人民大学出版社，2009.

对固定资产成本进行的系统性分摊。固定资产折旧是应计制和配比原则的基本要求，除已提足折旧继续使用的固定资产和单独计价入账的土地外，企业应当对所有固定资产计提折旧。计提折旧不需要支出现金，但将在较长时间内对企业的资产和利润产生重要影响。

固定资产的折旧方法、预计使用期限和预计净残值率是重要的会计估计。固定资产的折旧方法应该反映与该固定资产有关的经济利益的预期实现方式，固定资产的使用寿命和净残值应该反映该固定资产的使用情况。现行会计准则允许的折旧方法，包括年限平均法、工作量法、双倍余额递减法和年数综合法，后两种方法属于加速折旧方法。采用加速折旧方法，前期折旧费用较多，可以使企业获得递延纳税的好处，后期折旧费用较少，对利润的影响将转回。但税法限定了可使用加速折旧方法并进行税前扣除的企业的范围。[①] 实务中，多数企业的多数固定资产折旧采用的是年限平均法或工作量法。

财务报表使用者进行会计分析时，应对企业所采用的固定资产折旧方法和所作的会计估计的合理性进行评价。在对不同企业的经营业绩进行比较时，若折旧方法和会计估计不同，应对企业的折旧费用和利润等报表项目进行调整。

2. 固定资产折旧方法的变更

企业至少于每年年度终了，对固定资产的使用寿命、预计净残值和折旧方法进行复核。使用寿命数和预计净残值数与原估计数有差异的，应当进行调整；与固定资产有关的经济利益的预期实现方式有重大改变的，应当改变折旧方法。这些调整均属于会计估计变更。实务中，企业调整固定资产折旧期限的情况时有发生，尤其是延长折旧期限的做法更为常见。由于会计估计变更采用未来适用法进行会计处理，延长折旧期限减少了当期及以后期间的折旧费用，增加了报告期和以后期间的利润并能够使资产账面价值长期保持较高的水平。尤其是资本密集型公司，变更折旧方法和折旧年限很可能会改变企业的盈利趋势。

变更折旧方法和延长折旧年限的另一个后果，是折旧计提不足导致的资产价值虚增。随着资产使用效率的降低和技术的落后，使得企业在未来某个会计期间必须计提大额的资产减值损失。因此，对于企业自愿性改变折旧方法或折旧年限等行为，财务

---

① 税法上的加速折旧，包括缩短折旧年限和采用加速折旧方法。符合税务机构规定的加速折旧的情形，折旧费用可以在所得税前扣除。按照《中华人民共和国企业所得税法》（以下简称《企业所得税法》）及其实施条例，可以采用缩短折旧年限或采取加速折旧方法的固定资产包括两类：（1）由于技术进步，产品更新换代较快的固定资产；（2）处于强震动、高腐蚀状态的固定资产。国家税务总局2014年发布的《关于固定资产加速折旧税收政策有关问题的公告》中规定，对于生物药品制造业，专用设备制造业，铁路、船舶、航空航天和其他运输设备制造业，计算机、通信和其他电子设备制造业，仪器仪表制造业，信息传输、软件和信息技术服务业等六大行业企业于2014年1月1日后购进的固定资产（包括自行建造），允许按不低于企业所得税法规定折旧年限的60%缩短折旧年限，或选择采用双倍余额递减法或年数总和法进行加速折旧。2015年9月起，轻工、纺织、机械、汽车等四个行业也开始享受加速折旧所得税政策。

报表使用者应分析其对当期经营业绩和现金流的影响，了解管理层的内在动机，对企业未来的盈利能力作出独立判断。

[例] 鞍钢股份有限公司（以下简称"鞍钢股份"，股票代码：000898）于 2011 年第四季度和 2013 年第一季度两次对部分固定资产的折旧年限进行了会计估计变更，主要变更内容是延长房屋建筑物和机械设备等主要固定资产的折旧年限。我们从该公司披露的 2010—2013 年财务报告中摘录了各类固定资产折旧年限的数据并列成表格，如表 5-8 所示。经过两次变更，房屋建筑物的折旧年限从 20 年延长到 40 年，年折旧率降低为 2.38%；机械设备的折旧年限从 10 年延长至 19 年，年折旧率降低为 5%。表 5-8 同时列示了四个会计年度的净利润以及两次会计估计变更对变更年度折旧费用和净利润的影响。

表 5-8　鞍钢股份固定资产折旧年限的变更

项目	2010 年	2011 年（变更）	2012 年	2013 年（变更）
房屋、建筑物	20 年	30 年	30 年	40 年
机械设备	10 年	15 年	15 年	19 年
动力设备	11 年	10 年	10 年	12 年
工具及仪器	7 年	5 年	5 年	5 年
净利润	19.50 亿元	−23.32 亿元	−42.52 亿元	7.55 亿元
对折旧的影响		减少 4.91 亿元		减少 12 亿元
对净利润的影响		增加 3.68 亿元		增加 9 亿元

2011 年的会计估计变更发生在第四季度，对于净利润的影响仅限于一个季度，为 3.68 亿元。2011 年，全年净亏损 23.32 亿元。2012 年，公司亏损 42.52 亿元，已经连续两年亏损。2013 年的会计估计变更发生在 1 月份，整个会计年度的折旧费用都是按变更后的折旧年限计算的，使得全年折旧费用总计减少 12 亿元，分别增加股东权益及净利润 9 亿元。当年，公司实现净利润 7.55 亿元，扭亏为盈。需要注意的是，即使在公司的经营活动不发生根本性变化的情况下，这种影响也将持续若干个年度。

（三）固定资产减值的分析

预计固定资产减值损失是谨慎性原则的基本要求。资产减值（asset impairment），是指资产的可收回金额低于账面价值的差额。可回收金额，是指固定资产的公允价值减去处置费用后的净额与未来现金流量现值中的较高者。资产减值的会计处理一般分为三个步骤：减值迹象的判断；可收回金额的计算与确定；资产减值的计算与会计处理。前两个步骤是以管理层判断为基础的，尤其是可回收金额的确定，属于重要的会计估计，是资产是否减值及减值幅度的主要衡量标准。

固定资产的大额减值往往会引起资本市场的特别关注，导致股价波动。固定资产减值的原因，可能是技术进步或产品市场的变动，也可能是修正过去某次不当并购的结果，或者是对累计折旧计提不足的弥补。大额减值往往被质疑存在盈余管理的动机。从会计规范的沿革看，2001 年的企业会计制度首次将资产减值范围扩大到固定资产、无形资产等长期资产，并允许在资产价值回升后转回计提的减值准备，许多企业发生了资产减值又转回的行为。2007 年实施的会计准则改变了这一做法，禁止公司转回计提的长期资产减值准备，这在某种程度上抑制了企业通过固定资产减值准备的计提和转回进行盈余管理的冲动。

尽管如此，通过计提资产减值准备仍然可以实现对利润的操纵。在长期资产减值的会计处理中，企业可能存在两种极端的做法：一种做法是竭力避免资产减值；另一种做法是在某个业绩较差的年份，对包括固定资产在内的多项资产计提巨额的减值，进行业绩清洗（big bath）。巨额资产减值不但减少了利润，也大幅度降低了资产的账面价值，使得以后年度的折旧费用或摊销费用随之降低，业绩回升，资产回报率提高，从而实现利润储蓄和转移的目的。但巨额资产减值加大了固定资产账面价值与计税基础之间的差异，产生了更多的递延所得税资产，反向影响所得税费用和增加净利润。

因此，财务报表使用者应了解企业资产减值的依据、动机和对财务报表项目的影响，以对公司未来的业绩作出理性预测。通常情况下，同行业可比企业的资产减值状况可以作为判断和比较的基准。

[例] 某固定资产原值 2，000 万元，按年限平均法计提折旧，预计使用期限 12 年，预计净残值率 10%。则：

应计折旧总额＝2，000×（1－10%）＝1，800（万元）

年折旧费用＝1，800÷12＝150（万元）

第 5 年年末，经减值测试后，该固定资产的可回收金额为 720 万元。预计使用年限和预计净残值率不变。企业适用的所得税税率为 25%。则：

减值前固定资产账面余额＝2，000－150×5＝1，250（万元）

应计提固定资产减值准备＝1，250－720＝530（万元）

减值损失对净利润的影响＝530×（1－25%）＝397.5（万元）

第 6—12 年的年折旧费用＝［720×（1－10%）］÷7＝92.57（万元）

资产减值将使当年净利润降低 397.5 万元，但第 6—12 年每年将减少折旧费用 57.43 万元（150 万元－92.57 万元），这使得净利润相应增加。

（四）固定资产的周转率和增值潜力

对于固定资产项目的分析，还应关注以下两个方面：

（1）固定资产的周转能力。即固定资产的使用效率，通常用营业收入与固定资产平均账面价值的比率表示。固定资产周转速度越快，表示其创造收入的能力越强。企业通过减少非生产经营性资产、处置闲置资产、提高资产利用率等方式，能够提高固定资产的周转率。

（2）固定资产的增值潜力。即固定资产通过使用而创造价值的能力或者固定资产市场价值的增加。一般情况下，稀缺性固定资产（如土地）、市场特征明显的固定资产（如房屋建筑物）具有较大的增值潜力；所生产产品市场稳定的固定资产、实际使用期限长于折旧期限的固定资产等，能提供更多的收入。

三、在建工程的分析

资产负债表中的"在建工程"项目，是指资产负债表日尚未达到预定可使用状态的在建工程的期末账面价值和为在建工程准备的工程物资的期末账面价值，包括新建、改建、扩建，以及更新改造和大修等尚未完工的工程已经发生的支出。2018 年之前的财务报表中，"在建工程"和"工程物资"分项列示，2018 年之后，"工程物资"项目并入"在建工程"项目列报。

阅读和分析"在建工程"项目时，需要注意以下三点：

（1）"在建工程"项目余额的增加，反映了企业投资支出的增长，意味着企业生产经营规模的扩张和生产经营能力的提高，是未来的利润增长点。

（2）会计中定义的在建工程，是指在建资产"尚未达到预定可使用状态"。达到预定可使用状态的建设项目，其成本应转入固定资产，开始计提折旧，同时停止借款费用的资本化，折旧费用和利息费用将直接减少应计利润。

对于在建工程是否达到预定可使用状态，《企业会计准则第 17 号——借款费用》列出了三条判断标准：一是固定资产的实体建造（包括安装）已经全部完成或者实质上已经完成；二是所购建的资产与设计要求、合同规定相符或基本相符，即使有极个别与设计、合同或者生产要求不相符的地方，也不影响其正常使用或销售；三是继续发生在所购建或生产的符合资本化条件的资产上的支出金额很少或几乎不再发生。外部的财务报表使用者可以根据财务报告所披露的具体工程项目的进度和余额变动的信息，对在建工程的真实状态进行推断。如果在建工程项目的余额持续多年增加或保持不变，应考虑是否存在投资项目建设周期过长，推迟结转在建工程以虚增利润的动机，以及投资项目是否真实等情况。

（3）在建工程的增加应与企业的资金募集活动相匹配，遵守募集资金用途的相关约定，并与现金流量表中投资活动现金流量和筹资活动现金流量的有关项目相对应。

四、投资性房地产的分析

投资性房地产（investment real estate），是指企业为赚取租金或资本增值，或者两者兼具而持有的房地产，包括已出租的土地使用权、持有并准备增值后转让的土地使用权和已出租的建筑物。房地产开发企业、租赁和商务服务企业通常持有较多的投资性房地产，如万科 2019 年年末的投资性房地产规模为 735.65 亿元（按成本模式计量），占总资产的 4.25%；美凯龙的投资性房地产规模为 851 亿元，占总资产的 69.59%。

与投资性房地产核算和列报相关的最重要的会计政策是投资性房地产的后续计量

模式,即成本模式还是公允价值模式,两种计量模式以不同的路径影响企业的利润。如何选择投资性房地产的计量模式,应综合考虑多种因素。

(1)后续计量模式对利润的影响路径。成本模式下,投资性房地产与固定资产或无形资产相同,以历史成本为基础,按月计提折旧或摊销,折旧费用或摊销费用减少当期利润。公允价值模式下,投资性房地产的期末公允价值变动直接计入当期损益。投资性房地产公允价值变动受到宏观经济增长态势、城镇化进程、居民可支配收入水平、房地产市场调控政策和景气程度等因素的综合影响。如果企业的投资性房地产规模较大且公允价值波动也较大,这种计量模式将引起各期的资产余额和利润发生较大波动。但投资性房地产的现金流量是独立的,很容易与其他活动的现金流量进行区分。

(2)投资性房地产后续计量模式选择的影响因素。影响投资性房地产后续计量模式选择的因素有很多,会计准则和监管机构的倾向性通常非常重要,如果会计准则更强调会计信息的可靠性,企业可能会首先考虑历史成本计量模式。其他影响因素包括企业的盈利状况、投资性房地产的规模、融资需求、公允价值的数据易得性和可靠性等。公允价值计量的主要问题是投资性房地产公允价值的数据是否具有可靠性,即企业是否能够获得活跃市场中同一地理位置和相同状况并具有类似租赁和其他合同的类似房地产的现时价格,或者存在活跃的房地产交易市场。另外,获取或确定房地产公允价值的成本也是企业需要考虑的一项因素。

(3)投资性房地产的后续计量可以从成本模式转换为公允价值模式,这属于会计政策变更,但不得从公允价值模式转为成本模式。对于后续计量模式的变更,需要分析计量模式转换的合理性及其对当期业绩或净资产的影响。

五、无形资产和开发支出的分析

(一)无形资产的构成

无形资产(intangible asset),是指企业拥有或者控制的没有实物形态的可辨认非货币性资产,包括商标权、专利权、专有技术、著作权及版权、特许经营权、采矿权、土地使用权、海域使用权、软件、营销网络、客户关系、航班时刻使用权、药证、品牌等。与固定资产相比,无形资产没有实物形态,其使用期限和未来经济利益等存在更大的不确定性,在确认、计量、减值等方面需要更多的职业判断和估计。但无形资产具有可辨认性的特点,无形资产通常源于合同性权利或其他法定权利,能够从企业中分离或者划分出来,并能单独或者与相关合同、资产或负债一起,进行出售、转移、授予许可、租赁或者交换。

[例]在复星医药公司的资产负债表(表2-1)和共同比资产负债表(表2-3)中,我们看到,复星医药的无形资产、研发支出和商誉占总资产的比例分别是10.40%、4.01%、11.84%,总计26.25%。如表5-9所示,无形资产的具体构成中,以专利权及专有技术、土地使用权、销售网络的金额最大,但药证、商

标权对于制药公司的合法运营非常重要，体现了医药制造企业的特征。

表 5-9　无形资产的构成

项目	2019 年 12 月 31 日	2018 年 12 月 31 日	增减变动(%)
土地使用权(万元)	192,994.53	152,275.17	26.74%
商标权(万元)	27,942.46	27,743.04	0.72%
专利权及专有技术(万元)	293,124.24	300,255.85	−2.38%
软件使用权(万元)	6,035.92	6,639.33	−9.09%
药证(万元)	82,397.41	50,497.97	63.17%
销售网络(万元)	146,874.39	135,494.48	8.40%
特许经营权(万元)	42,228.47	42,228.47	0.00%
合计	791,597.41	715,134.31	10.69%

另外，报表附注中还披露了下列与无形资产有关的信息：

截至 2019 年 12 月 31 日，通过内部研发形成的无形资产占无形资产账面价值的 4.51%（2018 年 12 月 31 日为 1.78%）。

"其他无形资产"中，还包含：预付无形资产购买款 49,871.31 万元；预付研发支出 1,329.62 万元；预付土地出让金 12,488.91 万元。

根据上述信息，可以了解该公司无形资产的变化特点和增长趋势。

（二）无形资产的确认与研发支出的资本化

无形资产的确认是一项重要的会计政策。无形资产的取得方式包括购买、接受投资、非货币资产交换、债务重组、购并、自行研发等。如果一项资产的来源涉及外部交易对手，交易双方最终议定的成交价及相关支出即可作为该项资产的初始成本，如外购无形资产的成本，包括购买价款、相关税费以及直接归属于使该项资产达到预定用途所发生的其他支出。购买价款超过正常信用条件延期支付，实际上具有融资性质的，以购买价款的现值为基础确定成本；投资者投入的无形资产，按照投资合同或协议约定的价值确定。无形资产确认中遇到的困难主要是自行研究开发支出的会计处理。

研究与开发（research and development，简称 R&D）是企业保持技术进步和产品创新以及可持续发展能力的重要驱动因素，由于研究开发的持续时间长、研发结果具有不确定性且投入金额大，为形成一项无形资产所投入的研发成本通常难以准确辨认和可靠计量，研发成功后申请法律权利所支出的成本又无法反映资产的内在价值，因此，很多企业不确认内部自行研发形成的无形资产。

研究开发支出的可选会计处理方法主要有三种：全部费用化、全部资本化和有条件的资本化。在 2007 年之前，我国基本采用费用化处理原则，企业将研发支出直接计入当期损益。2007 年开始实施的《企业会计准则第 6 号——无形资产》借鉴了国际财务报告准则的做法，将企业的研究开发过程分为研究阶段和开发阶段。对于研究阶段的支出，于发生时计入当期损益；开发阶段的支出，允许有条件的资本化。这些资本化条件包括：一是完成无形资产以使其能够使用或出售在技术上具有可行性；二是具有完成该无形资产并使用或出售的意图；三是无形资产产生经济利益的方式，包括能够证明运用该无形资产生产的产品存在市场或无形资产存在市场，或证明其内部使用时的有用性；四是有足够的技术、财务资源和其他财务资源支持，以完成该无形资产的开发，并有能力使用或出售该无形资产；五是归属于该无形资产的支出能够可靠计量。与其他会计政策和会计估计不同的是，开发支出在费用化和资本化之间的划分，不属于会计政策变更，也不属于会计估计调整，无须进行公告和说明，也不用追溯调整。因此，允许开发支出有条件的资本化，是一项存在很大选择空间的"隐形"会计政策。

按照有条件资本化的会计处理原则，资产负债表中的"无形资产"项目表示已确认的无形资产，"研发支出"项目表示准予资本化但尚未形成无形资产的开发支出。需要注意的是，研究阶段和开发阶段的划分，以及开发支出是否符合资本化条件，都依赖于管理层的判断和估计。鉴于研究开发的专业性和技术性，资本市场很难确定开发支出资本化的政策选择是基于合理的专业判断还是盈余管理的动机，有人甚至将暂时存放在"开发支出"项目中的资本性支出解读为企业研发项目一定会成功的信号。

财务报表使用者应该关注企业开发支出资本化的比例。这项比例与企业研发项目的内容、技术特征、成功概率甚至会计策略等诸多因素相关。即使同行业企业之间，开发支出的资本化率也常常存在较大差别。对于研发投入较大的企业，过多的费用化可能会影响其财务业绩，进而降低其对研究投资的意愿。尽管如此，在评价某一企业的研发支出会计政策时，投资者仍然可以将行业的平均开发支出资本化率作为参考。一般认为，那些研究开发投入金额较大且资本化率较低的企业，具有更稳健的会计利润和发展潜力。

（三）无形资产的成本摊销和减值

对使用寿命有限的无形资产，企业通常根据无形资产有关经济利益的预期实现方式或采用直线法进行成本摊销。每年年度终了，企业还需要对这部分无形资产的使用寿命及摊销方法进行复核。无形资产的预计使用寿命和摊销方法的确定，属于重要的会计估计。

对使用寿命不确定的无形资产、因企业合并形成的商誉、尚未达到预计可使用状态的无形资产，因其价值以及未来经济利益具有较大的不确定性，不论是否存在减值迹象，至少于每年年末都需要进行减值测试。当可回收金额低于账面价值时，应当计提减值准备，并确认减值损失。无形资产减值在以后会计期间不得转回。如果企业在报告期内确认了巨额的无形资产减值损失，应分析计提减值准备的依据是否充分，并分析企业是否面临亏损、政府管制等状况。

（四）无形资产与企业的竞争优势

与其他资产相比，大部分无形资产缺乏活跃的二级交易市场，难以确定其变现价值，在分析企业的偿债能力时，甚至会将无形资产予以剔除。但在正常经营活动中，无形资产确实能够增强企业的竞争优势，这种重要性可能超过其账面价值。Pat

Dorsey（2019）认为："无形资产的作用机理本质上是一样的——让企业在市场上具有与众不同的地位。……无形资产绝对是最有价值的竞争优势来源。在评价无形资产时，最关键的因素，是看它们到底能为企业创造多少价值，以及能持续多久。……比如，品牌可以给企业带来长久的竞争优势，但最关键的并不是品牌的受欢迎程度，而是它能否影响消费者的行为。"①

品牌的价值通常表现为顾客继续购买某一品牌的意愿和忠诚度，能够给拥有者带来溢价收入和稳定的收益，这些价值很难从品牌的账面价值中体现出来。

专利权和专有技术具有排他性，可以使拥有者独享使用的收益。但技术进步会降低专利和专有技术的使用价值，企业需要不断进行研究开发以保持技术的先进性。

土地使用权具有较高的价值确定性和较强的增值潜力，还可以提供融资支持。这种情况是指企业可以将土地使用权作为抵押物从银行等金融机构贷款，从而增强企业的融资能力和解决流动性需求。如复星医药在 2019 年年末拥有账面价值 3.03 亿元的土地使用权，与房屋建筑物、在建工程等一起作为短期借款和长期借款的抵押，这种做法在很多企业中都存在。

特许经营权也是一项价值比较确定的无形资产。特许经营权通常有两种形式：一是政府授权，准许特定企业使用公共资源，或在某地区享有经营某种业务的权利；二是一家企业授予另一家企业使用其商标、专利权、品牌等，在特许者统一的业务模式下从事经营活动。尤其是政府授予的特许经营权，常常使得企业的业务具有垄断性和排他性，并获得一定的定价权，能够长期赚取稳定的收益，使企业获得保护性的竞争优势。

六、商誉的分析

在资产负债表中，商誉（goodwill）是一种比较特别的资产。一般认为，商誉代表了企业所拥有的超额获利能力。这种超额获利能力可能源于企业优越的地理位置、良好的信誉和客户的信任、先进的技术、高效的组织管理和经营效率、知名的品牌与商标等。随着经营环境的变化，形成商誉的某些因素可能会消失或改变。

与其他资产相比，商誉的特点是没有实物形态且不可单独辨认。商誉与作为整体的企业相关，不能单独存在，也不能与企业的可辨认的各项资产分开出售。形成商誉的各项因素，不能用任何方法或公式进行单独计价，它们的价值只有在把企业作为一个整体来看待时，才能按总额加以确定。在会计处理中，既难以计量企业为形成商誉所发生的成本，也难以确定商誉的预期经济利益。因此，企业往往不确认和列报自创商誉。只有外购的商誉，才确认入账。

在资产负债表中列报的商誉，主要来自于非同一控制下企业合并的溢价，其金额等于企业合并成本与所取得的被购并方可辨认净资产公允价值份额的差额。并购溢价产生的原因，可能是被并购企业确实拥有某些账外超额获益潜力，或者并购企业投资

---

① 帕特·多尔西. 巴菲特的护城河 ［M］. 刘寅龙译. 北京：中国经济出版社，2019.

决策的失误，或者并购协议中包含的业绩承诺条款，甚至是某种利益输送的方式。由于购并交易日益频繁，许多企业的合并资产负债表中存在巨额商誉。对于合并中形成的商誉，可选择的会计处理方法包括立即注销和确认为长期资产，作为长期资产，又可以选择永久保留、分期摊销、定期减值测试三种做法。我国现行会计准则采用了确认为长期资产并定期减值测试的做法。

对于购并中形成的商誉，如果被并购企业的业绩无法达到预期，企业通常会对商誉计提巨额的减值准备，引起资本市场的强烈反应。据东方财富网数据中心的统计，2018 年年末，我国上市公司的商誉总值为 1.316 万亿元，净资产为 27.95 万亿元，商誉占净资产的平均比例为 4.71%；许多上市公司的商誉超过了净资产的账面价值，相当于公司净资产的 20 多倍。2018 年度，上市公司发生商誉减值 1，476.99 亿元，占净资产的 0.53%；商誉减值 1，400 多亿元，商誉减值损失约占当年净利润的 6.3%。①

与其他资产不同的是，商誉本身难以独立产生现金流量，不能作为融资的抵押物或用于偿还债务，在企业破产清算时，通常也不具有变现价值。但商誉的产生和减值对企业的资产负债表、利润表和关键财务比率具有很大影响。一方面，商誉的形成扩大了企业的规模和股东权益，容易造成企业成长的错觉。另一方面，当商誉减值时，企业的净资产和净利润都会大幅缩减。也就是说，无论是商誉的产生还是减值，资产负债率、总资产回报率和净资产收益率等财务指标都会发生巨大变化。

七、其他长期资产项目的分析

(一) 长期应收款

"长期应收款"项目，包括融资租赁产生的应收款项、销售商品和提供劳务时因采用递延方式收款而产生的应收款项等，以及实际上构成对被投资单位的净投资的长期权益。与短期应收款相比，长期应收款项通常具有一定的提供融资的性质。

(二) 长期待摊费用

"长期待摊费用"项目，是指公司已经发生但应由本期和以后各期负担的分摊期限在一年以上（不含一年）的各项费用，包括以经营租赁方式租入的固定资产改良支出等。长期待摊费用按实际支出入账，按其受益年限平均摊销，如果长期待摊费用不能使以后会计期间受益，应将尚未摊销的价值全部转入当期损益。长期待摊费用是已经支出的资金，不具有变现价值，一般也不会获得补偿。

(三) 递延所得税资产

递延所得税资产和递延所得税负债是根据资产和负债的计税基础与其账面价值之间的暂时性差异和适用的企业所得税税率计算确认的非流动资产和非流动负债。当资产的账面价值大于其计税基础，或者负债的账面价值小于其计税基础时，将产生应纳税暂时性差异，应确认相应的递延所得税负债，同时增加当期的所得税费用；当资产

---

① 东方财富网数据中心商誉专题. http://data.eastmoney.com/sy/.

的账面价值小于其计税基础，或者负债的账面价值大于其计税基础时，将产生可抵扣暂时性差异，应确认相应的递延所得税资产，同时减少当期的所得税费用。

在确认递延所得税资产或递延所得税负债时，管理层需要对未来的应纳税所得额、转回可抵扣暂时性差异的可能性等因素进行预测和评估。财务报表使用者应将递延所得税资产、递延所得税负债和所得税费用等三个项目结合起来进行分析，相关例题可参见第 7 章所得税费用分析部分。

需要注意的是，管理层对其他各项资产的确认和计量所选择的会计政策和所作的会计估计，如固定资产折旧、无形资产摊销、资产减值等，也将通过资产账面价值的变动而产生递延所得税影响，并影响报告期的所得税费用。

（四）其他非流动资产

"其他非流动资产"项目，与"其他流动资产"项目一样，包含不能计入上述非流动资产项目的资产，包括：预付工程款及押金保证金、预付设备款、预付土地出让金等。如果该项目的期末余额非常大，需要查阅报表附注，分析其构成是否合理。

第 6 节　对外投资性资产的分析

一、对外投资性资产

对外投资形成的资产，是指企业从外部其他主体或资本市场购入的股权或债权等金融工具。按照投资的对象，对外投资可以分为权益性投资和债权性投资两大类。权益性投资（equity investment），是指企业以购入权益性股份的形式进行的投资；债权性投资（debt investment），是指企业通过购买债券等形式获得的债权。对外投资形成的资产属于金融资产，是金融工具的组成部分。对于投资企业来说，债权性投资和权益性投资具有不同的业务模式和合同现金流量特征。

对外投资的目的，包括在资本市场上赚取增值收益、分享其他主体的利润、参与或控制其他主体的经营活动与财务决策等。因此，对外投资性资产可能是经营性的，是自身经营活动的延伸，也可能是财务性的，仅以获取投资收益为目的。

金融资产的分类和列报对于资产结构具有重要的影响。2007 年实施的《企业会计准则第 22 号——金融工具确认和计量》，按照企业的投资目的和意图将金融资产分为四类：贷款及应收账款，以公允价值计量且其变动计入当期损益的金融资产，持有至到期投资，可供出售金融资产，后两类属于非流动资产。2014 年 7 月，IASB 发布了修订的《国际财务报告准则第 9 号——金融工具》，我国财政部也于 2017 年发布了修订的《企业会计准则第 22 号——金融工具确认和计量》。新金融工具准则改变了金融资产的分类标准和类型，按照企业管理金融资产的业务模式和金融资产的合同现金流量特征，将金融资产分为三类：以摊余成本计量的金融资产、以公允价值计量且其变动计入其他综合收益的金融资产和以公允价值计量且其变动计入当期损益的金融资产，同时放宽了对金融资产重分类的限制。从 2018 年起，上市公司开始分阶段实施新金融工具准则。以下关于金融资产的内容都是以新金融工具准则实施之后的财务报表为基础的。

因此，按照现行会计准则，资产负债表中与对外投资相关的报表项目包括交易性金融资产、债权投资、其他债权投资、长期股权投资、其他权益工具投资、其他非流动金融资产等，一年内到期的非流动资产和其他流动资产中也包含了一部分对外投资性资产。分析财务报表时，应了解这些资产项目的含义及其对利润的影响方式。

从这些资产项目获取收益的方式看，长期股权投资主要是投资企业通过持有股权以谋求控制或参与被投资企业的经营和财务活动，实现某种经营或战略目的，并获得长期的收益；其他对外投资主要以获取财务收益为目的。据此，我们把对外投资形成的金融资产分为其他对外投资性资产（或称财务收益型投资）和长期股权投资两个部分。需要说明的是，这种分类的主要目的是为了本教材内容的安排。

二、其他对外投资性资产的分析

（一）其他对外投资性资产的分析

1. 交易性金融资产的分析

交易性金融资产（financial assets held for trading），反映的是资产负债表日企业分类为以公允价值计量且其变动计入当期损益的金融资产，以及企业持有的指定为以公允价值计量且其变动计入当期损益的金融资产。交易性金融资产通常以交易或随时出售为目的，并被视为现金的暂时置存形式，其流动性仅次于货币资金。大多数非金融类企业的资产负债表中，"交易性金融资产"项目的余额为零，但有些现金存量较多的企业会将一部分资金用于购买交易性金融资产，如理财产品、商业银行结构性存款、基金和股票等。① 自资产负债表日起超过一年到期且预期持有超过一年的以公允价值计量且其变动计入当期损益的交易性质的金融资产，则计入"其他非流动金融资产"项目。

财务报表使用者应关注交易性金融资产的规模和公允价值变动对报告期利润的影响。如果一家公司的交易性金融资产数额巨大且连续多年规模稳定，应关注该项投资的资金来源是外部融资还是利润留存，是否存在将长期性对外投资分类为流动性资产的情形。

[例] 我们可以从第 2 章的资产负债表和共同比资产负债表中看到，恒瑞医药的交易性金融资产金额较大且在资产总额中占较高的比例。我们将该公司交易性金融资产和总资产的金额单独列在表 5-10 中，并补充了 2019 年 1 月 1 日的数据。恒瑞医药 2018 年 12 月 31 日的资产负债表中无"交易性金融资产"项目，2019 年的年初数是公司因 2019 年执行新金融工具准则而对年初财务报表项目按新准则调整后的结果。这些数据表明，2018 年和 2019 年，公司约 1/3 的资产配

---

① "其他流动资产"项目中可能也会包含一部分结构性存款和理财产品。

置在交易性金融资产上。综合公司的经营活动和融资活动来看，公司近几年的经营活动现金流量巨大，且没有发生大规模的外部融资。因此，购入交易性金融资产的资金主要来自经营活动现金流量的历年积累，而非外部融资。

表 5-10　交易性金融资产的规模

项目	2019 年 12 月 31 日	2019 年 1 月 1 日
总资产(万元)	2,755,648	2,251,195
交易性金融资产(万元)	851,980	749,263
交易性金融资产占比(%)	30.92	33.28

根据报表附注的披露，交易性金融资产的构成包括两项：理财产品和基金股票投资，其中主要是购买理财产品，如表 5-11 所示。

表 5-11　交易性金融资产的构成　　　　　　　　　　　　　　（单位：万元）

项目	2019 年 12 月 31 日	2019 年 1 月 1 日
交易性金融资产	851,980	749,263
理财产品	843,044	743,437
基金股票投资	8,936	5,825

报表附注披露的交易性金融资产的收益信息，包括理财产品的投资收益和交易性金融资产的公允价值变动收益，如表 5-12 所示，我们从现金流量表和利润表中摘录了相关项目的数据，并计算了理财产品的收益率（理财产品的投资收益÷理财产品本金×100％）。

表 5-12　交易性金融资产的收益

项目	2019 年	2018 年
理财产品在持有期间的投资收益(万元)	30,294	24,170
投资收益(万元)	30,927	24,794
取得投资收益收到的现金(万元)	30,736	24,794
交易性金融资产的公允价值变动收益(万元)	3,136	——
公允价值变动收益(万元)	3,753	——
归属于上市公司股东的净利润(万元)	532,803	406,561
理财产品收益对净利润的贡献率	5.69％	5.95％
理财产品的收益率	3.59％	3.25％
加权平均净资产收益率	24.02％	23.28％

理财产品在 2019 年获得了约 3.03 亿元的投资收益，是当年投资收益的主要来源，并贡献了净利润的 5.69％（2018 年为 5.95％）。根据现金流量表中"取得投资收益收到的现金"项目的金额，理财产品的收益基本上实现了现金流入。另外，交易性金融资产的公允价值变动收益约为 3,753 万元，金额非常巨大，但这部分收益属于未实现收益。

理财产品的年收益率为 3.59%（2018 年为 3.25%），但公司当年的加权平均净资产收益率为 24.02%（2018 年为 23.28%）。

许多持有大额交易性金融资产的公司采取了与恒瑞医药类似的资产配置策略，主要用于购买理财产品。理财产品的投资风险小，收益率较低，但收益比较稳定，一般能获得相应的现金流入。但有些理财产品存在投资期限的规定，提前支取可能受到限制或不能提前支取。

2. 债权投资和其他债权投资的分析

债权性投资（investment in debt securities），主要是以购买债券或其他债务工具的方式进行的投资。按照资产负债表日的计量模式和到期日，债权性投资在资产负债表中的列报可能涉及"债权投资""其他债权投资""其他流动资产"和"一年内到期的非流动资产"四个项目。

（1）"债权投资"，指资产负债表日以摊余成本计量的长期债权投资。购入的一年内就要到期的该类计量模式的债权投资，计入"其他流动资产"项目。

（2）"其他债权投资"，指资产负债表日企业分类为以公允价值计量且其变动计入其他综合收益的长期债权投资。购入的一年内就要到期的该类计量模式的其他债权投资，计入"其他流动资产"项目。

（3）自资产负债表日起一年内到期的"债权投资"和"其他债权投资"，计入"一年内到期的非流动资产"项目。

3. 其他权益工具投资

其他权益工具投资（investment in other equity instruments），是指资产负债表日企业指定为以公允价值计量且其变动计入其他综合收益的非交易性权益工具投资。

总之，财务报表使用者应了解上述金融资产的含义和在财务报表中的列报方式及其重分类。尤其要注意的是，以公允价值计量的金融资产，公允价值的变动视其初始分类分别计入其他综合收益或当期损益，对资产负债表和利润表产生影响。无论如何，这些资产持有期间分得的股利或利息和处置收益才是真正实现的投资收益，公允价值变动都是尚未实现的损益，但如果其金额巨大，对于净资产和净利润都会产生巨大影响。对外投资是金融机构和投资公司的经营性活动。但对于一般非金融企业，公允价值变动损益属于非经常性损益，不能代表企业正常经营活动的盈利能力和盈余质量。

（二）其他对外投资性资产的风险

如果企业拥有大量金融资产，不可避免地将面临各种金融工具相关的风险，包括信用风险、流动性风险、市场风险等。其中，信用风险是指金融工具的一方不履行义务，造成另一方发生财务损失的风险；流动性风险是指企业在履行以交付现金或其他金融资产的方式结算的义务时发生资金短缺的风险；市场风险是指金融工具的公允价值或未来现金流量因市场价格变动发生波动的风险，包括汇率风险、利率风险、权益工具或商品价格波动的风险等。这些风险因素可能会使金融资产的价值下跌，产生资产减值损失。因此，财务报表使用者应仔细阅读公司定期报告，汇总对金融资产风险的定性和定量分析，了解企业的风险管理政策，独立评估公司面临的金融资产风险的性质和程度，对企业未来的经营业绩和现金流量的不确定性作出预判，调整自己的投资策略。

金融资产减值的会计处理是一项重要的会计判断。金融资产减值是金融资产因承受风险而导致的价值损失。2007 年的会计准则要求企业按"已发生损失法"对金融资产减值进行会计处理，即当客观证据表明某金融资产已经发生减值损失时，企业可计提减值准备。2017 年修订的《企业会计准则第 22 号——金融工具确认和计量》改按"预期损失法"对金融资产减值进行会计处理，即在资产负债表日，企业应考虑包括前瞻性信息在内的各种可获得信息，以发生违约的风险为权重计算确定预期信用损失金额，以确认和计提资产减值准备。资产减值的确认和计量是重要的会计政策和会计估计。影响金融资产减值的因素，可能来自于企业经营活动，也可能来自于资本市场，由管理层建立假设并进行判断。

三、长期股权投资的分析

（一）长期股权投资的目的

根据权益性投资对被投资单位的影响，投资企业可将权益性投资分为四种情况：

（1）投资方对被投资单位实施控制的，被投资单位为其子公司。

（2）与其他方共同控制被投资单位的，被投资单位为其合营企业。

（3）仅对被投资单位的经营和财务政策具有重大影响的，被投资单位为其联营企业。

（4）对于不具有控制、共同控制或重大影响的权益性投资，应确认为交易性金融资产、其他权益工具投资等金融工具，按公允价值计量，如上所述。

前三种情况均属于长期股权投资（long-term equity investment），也就是指投资方对被投资单位实施控制、共同控制或重大影响的权益性投资。

长期股权投资的目的，是通过长期持有一定比例的股权，控制或参与被投资企业的经营活动，与被投资企业之间建立稳定的商业联结，如建立稳定高效的供货渠道和销售网络，实现市场、技术、客户关系等的优势互补，延伸企业的经营性活动，增强企业的核心竞争力，或者通过跨行业投资，实现多元化经营等。上市公司在财务报告中应披露主要的子公司、合营企业和联营企业，对这些公司的持股比例，子公司的注册地、业务性质，甚至合营企业和联营企业的业务性质等信息，这些信息有助于财务报表使用者了解企业的业务范围、运营逻辑和战略布局。

个别资产负债表中的"长期股权投资"项目，包含母公司对子公司和对联营企业与合营企业的全部投资。企业在编制合并财务报表时，由于子公司被纳入合并范围，对子公司的长期股权投资与子公司个别财务报表中的股东权益相互抵销，使得合并财务报表中的"长期股权投资"项目主要反映集团对合营企业与联营企业的投资。因此，根据母公司个别资产负债表中的"长期股权投资"项目余额与合并资产负债表中的"长期股权投资"余额之间的差额，能够在一定程度上了解企业对外股权投资的主要形式。

[例] 以复星医药、恒瑞医药和华润三九为例，三家公司的合并财务报表和其母公司财务报表中列报的长期股权投资和总资产如表 5-13 所示。我们分别计算了母公司和子公司长期股权投资的差额以及长期股权投资占总资产的比例。这些数据显示，三家公司的股权投资方式存在一定差别：复星医药的合并财务报表的长期股权投资较多，与母公司财务报表中的长期股权投资的差额较小，表示母公司的对外股权投资主要采取联营或合营的方式；恒瑞医药和华润三九的对外投资则主要是控股形式，合并资产负债表中的长期股权投资大多被抵销。

表 5-13　长期股权投资的比较

项目	复星医药 2019 年	复星医药 2018 年	增减变动	恒瑞医药 2019 年	华润三九 2019 年
合并财务报表：					
长期股权投资（万元）	2,092,978	2,046,076	46,902	6,000	1,451
总资产（万元）	7,611,965	18,745,424	(11,133,459)	2,755,648	2,010,353
母公司财务报表：					
长期股权投资（万元）	2,635,713	2,299,928	335,785	320,182	640,437
总资产（万元）	4,053,345	3,824,596	228,749	2,750,492	1,401,317
长期股权投资的差额（万元）	542,735	253,851	288,883	314,182	638,986
长期股权投资的比例：					
合并财务报表	27.50%	10.92%	16.58%	0.22%	0.07%
母公司财务报表	65.03%	60.14%	4.89%	11.64%	45.70%

注：（　）内为负数。

（二）长期股权投资的后续计量

长期股权投资的后续计量，是指企业取得长期股权投资后的会计处理采用成本法还是权益法。后续计量方法的选择取决于投资企业对被投资企业的影响程度。具体分两种做法：

（1）对子公司的投资，采用成本法核算，即长期股权投资应反映投资的成本，期末由母公司编制合并财务报表，被投资方宣告分派的现金股利或利润，确认为当期投资收益。

（2）对联营企业和合营企业的投资，采用权益法核算，即长期股权投资的账面价值应反映其在被投资方净资产中享有的份额，随被投资方所有者权益的变动而变动，并按在被投资方净利润中的份额确认投资收益。

对企业与被投资企业之间投资关系的评估和判断，需要综合考虑所有相关事实和情况。一般认为，当投资企业拥有对被投资方的权力，通过参与被投资方的相关活动从而享有可变回报，并且有能力运用对被投资方的权力影响其回报金额时，投资企业就形成了对被投资方的控制。形成"控制"的情形包括两种：一是投资方直接或间接持有被投资方半数以上的表决权股份；二是投资方直接或间接持有被投资方半数或半数以下的表决权，但通过与其他表决权持有人之间的协议能够控制半数以上的表决权，或者综合考虑相对于其他投资方的表决权份额及其分散程度、潜在表决权、其他合同安排的权利、被投资方以往的表决权行使情况，或者被投资单位董事会成员和管理人员的任命等情况后，能够主导被投资单位的经营政策和财务政策，这些情形都需要管理层进行判断。

成本法和权益法的选择属于重要的会计政策。更重要的是，当投资方因追加投资或处置部分股权而对被投资方的影响程度发生改变时，将变更会计方法，在成本法、权益法、公允价值计量之间进行转换。这种变更可能同时对长期股权投资的账面价值、当期净损益、所有者权益等产生影响，使企业的财务状况和经营业绩发生较大的变动。因此，对长期股权投资进行分析时，应特别关注是否存在后续计量方法变更的情形，尤其是成本法变更为权益法的情形，并结合公司的经营战略、融资需求等环境因素分析会计方法变更的合理性，判断企业是否存在通过调整持股比例进行盈余管理的动机。

[例] 深圳市大富科技股份有限公司（以下简称"大富科技"，股票代码：300134）成立于 2001 年 6 月，于 2010 年 10 月 26 日在深圳证券交易所创业板挂牌上市，主要经营业务为移动通信基站产品的研发、生产和服务，主要产品包括移动通信基站射频器件、射频结构件等。深圳市华阳微电子有限公司（以下简称"华阳微电子"）成立于 1996 年，是一家专业封装电子标签的高科技企业，经营范围包括 IC 卡模块的生产、电子标签的生产、销售和设计，以及集成电路、智能卡的设计和销售等，其原股东为自然人 TYJ（持股比例为 90%）和 TJD（持股比例为 10%）。

2011 年 8 月 25 日，大富科技以自有资金 1,000 万元收购华阳微电子 52% 的股权，并分阶段增资不超过 2,000 万元。由于持股比例达到 52%，大富科技对该笔长期股权投资采用成本法进行核算。

2014 年 2 月 15 日，大富科技将持有的华阳微电子 2.5% 的股权转让给股东 TYJ，转让价格为 1,350 万元（以华阳微电子 2013 年 6 月月末为基准日的资产预估值 54,100 万元为基础）。由于转让股权后，持股比例降到 49.5%，大富科技改变了长期股权投资的核算方法，从成本法变更为权益法。华阳微电子股权结构的变动和大富科技长期股权投资的会计核算方法的变动情况如表 5-14 所示。

表 5-14　股权结构与长期股权投资核算方法的变动

	2011 年 8 月	2011 年 8 月—2014 年 3 月	2014 年 4 月
自然人 TYJ	90%	48%	50.5%
自然人 TYD	10%	—	—
大富科技	—	52%	49.5%
长期股权投资的核算方法	—	成本法	权益法

　　按照财政部 2010 年发布的《企业会计准则解释第 4 号》（财会〔2010〕15
号），"企业因处置部分股权投资或其他原因丧失了对原有子公司控制权的，应当
区分个别财务报表和合并财务报表进行相关会计处理：（一）在个别财务报表中，
对于处置的股权，应当按照《企业会计准则第 2 号——长期股权投资》的规定进
行会计处理；同时，对于剩余股权，应当按其账面价值确认为长期股权投资或其
他相关金融资产。处置后的剩余股权能够对原有子公司实施共同控制或重大影响
的，按有关成本法转为权益法的相关规定进行会计处理。（二）在合并财务报表
中，对于剩余股权，应当按照其在丧失控制权日的公允价值进行重新计量。处置
股权取得的对价与剩余股权公允价值之和，减去按原持股比例计算应享有原有子
公司自购买日开始持续计算的净资产的份额之间的差额，计入丧失控制权当期的
投资收益"。

　　根据上述规定，大富科技对转让的 2.5% 的股份，确认了 1,178 万元的投资
收益；对于剩余的 49.5% 的股份，改按公允价值计量，确认了 23,326 万元的收
益，两项合计 24,504 万元，按照 15% 的企业所得税税率并扣除税收影响后，占
当年归属于上市公司普通股股东净利润的 38.9%，公司净利润比上年增长
868%。由于不再将华阳微电子纳入合并财务报表，公司的物联网行业相关库存
量减少 448 万元，商誉转出 1,866 万元。股权转让的影响如表 5-15 所示。

表 5-15　股权转让的影响

项目	变动
股权处置价款	1,350 万元
处置股权的账面价值	172 万元
处置收益	1,178 万元
剩余股权的公允价值	26,730 万元
剩余股权的账面价值	3,404 万元
剩余股权的重新计量收益	23,326 万元
投资收益合计	24,504 万元
净利润	53,550 万元
出售股权对净利润的贡献率	38.90%

　　同年，大富科技的子公司大富科技（香港）有限公司以 80.25 万欧元转让其
持有的 M. T. Srl15.9% 的股权，该股权投资的核算方法也从成本法变更为权益

法，该笔股权转让的股权处置收益与剩余股权按公允价值重新计量的收益之和约为－118.02 万元，转出商誉 6，169 万元。

资料来源：

（1）大富科技 2014 年年度报告。

（2）宋建波，文雯．长期股权投资成本法转权益法的会计处理探讨——基于大富科技的案例研究［J］．国际商务会计，2015：16—19.

（三）长期股权投资的减值

与固定资产相比，长期股权投资的价值更多地受到资本市场的波动及被投资企业业绩的影响，具有较大的不确定性。如果出现长期股权投资的账面价值大于享有被投资单位所有者权益账面价值的份额等类似情况，企业应进行减值测试。当长期股权投资的可回收金额低于其账面价值时，企业应当计提减值准备，确认资产减值损失，以避免高估资产价值和投资收益。长期股权投资减值准备一经计提，不得转回。因此，多数情况下，企业可能只有在长期股权投资发生重大、持久性且不可逆转的贬值时，才会计提减值准备。

如果报告期财务报表中显示企业对长期股权投资计提了巨额的减值准备，应分析减值准备的计提依据是否恰当，以及减值损失对报告期利润的影响。

（四）长期股权投资与合并财务报表

当企业持有的长期股权投资能够对被投资方施加控制时，就需要编制合并财务报表。合并财务报表（consolidated financial statement），是指反映母公司和其全部子公司形成的企业集团整体财务状况、经营成果和现金流量的财务报表。合并财务报表由母公司编制，反映的会计主体是由母公司和其全部子公司组成的企业集团。但合并财务报表会计主体不是法律主体，不具有法人资格。在对合并财务报表进行分析时，除了前述的商誉问题外，还应关注以下问题：

（1）合并财务报表反映了母公司通过股权投资所控制的全部资源及其为母公司股东赚取收益的能力。除了"长期股权投资"项目外，"其他应收款""长期应收款""其他非流动资产"等项目中也可能包含母公司的控制性投资，需要结合报表附注进行分析。

母公司的控制性投资可以是直接控制，也可以是间接控制，或者两者的结合。通过金字塔式持股或交叉持股等形式，母公司能够利用较少的资金控制大量的经济资源。

（2）企业集团内的子公司可能属于不同的行业或经营不同的业务，采用不同的盈利模式并面临不同的经营风险。在对合并财务报表进行分析时，对于多元化经营的企业集团，需要谨慎选择恰当的行业比较基准。

（3）母公司和子公司是独立的法律主体。从法律的角度看，合并财务报表中的现金及现金等价物，并非母公司可以直接动用的现金；母公司也不能将合并利润作为向股东进行利润分配的依据；合并财务报表中的负债，属于各法律个体的债务，不能用企业集团内其他个体的资产进行偿还，除非母公司与子公司之间或者子公司之间对债务提供了担保，或存在其他协议。

思考与分析

名词解释

资产	流动性	经营性资产
使用权资产	支出资本化	折旧与摊销
交易性金融资产	商誉	长期股权投资
研发支出	权益性投资	预期信用损失法

思考题

1. 对于财务报表使用者，资产负债表能提供哪些有价值的信息？

2. 请简述使用权资产的特征和内容，讨论确认使用权资产对于财务报表分析的影响。

3. 请讨论经营租赁在表外披露和表内列报两种方式下对财务报表和关键财务比率的影响。

4. 请简述资产结构分析的内容。

5. 为什么说应收款项具有融资功能？

6. 企业会计准则中允许的存货发出计价方法有哪些？存货发出计价方法的选择是否影响对存货盈利能力的评价？

7. 请分析支出费用化或资本化对于企业财务状况和财务业绩的影响。

8. 为什么说固定资产减值具有利润储蓄和转移的作用？在何种情形下，企业会对固定资产计提大额减值准备？这种做法如何影响企业的盈利？

9. 请简述无形资产的特点并说明无形资产是否会增加企业的竞争优势。

10. 请简述商誉形成的原因、各种会计处理方式及其对企业财务状况和经营业绩的影响。

11. 何谓交易性金融资产？企业为什么要持有交易性金融资产？

12. 按照会计准则的规定，长期股权投资的核算从成本法转换为权益法，将从哪些方面对财务业绩产生影响？

13. 投资企业因股份转让，对被投资企业的持股比例从 52％降到 49.5％，是否意味着失去对被投资企业的控制权？

案例分析题

⊙ 案例（一）

獐子岛集团股份有限公司（以下简称"獐子岛"，股票代码：002069）在深圳证券交易所中小板上市，主营业务为海水养殖，主营产品为虾夷扇贝、海参、鲍鱼等水产品，产品的成长周期平均为2—4年。根据獐子岛2014—2018年的财务报表，其资产总额中规模较大的资产包括货币资金、应收票据、应收账款、存货、固定资产，占总资产的比例平均为81.14%（其中，存货和固定资产占比61%），平均总资产周转率为0.66次，营业周期约为276天，平均毛利率为14.53%。

从2014年到2019年，獐子岛发生了三次巨额存货核销与计提大额存货跌价准备的事件，引起了资本市场的广泛关注。

第一次是在2014年。根据公司的公告，由于遭遇北黄海冷水团低温及变温等影响，虾夷扇贝遭受重大损失。公司对105.64万亩、账面价值为7.35亿元的底播虾夷扇贝存货放弃采捕，进行核销；同时，对43.02万亩账面价值为3亿元的底播虾夷扇贝计提存货跌价准备2.83亿元，全部计入2014年第三季度。2014年度净亏损11.95亿元。

第二次是在2017年。根据公司的公告，由于降水量大幅下降、硅藻数量下降、海水温度异常、养殖规模过大，公司在2018年年初对2017年度的底播虾夷扇贝进行存量盘点后，核销了2014年、2015年及2016年投苗的107.16万亩、账面价值5.78亿元的底播虾夷扇贝；对2015年和2016年投苗的24.3万亩、账面成本1.26亿元的底播虾夷扇贝计提了0.51亿元的存货跌价准备，两项合计6.29亿元。此外，由于进口扇贝原料、加工产品的市场价格下降等原因，公司还对部分库存商品、原材料及在产品计提了存货跌价准备2,963.86万元；核销了受灾底播虾夷扇贝对应的海域使用金及海域租金3,290.72万元。上述核销资产及计提存货跌价准备，分别减少2017年度净利润和归属于母公司股东的所有者权益7.008亿元。公司2017年度净亏损7.2286亿元。

第三次是在2019年。2019年11月12日，獐子岛发布《关于2019年秋季底播虾夷扇贝存量抽测的风险提示公告》，同年11月15日，公司发布《关于2019年秋季底播虾夷扇贝抽测结果的公告》。根据公告，在养的底播虾夷扇贝共计58.35万亩，其中：39.07万亩由于平均亩产过低，采捕变现价值不足以弥补采捕成本，需核销成本19,562.33万元；13.9万亩由于亩产较低，可收回金额低于账面价值，预计计提存货跌价准备金额8,205.89万元，两项合计27,768.22万元，约占截至2019年10月末在养的全部底播虾夷扇贝账面价值30,690.86万元的90%。根据獐子岛披露的2019年年度报告，公司计入"营业外支出"的海底生物性消耗资产存货核销损失为2.3亿元，存货跌价损失0.723亿元，两项合计3.023亿元。

根据2019年年度报告，存货跌价准备的计提与转回情况如表5-16所示。

表 5-16　獐子岛存货跌价准备计提与转回　　　　　　　　　（单位：万元）

项目	期初余额	本期增加金额	本期减少金额	期末余额
		计提	转回或注销	
原材料	576,949		511,790	65,159
在产品	356,556	528,619	405,338	479,838
库存商品	20,397,856	6,595,786	11,628,290	15,365,352
消耗性生物资产	14,710,958	65,177,863	19,334,412	60,554,410
合计	36,042,319	72,302,268	31,879,830	76,464,759

其他数据如下：

2019 年 12 月 31 日的合并资产负债表中：

存货：7.05 亿元；

流动资产合计：16.67 亿元；

资产总计：30.09 亿元；

累计未分配利润：—19.33 亿元。

2019 年度的合并利润表中：

资产减值损失（即存货跌价损失）：0.7230 亿元（2018 年度为 0.1557 亿元）；

营业外支出：2.36 亿元；

净利润：—3.85 亿元；

归属于母公司所有者的净利润：—3.92 亿元。

讨论与分析：

1. 根据獐子岛的公告，存货的注销和跌价的原因均属于自然灾害。请查阅有关会计准则，分析该公司的会计处理是否符合会计准则的规定。

2. 獐子岛 2018 年确认存货跌价损失 0.1557 亿元。由于海产品的播种在海底，无法直接观察，实物盘点和质量评价都存在技术上的难度。试分析企业应如何建立存货监测预警的内部控制制度，以便及时预判底播虾夷扇贝存货可能发生的重大异常。

3. 请结合生物性资产的特性，分析投资者应如何应对这类企业的减值风险？

4. 獐子岛 2019 年提取存货减值准备 0.7230 亿元，但又转回 0.3188 亿元。那么存货减值对利润的影响净额是多少？如何理解存货减值准备转回的合理性？

⊙ 案例（二）

万福生科（股票代码：300268），现名佳沃股份，于 2011 年 9 月份在深圳证券交易所创业板发行上市，公开募集资金净额 3.94 亿元。根据 2011 年年报的披露，该公司的年末在建工程余额为 8,675.01 万元，同比增长 82.92%。2012 年半年报中，在建工程期末余额为 17,997.54 万元，比上年年末增长 107%。表 5-17 是万福生科在 2011 年年度报告和 2012 年半年度报告中披露的主要在建工程项目的期末余额和工程进度的数据。

表 5-17　万福生科在建工程项目期末余额和工程进度

项目	2011 年末		2012 年半年末	
	余额(万元)	工程进度	余额(万元)	工程进度
供热车间改造工程	5,439.30	80%	7,368.70	90%
淀粉糖扩改工程	208.40	90%	2,809.33	30%
锅炉改造工程	257.23	100%	261.23	85%
四期扩改下水道工程	1,207.17	100%	1,207.17	80%
新厂马路工程	638.81	80%	646.58	80%
新厂区围墙	120.78	100%	120.78	80%
厂区绿化工程	335.93	100%	409.61	85%
精油生产线工程	33.96	50%	33.96	6%
污水处理工程	201.20	50%	4,201.00	50%
合计	8,442.78	—	17,058.36	—

讨论与分析:

1. 请对表内列报的工程项目的投资金额和工程进度进行分析和评价。

2. 如何判断在建工程是否达到预定可使用状态? 如果企业对已达到预定可使用状态的在建工程不进行结转,将如何影响企业的财务状况和经营业绩?

⊙ **案例(三)**

乐视网信息技术(北京)股份有限公司(以下简称"乐视网",股票代码: 300104),于 2010 年 8 月 12 日在深证证券交易所创业板上市,上市初期的主营业务为网络视频基础服务和视频平台增值服务。根据公司的年度报告,截至 2016 年,公司认为已经形成以网络视频服务为基础的、通过产业链垂直整合打造的"乐视生态"商业模式,包含四大部分业务:广告业务(指视频平台广告发布业务)、终端业务(指智能终端产品销售业务)、会员及发行业务(包括付费业务、版权业务及电视剧发行收入)和其他业务(指收入相对较小、尚未形成规模的业务,如云视频平台业务、技术开发服务等)。上市后,公司在 2011—2016 年一直处于快速发展阶段,营业收入环比增长率为 109%,每年平均以翻倍的速度增长,但营业利润在保持 3 年的增长后,2014 年开始下降,2016 年出现了亏损。

表 5-18 是从乐视网 2011—2018 年的年度报告中摘录的研发投入、营业收入、营业利润和净利润的数据。

表 5-18　乐视网 2011—2018 年年度报告部分数据　　　　　(单位:亿元)

年份	研发投入	开发支出	资本化	费用化	无形资产	管理费用	营业收入	营业利润	净利润
2011 年	0.99	0.36	0.36	0.63	8.87	0.31	5.99	1.61	1.31
2012 年	2.38	0.57	0.97	1.41	17.51	0.58	11.67	1.97	1.94
2013 年	3.74	0.66	2.03	1.71	26.42	0.90	23.61	2.37	2.55
2014 年	8.06	3.88	4.83	3.23	33.39	1.75	68.19	0.48	3.64
2015 年	12.24	4.24	7.32	4.92	48.80	3.09	130.17	0.69	5.73
2016 年	18.60	6.97	11.78	6.82	68.82	5.96	219.87	(3.37)	5.55
2017 年	10.05	1.48	7.06	2.99	45.67	8.86	70.25	(174.08)	(138.78)
2018 年	1.93	0	1.32	0.61	3.82	4.37	15.58	(57.03)	(40.96)
平均	7.25	2.27	4.46	2.79	31.66	3.23	68.17	(28.42)	(19.88)

注:( )内为负数。

讨论与分析：

1. 请简述会计准则中对于研究开发支出资本化政策的规定。

2. 请计算各年度研发投入的资本化比例，并分析其是否符合会计准则的规定。应如何评价一个公司的研发投入资本化比例的恰当性？

3. 2018 年之前，费用化的研发支出应计入管理费用。请对费用化的研发支出与管理费用进行对比分析。

4. 假如该公司的研发支出全部费用化，请重新计算营业利润和净利润（假设所得税税率为 15％），并分析研发支出资本化政策如何影响企业的经营业绩。

5. 该公司的无形资产包括影视版权、系统软件、非专利技术等，内部开发形成的无形资产主要是系统软件和非专利技术，按照合同收益年限或 10 年摊销。请问：应如何确定这些无形资产的价值？这些无形资产是否能使公司获得独特的竞争优势？

⊙ 案例（四）

汤臣倍健股份有限公司（以下简称"汤臣倍健"，股票代码：300146），于 2010 年 12 月 15 日在深圳交易所创业板挂牌上市。2018 年度，公司实现净利润 10.02 亿元。在公司 2019 年 10 月 25 日披露的第三季度季报中，年初至第三季度末归属于上市公司股东的净利润为 11.91 亿元。2019 年 12 月 31 日，汤臣倍健发布 2019 年年度业绩预告，预计 2019 年度亏损约 3.65 亿元—3.70 亿元，未计提商誉和无形资产减值准备之前的净利润约 10 亿元—11 亿元，如表 5-19 所示。

表 5-19　汤臣倍健业绩预告

项目	本报告期	上年同期
归属于上市公司股东的净利润	亏损：约 36,500 万元—37,000 万元	盈利：约 100,000 万元—110,000 万元
归属于上市公司股东的净利润（未计提商誉和无形资产减值准备）		

汤臣倍健对业绩变动原因的说明如下：

（1）受《中华人民共和国电商法》（以下简称《电商法》）实施影响，2019 年，Life-Space Group Pty Ltd（下称"LSG"）在澳洲市场的业务未达成预期，给公司业绩带来较大不利影响。基于此，公司根据中国证监会《会计监管风险提示第 8 号——商誉减值》相关要求，对前期收购 LSG 形成的商誉进行了初步减值测试，计提商誉减值准备约 100,000 万元—105,000 万元，计提无形资产减值准备约 54,000 万元—59,000 万元（实际计提金额需依据评估机构出具的商誉减值测试评估报告确定），导致本报告期公司业绩亏损。

（2）扣除前述商誉及无形资产减值影响后，公司预计 2019 年销售收入较上年同期有一定幅度增长，业绩较上年同期略有增长，主要原因是报告期内公司采取适度激进的市场策略：启动以蛋白粉为形象产品的主品牌提升策略、进一步丰富和夯实大单品战略、开启电商品牌化 3.0 战略、加速商超渠道和母婴渠道建设等，为公司业绩增长奠定基础。同时，公司在报告期内适度加大了品牌投入和市场推广力度，高度集中资源不断夯实公司品牌力。

（3）公司投资的部分参股企业受经济环境、经营情况等因素影响，公司对相关长期股权投资进行清查，根据《企业会计准则》等相关规定的要求，并基于谨慎性原则，对部分参股企业长期股权投资计提资产减值准备金额约 7,000 万元－9,000 万元（最终减值金额以审计机构审计结果为准）。

（4）公司 2018 年非经常性损益金额为 8,837.01 万元，预计 2019 年非经常性损益对净利润的影响金额约为 8,000 万元－9,000 万元。

在汤臣倍健 2020 年 4 月份最终披露的 2019 年年度报告中，确认资产减值损失合计 16.93 亿元，其中包括商誉减值损失 10.09 亿元，无形资产减值损失 5.62 亿元，长期股权投资减值损失 1.02 亿元；归属于上市公司股东的净利润为－3.56 亿元，比上年降低 135.51％；归属于上市公司股东的扣除非经常性损益的净利润为－4.31 亿元，比上年降低 147.11％；非经常性损益对利润的影响额为 7,463 万元。

讨论与分析：

1. 请分析汤臣倍健商誉形成的原因和商誉减值的原因。

2. 请分析商誉减值对于公司当年和以后年度财务状况与经营业绩的影响。

3. 根据汤臣倍健的年度报告，2018 年 12 月 31 日，公司的商誉为 21.66 亿元，资产总计 97.90 亿元；2019 年 12 月 31 日，商誉为 11.84 亿元，资产总计为 83.31 亿元。公司认为："报告期期末，公司合并报表商誉账面价值 118,356.85 万元。若 LSG 未来在澳洲市场的经营环境持续恶化或在中国市场业务推广不达预期，仍面临商誉减值风险，可能对公司当期损益造成一定影响。"试讨论该公司商誉减值的风险。

4. 现行会计准则中采用对商誉进行年末减值测试的方法，请结合该案例，比较商誉的各种会计处理方法对财务报表的影响。

第 6 章

负债与所有者权益分析

1. 了解负债与所有者权益的分类和结构分析的基本思路
2. 了解复合型金融产品对负债和所有者权益分类的影响
3. 掌握负债的结构分析和项目分析的思路和方法
4. 了解会计政策选择对负债确认和计量的影响
5. 掌握所有者权益的结构分析和项目分析的思路和方法

第 1 节　负债与所有者权益的结构分析

一、负债与所有者权益的结构

（一）负债与所有者权益的结构

在资产负债表中，与资产相对应，负债与所有者权益表示的是企业资金的来源，是资金提供者对企业资产的要求权。其中，负债（liability）表示债权人对投入企业的债务本金和利息的要求权，需要企业在未来用现金、非现金资产或服务偿付。所有者权益（equity）是所有者对企业净资产的索求权。所有者对企业的权益包括经营管理权、利润分配权、优先认股权和剩余财产分配权。但无论是在日常经营活动中还是在清算时，债权人权益均优先于所有者权益。所有者权益是全部资产减去全部负债后的余额，是一种剩余索取权（residual claim）。在某种程度上，股权资本为债权资本提供了风险担保。[①]

对于负债与所有者权益的整体分析，一般要关注两个方面：一是负债的适度性。从资产负债表来看，负债比例越高，偿债压力就越大。二是要关注债务融资成本。从利润表来看，利息费用越多，对报告期利润的影响就越大，财务风险就越高。

负债与所有者权益的结构主要是指负债所占的比例，通常用资产负债率或产权比

[①] 谢德仁.企业剩余索取权：分享安排与剩余计量［M］.上海：上海三联书店，上海人民出版社，2001.

率表示。资产负债率是负债总额与资产总额的比率，产权比率是指负债与所有者权益的比率。实务中，企业之间的负债情况相差甚远。有些企业总是资金不足，不断借债。也有些企业只有少量的商业性负债，很少借款或几乎不发生其他融资活动，但几乎没有企业零负债运营。据东方财富网数据中心的统计，2019 年年末，沪、深上市公司中，有 29 家公司的资产负债率超过 100％，最高的为 3，068％；有 105 家公司超过90％；资产负债率低于 10％的公司有 153 家，最低为 0.84％。

相对于股权融资，负债融资快速便捷，融资成本低，具有财务杠杆效应和税盾效应，有助于提高权益资本的收益率。但由于债权人具有强制请求权，除了某些特殊行业，如果企业负债规模过大或比例过高，且又无法及时获得充足资金以偿付到期债务或履行其他支付义务时，将面临较高的财务风险。因此，企业在筹集资金时，应谨慎地选择资金的来源渠道和筹资的方式。

（二）负债与所有者权益结构分析应注意的问题

在对企业的负债与所有者权益结构进行分析时，应注意以下问题：

（1）负债与所有者权益的相对比例应与企业的风险承受能力相适应。按照经典的财务理论，最优的资本结构是加权平均资本成本最低和企业价值最大的资本结构。一般来说，负债过高，企业将很难控制其带来的财务风险。因此，适度负债是控制财务风险的基础。

（2）盈利能力和创造经营活动现金流量的能力是适度负债的基础。如果企业盈利能力较强，且具有充足的经营活动现金流量净额，就可以用内源融资满足一般性经营和投资活动的资金需求，减少对外部负债的依赖。实务中，盈利能力较强的企业往往具有较低的负债率。即使在企业亏损的情况下，足够的经营活动现金流量净额也能使企业保持充分的流动性。

（3）负债的财务杠杆效应源于负债融资成本与总资产收益率的对比。只有总资产收益率高于负债资本成本，负债融资才会增加权益资本的回报；反之，如果总资产收益率低于负债资本成本，债务利息就会侵蚀股东收益，产生财务杠杆负效应。因此，盈利能力是财务杠杆正效应的基础。

（4）资金来源的期限结构与资产结构具有匹配性。一般情况下，长期资产占用的资金来源于非流动负债和股东权益等长期资本，流动资产占用的资金来源于短期负债。但在企业经营活动中，总有一部分流动资产稳定不变，需要长期占用资金，这部分资金来源可能是长期性债务，也可能是权益资本。具体到某一企业，负债比例受到其行业属性、经营模式或财务策略等因素的影响。

（5）负债具有向所有者权益转化的可能性。如果企业进行债务重组，或者投资者将可转换债券转换成公司普通股等，就可使负债转化为所有者权益，从而在基本不改变现有融资规模的情况下，改善企业的资本结构和降低财务风险。

二、复合型金融产品对负债与权益分类的挑战

（一）复合型金融产品的确认与列报规则

随着金融产品的不断创新以及投资者对于投资回报和风险偏好的日趋多元化，传统融资方式逐渐向新型多层次融资方式转变，资本市场中出现了多种介于纯粹债务与纯粹权益之间的复合型金融产品，如可转换债券、永续债、优先股等。发行这些创新金融工具，既能筹集到稳定的长期性资本，又在一定程度上降低了企业的融资成本和财务风险。

复合型融资产品通常兼有债务工具和权益工具的混合特征。在会计处理和编制财务报表时，需要计算其中的债务成分和权益成分，分别确认为负债和股东权益，以及对企业的资本结构产生影响。金融负债和权益工具的区分过程涉及复杂的会计技术和专业判断。按照会计准则的规定，"当且仅当一项金融工具不包含向持有者交付现金或其他金融资产……的合同义务时，该工具属于权益工具"，否则，就属于债务工具。也就是说，如果一项金融产品需要发行人必须按照合同的约定支付现金，这部分不可避免的金额就应该确认为负债；如果发行人在任何情况下都可以遵从自己的意愿决定是否支付现金，或者仅仅在公司清算时才需要偿付，则该金融产品就具有了权益的基本属性。

合同条款是企业进行会计处理的重要依据。一般认为，可转换债券、永续债、优先股具有债和股的双重特性，企业应依据具体的合同条款，确定其中包含的负债成分和权益成分。在资产负债表中，"负债成分"在长期负债部分的"应付债券"项目下列报，"权益成分"在所有者权益部分的"其他权益工具"项目下列报。这两个项目下各分设了"优先股"和"永续债"两个子项目。根据目前上市公司的财务报告，多数企业把优先股和永续债计入权益工具，把可转换债券计入长期负债。例如，浦发银行在 2014 年和 2015 年发行的优先股、2019 年 7 月 12 日发行的无固定期限资本债券，全部计入其他权益工具；晨鸣纸业 2015—2017 年间发行的永续债和优先股，也全部计入其他权益工具。

复合型金融产品的发行及其在金融负债和权益工具之间的划分，对发行企业的财务状况和经营成果具有重要的影响。这些影响主要包括：一是决定了与该工具或其组成部分相关的利息、股利、利得或损失的会计处理方法。与金融负债或复合金融工具负债成分相关的利息、股利、利得或损失，应计入当期损益；与权益工具或复合金融工具权益成分相关的利息、股利、利得或损失，则作为权益的变动处理。二是影响某些关键的财务指标，如资产负债率、净资产收益率、财务费用等。含有转股权的金融产品还可能对每股收益产生稀释作用。三是这些金融产品提供了长期稳定的资金来源，改变了企业的资本结构和融资成本。四是增加了企业面临的风险敞口，如利率风险、信用风险等。因此，财务报表使用者在阅读财务报告时，应关注企业是否存在复合型金融产品、这些金融产品在财务报表中的列报方式以及企业承受的风险。

企业通常存在规避增加负债和债务风险的倾向。为了防止企业低估负债和规避确

认合同中包含的衍生金融负债，会计准则对或有结算条款、结算选择权等不确定性合同条款下的会计处理进行了具体规定。但合同条款的设计、解读和经济实质的认定仍归属于企业，因而受到管理层判断的影响。

（二）可转换债券

可转换债券（convertible bond），是指可以在约定时间按一定价格转换成公司一定数量普通股的债券。可转换债券的利率通常较低，且附有转股权。对于投资者，购买可转债相当于以较低的价格购入上市公司的股份，除了利息收入，预期还会获得持有股份相关的收益。对于债券发行公司，在债券转股之前，仅需对债券支付较低的利息；转股之后，不需要再还本付息。一般认为，可转换债券是"债券＋股票期权"的组合，是一种潜在的股权融资方式，受到许多上市公司的偏爱。根据 CSMAR 数据库的统计，从 1993 年至 2019 年年底，我国上市公司一共发行了 362 只可转换公司债券。

在可转换债券存续期间，由于其亦股亦债的性质，需要将其分离为权益成分和负债成分，在长期负债和所有者权益中分别列报，直到其转换成公司股份，或者被赎回，或者直到债券到期。可转换公司债券是否最终转换取决于基础股票价格与转股价格的对比。如果持券者进行了债券转换，则公司的债务减少，股本增加，财务杠杆比率降低；如果持有者不行使转换权，企业就仍需要还本付息。许多可转换债券定有赎回条款，发行公司可通过行使赎回权提前收回发行在外的可转换债券。

[例] 海尔智家（股票代码：600690）于 2018 年 12 月 18 日向社会公开发行 30，074，900 张可转换公司债券，每张面值 100 元，发行总额为 30.07 亿元，扣除发行费用后，募资净额为 29.80 亿元，期限 6 年，票面利率的设定为：第 1 年 0.2％、第 2 年 0.5％、第 3 年 1.0％、第 4 年 1.5％、第 5 年 1.8％、第 6 年 2.0％。2019 年 1 月 18 日，该债券在上海证券交易所挂牌交易（转债代码：110049）。2019 年 6 月 25 日起，该债券可转换为公司 A 股股份，转股期间为 2019 年 6 月 25 日至 2024 年 12 月 17 日。2019 年共转股 2.11 亿股，使公司股本从 63.68 亿股增加到 65.79 亿股，增长 3.33％；所有者权益增加 26.05 亿元。此外，海尔智家行使赎回权，对于尚未转股的可转换债券的余额全部赎回，2019 年年末的可转债余额为 0。

有关披露信息如下：

发行总额：3，007，490，000 元。

初始确认的金额：2，980，024，754.5 元（2019 年年初余额）。

其中：权益成分 473，061，264.64 元，确认为"其他权益工具"；

　　　负债成分 2，506，963，489.86 元，确认为"应付债券"。

2018 年的应计债券利息：3，566，573 元。

2019 年的年初余额：2，510，530，062.86 元。

2019 年度应计债券利息：104，059，924.8 元。

2019 年度转股 2，605，447，744.16 元，赎回 9，142，243.50 元。该债券

年末无余额。

2017 年 9 月 8 日，中国证监会发布修订后的《证券发行与承销管理办法》，规定可转换债券的发行由资金申购改为信用申购，申购时无须预缴申购资金，待确认获得配售后，再按实际获配金额缴款。一般情况下，上市公司发行可转换债券时，原股东可以优先配售，尤其是大股东，往往能够凭借其持股优势获配大量债券。但同时，可转换债券没有限售锁定期，无论大股东还是小股东，在债券上市后即可卖出，获利了结。近几年，许多公司在发行可转换债券后，随着可转换债券价格的上涨，出现了大股东或控股股东大量抛售其持有的公司可转换债券的现象。抛售可转换债券意味着大股东放弃了债转股的机会，对于这种情况，财务报表使用者应持谨慎态度。

（三）优先股和永续债

优先股和永续债是我国许多上市公司近几年筹措长期资本的两种重要方式。优先股的股息是预先确定的，与普通股相比，优先股股东具有利润分配和剩余财产分配的优先权，但没有投票表决权。与一般公司债券相比，永续债的利息率较高但没有明确的到期日。优先股和永续债的发行条款中，除了约定股息（利息）的支付方式和本金赎回方式等基本条款外，通常还会附加一些特殊条款，如转股权、赎回权、回售权、股息（利息）递延支付权、利率调升机制等，使得优先股和永续债的分类更加复杂。在资产负债表中，当优先股和永续债作为权益列报时，能够有效优化企业的资本结构。

第 2 节　负债的分析

一、负债的确认和计量及其面临的不确定性

（一）负债的确认和计量

负债（liability），是指企业过去的交易或事项形成的、预期会导致经济利益流出企业的现时义务。形成负债的交易或事项，可能是商业性活动，如采购、销售等，也可能是融资性活动，如银行借款、发行债券、融资租赁等。负债的现时义务，可以是法定义务，也可以是推定义务。其中：法定义务是指具有约束力的合同或者法律法规规定的义务，如银行借款、应付账款、应交税费等，债务的金额、履约时间、履约对象具有高度的确定性，需强制执行。推定义务则是企业根据多年的习惯做法对公开的承诺或公开宣布的政策承担责任，如产品质量保证服务、退休后福利、环境负债等，有关各方已形成企业履行义务方可解除责任的合理预期，但这些义务的履行时间和金额具有不确定性，需要进行判断和估计。符合负债的定义，同时，与该义务有关的经济利益很可能流出企业，且未来经济利益的金额能够可靠地计量时，即可确认为负债。

与资产一样，负债有多种计量属性可供选择，主要包括历史成本、重置成本、现

值和公允价值。负债的历史成本，是指企业因承担现时义务实际收到的款项或资产的金额，或者承担现时义务的合同金额，或者按照日常活动中为偿还负债预期需要支付的现金或现金等价物的金额。重置成本，是指企业现在偿付该项债务所需支付的现金或现金等价物的金额。现值，是指预计期限内偿还负债所需的未来净现金流出量的折现金额；公允价值，是指市场参与者在计量日发生的有序交易中，转移一项负债所需支付的价格。多数情况下，负债按历史成本计量，但随着融资产品的多样化，现值和公允价值计量属性在负债计量中的应用也越来越多，对于管理层判断的依赖性也越来越大。

（二）负债确认和计量的不确定性

负债的确认和计量，同样涉及大量的会计政策和会计估计，尤其是与推定义务有关的经济利益通常依赖于大量的估计和判断。负债确认和计量相关的会计政策和会计估计主要包括：借款费用资本化问题（见第 5 章）、可转换债券和永续债的分类（见本章第 1 节）、预计负债的确认、债务重组等。

1. 或有事项与预计负债

或有事项（contingency），是指过去的交易或事项形成的，其结果须由未来某些事项的发生或不发生才能决定的不确定事项，如未决诉讼或未决仲裁、担保、产品质量保证、待执行的亏损合同、重组义务、承诺、环境污染整治等。

或有事项相关的义务包含较多的不确定性，需要管理层在资产负债表日进行预测和判断。如果这些义务是潜在的，需要通过未来不确定事项的发生或不发生予以证实；或者虽然是现时的义务，但履行该义务不是很可能导致经济利益流出企业或该义务的金额不能可靠地计量，则此项义务属于或有负债（contingent liability）。或有负债不在表内确认，但需要在报表附注中披露。或有负债是潜在的财务风险，有可能会导致企业支出大额的现金，产生对现金的额外需求。

如果与或有事项有关的义务同时符合下列条件，应当确认为预计负债（estimated liability）并在资产负债表内列报：（1）该义务是企业承担的现时义务。（2）履行该义务很可能导致经济利益流出企业。（3）该义务的金额能够可靠地计量。预计负债改变了企业的资产负债率，意味着企业将来需要承担义务或流出现金。

在分析财务报表时，对于预计负债至少需要了解以下内容：

（1）预计负债的确认符合权责发生制的要求，体现了谨慎性原则。但预计负债的确认导致负债增加和利润下降，对公司的财务状况和经营业绩产生极大的影响。

（2）预计负债的列报金额是企业综合考虑或有事项相关的风险、不确定性、货币时间价值和未来事项等多项因素后确定的最佳估计数，不是对义务的精确衡量。在资产负债表日，企业应考虑法律法规或行业政策的变化等因素，对预计负债的账面价值进行复核或调整。因此，预计负债的确认和计量过程包含了较多的估计和判断。即使是类似的经济业务或事项，企业之间的判断也可能存在较大差别。

　　［例］汽车制造商通常要提供较长时间的产品质量保证，即车辆售后维修服

务，构成预计负债的主要内容。会计期期末，企业需要根据销售额、历史索赔状况、过往维修及退货记录等计提产品质量保证金，确认预计负债和销售费用。表6-1列出了三家整车制造商2018年年末的资产负债表及其附注中所披露的"预计负债"和"产品质量保证"的余额、占营业收入的比例、计入当期销售费用的产品质量保证（或称售后服务费）。各公司的产品质量保证占营业收入的比例不同，说明各公司的会计估计假设存在一定的差别。

表6-1　预计负债与产品质量保证

项目	上汽集团	广汽集团	比亚迪
预计负债(亿元)	212.27	6.75	18.55
产品质量保证负债(亿元)	170.09	6.66	18.55
营业收入(亿元)	8,876.26	715.15	1,300.55
产品质量保证负债/营业收入	1.92%	0.93%	1.43%
计入销售费用的质量保证支出(亿元)	45.72	6.38	11.37

预计负债包含的内容，三家公司的披露如下：

上汽集团：产品质量保证、预计赔偿支出、继续计入负债、其他。预计负债212.27亿元中包含一年内到期的预计负债59.61亿元。

广汽集团：未决诉讼、产品质量保证、其他。计入销售费用的质量保证支出6.38亿元的内容是售后服务及销售奖励。

比亚迪：2018年年报中没有长期预计负债，但在流动负债下增加了"预计负债——流动"项目，内容是售后服务费。

2. 债务重组与负债的重新计价

债务重组（debt restructuring），是债权人和债务人之间债权债务关系的重新安排。2007年实施的会计准则（包括2014年5月的修订版）将债务重组界定为"在债务人发生财务困难的情况下，债权人按照其与债务人达成的协议或者法院的裁定作出让步的事项"。2019年修订的《企业会计准则第12号——债务重组》将债务重组界定为"在不改变交易对手方的情况下，经债权人和债务人协定或法院裁定，就清偿债务的时间、金额或方式等重新达成协议的交易"，不再强调债务重组必须是基于"债务人财务困难"和"债权人作出让步"的情形，债务重组的内涵和外延都得以扩大。

债务重组的方式，包括允许债务人采用其他资产偿还债务，将债务转为权益工具，调整债务本金或利息，降低债务利率，变更还款期限等。在进行财务报表分析时，如果被分析企业在报告期内发生过债务重组，应了解债务重组的原因及其对资产负债表和利润表的影响。

如果债务重组的原因是债务人资金周转困难或经营陷入困境，无法或没有能力按原定条件偿还债务，从资产负债表的角度，对于债权人而言，虽然债务重组会造成一定的损失，但有助于其清理不良资产；对于债务人，债务重组缓解了当前的偿债压力，甚至获得了持续经营的机会。如果债务重组采用了债务转资本的方式，债务人的负债权益结构还会得到优化。从利润表的角度，只要债务人付出的代价低于债务的原账面价值，债务人就会获得债务重组收益，债务重组收益通常计入营业外收入，并在以后期间避免再确认债务利息费用。因此，债务重组不仅使债务人摆脱了财务困境，还改善了报告期的财务业绩、资本结构或未来的盈利能力。

财务报表分析者至少应注意以下问题：

（1）债务重组收益属于非经常性收益，不具有持续性。对于财务困难企业尤其是连续亏损的企业，债务重组只是缓解了当前的债务支付压力，并不意味着企业的经营状况和持续盈利能力一定会得到改善。在某些情形下，人们会认为债务重组是财务困难企业进行盈余管理的一种手段。

（2）债务重组收益的会计处理取决于债务人与交易对手方的关系。一般情况下，债务重组收益计入营业外收入，增加当期利润，但如果"债权人或债务人中的一方直接或间接对另一方持股且以股东身份进行债务重组的，或者债权人与债务人在债务重组前后均受同一方或相同的多方最终控制，且该债务重组的交易实质是债权人或债务人进行了权益性分配或接受了权益性投入的"，应作为权益性交易进行处理，将债务重组收益计入资本公积，而不是报告期的损益。

3. 表外负债与财务风险

企业将要承担的义务与负债的账面价值之间可能存在一定的差异，其原因包括低估应该承担的义务、表外负债等。表外负债是未在资产负债表内确认但企业将来需要承担的义务，一般是表外融资安排引起的，这些义务因不符合负债的确认和计量条件而被拒之表外。表外负债的典型实例如不可撤销的长期性经营租赁，企业长期以来一直将其作为一种表外融资方式；还有各种特殊目的实体或结构化主体，也常被企业用于转移负债或损失。因此，如果不考虑表外融资，仅考虑财务报表内列报的负债，可能会低估公司的债务水平和财务风险。近年来，随着会计准则的修订，特殊目的实体或结构化主体纳入合并财务报表的合并范围，经营租赁业务也已被要求进入表内列报。但随着各种金融创新业务和产品的出现，可能会出现新的表外负债形式。

二、债务结构的分析

负债的分析，包括负债总体分析和负债项目分析两个层面。对负债进行总体分析，一般要关注负债的规模、负债的增减变动、负债的结构。从规模看，如果资产负债率较高，企业将面临较高的财务风险；从变动趋势看，如果负债持续增长，一般表示企业对外部负债融资的依赖性越来越大，面临流动性不足的风险；从结构看，即将到期和需要用现金偿还的债务，将使企业面临实际的支付压力。

债务结构（debt structure），是指各类或各项负债之间的相对比例。债务具有异质性，不同类型负债的业务属性、偿还期限、债务成本、付息方式等具有差异性，对企业的现金支付需求、财务风险、盈利能力等产生不同的影响。债务结构理论认为，最优债务结构应该是债务成本与债务收益相互平衡，或者加权平均资本成本最低且企业价值最大的结构。因此，无论对于投资者还是债权人，适当的债务结构应该是融资成本最低且能够保持财务风险基本可控的债务结构。

分析债务结构，有助于了解企业所承担的债务风险的来源及真实的偿债压力。财务报表使用者可以从债务期限、业务性质、是否付息和付现性等角度对负债进行分类，分别从以下四个方面对债务结构进行分析：流动负债与非流动负债的结构、有息债务与无息债务的结构、经营性负债与融资性负债的结构、付现负债与非付现负债的结构。

（一）流动负债与非流动负债的结构分析

1. 流动负债与非流动负债的结构

按照流动性，负债分为流动负债（current liability/short-term liability）和非流动负债（non-current liability/long-term liability）。流动负债与非流动负债的相对比例，即债务期限结构。按期限或流动性对负债结构进行分析，符合资产负债表项目的呈报特征。

流动负债与非流动负债的结构可用其在总负债中所占的比例表示。其计算公式如下：

$$流动负债占总负债的比例＝流动负债÷总负债×100\%$$
$$非流动负债占总负债的比例＝非流动负债÷总负债×100\%$$

流动负债与非流动负债的形成原因和融资成本不同。流动负债主要产生于日常经营活动或短期融资活动，融资成本低，期限短，面临即时偿还的压力；非流动负债属于长期资本，通常是为了满足资本性支出的需要，金额大，期限长，资本成本高，受到企业的长期信用风险、市场利率调整、汇率波动等因素的影响。非流动负债尤其是长期借款，通常需要企业提供担保、抵押或质押等，资金的使用往往还会受到借款契约的限制。

流动负债与长期负债的相对比例反映了企业面临的流动性压力、综合融资成本和整体财务风险。偿还债务的现金支付压力主要来源于流动负债，但流动负债比例高并不一定意味着企业具有较高的财务风险。有些企业没有或只有很少的长期债务，如贵州茅台在2011—2019年间的流动负债比例均在99%以上，连续多年都没有进行长期借款或发行债券；恒瑞医药的整体资产负债率很少超过10%，94%以上是流动负债；上汽集团的流动负债在83%以上，比亚迪均在80%以上，而我们都知道，截至目前，这些公司并没有因为流动负债较多而出现支付困难，而流动负债只有57.4%的乐视网却在2016年陷入财务危机。

流动负债的偿还主要依赖于资产的流动性，运用流动资产或发生另一笔新债务进行支付；长期负债的偿还更依赖投资项目的经济效益和盈利能力。长期来看，盈利能力是债务的最终保障。

2. 流动负债与非流动负债的重分类

流动负债和非流动负债的分类并非绝对不变。负债合同安排的调整和债务列报时的重分类，都会改变债务的期限结构。

（1）负债合同安排的变动。企业如果在资产负债表日已经与债权人就原债务契约作出修改，如债务重组、债务的重新安排、债券替换等，某些债务的到期日可能会重新调整，从而改变企业的债务期限结构、流动性状况和偿债能力比率。

（2）债务期限的重分类。按照财务报表列报的要求，除非某项长期负债已经设立了专门的偿债基金，或有确凿证据表明企业将采用发行权益性证券或债务性证券的方式调换将到期的长期负债，对于长期负债中自资产负债表日起一年内或超过一年的一个营业周期内即将到期的部分，包括一年内到期的长期借款、应付债券、长期应付款等，应在资产负债表中重分类为"一年内到期的长期负债"，在流动负债类下列报。例如，某公司从银行借入 3000 万元，期限 6 年，按年付息，在借款期限的最后 12 个月的资产负债表中，就应该将该笔长期借款重分类为流动负债。由于长期负债金额较大，长期负债重分类一般会大幅度提高当期的流动负债比例，降低流动比率和速动比率等短期偿债能力指标，同时意味着企业必须安排足够的现金以备偿债。

[例] 复星医药 2018 年 12 月 31 日和 2017 年 12 月 31 日的合并资产负债表及报表附注中的部分数据如表 6-2 所示。这些数据摘自该公司的 2018 年财务报告。

该公司 2018 年的流动负债比上年年末同比增长 7.97%，主要原因是有 49.30 亿元将于一年内到期的长期负债被列报为流动负债，使流动负债增加了 37.94%，约占总负债的 13.34%。

表 6-2 流动负债与非流动负债的结构

合并资产负债表	2018 年 12 月 31 日 （万元）	2017 年 12 月 31 日 （万元）	增减变动
流动负债	1,792,325	1,660,047	7.97%
其中一年内到期的长期负债	492,960	76,333	545.80%
非流动负债	1,903,540	1,562,908	21.79%
负债总计	3,695,865	3,222,955	14.67%
流动资产	1,800,173	1,505,649	19.56%
资产总计	7,055,136	6,197,101	13.85%
报表附注：			
一年内到期的非流动负债：			
应付融资租赁款	377	618	−39.16%
一年内到期的长期借款	193,266	35,759	440.47%
一年内到期的应付债券	299,317	39,955	649.14%

2018 年的流动负债和非流动负债在总负债中所占的比例、非流动负债占长期资本（等于非流动负债和股权权益之和）的比例如表 6-3 所示。表内还列出了营运资本（流动资产−流动负债）、流动比率（流动资产÷流动负债）和资产负债率（负债总额/总资产）三个反映企业短期和长期偿债能力的财务比率。假设不对一年内到期的长期负债进行期限重分类，流动负债占负债总额的比例将只有 35.16%，营运资本和流动比率也比较高，因而会高估企业的流动性和短期偿债能力。

表 6-3 债务期限重分类的影响

项目	2018 年年末	假设不进行债务期限的重分类	差异
流动负债占总负债的比例	48.50%	35.16%	13.34%
非流动负债占总负债的比例	51.50%	64.84%	−13.34%
非流动负债占长期资本的比例	36.17%	41.64%	−5.47%
营运资本（万元）	7,848	500,808	−492,960
流动比率	1.00	1.39	−0.39
资产负债率	52.39%	52.39%	0.00%

（二）经营性负债与融资性负债的结构分析

根据债务的来源与经营活动的关系，负债分为经营性负债和融资性负债。

经营性负债（operating liability），是企业在日常经营活动中产生的与供应商、客户、员工、政府之间的负债，包括应付票据、应付账款、预收账款、预计负债、应交税费、应付职工薪酬等。经营负债以商品交换或服务提供为基础，受交易合同或承诺的约束。大部分流动负债项目属于经营性负债。经营性负债产生于商业信用，通常不计利息，属于无息负债，不需要担保或抵押。

融资性负债（financing liability），是企业从金融机构或资本市场中筹集资金所形成的负债，包括短期借款、长期借款、应付债券、租赁负债、长期应付款等。融资性负债以融资决策为基础，受债务合同的约束；通常要支付利息，属于有息负债，融资成本较高，财务风险较大，通常需要提供担保或抵押。

经营性负债与融资性负债的结构可用其在总负债中所占的比例表示。其计算公式如下：

$$经营性负债占比 = 经营性负债 \div 负债总额 \times 100\%$$
$$融资性负债占比 = 融资性负债 \div 负债总额 \times 100\%$$

从法律形式上看，经营性负债一般是短期的或暂时性的，但从债务人企业的资金占用关系看，其中部分事实上已被长期化（李心和等，2014）。经营性负债的长期化主要有两个原因：一是逾期债务；二是商业信用关系的普遍存在，使得应付账款和预收账款等经营性负债项目长期存在且不断循环，成为企业的一种稳定的资金来源。在不违约的前提下，应付账款和预收账款提供了经营活动所需要的资金，也体现了企业与供应商和客户之间良好的商业关系。在经营活动过程中，如果企业出现从经营性负债向融资性负债转移的趋势，可能意味着供应商不愿再向企业提供商业信贷，迫使企业通过借款或发行股份等方式筹集经营活动所需的资金，这种现象往往是企业经营活动和流动性出现危机的信号。

如果企业发生资金短缺，无论是经营性负债还是融资性负债，都会使企业陷入支付危机，面临诉讼风险和破产风险。不能偿还经营性负债的后果非常严重，这是因为经营性负债的债权人如供应商和员工等数量众多，拖欠供货款和员工薪酬的后果，是经营性负债风险迅速扩散，供应商断货或员工停工，直接导致经营中断，客户流失，

· 154 ·

给企业造成致命打击。不能偿还融资性负债的后果，是抵押品或质押物等被拍卖或处置，银行信用降低，同样影响正常的经营活动。

（三）有息负债与无息负债的结构分析

有息债务（liability with interest），或称带息负债（interest bearing liability），是需要支付利息的债务，包括短期借款、应付票据、长期借款、应付债券、一年内到期的长期负债、租赁负债等，以中长期负债为主，属于融资性负债；无息债务（interest free liability）不需要承担额外的利息费用，如应付账款、应付职工薪酬、应交税费等，主要是经营性负债。有息债务与无息债务的结构可以分别用占总负债（或总资产）的比例表示。其计算公式如下：

$$有息债务占比＝有息负债÷总负债×100\%$$
$$无息负债占比＝无息负债÷总负债×100\%$$

在全部有息债务中，短期有息债务越多，企业当前的偿债压力就越大。其计算公式如下：

$$短期有息负债占比＝（短期借款＋一年内到期的长期负债）÷有息债务×100\%$$

债务利息具有双重影响：一是增加了利息费用和现金流出；二是具有税盾效应和财务杠杆效应。债务利息越多，税盾效应就越大，但利息费用对利润的侵蚀也越大。至于企业是否会因为税收效应增加有息债务，需要足够的统计证据去验证。以对我国上市公司的研究为例，有人发现税收对资产负债率的影响并不显著（Chang 等，2014）；有人发现，法定所得税税率越高，公司有息债务占总负债的比例就越高，有息债务中的长期债务比例也越高（王成方，2017）。

有息负债还使企业承受利率风险，浮动利率负债面临现金流量利率风险，固定利率负债使企业面临公允价值利率风险，外币负债还存在汇率风险。

（四）付现负债和非付现负债的结构分析

资产负债表中同样没有付现负债和非付现负债的分类，但这种分类对于了解企业实际的现金支付压力或偿债能力非常重要。顾名思义，付现负债（cash liability）就是需要支付现金以完成履约义务的负债，多数负债属于付现负债；非付现负债（non-cash liability）是通过提供商品或服务等履约的负债，不需要动用企业的现金资产，主要包括预收款项、递延收益、可转换公司债券、应收票据贴现借款等。这些非付现负债项目，均是企业已经收到的款项，是实际的现金流入，这类负债越多，企业偿债压力就越小。

付现负债与非付现负债的结构可以用其在总负债中所占的比例表示。其计算公式如下：

$$付现负债占比＝付现负债÷负债总额×100\%$$
$$非付现负债占比＝非付现负债÷负债总额×100\%$$

如果非付现负债占总负债的比例较高，根据债务账面价值计算的财务比率实际上低估了企业的偿债能力。非付现负债与付现负债的分类是相对的，如果企业不遵照合同约定交付商品或提供服务、可转换公司债券持有人不行使转换权、已贴现应收票据的付款人不履行付款义务，企业仍然要承担付现的责任。

1. 预收款项与合同负债

（1）预收账款。预收款项主要是指预收账款（accounts received in advance），是企业因销售商品或提供服务而向客户预收的款项。预收账款的偿还方式是合同约定的商品或服务，一般不需要动用企业的现金。

预收账款的产生主要有两种情形：第一种情形与商业惯例和经营模式有关。有些行业的运营模式，要求客户提前预存款项、预付货款或订金，然后企业再提供商品或服务，如房地产行业的期房预售制度、美发美容行业的预售卡、有线传媒的预收用户款、商业地产的预收租金等；第二种情形是企业的产品或服务存在差异化特征，因而具有较强的市场议价能力，客户愿意为所购买的商品或接受的服务提前支付货款。

表 6-4 列出了 6 家不同行业上市公司 2018 年 12 月 31 日的负债数据，这些公司均具有较高的预收款规模，其中，轻纺城的预收款项占总负债的比例为 84.33%，占流动负债的比例高达 89.72%。也就是说，100 元的流动负债中，89.72 元属于提前收取的款项，这部分现金已经进入企业的经营周转中，企业不需要为这些预收款项准备偿债资金。对于这类公司，如果不考虑预收款项，将会低估企业的偿债能力。

表 6-4 预收款项的比例和内容

公司	预收款项（亿元）	流动负债（亿元）	总负债（亿元）	经营活动现金净流量（亿元）	预收款/流动负债	预收款/总负债	预收款/现金流量	主要原因
龙净环保	68.97	129.70	137.70	4.41	53.18%	50.09%	1563.95%	预收货款和工程款
轻纺城	40.51	45.15	48.04	16.32	89.72%	84.33%	248.22%	预收租金、预收长期性资产使用权转让款
贵州茅台	135.80	424.40	424.40	413.85	32.00%	32.00%	32.81%	预收货款
保利地产	2,997.95	4,449.00	6,600.00	118.90	67.38%	45.42%	2521.40%	预收购房款
江苏有线	42.75	91.12	100.10	30.91	46.92%	42.71%	138.30%	用户预存款、城建配套费等
文峰股份	7.29	17.63	17.99	5.23	41.36%	40.53%	139.41%	金卡预收款、购房款等

预收款项是企业的现金流入，是提前收取的收入款，只是尚不符合会计准则规定的收入确认条件，故暂作为负债记账。企业完成履约义务后，预收账款即转为收入，进入利润表。因此，有人把预收账款视为企业未来收入或利润的指示器或"蓄水池"，或企业存在竞争优势的信号。需要注意的是，收入的确认和预收账款的结转需要管理层进行判断和决策，如果预收账款长期挂账且不断累积，就需要了解预收账款的原因和构成，并分析企业是否存在推迟收入确认的可能性。

（2）合同负债。合同负债（contractual liability）是指企业已收或应收客户对价而应向客户转让商品的义务，如企业在转让承诺的商品之前已收取的款项等。合同负债是 2017 年《企业会计准则第 14 号——收入》修订后新增加的报表项目。如果企业因转让商品收到的预收款计入"合同负债"，就不能再计入"预收账款"及"递延收益"。在对财务报表项目进行会计分析时，应将"预收款项"和"合同负债"合并考虑。

　　［例］ 万科 A（股票代码：000002）是一家房地产开发企业，从 2018 年 1 月 1 日起开始执行新收入准则。按照变更后的收入确认政策，不含税预收房款单独计入"合同负债"，税款计入"其他流动负债"。2018 年 12 月 31 日的合并资产负债表中的"预收款项""合同负债""其他流动负债"三个项目的金额及与上年的比较如表 6-5 所示。按照财务报表附注的披露，实施新收入准则后，预收售房款相关的"预收款项"减少 5，455.62 亿元，"合同负债"增加 5，047.11 亿元，"其他流动负债"增加 416.04 亿元。由于企业的商业模式没有发生本质的变化，在与上年度比较时，应按三个项目的合计数进行。因此，预收款总体增长 37.49％。

表 6-5　预收款项与合同负债

项目	2018 年 12 月 31 日	2017 年 12 月 31 日	增减变动
预收款项（万元）	25,397	40,770,594	（99.94％）
合同负债（万元）	50,471,141	——	——
其他流动负债（万元）	5,559,269	——	——
合计（万元）	56,055,807	40,770,594	37.49％

　　注：（　）内为负数。

2. 递延收益

递延收益（deferred revenue），是企业已经收到现金或非货币资产且一般不需要偿还的负债，主要是指企业收到的政府补助。政府补助是无偿的，企业不需要向政府支付对价或归还现金，因此不构成实际的偿债压力。这些递延收益在满足规定的条件后将在当期或以后期间转入各期损益。

　　会计准则的修订对递延收益项目的核算范围也产生了影响。2018 年修订的《企业会计准则第 21 号——租赁》实施前，递延收益中包括售后回租和购买权转让产生的尚未摊销的收益或损失，新租赁准则实施后，这些递延收益或损失不再计入递延收益。

3. 应收票据贴现借款

企业将持有的未到期商业汇票进行贴现时，如果需要承担连带付款责任，就需要在收到贴现款时确认票据贴现形成的负债（一般为"短期借款"）。这类应收票据贴现（discount of bills receivable）形成的借款，未来是否需要偿还带有不确定性。如果票据付款人在票据到期时能够付款，则贴现企业的短期借款支付义务解除，账面冲销，不需要支出现金；如果票据付款人不能如期付款，贴现企业将承担付款义务，需要支付现金偿还票据全款。

三、流动负债项目的分析

前面已经结合负债的确认和计量以及债务结构对预收款项、递延收益、可转换债券、预计负债、一年内到期的非流动负债等项目进行了分析，以下是对其他负债项目的分析。

（一）短期借款的分析

短期借款（short-term loan）是企业向银行或其他金融机构等借入的期限在一年（含一年）以内的各种借款，包括生产周转借款、临时借款、结算借款、票据贴现借款等，主要用于补充日常经营活动所需的流动资金。

短期借款是有息负债。相对于长期借款，短期借款的利率较低，但同样可能需要提供抵押、担保、质押或保证金。由于偿还期较短，如果无法按期还本付息，抵押品、保证金、质押物很可能被扣押或拍卖，影响正常经营活动，因而具有较高的财务风险。一家企业如果能够持续不断地从银行融到短期资金，对评价企业的信用状况无疑是一个积极的信号。

对短期借款进行分析，需要注意是否存在"短贷长投"和"存贷双高"两种现象。

"短贷长投"，是指以短期借款进行长期项目投资的现象。按照财务学的资金期限匹配原则，长期投资项目应由长期资金支持，日常经营活动和临时性资金需求一般由短期资金支持。短贷长投能够缓解暂时的资金紧张局面，但长期投资项目的投资建设期和资本回收期较长，很难通过短期借款的不断循环支撑项目的长期运行。因此，"短贷长投"被认为是一种投融资错配的行为，增加了企业的财务风险。如果企业长期依赖短期借款进行资本性支出，财务报表使用者就需要对企业不能获得长期借款的原因保持一定的警觉，并考虑企业的经营和财务是否安全。

"存贷双高"，或称"高存高贷"，是指一家企业的存款余额和贷款余额（包括短期借款、长期借款、应付债券等）同时都非常高的现象。由于贷款需要支付利息和确认财务费用，而存款的收益率又非常低，所以"高存高贷"现象一般被认为不合乎商业逻辑。

"存贷双高"现象，可能在下列情形中出现：第一种情形是企业贷入资金，期末尚未使用。随着资金的使用，存款余额下降，"存贷双高"现象很快会消失。第二种情形是在合并财务报表中，如果有的子公司货币资金较多，有的子公司借款较多，也会在合并财务报表中出现"存贷双高"现象。第三种情形是有些企业的日常资金周转量较大，但所持货币资金中一部分的使用受到限制，故仍需要从银行贷款。第四种情形是企业储备的现金主要是为了支付现金股利或保证内部研究开发所需，因而在经营活动和投资活动需要资金时，需另从外部融资。由于这类企业本身拥有大量现金，更容易从银行等金融机构获得贷款。在某些情形下，适量的借款有助于维护企业与银行之间的商贷关系。第五种情形是企业存在财务舞弊的行为，在虚增收入和利润的同时，虚增了货币资金和应收账款，但由于没有实际的现金流入，在需要资金时，只好从外部融资。

　　[例] 康美药业（股票代码：600518）财务舞弊案中，被广泛质疑的报表特征之一就是银行存款和贷款双高的现象。该公司 2018 年的半年报中，列报的资产总额为 787.38 亿元，其中：货币资金余额 398.85 亿元，占比 50.66%；短期借款、应付债券和长期应付款等有息负债合计 275.25 亿元，占比 34.96%；其他应付款和其他流动负债合计 105.19 亿元，占比 13.36%。该公司当年还从银行借款 102.47 亿元，发行债券 140 亿元（包括 5 期共 90 亿元的超短期融资券），利率从 5.28% 到 5.9% 不等，这些负债的偿还期均为借款当年或次年上半年，还债压力非常大。

　　另外，康美药业期末的应付利息达 5.19 亿元，应付股利达 13.94 亿元，而当年的经营活动现金流量净额只有 4.51 亿元，远远不能满足当期的现金支出。值得注意的是，对比这家公司多年的财务报表，可以发现，这家公司几乎没有从银行获得长期信贷，长期借款余额多年连续为 0。

　　经中国证监会的审查，康美药业虚增 361.88 亿元的货币资金，占总资产的 45.96%。

（二）交易性金融负债的分析

　　交易性金融负债（financial liability held for trading），是指企业采用短期获利模式进行融资所形成的负债。交易性金融负债确认一般要满足下列条件之一：承担相关金融负债的目的主要是为了在近期内出售或回购；属于集中管理的可辨认金融工具组合的一部分，且有客观证据表明企业近期采用了短期获利模式；属于被指定且为有效套期工具的衍生工具（符合财务担保合同的衍生工具除外）。交易性金融负债的确认有时是为了解决与交易性金融资产的会计错配问题，但交易性金融负债本身具有一定风险。

　　交易性金融负债的交易和获利目的，显示其具有投资工具的特性。同时，由于其采用公允价值进行后续计量，公允价值变动计入当期损益，增加了利润的波动性。多数上市公司的财务报表中没有"交易性金融负债"这一项目。

（三）应付账款及应付票据的分析

　　应付账款（accounts payable）和应付票据（bills payable），或称商业性债务，是企业因购买材料物资、商品或接受劳务等而发生的应付未付的债务，以商业交易为基础，是流动负债的主要构成项目。其中，应付票据表示付款人开出并承诺在指定日期付款的商业汇票，包括商业承兑汇票和银行承兑汇票。

　　对应付账款和应付票据进行分析时，应注意以下问题：

　　（1）应付账款和应付票据的存在，主要源于供应商为了销售商品或提供服务而授予的商业信用，因此，应付款项是企业占用的供应商的资金，是营运资本的一部分，只要企业能够正常运营，应付账款和应付票据的偿付风险就较低。

应付款项的存在与企业的运营模式或竞争优势存在直接关系。

首先，有些零售商采用"进货—销售—付款"的运营模式，即先从供应商处进货，然后上架销售，之后再与供应商结算货款。尤其是许多大型连锁超市和电商平台，已经建立了广泛的销售网络并形成自己的专有品牌，相对于供应商具有很强的议价能力，经常采用这种商业模式进行运营，因而期末存在大量应付款项。

其次，产品和业务具有竞争优势的企业，市场需求和现金流比较稳定，经营风险低，信誉良好，往往能获得供应商的信赖，或已与主要供应商建立了长期合作关系，能够获得大额的长期商业信用。因此，应付账款在一定程度上既是企业竞争优势的体现，也反映了供应商对企业良好信用和财务状况的认可。各个行业内的优秀企业，应付账款和预收账款的余额都较大，付款信用期较长。

最后，应付票据通常比应付账款具有更好的信用，尤其是银行承兑汇票，由银行作为承兑人，是较为安全的负债形式。如果应付款项中的应付票据规模较大且主要是银行承兑汇票，说明供应商在双方的商业关系中处于较强势的地位。

（2）应付账款和应付票据的增减变动，一般与存货和营业成本的变动具有同向性。在存货和营业成本基本不变的情况下，如果应付账款大幅增长，原因可能是企业无法按时支付货款、获得了供应商提供的更多的商业信用等；如果应付账款大幅减少，原因可能是企业销售缩减或降低产能、信用恶化、供应商不愿意赊销等，需要结合交易性质和经营状况进行分析。

（3）应付账款的适度性。如果应付账款规模过大，会降低企业的营运资本和流动比率，提高资产负债率，增加从银行贷款的难度。一旦企业的流动性出现问题，资金链断裂，不能按时偿还应付账款，债权人可能会提起大量的法律诉讼，或者蜂拥而至讨还账款，甚至停止供货，严重时会导致经营中断，使企业陷入财务困境。另外，过度运用应付账款还可能会涉及商业道德问题。因此，适度的应付账款规模，有助于降低经营风险和维护财务安全，提高企业的市场声誉。

（四）应付职工薪酬的分析

在进行财务报表分析时，"应付职工薪酬"项目通常被分析者忽略。应付职工薪酬（wages payable），是指会计期末企业应付给职工但尚未支付的各种薪酬，是企业对员工的负债。职工薪酬负债在资产负债表中分列两项：应付职工薪酬和长期应付职工薪酬，前者属于流动负债，后者属于长期负债。

"职工薪酬"中的"职工"，是指与企业订立劳动合同的所有人员，含全职、兼职和临时职工，也包括虽未与企业订立劳动合同但由企业正式任命的人员，或者虽未与企业订立劳动合同或未由企业正式任命但与企业职工所提供服务类似的人员，以及劳务派遣人员。因此，职工薪酬反映了企业发生的全部人工费用，包含企业为获得职工提供的服务或终止劳动关系给予的各种形式的报酬，包括短期薪酬、离职后福利、辞退福利和其他长期职工福利。短期职工薪酬一般计入当期损益或相关资产的成本，如产品成本、销售费用、管理费用、研发支出、固定资产等；长期应付职工薪酬，应计入当期损益或其他综合收益。

（五）应交税费的分析

应交税费（tax payable），是指企业按照税法规定计算的期末应交纳而尚未交纳的各种税费，包括增值税、消费税、所得税、资源税、土地增值税、城市维护建设税、房产税、土地使用税、车船税、教育费附加、矿产资源补偿费等，以及企业代扣代交的个人所得税、保险机构按规定提存应交纳的保险保障基金等。不需要预计应交金额的印花税、耕地占用税等，不属于"应交税费"项目的范围。应交税费反映的欠交税金，一般在下一会计期间缴纳。

如果应交税费的年末余额与上年增减相比变动幅度较大，可能的原因包括：税收政策的变化（如税种、税率、征收范围、征收标准等的变化）、本年度业务规模的变动（如收入、总资产等的变动）、合并范围的变化（如新增加子公司）、重大的涉税问题等。报告期间企业所承担的全部税费，可以结合利润表中的"税金及附加"和"所得税费用"，现金流量表中的"支付的各项税费""收到的税费返还"等项目进行推算。

（六）其他应付款的分析

其他应付款（other payables），是指应付票据、应付账款、预收账款、应付职工薪酬、应交税费、长期应付款等以外的其他各项应付、暂收的款项，如应付租金、存入保证金等。2018 年，财务报表格式修订后，应付利息和应付股利也并入"其他应付款"项目中列报。应付利息（interest payable）是企业应当支付但尚未支付的利息，如短期借款利息、采用分期付息方式的长期借款和企业债券的应付利息等。应付股利（dividend payable）是企业已经宣告但尚未支付的现金股利或利润，年末余额通常较少或为零。

从列报实务来看，多数企业的其他应付款规模较小。需要注意的是那些"其他应付款"项目年末余额较大的公司，财务报表使用者应通过附注了解该项目包含的具体内容，分析其合理性。各企业的其他应付款包含不同的内容。例如，永辉超市 2018 年年末的"其他应付款"项目余额为 33.58 亿元，占流动负债的 16.8%，内容包括设备及工程款、员工限制性股票认缴款、预提的门店租金和电费、投资款、押金保证金等，其中有近 10% 的其他应付款的账龄超过 1 年。万科 A 的"其他应付款"项目在 2018 年年末的余额为 2，274 亿元，占流动负债的 20.3%，内容包括应付内部子公司款、应付合营联营企业款、分期付息到期还本的长期借款利息、应付企业债券利息等。

（七）其他流动负债的分析

与其他应付款一样，其他流动负债（other current liabilities）的构成内容比较复杂，如预计尚未支付的费用、发行的短期融资券、待转销项税等，以及会计准则中没有规定列报方式的其他项目。许多公司其他流动负债的年末余额为 0，但也有一些公司的其他流动负债规模非常大，需要通过附注了解其包含的具体内容。

例如，美的集团 2018 年年末资产负债表中，"其他流动负债"项目余额为 313.2

亿元，占流动负债的24%，内容包括预提销售返利、预提安装维修费、预提促销费、预提运输费和其他；同行业的格力电器的"其他流动负债"项目余额为633.62亿元，占流动负债的40%，其中超过97%的部分是销售返利。晨鸣纸业的"其他流动负债"项目的主要内容是短期应付债券，2017年年末余额107.97亿元（占流动负债的18.9%），2018年年末余额只有28.17亿元（占流动负债的4.6%）。该公司2017年至2018年发行了22期短期和超短期融资券（债券期限从145天到365天不等）以补充生产经营所需的流动资金，这些短期融资被计入其他流动负债。这种情况下，"其他流动负债"项目反映了企业的筹资活动。

四、非流动负债项目的分析

（一）长期借款的分析

长期借款（long-term loan），是企业向银行或其他金融机构借入的期限在1年以上（不含1年）的各项借款，是企业筹集长期资金的一种主要方式，一般用于固定资产购置、改扩建等资本性支出。如果企业采取到期还本付息的偿还方式，长期借款中还包括各期的应计未付利息。一年内到期的长期借款，应作为流动负债列报。

对于长期借款进行会计分析，需要关注以下问题：

（1）长期借款是否提供了抵押或担保。长期借款分为信用借款、质押借款、抵押借款和保证借款。信用借款不需要提供财产抵押或担保，一般只有信誉好、规模大的公司才能凭借信用借款。如果对借款提供了资产抵押或质押，这些资产的使用或处置可能会受到限制。

（2）长期借款的利息费用资本化问题是一项重要的会计政策。按照《企业会计准则》，长期借款的各期利息支出，符合资本化条件的，应计入所建造的长期资产的成本；不符合资本化条件的，计入当期损益。借款费用资本化在长期内对企业的资产和利润产生影响，该部分内容可以参见第5章。

（二）应付债券的分析

应付债券（debenture payable），是指企业为了筹集长期资金而发行的债券。在有些资本市场，发行债券需要具备一定的资格和条件，很多公司无法通过发行债券融资，但在发达的资本市场，债券融资的规模非常大。[①]

应付债券是有息债务，同样存在利息费用资本化的会计判断问题，其会计政策与

---

① 根据Wind数据库的统计，截至2020年2月末，中国共有98.95万亿元债券发行在外，其中：企业债约2.31万亿元，公司债7.16万亿元。2019年3月1日，国家发展与改革委员会发布《关于企业债券发行实施注册制有关事项的通知》。同日，中国证监会发布《关于公开发行公司债券实施注册制有关事项的通知》，公司债券公开发行实行注册制，由证券交易所负责受理、审核，并报中国证监会履行发行注册程序。新规对公司债券公开发行条件作出调整，新增了"具备健全且运行良好的组织机构"的条件，删除了"最低公司净资产"和"累计债券余额不超过公司净资产的百分之四十"等条件。如果上市公司越来越多地采用发行公司债券的形式对外融资，其资本结构将发生较大变化。

长期借款相同，此处不再赘述。对债券的偿还义务包括本金和票面利息，但资产负债表中列报的"应付债券"项目是包括本金、利息、溢价或折价摊销后的余额，是未来现金流的现值。如果企业采取到期还本付息的偿还方式，应付债券余额中还包括各期应计未付利息。

我国上市公司发行的债券主要包括公司债券、可转换公司债券、分离交易的可转换公司债券、可交换公司债券、永续债等。普通公司债券一般不附加转股权，但需要按期还本付息，利率较高。银行和非银行金融机构发行的债券，称为金融债券，如国家开发银行和进出口银行等政策性银行发行的金融证券具有较高的信用。可转换公司债券、可交换公司债券和永续债的利率较低，且包含一定的股权成分。

如果企业发行应付债券，在年度报告的"公司债券发行情况"部分，应进行相关信息披露，使我们能够了解发行公司的信用评级和债券偿还情况，发行公司还会披露反映偿债能力的一些财务指标，这部分内容可以参见第 1 章中的表 1-9。

（三）长期应付款和专项应付款的分析

长期应付款（long-tern payables）是长期借款和应付债券以外的其他各种长期应付款项，主要包括以分期付款方式购入固定资产和无形资产等发生的应付账款、专项应付款等。采用延期付款或分期付款方式购入材料物资等且超过正常信用条件延期支付的价款，实质上具有融资性质的，也计入长期应付款。

对长期应付款进行历史比较时，需要注意的是，近几年随着会计准则的修订和财务报表列报格式的不断调整，"长期应付款"项目的列报内容发生了两项主要的变化：一是不再包含应付融资租赁款。按照 2018 年修订后的新租赁准则，长期应付租赁款单独作为"租赁负债"项目核算和列报；二是包含了专项应付款。专项应付款是企业取得的国家指定为资本性投入的具有专项或特定用途的款项，如工程项目的资本性拨款，2018 年之前，按单独项目列报；2018 年之后，并入"长期应付款"项目列报。

租赁负债（lease liability）是租赁准则修订后新增加的报表项目。2019 年新租赁准则实施之前，承租人的应付融资租赁款列入长期应付款。新租赁准则实施后，承租人在会计处理中不再区分融资租赁和经营租赁，而是对除短期租赁和低价值资产租赁以外的所有租赁一并处理，分别确认为使用权资产和租赁负债，单独列报和披露。

[例]　航空公司是采用融资租赁和经营租赁方式租入经营性资产较多的企业，长期存在大额的租赁付款义务。租赁准则的修订对航空公司资产负债表内"固定资产"项目和"长期应付款"项目的列报产生较大影响。以东方航空（股票代码：600115）为例，公司 2019 年 1 月 1 日开始执行新租赁准则，2019 年半年报中披露的执行新租赁准则对合并资产负债表项目产生的影响如表 6-6 所示。

由于东方航空执行了新租赁准则，固定资产减少 944 亿元，幅度达 53.7%；长期应付款减少 98.1%。新增的"使用权资产"和"租赁负债"项目不仅包含融资租入资产和应付融资租赁负债，也包含大部分原分类为经营租赁并在表外披露的资产和负债，企业的资产总额和负债总额均增加，资产负债率提高。

表 6-6　租赁准则修订对财务报表项目的影响　　　　（单位：百万元）

项目	报表数	假设按原准则	影响
固定资产	81,259	175,675	(94,416)
使用权资产	126,434	—	126,434
租赁负债	94,333	—	94,333
长期应付款	1,292	69,355	(68,063)

注:( )内为负数。

实施新租赁准则不仅改变了资产负债表项目的列报方法，还改变了公司的资产结构、负债结构和杠杆比率，同时对利润表和现金流量表也产生了巨大影响，对于航空公司等交通运输企业以及某些大型设备制造企业等租赁固定资产较多的企业，这种影响非常显著。在资产负债表中，长期资产和长期负债增加；在利润表中，经营租赁费用从租金费用形式变成折旧费用形式；在现金流量表中，租金费用属于经营活动现金流出，但偿还租赁负债本金和利息所支付的现金属于筹资活动现金流出，支付的采用简化处理的短期租赁付款额和低价值资产租赁款以及未纳入租赁负债计量的可变租赁付款额，仍然计入经营活动现金流出。因此，经营活动现金流量净额比以前增加了。

新租赁准则需要管理层在会计处理过程中进行大量的估计和判断。比如，在合同开始日，企业需要评估合同是否为租赁或者包含租赁，如果合同中的一方让渡了在一定期间内控制一项或多项已识别资产使用的权利以换取对价，则该合同为租赁或者包含租赁。而为了确定合同是否让渡了在一定期间内控制已识别资产使用的权利，企业需要评估合同中的客户是否有权获得在使用期间内因使用已识别资产所产生的几乎全部经济利益，并有权在该使用期间主导已识别资产的使用。

（四）其他非流动负债的分析

在报表列报时，不能计入长期借款、应付债券、长期应付款、租赁负债、预计负债等项目的非流动负债，基本上都可以计入其他非流动负债（other non-current liabilities）。由于各公司的业务性质和会计判断存在较大差异，有些上市公司没有其他非流动负债，但有些上市公司的"其他流动负债"项目金额和比例较大，这种情况下，财务报表使用者应通过报表附注了解其所包含的具体内容。

航空公司通常将常旅客里程积分计划形成的负债作为其他非流动负债。常旅客里程积分（frequent flyer mileage）使客户可以兑换免费里程，增加客户的忠诚度和航空公司的吸引力。由于常旅客奖励积分计划向客户提供了一项重大权利，作为单项履约义务，企业按照提供商品和服务的单独售价的相对比例，将部分交易价格分摊至奖励积分，并在客户取得积分兑换商品或服务控制权时或积分失效时确认收入。

[例] 在 2018 年年末的资产负债表中，东方航空的"其他非流动负债"年末余额为 21.69 亿元，包括常旅客积分计划、媒体资源使用费、待转销项税和其他等，其中主要是常旅客积分计划（14.61 亿元）。南方航空的"其他非流动负债"年末余额为 20.36 亿元，其中主要是常旅客里程奖励计划（20.18 亿元）。万

164

科 A 的其他非流动负债有 23.38 亿元，其中主要是集团物业管理公司收到业主委托代为管理的公共维修基金，这些代管专项用于住宅共同部位、共同设备和物业管理区域公共设施的维修和更新。美的集团的"其他非流动负债"项目有 10.16 亿元，其中主要是是应付股权收购款。但保利地产、格力电器以及汽车制造商上汽集团和广汽集团的年末资产负债表中就没有其他非流动负债。

第 3 节　所有者权益的分析

一、所有者权益的列报

所有者权益（或股东权益），是指所有者对企业资产的要求权，等于全部资产减去全部负债后的余额。所有者权益是全部资产中扣除债权人权益后由所有者享有的部分，因而是一种剩余索取权，其金额通常取决于资产和负债的计量。企业对资产和负债的确认与计量所作的会计判断和会计估计，最终将传递和积累至所有者权益相关项目中，影响企业的产权结构和资产收益率，进而影响信息使用者对企业财务风险和盈利能力的判断。

所有者权益的来源包括所有者投入的资本、直接计入所有者权益的利得和损失、留存收益。在资产负债表中，主要列报项目包括：股本（或实收资本）、资本公积、盈余公积、未分配利润，以及其他权益工具、其他综合收益等。其中：股本（或实收资本）和资本公积（资本或股本溢价、其他资本公积）属于所有者的投入资本；盈余公积和未分配利润属于企业历年实现净利润的留存。其他权益工具主要是指优先股和永续债中的权益成分，其他综合收益是企业根据会计准则规定未在当期损益中确认、但会导致所有者权益发生增减变动且与所有者投入资本或向所有者分配利润无关的利得和损失。银行、保险等金融企业按规定从当年净利润中提取的一般风险准备[①]，高危行业企业按规定提取的安全生产费的专项储备，也作为所有者权益项目列报。

所有者权益的增减变动，反映了企业当年的股权筹资和股本变动状况、盈利状况，以及投入资本的保值增值状况。对所有者权益进行分析，首先应了解每个项目的会计含义及法律意义。在此基础上，再分别对所有者权益的整体结构和股本结构进行

---

①　根据有关规定，从事保险、银行、信托、证券、期货及基金行业的公司需要提取一般风险准备，用于补偿巨灾风险或弥补亏损。其中，从事银行业务的公司按财政部《金融企业准备金计提管理办法》（财金〔2012〕20 号）的规定从净利润中提取一般准备，原则上一般准备余额应不低于风险资产期末余额的 1.5%。从事保险业务的公司按净利润的 10% 提取总准备金，从事银行业务的公司按年末风险资产的 1.5% 提取一般准备，从事证券业务的公司按净利润的 10% 提取一般风险准备，从事信托业务的公司按净利润的 5% 提取信托赔偿准备，从事期货业务的公司按净利润的 10% 提取风险准备金，从事基金业务的公司按基金管理费收入的 10% 提取风险准备金。一般风险准备不得用于分红或转增资本。

分析。

二、所有者权益项目的分析

(一) 股本 (或实收资本) 的分析

股本 (share capital) 或实收资本 (paid-in capital) 是投资者投入企业的法定资本，一般无须偿还，可以长期使用。上市公司通常以发行等额普通股股份的形式筹集资本。在沪、深交易所上市的大多数公司发行的普通股股票的面值为 1 元，因此股份的数量与股本的数额相等。① 投资者在实收资本 (股本) 中所占的份额和比例，是其在企业内部行使权利、承担责任、分配利润和分享剩余财产的基础。

股本 (或实收资本) 的确认和计量，一般不涉及非常复杂的会计政策和会计估计。需要了解的是，股本的增减变动，通常与企业的重大融资或投资活动相关，会引起资本结构和盈利能力的变化。

股本增加的情形，包括发行股份、增发或配股、股票期权行权、资本公积转增资本、股票股利、债务重组、优先股和可转换债券转股等。其中，发行股份、增发或配股属于外部融资行为，除换股合并外，一般会产生现金流入；资本公积转增资本和股票股利，是所有者权益内部项目之间的结转，改变了所有者权益的结构，但不改变其总额，也没有发生现金的流动。优先股转股本，减少了企业定期支付优先股股息的资金需求。债务转资本，不会产生现金流入，但由于负债减少和所有者权益增加，并降低了利息费用，资产负债率和盈利能力指标会得到改善。股票分拆会使得股票数量增加，但股本总面值一般不变。

股份减少的情形，主要是股份回购和股票的反向分拆。股票数量的增减变动按比例影响每股收益和股票的市场价格，如果股本和所有者权益总额发生变动，净资产收益率也会发生改变。

(二) 其他权益工具的分析

其他权益工具 (other equity instruments)，是企业发行的除普通股 (作为实收资本或股本) 以外的金融工具，按照金融负债和权益工具区分原则分类为权益工具的部分。多数上市公司公开上市时只发行了普通股一种类型的股份。随着资本市场的发展，越来越多的上市公司尝试采用发行各种创新金融工具的方式筹集资金和补充资本，如优先股、永续债和可转换公司债券等，这些金融工具中的权益成分，被确认为其他权益工具，作为所有者权益列报和披露。相关内容可以参见本章第 1 节。

(三) 资本公积的分析

资本公积 (contributed capital in excess of par value)，是投资者投入的超过其在企业资本 (或股本) 中所占份额的投资，以及直接计入所有者权益的利得和损失等。

---

① 我国上市公司发行的普通股股份的面值多数是 1 元，只有极少数公司例外，如紫金矿业的普通股股票面值为 0.1 元，洛阳钼业的股票面值是 0.2 元，福莱特的股票面值是 0.25 元。

资本公积分为资本溢价（或股本溢价）和其他资本公积两部分。资本溢价（或股本溢价）主要是指投资者超额缴入的资本或发行股票的溢价；其他资本公积是指资本溢价（股本溢价）之外的资本公积，如以权益结算股份支付形成的资本公积。

我国上市公司发行的普通股的面值基本是 1 元，且不允许折价发行股票，因此，在发行股份时通常会产生巨额的溢价，远远超过股本的规模。如兆丰股份（股票代码：300695）于 2017 年 8 月份公开发行股份 1,667.75 万普通股，股票面值 1 元，发行价格为 62.67 元，扣除发行费用后，募集资金净额 9.58 亿元，股本仅占 1,667.75 万元，资本溢价高达 9.41 亿元，是股本的 56 倍。资本溢价（股本溢价）通常在以后期间用于转增资本。资本公积转增资本，增加了发行在外的股份的数量，对股票价格具有稀释作用。资本公积转增资本意味着准资本转为永久性资本。但《中华人民共和国公司法》（以下简称《公司法》）规定，资本公积金转增资本后的留存金额不得少于转增前公司注册资本的 25％，因此，多数公司的资产负债表中，总是存在一定数额的资本公积。

（四）其他综合收益的分析

其他综合收益（other comprehensive income），是指企业根据相关会计准则规定未在当期损益中确认的各项利得和损失。其他综合收益中的一部分，在以后会计期间满足规定条件时，将重分类进入当期损益，如以公允价值计量且其变动计入其他综合收益的金融资产，在终止确认时，应将之前计入其他综合收益的累计利得或损失转出并计入当期损益，金融资产重分类、权益法核算的长期股权投资、存货或自用房地产转换为投资性房地产、现金流量套期中产生的利得或损失中属于有效套期的部分、外币财务报表折算差额等亦如此。因此，这部分其他综合收益相当于利润的临时性储备。其他综合收益中的另一部分，在以后会计期间将不能重分类进入损益，如重新计量设定受益计划净负债或净资产导致的变动、采用权益法核算时按投资比例确认的被投资单位重新计量设定受益计划净资产或净负债而导致的权益变动等，将不会影响企业的利润。

（五）盈余公积和未分配利润的分析

盈余公积和未分配利润合称留存收益（retained earnings），是企业利用投入资本所赚取的历年净利润的留存，是股东投入资本的增值。

盈余公积是企业按照《公司法》的规定，在向股东分配利润之前，按税后净利润的 10％ 提取的法定盈余公积金，以及经股东会或股东大会决议后提取的任意盈余公积金。只有在法定盈余公积累计额已达注册资本的 50％ 时，可以不再提取。提取盈余公积限制了向投资者的利润分配，增强了企业的资本实力。盈余公积可用于弥补公司的亏损、扩大生产经营或转增资本，但法定公积金转增资本后的留存数不得少于转增前公司注册资本的 25％，因此，多数企业都保留有一定数量的盈余公积。

未分配利润是净利润提取盈余公积和向投资者分配后的剩余，没有限定用途，可以留待以后年度分配给投资者。如果企业当年巨额亏损或连续多年亏损，未分配利润就可能为负数，甚至超过投入资本，使得净资产为负，资不抵债。这种情况下，财务报表使用者就需要谨慎评价企业的持续经营能力。企业在进行利润分配时，现金利润将会导致未分配利润的减少和现金的流出，股票股利是将盈余转为股本，意味着盈余的永久资本化。

需要注意的是，除了法律上的限制，有些债务契约可能会对企业的利润分配进行限制，以获得在债务存续期间资本对于债务的基本保障。

三、所有者权益结构的分析

（一）投入资本与留存收益的结构分析

所有者权益包括两个主要组成部分：投入资本（包括实收资本和资本公积）和留存收益（包括盈余公积和未分配利润）。投入资本是企业的资本金，留存收益是股东投入资本的累计回报，反映了权益资本的保值增值程度。因此，对所有者权益进行整体构成分析时，计算留存利润对投入资本的比率，能够了解权益资本的累计盈利能力和资本保值增值程度。

[例] 第 2 章中已经分析过三家医药公司的所有者权益结构。我们再来分析不同行业公司的所有者权益，数据如表 6-7 所示，该表内的数据是 2018 年 12 月 31 日的余额。这五家公司属于不同的行业，权益规模和股本规模也不同。

表 6-7　所有者权益项目 （单位：亿元）

项目	中国石油	上汽集团	青岛啤酒	京东方	千山药机
股本	1,830.21	116.83	13.51	347.98	3.61
资本公积	1,286.83	553.23	34.44	382.13	2.24
其他综合收益	(323.97)	80.14	(0.45)	(1.25)	(0.02)
专项储备	138.31	5.09			
盈余公积	1,942.45	408.43	14.01	11.53	0.73
一般风险准备		28.99	2.00		
未分配利润	7,271.87	1,150.97	116.20	118.18	(24.51)
归属于母公司的股东权益	12,145.70	2,343.69	179.71	858.57	(17.95)
少数股东权益	1,963.73	503.52	7.19	345.01	0.49
股东权益合计	14,109.43	2,847.20	186.90	1,203.57	(17.46)

注：( )内为负数。

我们仅考虑股本、资本公积、盈余公积和未分配利润四个项目，分别计算下列三个指标：留存收益与投入资本的比率，投入资本占归属于母公司所有者权益的比例，留存收益占归属于母公司所有者权益的比例，如表 6-8 所示。

表 6-8　所有者权益的结构

项目	中国石油	青岛啤酒	上汽集团	京东方	千山药机
投入资本(亿元)	3,117.04	47.95	670.06	730.12	5.85
留存收益(亿元)	9,214.32	130.21	1,559.41	129.71	(23.78)
留存收益/投入资本	2.96	2.72	2.33	0.18	(4.06)
投入资本/股东权益×100%	25.66%	26.68%	28.59%	85.04%	(32.60%)
留存收益/股东权益×100%	75.86%	72.46%	66.54%	15.11%	—

注:( )内为负数。

留存收益与投入资本的比率,反映了权益资本的保值和增值程度。这五家公司中,中国石油的留存收益与投资资本之比为 2.96,即每 1 元的投入资本至少创造了 2.96 元的增值,或者说,在当前的所有者权益中,只有约 1/4 是投资者投入的资本,3/4 是利润的积累。青岛啤酒和上汽集团也具有类似的所有者权益结构。京东方的投入资本占所有者权益的 85%,留存收益仅相当于投入资本的 15%。千山药机则由于巨额的累计未弥补亏损,导致留存收益和所有者权益为负数,说明投入资本亏蚀殆尽,已资不抵债。

需要注意的是,我们没有考虑这些上市公司累计已经分配的现金股利,没有测算投入资本的全部回报率。投资者可以结合企业的累计分红、经营活动现金净流量和股价的变动,进行进一步分析。

(二) 股本结构的分析

上市公司的股本主要是指公司发行的普通股股本。对于股本,除了要了解公司的股本规模等基本信息外,还应了解公司的股权结构特征,以及大股东和管理层增持和减持公司股票、高送转、股份回购等引起股权结构变化的信息。

1. 股权结构

财务报表使用者至少需要了解股权结构的下列信息:

一是性质特征,主要是指控股股东的性质和实际控制人的性质等。控股股东及实际控制人不但决定了企业的性质,对企业的战略方向、经营政策和财务政策、会计策略等也具有决定性影响;控股股东或大股东对企业的支持或掏空行为,可能决定企业的生存。

二是结构特征,主要是指股权集中度、第一大股东持股比例、机构投资者持股比例,以及管理层持股、前十大股东的构成和持股比例等。股权集中度反映了股份的集中或分散程度,股权结构分散的上市公司,可能会出现严重的代理问题,并容易成为被购并的目标。管理层持股可使管理层的个人目标与股东的利益保持最大限度的一致性。机构投资者包括企业、事业法人、政府、金融机构等,如证券公司、投资公司、保险公司、养老基金、证券投资基金等,保险公司和养老基金已成为中国资本市场上的长期机构投资者。重要的机构投资者有助于改善公司运营和公司治理以及价值发现。前十大股东的持股比例反映了股权集中程度以及大股东之间的相互制衡能力。

2. 大股东和管理层的增持或减持

大股东和管理层的增持和减持不影响公司的股本规模，但由于内部人与外部投资者之间存在信息不对称，因此，内部人的增持或减持公司股票的行为在一定程度上可以作为公司股票价值高估或低估以及企业未来盈利能力的预警信号，甚至可用于评价盈余质量和是否存在操纵信息披露的行为。

3. 高送转

高送转是指公司大比例送股或转股的行为，如"每10股送5股""每10股转10股"等。送和转属于所有者权益内部项目之间的结转，如从未分配利润、盈余公积、资本公积等项目结转到股本项目，所有者权益各项目之间的比例发生了变化，但所有者权益总额未变。由于股票数量增加，会引起股价下跌，股票的流动性提高。

有人把高送转视为好消息，预期存在高送转的公司的股票价格，在高送转前往往会大幅上涨。有些公司在净利润持续下降时仍然强制推出高送转方案，其业绩状况与高送转行为不相匹配；有些公司的大股东和高管人员在推出高送转方案后即快速减持套现。因此，财务报表使用者应该了解，送转本身不会引起现金的流动，应谨慎评价高送转与公司盈利能力和价值创造之间的关系。

4. 股份回购

股份回购是上市公司减少资本的一种常见方式，但股份回购的目的并非仅仅是为了减少资本。经典财务理论将股份回购视为企业回报股东的一种方式，是对股东的一种现金支付。对于股份回购的动机，学术文献中还提出了许多其他观点，如股份回购的灵活性、增加财务杠杆、股东避税、对冲管理层行使股票期权的稀释作用、传递股票价值被低估的信号、缺乏投资机会等。

近二十年来，国内外资本市场中的上市公司股份回购案例越来越多。根据CCER数据库的统计，我国A股市场2018年的股份回购金额超过1,500亿元。从相关上市公司发布的回购公告看，股份回购的方式主要是集中竞价交易和定向回购，回购的原因包括股权激励、盈利补偿、市值管理、注销股本等。[①] 以注销股本和实施股权激励为目的的股份回购，通常被资本市场视为积极的和正面的消息。

股份回购后，流通在外的股份数量和净资产减少，财务杠杆比率将有所提高，但每股收益和净资产收益率也会提高，通常会引起股价的上涨。股份回购后尚未注销或尚未对外再发行的股份，称为库存股。库存股是股东权益的减项，没有投票权，也不参与利润分配。

---

① 监管者和资本市场担心股份回购会成为上市公司操纵市场的一种工具。因此，有关法律规范对上市公司的股份回购行为进行了限制。现行《公司法》限定了公司回购股份的四种情形：减少公司注册资本；与持有本公司股份的其他公司合并；将股份奖励给本公司职工；股东因对股东大会作出的公司合并、分立决议持异议要求公司收购其股份。

[**例**]　中国平安（股票代码：601318）于 2019 年 3 月 12 日发布《关于以集中竞价交易方式回购股份的董事会公告》，股价次日上涨 3.40%；同年 4 月 29 日，发布股东大会审议通过的回购报告书，当日股价上涨 4.09%。股份回购公告的内容为："公司拟使用不低于人民币 50 亿元且不超过人民币 100 亿元（均包含本数）的自有资金，以不超过人民币 101.24 元/股的回购价格回购本公司 A 股股份。本次回购股份将全部用于公司员工持股计划，包括但不限于公司股东大会已审议通过的长期服务计划。本次回购期限为自本次回购方案经公司年度股东大会及类别股东大会审议通过之日起不超过 12 个月，即自 2019 年 4 月 29 日至 2020 年 4 月 28 日。"截至 2020 年 2 月 29 日，中国平安已经回购 5,759.46 万股股份，占总股本的 0.315%，共支付 50 亿元。

思考与分析

名词解释

负债	所有者权益	优先股	可转换债券
预计负债	经营性负债	融资性负债	付现负债
非付现负债	有息负债	投入资本	债务重组
留存收益	股份回购	存贷双高	

思考题

1. 我国上市公司目前最常用的复合型金融产品有哪些？这些金融产品在负债与所有者权益之间的划分对企业的财务杠杆和财务风险有哪些影响？

2. "存贷双高"是否意味着企业存在财务舞弊？请详述理由。

3. 如何通过负债项目的分析发现企业的竞争优势？

4. 如何通过流动负债与非流动负债的结构和经营性负债与融资性负债的结构分析去评价企业的偿债能力和财务风险？

5. 付现负债和非付现负债的结构如何影响企业的偿债能力和财务风险？请列举财务报表中的非付现负债项目。

6. 有息负债和无息负债的结构如何影响企业的偿债能力和财务风险？哪些负债是有息负债？

7. 租赁会计准则关于经营租赁业务会计处理方式的修订，对财务报表列报会产生哪些影响？

8. 如何通过所有者权益的结构分析了解企业的盈利能力和资本保值增值程度？

9. 高送转和股份回购如何影响企业的股权结构和所有者权益？

10. 请根据 2019 年财务报表，对复星医药、恒瑞医药、华润三九进行债务结构分析。

案例分析题

⊙ 案例（一）

2020 年 2 月 18 日，海能达通信股份有限公司（以下简称"海能达"，股票代码：002583）发布《关于重大诉讼的进展公告》，披露了一项始于 2017 年的商业秘密及版权侵权诉讼案的进展情况。公告称："美国当地时间 2020 年 2 月 14 日，上述案件陪审团作出裁决，认为公司、美国公司及美西公司侵犯摩托罗拉一项或多项商业秘密及美国版权，应向摩托罗拉支付损害赔偿 34，576.12 万美元及惩罚性赔偿 41，880 万美元，合计 76，456.12 万美元（约合人民币 52.71 亿元）。"公告当日，公司股票下跌 8.22%。同年 2 月 26 日至 28 日，股票价格连续下跌，从 9.18 元跌至 7.67 元。2 月 29 日，海能达发布《2019 年业绩预告修正公告》和《2019 年度业绩快报》，预计 2019 年度将发生亏损。当日股票价格上涨 3.52%。

在业绩快报中，关于业绩变动的原因和影响的说明如下：

"2019 年，公司按照年初既定经营计划，凝心聚力，锐意创新，连续七年收入规模保持稳定增长，全年实现营业收入 86.52 亿元，同比增长 24.76%；营业利润 6.21 亿元，同比增长 21.50%；利润总额为－47.18 亿元，同比下降 1，011.92%；归属上市公司股东的净利润为－47.75 亿元（其中计提预计负债为 53.34 亿元），同比下降 1，101.41%。"

"利润总额和归属上市公司股东的净利润同比大幅下降，主要受正在进行的重大诉讼裁决结果导致计提预计负债的影响。本次诉讼尚未取得伊利诺伊州法院一审判决结果，公司保留对一审判决上诉的权利，最终判决结果存在一定的不确定性。公司基于谨慎原则，将根据此前陪审团裁决结果作为当前最佳估计数，在 2019 年度报告中针对该资产负债表日后事项计提预计负债人民币约 53.34 亿元，影响 2019 年度公司非经常性损益人民币约 53.34 亿元。"

"截至 2019 年 12 月 31 日，公司总资产为 168.23 亿元，较期初增长 12.38%；净资产为 12.93 亿元，较期初下降 78.85%；股本为 18.40 亿元，较期初增长 0.13%；归属上市公司股东的每股净资产为 0.70 元，较期初下降 78.98%。"

"总资产增长的主要原因是公司收入增长较快导致应收款项增，以及在建工程建设、持续研发投入所致；净资产减少主要是受重大诉讼裁决结果计提预计负债所致；股本增加因公司限制性股票预留部分授予所致。"

资料来源：

（1）《海能达通信股份有限公司关于重大诉讼的进展公告》

（2）《海能达通信股份有限公司关于深圳证券交易所问询函的回复公告》

（3）《海能达通信股份有限公司 2019 年度业绩预告修正公告》

（4）《海能达通信股份有限公司 2019 年度业绩快报》

讨论与分析：

1. 海能达的诉讼案最初发生于 2017 年。请查阅资料后回答：海能达在 2017 年和 2018 年是否计提了预计负债？对于公司的处理方式，你认为是否恰当？

2. 预计的诉讼损失应该分别计入利润表和资产负债表中的哪个项目？是否影响企业的持续经营能力？

3. 在海能达发布业绩快报后，有分析师发表了题为《海外诉讼计提损失至净利润，轻装上阵》的研究报告，认为"删除该诉讼事项的影响，公司 2019 年度归母净利润为 5.59 亿元，较上年同期增长 17.23%"。你是否同意该观点？

⊙ **案例（二）**

2019 年 8 月 16 日，中国证监会出具给康美药业的《行政处罚及市场禁入事先告知书》（处罚字〔2019〕119 号）中，列出了康美药业的四项违法事实，其中的第一项和第二项与货币资金的虚增相关。具体内容如下：

"一、《2016 年年度报告》《2017 年年度报告》《2018 年半年度报告》《2018 年年度报告》中存在虚假记载，虚增营业收入、利息收入及营业利润

《2016 年年度报告》虚增营业收入 89.99 亿元，多计利息收入 1.51 亿元，虚增营业利润 6.56 亿元，占合并利润表当期披露利润总额的 16.44%。《2017 年年度报告》虚增营业收入 100.32 亿元，多计利息收入 2.28 亿元，虚增营业利润 12.51 亿元，占合并利润表当期披露利润总额的 25.91%。《2018 年半年度报告》虚增营业收入 84.84 亿元，多计利息收入 1.31 亿元，虚增营业利润 20.29 亿元，占合并利润表当期披露利润总额的 65.52%。《2018 年年度报告》虚增营业收入 16.13 亿元，虚增营业利润 1.65 亿元，占合并利润表当期披露利润总额的 12.11%。

二、《2016 年年度报告》《2017 年年度报告》《2018 年半年度报告》中存在虚假记载，虚增货币资金

2016 年 1 月 1 日至 2018 年 6 月 30 日，康美药业通过财务不记账、虚假记账，伪造、变造大额定期存单或银行对账单，配合营业收入造假伪造销售回款等方式，虚增货币资金。通过上述方式，康美药业《2016 年年度报告》虚增货币资金 22,548,513,485.42 元，占公司披露总资产的 41.13% 和净资产的 76.74%；《2017 年年度报告》虚增货币资金 29，944，309，821.45 元，占公司披露总资产的 43.57% 和净资产的 93.18%；《2018 年半年度报告》虚增货币资金 36，188，038，359.50 元，占公司披露总资产的 45.96% 和净资产的 108.24%。

三、《2018 年年度报告》中存在虚假记载，虚增固定资产、在建工程、投资性房地产

康美药业在《2018 年年度报告》中将前期未纳入报表的亳州华佗国际中药城、普宁中药城、普宁中药城中医馆、亳州新世界、甘肃陇西中药城、玉林中药产业园等 6 个工程项目纳入表内，分别调增固定资产 11.89 亿元，调增在建工程 4.01 亿元，调

增投资性房地产 20.15 亿元，合计调增资产总额 36.05 亿元。经查，《2018 年年度报告》调整纳入表内的 6 个工程项目不满足会计确认和计量条件，虚增固定资产 11.89 亿元，虚增在建工程 4.01 亿元，虚增投资性房地产 20.15 亿元。

四、《2016 年年度报告》《2017 年年度报告》《2018 年年报告》中存在重大遗漏，未按规定披露控股股东及其关联方非经营性占用资金的关联交易情况

2016 年 1 月 1 日至 2018 年 12 月 31 日，康美药业在未经过决策审批或授权程序的情况下，累计向控股股东及其关联方提供非经营性资金 11，619，130，802.74 元用于购买股票、替控股股东及其关联方偿还融资本息、垫付解质押款或支付收购溢价款等用途。

根据《中华人民共和国证券法》（以下简称《证券法》）第 66 条第 6 项和《公开发行证券的公司信息披露内容与格式准则第 2 号——年度报告的内容与格式》（证监会公告〔2016〕31 号、证监会公告〔2017〕17 号）第 31 条、第 40 条的规定，康美药业应当在相关年度报告中披露控股股东及其关联方非经营性占用资金的关联交易情况，康美药业未在《2016 年年度报告》《2017 年年度报告》和《2018 年年度报告》中披露前述情况，存在重大遗漏。"

资料来源：《康美药业股份有限公司关于收到中国证券监督管理委员会〈行政处罚及市场禁入事先告知书〉的公告》

讨论与分析：

1. 何谓"存贷双高"？存贷双高是否符合商业逻辑？

2. 虚增收入影响资产负债表中的哪些项目？

3. 如何识别上市公司虚增货币资金的行为？

4. 作为一家制造企业，康美药业虚增固定资产、在建工程和投资性房地产的目的是什么？

⊙ 案例（三）

永辉超市股份有限公司（以下简称"永辉超市"，股票代码：601933），主营业务是零售业。在德勤会计师事务所发布的 2017—2019 年度《全球零售力量报告》中，全球上榜零售企业 250 家，永辉超市连续三年的排名分别是第 146 位、第 137 位、第 127 位。根据永辉超市 2018 年的年度财务报告，永辉超市在全国 24 个省市建立了 700 多家连锁超市，其中，分布在 20 个省区的 88 个城市中的 490 家门店能够为消费者提供超市到家服务（其中的 330 家门店能够与京东到家连接），这项服务在 2018 年实现 16.8 亿元的销售额。2018 年，永辉超市实现的营业收入总额为 705.17 亿元，营业成本为 549 亿元。2018 年 12 月 31 日的流动资产和流动负债的余额如表 6-9 所示。

表 6-9　永辉超市流动资产和流动负债余额　　　　　（单位:万元）

资产项目	期末余额	期初余额	负债项目	期末余额	期初余额
货币资金	473,252	460,779	短期借款	369,000	
发放贷款和垫款	52,521	31,820	应付票据		
交易性金融资产	315,711	187,044	应付账款	971,615	759,138
应收票据			预收款项	236,575	183,710
应收账款	208,505	98,004	应付职工薪酬	48,621	43,060
预付款项	210,501	190,423	应交税费	33,480	40,805
其他应收款	83,453	83,254	其他应付款	335,760	204,405
存货	811,887	558,212	其他流动负债		
其他流动资产	239,470	424,119			
流动资产合计	2,395,300	2,033,653	流动负债合计	1,995,052	1,231,118
非流动资产合计	1,567,398	1,253,394	非流动负债合计	2,019,471	1,246,242

讨论与分析:

1. 请结合永辉超市的经营模式,分析该公司流动资产的结构和流动负债的结构。

2. 请计算永辉超市的应付账款在流动负债中的比例。如果一家公司的应付账款的规模庞大,是否说明该公司的流动性风险非常高?

3. 请计算反映流动性的财务指标,分析永辉超市的短期偿债能力。

4. 请分析该公司的商业性债权项目和商业性债务项目,这些如何体现零售业经营模式的优势?

⊙ **案例(四)**

复星医药 2018 年和 2019 年的"其他应付款""其他流动负债"和"其他非流动负债"项目的金额如表 6-10 所示。

表 6-10　复星医药 2018 年和 2019 年其他应付款、其他流动负债、其他非流动负债金额

项目	2019 年 (万元)	2018 年 (万元)	增减变动
其他应付款	390,622	304,987	28.08%
其他流动负债	24,897	22,745	9.46%
其他非流动负债	283,197	267,655	5.81%
合计	698,716	595,386	17.36%
流动负债合计	1,743,377	1,792,325	−2.73%
非流动负债合计	1,948,167	1,903,540	2.34%
负债总计	4,390,259	4,291,251	2.31%

根据报表附注,三个项目的构成内容分别为:

其他应付款包括:应付股利、应付股权收购款、其他单位往来、应付未付费用、保证金及押金、未付工程款、限制性股票激励计划、预收股权转让款、其他。

其他流动负债包括:政府补助、授予子公司少数股东的股份赎回权、其他。

其他非流动负债包括：授予子公司少数股东的股份赎回权、合同负债。

讨论与分析：

1. 请计算其他应付款、其他流动负债、其他非流动负债在负债中所占的比例。

2. 如果其他项目占负债的比例较高，按照重要性原则，是否意味着许多项目在其他项目中合并列报的做法，降低了信息的决策有用性？请谈谈你的看法和建议。

第 7 章

收入和利润分析

学习目的

1. 了解利润表的基本结构和会计分析的思路
2. 掌握营业收入的分析内容和分析方法
3. 掌握成本和费用的分析内容和分析方法
4. 掌握利润的构成和利润质量的分析方法

第 1 节　利润表的作用与结构

一、利润表的基本结构

（一）利润表的作用

利润表（income statement），即财务业绩报表（statement of financial performance），是反映企业一定会计期间内（如季度、半年、年度）的收入实现、费用发生和利润形成情况的财务报表。利润是收入和利得减去费用和损失之后的净额。几乎对于所有的利益相关者，利润都是非常重要的财务信息。利润反映了企业的盈利能力，是估值的基础，是偿还债务的保障，是企业实现内部增长的源泉，是重要的税收基础。

在资本市场中，利润数据通常具有重要的经济后果。多年来，利润不仅是企业能否公开发行股份和再融资的一项基本条件，还是上市公司的退市标准之一。在企业内部，利润或盈利能力指标经常被用于作为高管薪酬的基础或作为股权激励计划的考核条件。在企业并购重组交易中，利润也是业绩承诺的关键指标。

对利润表进行分析，有助于财务报表使用者全面了解企业经营业绩的来源和构成，评价企业的盈余质量、风险和持续性，有效预测未来的业绩和现金流。

（二）利润表的基本结构

利润表是时期报表，主要由收入、费用、利润三大会计要素构成。利润表的表体部分有单步式和多步式两种格式。按照《企业会计准则第 30 号——财务报表列报》及其应用指南，我国境内上市公司的利润表采用的是多步式结构，即根据收入和费用的性质及其配比关系，按照利润的形成过程和重要程度，以营业收入为出发点，对收入和费用层层对比，逐步计算并列示营业利润（operating income）、利润总额（earnings before income tax）、净利润（net profit）和综合收益（comprehensive income）。

利润的计算步骤和列报顺序依次为：

（1）营业利润＝营业收入－营业成本－税金及附加－销售费用－管理费用－研发费用－财务费用＋其他收益＋投资收益（－损失）＋净敞口套期收益＋公允价值变动收益（－损失）－信用减值损失－资产减值损失＋资产处置收益（－损失）[①]

（2）利润总额＝营业利润＋营业外收入－营业外支出

（3）净利润＝利润总额－所得税费用

（4）综合收益＝净利润＋其他综合收益的税后净额

此外，上市公司还需要自行计算并在利润表中列示基本每股收益（basic earnings per share）和稀释每股收益（diluted earnings per share）的本期和上期比较数据，同时在附注中详细披露其计算过程，以供信息使用者参考。

需要说明的是，近几年来，随着原会计准则的不断修订和新准则的陆续发布，财务报表的格式进行了多次调整，利润表的列报项目及报表项目的内容和范围也在不断变化。由于各上市公司执行新准则的时间不完全一致，不同年度的利润表和同一年度不同企业的利润表，格式和项目上可能存在一定的差异，这给可比性带来一定的挑战。我们在第 2 章中以 2019 年已经执行新金融准则、新收入准则、新租赁准则的三家医药上市公司为例，列示了一般企业的利润表格式，此处不再赘述。

二、综合收益观与利润的确认和计量

现行利润表采用了综合收益观。[②] 综合收益（comprehensive income），是指企业在某一会计期间与所有者之外的其他方面进行交易或发生其他事项所引起的净资产变动。综合收益净由利润和其他综合收益两部分构成。

净利润（net income）的计算和列报是利润表的基础部分，反映了报告期利润的

---

① 2017 年之前的利润表中，非流动资产处置收益包含在"营业外收入"项目中，非流动资产处置损失包含在"营业外支出"项目中。2017 年的财务报告中，"资产处置收益（损失）"项目开始在"营业利润"之前单独列报，这种列报方式的改变对于评价企业经营活动的盈利能力具有很大影响。

② 根据美国财务会计准则委员会（FASB）1980 年发布的第 3 号财务会计概念公告（SFAC3）《企业财务报表的要素》，综合收益是指"一个主体在某一会计期间与非业主方面进行交易或发生其他事项和情况所引起的权益（净资产）的变动，包括该期间内除业主投资和向派给业主款外的一切权益上的变动"。1985 年 12 月，FASB 发布了第 6 号财务会计概念公告（SFAC6）《财务报表的要素》，取代了第 3 号。SAFC6 对综合收益的解释为："虽然企业正在持续进行的主要或核心业务，构成旨在获取综合收益的主要来源，但它们并非唯一来源。大部分个体在主要活动之外从事一些边缘性的或偶发性的活动。另外，所有个体都会受到周围经济、法律、社会、政治和物质环境的影响。"

形成过程。会计净利润是以应计制为基础，对收入、费用、利得、损失进行确认和计量的结果。一般情况下，收入要遵从实现原则，费用要符合配比标准，故净利润必须反映已实现损益。但基于谨慎原则和公允价值计量属性的广泛应用，"资产减值损失"和"公允价值变动损益"等未实现的资产持有利得和损失也必须在当期确认。同时，与正常经营活动无关的非经常性利得和损失也通过"营业外收入"和"营业外支出"项目计入净利润。

其他综合收益（other comprehensive income），是指企业根据会计准则规定未在当期损益中确认的直接计入所有者权益的各项利得和损失。利润表中的其他综合收益是对资产负债表中"其他综合收益"项目期末余额与期初余额之间差额的详细列报。其他综合收益分为两类：一类是以后会计期间不能重分类进损益的项目，如重新计量设定受益计划净负债或净资产导致的变动等；另一类是以后会计期间在满足规定条件时将重分类进损益的项目，如金融资产重分类形成的利得或损失、外币财务报表折算差额、现金流量套期工具产生的利得或损失等。这些项目将对以后某会计期间的利润产生影响，是潜在的盈利来源。

美国财务会计准则委员会发布的第 6 号财务会计概念公告认为："虽然综合收益中各种收益来源的现金是同质的，但它们在稳定性、风险性和可预测性等方面有所不同。也就是说，不同来源的收益的特征可能彼此悬殊，这表明需要综合收益的各种组成内容的信息。"至于综合收益是否比净利润具有更高的价值相关性和盈利预测能力，尚无权威的证据。

对于多数财务报表使用者，会计利润是决策时更常用的业绩指标。当期利润既包括营业活动的结果，又包括非营业活动的结果；既包括已实现损益，也包括未实现损益；既反映了企业的盈利能力，也体现了企业的会计策略。本书对企业盈利能力的分析，主要是以报告期的会计利润作为分析的对象。

三、利润表的分析思路

对利润表的会计分析，包括总体分析和项目分析两个层面。总体分析的方法主要是共同比利润表分析和趋势分析，有关内容可以参见第 2 章。项目分析的内容主要包括收入项目分析、费用项目分析、利润质量和利润构成分析。对报表项目进行分析时，需重点关注各交易或项目的会计政策和会计估计，评价其对收入、费用和利润质量的影响。

第 2 节　营业收入的分析

一、收入的特征

营业收入是利润表的起点，也是利润表中最重要的报表项目之一。收入（revenue），是企业日常活动中形成的、会导致所有者权益增加的、与所有者投入资本无关的经济利益的总流入。日常活动是指企业为完成其经营目标所从事的经常性活动以及与之相关的其他活动。不同企业的经营活动不同，营业收入的实现方式也不一样。例如，制造业企业生产并销售商品、商品流通企业采购并销售商品、运输企业提供运输服务、咨询公司提供咨询服务、商业银行发放贷款等。正常经营状态下，营业收入具有持续性和稳定性，是净利润的主要来源，也是最易受到操纵的报表项目。

收入是利润的基础，收入增长是利润增长的先行指标，是企业成长性的主要标志之一。对营业收入进行会计分析，主要应关注三个方面：

其一，了解营业收入确认所运用的会计政策和会计判断。

其二，对营业收入的增长性进行分析。

其三，对营业收入的构成进行分析。

营业总收入包括营业收入、利息收入、已赚保费、手续费及佣金收入等。对于非金融性企业，营业收入是指经营性活动的收入，利息收入、已赚保费和手续费及佣金收入属于金融性业务收入。有些非金融企业由于下设财务公司和从事一些金融性活动，营业总收入中同时包含营业收入和金融性业务收入，金融性业务收入通常占比较低。除非特别说明，以下的分析主要是指非金融性企业的营业收入。

二、营业收入确认的分析

（一）收入的确认原则

收入确认是重要的会计政策。考虑到销售和收款的不确定性，收入的确认应满足可定义性、可计量性、相关性和可靠性等条件。FASB 在第 5 号财务会计概念公告中提出，收入通常应在已赚得（earned）且已实现或可实现（realized or realizable）时进行确认。IASB 将所售资产所有权上的主要风险和报酬是否已经转移给买方作为收入确认的标准，这也是中国会计准则多年来一直采用的收入确认原则。从 2004 年起，IASB 与 FASB 开始合作，致力于制定一套国际趋同的高质量会计准则。2014 年 5 月，IASB 发布了修订后的第 15 号国际财务报告准则《与客户之间的合同产生的收入》（IFRS15），FASB 同时发布了与之等效的收入准则《会计准则：源自客户合同的收入》。我国也参照 IFRS15 对原收入准则进行修订，并于 2017 年 7 月 5 日发布了修订后的《企业会计准则第 14 号——收入》。新准则将收入确认从风险和报酬转移标准改为控制权转移标准，要求企业在履行了合同中的履约义务，客户取得相关商品或服务的控制权时确认收入。取得相关商品或服务的控制权，是指能够主导该商品的使用或该服务的提供并从中获得几乎全部的经济利益。

修订后的收入会计准则将收入确认过程分为五步：识别与客户订立的合同；识别合同中的单项履约义务；确定交易价格；将交易价格分摊至单项履约义务；履行各单项履约义务时确认收入。新收入准则改变了许多业务的收入确认时间和确认金额，履约义务和控制权的转移增加了对管理层判断的要求。以航空公司为例，超期票证、改签手续费和常旅客奖励积分计划都是受收入确认原则变动影响较大的业务。东方航空在其 2018 年的财务报告中，阐述了这种会计政策的变更及其影响。

"**超期票证**

超期票证是指使用权利过期时乘客未使用的已售出机票。执行新收入准则之前，本集团于票证期限过期时确认收入。在新准则下，本集团预期有权获得与客户所放弃的合同权利相关的金额，按照客户行使合同权利的模式按比例将上述金额确认为收入。2018 年 1 月 1 日，东方航空执行新收入准则导致合同负债减少人民币 50，900 万元，未分配利润增加人民币 50，900 万元。

改签手续费

东方航空对于乘客改签机票收取改签手续费。执行新收入准则之前，修改乘客行程单的过程不会被认为增加了向乘客交付商品或服务的内容，在改签时点确认为其他收入。但是在新准则下被认定为合同的修改，改签手续费在实际承运相关履约义务完成时确认为客运收入。2018 年 1 月 1 日，新收入准则下东方航空改签手续费变更，导致合同负债增加人民币 3，100 万元，未分配利润减少人民币 3，100 万元。"

东方航空 2017 年度的营业收入超过 1，017 亿元，年末未分配利润约 139 亿元，超期票证和改签手续费确认的变动对收入和未分配利润的影响不大，但对未来会计期间的净利润仍具有一定的影响。

了解收入确认的原则和会计政策是收入分析的基础。会计准则要求收入的确认应当反映企业向客户转让商品或提供服务的业务模式，收入的计量应当反映企业因转让这些商品或服务而预期有权收取的对价。一般情况下，企业应结合销售模式和价款结算方式确定收入确认的具体时点。但对于销售和收款跨越不同会计期间的业务以及附有特殊条款的业务，如预收款销售、分期付款销售、销货退回、客户积分计划、软件开发和系统定制、售后回购等，需要管理层进行会计判断。这意味着，收入确认过程不但存在经验判断的差异，还存在收入操纵的风险。

（二）营业收入确认面临的挑战

1. 预收款销售

有些业务，包括一般产品销售以及房地产、保险、旅游、货物代理、运输、网络服务等服务性合同，通常会在交付产品或提供服务之前，要求客户提前支付全部或部分款项，还有一些服务性行业通过大量出售储值消费卡提前收取服务费用，如零售业、电信、电影院、美容美发等。这些销售不存在账款回收的风险，但由于收款时企业尚未提供产品或服务，不满足收入确认的条件，故将提前收取的款项计入"预收账款""合同负债"或"递延收益"等，作为负债列报。企业在完成履约义务时，与销售收入相关的大部分不确定性已经消除，方可确认收入，同时转销负债。我们已经在第 6 章从负债确认的角度对预收款项进行了分析。从收入确认的角度需要注意的是，预收的款项与提供的产品或服务通常是等值的，故在收入确认条件满足且同时成本能够可靠计量时，将原预收款转为收入。但对于保险公司，收到的保费与提供的保险服务通常并不等值，保险公司的收入确认是以保费为基础而不是以赔付额为基础的。

[例] 根据中国平安保险（集团）股份有限公司（以下简称"中国平安"）2019 年的财务报告，全年净保费收入为 7,736.94 亿元，比上年增长 10.5％；"预收保费"项目年末余额为 424.73 亿元；收到原保险合同保费取得的现金为 7,925.7 亿元，支付原保险合同赔付款项的现金为 2,227.73 亿元。

中国平安的保险业务收入的确认原则为："保费收入及分保费收入于保险合同成立并承担相应保险责任，与保险合同相关的经济利益很可能流入，并与保险合同相关的净收入能够可靠计量时予以确认。非寿险原保险合同，根据原保险合同约定的保费总额确定保费收入金额。寿险原保险合同，分期收取保费的，根据当期应收取的保费确定保费收入金额；一次性收取保费的，根据一次性应收取的保费确定保费收入金额。分入业务根据相关再保险合同的约定，计算确定分保费收入金额。"

2. 跨期销售产品或提供劳务

有些产品或劳务的提供跨越多个会计年度，如飞机和船舶等大型产品的长期建造合同、客户奖励积分计划、软件开发与系统定制、会员费收入等。这些长期合同通常面临两种风险：一是未来实际成本可能高于预计成本；二是买方对所提供的产品或服务不满意而要求卖方提供额外服务或赔偿，或者拒付尚未结算的款项。

对于这类跨期销售业务，现行会计准则要求按履约进度确认收入。履约进度的确定方法包括产出法和投入法。产出法根据已转移给客户的商品对于客户的价值确定履约进度，通常根据实际测量的完工进度、评估已实现的结果、已达到的里程碑、时间进度、已完工或交付的产品等确定履约进度。投入法根据能够代表向客户转移商品控制权的产出指标直接计算履约进度，如企业投入的材料数量、耗费的人工工时或机器工时、发生的直接成本和时间进度等。履约进度的确定可能需要工程或技术的支持，往往使许多缺少工程或技术知识的财务报表使用者感到困惑，也是独立审计和监管部门关注的重点。

企业管理层对履约进度的确定方法行使判断权，是影响收入确认的重要因素。例如，软件和系统定制服务，需要经过设计、开发、试运行、验收等多个环节，时间跨度较长，大型的系统定制多数需要跨越多个会计年度。实务中，多数上市公司按完工进度确认软件定制业务的收入，但确定完工进度的方法很多，结果存在差异。同时，软件定制公司还会另外收取质量保证金，以承诺在一定时期内，给予免费升级或者在软件或系统出现运行问题时给予免费维护或赔偿。这类额外服务属于单独履约义务，应在确认软件定制收入的同时，按收入的一定百分比预提软件维护费用或将软件维护服务作为递延收益。如果软件定制和质量保证作为两项单独履约义务，就应分摊交易价格并单独确认收入。因此，这些情形需要企业根据会计准则的要求和实际业务作出独立判断。

再如，客户奖励积分计划是航空业、电信业以及线上和线下零售商普遍运用的一种营销策略，其做法是当客户的累积积分达到某一标准时即可换取规定的奖励。但企业在提供积分时，很难确定客户是否使用积分以及使用积分的时间。因此，如何确认与奖励积分相应的收入需要管理层进行确认和判断。以东方航空为例，其财务报告中披露了常旅客奖励积分的收入确认政策及其变化情况。

"常旅客奖励积分

执行新收入准则之前，东方航空对常旅客奖励积分采用余值法处理，即将承运票款扣除奖励积分金额后确认为收入，奖励积分金额确认为递延收益。常旅客积分计入递延收益的金额按照积分的公允价值和预期兑换率计算。待旅客兑换积分且承运后、商品交付及服务提供后或积分失效时，按兑换或失效的积分所对应的递延收益确认为收入。新收入准则执行后，东方航空采用相对单独售价的分配方法将票款在常旅客积分和当期承运之间进行分配。2018 年 1 月 1 日，相对单独售价法的运用导致东方航空合同负债—常旅客奖励计划减少人民币 3，300 万元，未分配利润增加 3，300 万元。"

3. 盈利模式的判断与收入确认

收入确认与企业的盈利模式直接相关。盈利模式反映企业创造价值的逻辑。以提供网络游戏的企业为例，其自有网络游戏的盈利模式主要有三种：按虚拟道具收费、按游戏时间收费、广告收费。其中，按虚拟道具收费是国内网络游戏产品的主流盈利模式。[①] 虚拟道具的消耗方式又区分为一次性道具、有限使用道具和永久性道具。企业应该根据具体道具消耗模型，在其消耗期间采用系统合理的方法确认收入。如果确定道具消耗模型不切实可行，可以按照玩家生命周期或游戏生命周期分摊道具收入。实务中，上市公司的网络游戏道具的收入确认方法多种多样，比较典型的收入确认方法有两类：一类是按照道具消耗模型确定的道具消耗情况确认收入，如昆仑万维、浙报传媒；另一类则是在玩家使用虚拟货币购买虚拟道具时直接确认收入，如掌趣科技、中青宝等。也就是说，这些企业的收入确认是以企业的盈利模式和管理层判断为基础的，财务报表使用者对这类公司进行业绩比较时应了解其收入确认方法的差异和会计判断的影响。

4. 卖方信贷支持与收入回款风险

为了扩大销售和增强市场竞争力，有些企业在销售产品时向买方提供了信贷或信用支持，如分期付款销售、为客户取得银行贷款提供担保、销售回购承诺等。这种销售模式下，销售企业可能面临货款不能收回的风险，或者履行担保义务的风险，或者需要履行回购的承诺。如果上市公司不考虑相关经济利益实现的可能性而一次或全额确认收入，往往会高估收入。对于未来经济利益实现的可能性，需要企业进行判断。

同样存在回款风险的还有政府补贴款。有些企业的新能源汽车、节能家电等产品的销售对价中可能含有政府补贴，但补贴款项的取得需要满足一定条件，如某些类型

---

①　中国证监会 . 2015 年上市公司年报会计监管报告 .

的新能源汽车累计行驶里程达到规定公里数才能取得补贴资金。企业应根据政府补贴政策，结合以往卖出车辆的行驶数据、买方实际运营能力、信誉状况以及销售合同条款中有关车辆所有权、买方无法获取补贴款时对相关价款的追偿权等，判断商品销售价款收回的可能性。对于已经发出、但尚未满足收入确认条件的车辆，企业还应该根据销售合同中有关车辆所有权、无法获得补贴款时对客户的追偿权等约定，结合车辆的损耗情况以及买方的还款能力等因素，估计相关存货的可变现净值，并相应计提存货跌价准备。如果公司在发出商品时即全额确认收入，而不考虑商品销售价款收回的不确定性，收入就会被高估。事实上，许多财务报表使用者并不了解政府补贴的具体政策和会计准则中对收入确认的具体要求，有可能将政府补贴视为确定性的利好消息，忽视收入的不确定性和回款风险。

三、营业收入增长的分析

（一）营业收入增长的分析

营业收入的增长，是指营业收入相对于上年同期或上期的增减变动，通常用营业收入增长率表示。营业收入是利润的基础和先行指标，营业收入的增减变动尤其是主营业务收入的增减变动，通常是企业利润变动的基础原因之一，也是判断企业成长性的重要指标。

如果营业收入发生大幅度的增减变动，可能的原因包括：行业的快速增长或行业衰退、本公司产品市场占有率的提高或下降、产品价格调整、新的市场推广策略等。有的公司每年都会推出新产品，对新产品制定较高的销售价格，如手机制造商不断发布手机新品，吸引消费者的持续关注并激发其购买行为，从而保持稳定的或持续增长的市场占有率。有些产品因自然条件的限制而具有稀缺性，如某些矿产品和酒类等，从而使企业拥有主动定价权，能够在较长的时期内维持较高的价格和稳定的销售量。需要注意的是，虚构收入和提前确认收入也会导致收入的大幅增长，因此需要结合行业环境和企业经营规模进行分析，偏离行业趋势的超常增长可能是收入舞弊的信号。

（二）营业收入质量的分析

财务报表使用者可以利用报表数据之间的勾稽关系对营业收入的质量进行评价。

（1）营业收入与存货、应收账款、营业成本等报表项目之间的匹配关系。一般情况下，当收入增长时，存货和营业成本相应增长；如果信用政策不变，应收账款也相应增加。由于营业成本和应收账款与营业收入的比例关系是基本稳定的，通过营业收入与存货、应收账款、营业成本等之间的比例关系，能在一定程度上反映营业收入的真实性和质量。如果存货不变但营业收入大幅度增长，营业收入的真实性就值得怀疑。如果随着营业收入的增长，应收账款与营业收入之比也随之增长，收入的增长很可能是因为企业放宽了信用政策，如对长期合作客户增加赊销额度或延长赊销期限、放宽信用条件以吸引新客户等。面临较大业绩压力的企业或者盲目追求增长的企业可能出现这种现象。

（2）营业收入的现金含量。营业收入与销售商品、提供劳务收到的现金之间也存在相互匹配的关系。现金含量越高，营业收入的质量就越高。

[例] 复星医药 2015—2019 年的年度财务报告披露的营业收入、营业成本、应收账款、销售商品和提供劳务收到的现金这四个报表项目的数据，如表 7-1 所示。

表 7-1　营业收入及相关项目　　　　（单位：万元）

项目	2019 年	2018 年	2017 年	2016 年	2015 年
营业收入	2,858,515	2,491,827	1,853,356	1,462,882	1,260,865
营业成本	1,154,342	1,036,531	760,895	671,836	630,804
销售商品、提供劳务收到的现金	3,003,650	2,716,243	1,991,085	1,684,150	1,444,272
应收账款年末余额	436,760	362,364	324,754	196,501	173,622

计算营业收入增长率、营业收入的现金含量等指标，如表 7-2 所示。

表 7-2　营业收入的质量分析

项目	2019 年	2018 年	2017 年	2016 年	2015 年
营业收入增长率	14.72%	34.45%	26.69%	16.02%	4.85%
营业成本增长率	11.37%	36.23%	13.26%	6.50%	(6.11%)
应收账款增长率	20.53%	11.58%	65.27%	13.18%	15.43%
销售商品、提供劳务收到现金的增长率	10.58%	36.42%	18.22%	16.61%	10.35%
应收账款/营业收入	0.15	0.15	0.18	0.13	0.14
营业成本/营业收入	0.40	0.42	0.41	0.46	0.50
销售商品、提供劳务收到的现金/营业收入	1.05	1.09	1.07	1.15	1.15

注：( )内为负数。

根据表 7-2 可知，营业收入呈增长趋势，匹配项目也呈增长趋势，尤其是现金流量的增长，与营业收入的增长具有较好的同步性；营业成本和应收账款的增长与营业收入的增长幅度存在差异，但趋势一致。同时，营业成本对营业收入的比率、应收账款对营业收入的比率都比较稳定；营业收入的现金含量也较高，平均在 1.05—1.15 之间。需要注意的是，销售商品、提供劳务收到的现金中包含增值税销项税额，营业收入中不含增值税。尽管如此，口径上的这种差异并不妨碍我们对收入质量所作的判断，两个项目之比仍然能够反映营业收入的质量和销售回款情况。

四、营业收入构成的分析

营业收入的构成，分为主次构成、品种构成、地区构成、客户构成等。对营业收入的构成进行分析，有助于了解企业的主要市场、利润来源和风险点以及收入的质量。企业在年度报告中通常会披露营业收入构成的详细信息，财务报表分析者可以直接使用。

（一）主营业务收入与其他业务收入的结构

营业收入分为主营业务收入和其他业务收入。主营业务收入是企业为完成其经营目标所从事的经常性活动中实现的收入，是企业收入和利润的主要来源；其他业务收入则是与主营业务相关的活动中产生的收入，通常较少或带有偶然性。主营业务体现了企业的核心竞争力，以及企业在长期从事某项主营业务的过程中所积累的技术、经验和营销网络，有助于企业形成技术优势、规模优势、成本优势或渠道优势。主营业务收入也是判断企业的行业归属和是否多元化经营的主要标准。

对营业收入的主次结构进行分析，可关注以下方面：

（1）主营业务收入的比例及增长趋势。主营业务收入在营业收入中的比例越高，企业的经营活动就越集中和清晰。如果一个企业的营业收入总额逐年增加，但主营业务收入占比逐年下降，可能的原因是企业正在进行战略转型，或者主营产品或业务开始进入衰退阶段。借壳上市、跨界投资、兼并收购、资产重组等都会使得公司的主营业务发生较大的变化。

（2）主营业务的盈利能力和运营效率，通常决定了企业整体的盈利能力和运营效率。因此，对企业盈利能力进行分析时，可以单独计算主营业务的毛利率和资产周转率等指标，这有助于更好地预测企业未来的利润变动趋势。

（二）主营业务收入的产品结构

主营业务收入的产品结构，是指主营业务收入中各品种或各类产品或业务的收入占比。对主营业务的产品结构进行分析，可以获得下列信息：

（1）企业的核心业务或核心产品。核心业务或核心产品是企业收入和利润的主要来源，也是推动企业成长的主要因素。通过计算各种产品的增长率和毛利率，能够了解企业的增长主要由哪种产品或哪种业务推动，利润由哪种产品或业务贡献，主要经营风险集中在哪些领域。一般来说，企业的业务或产品种类越少，越容易预测未来的成长能力和盈利能力。

（2）主营业务的品种构成或行业构成的变化。如果企业的主营业务收入结构发生变化，往往意味着企业市场环境的变化、经营战略的调整或竞争优势的变化。[①]

（三）主营业务收入的地区结构

收入的地区结构，是指企业在不同区域所取得的营业收入的比例，如国内与国外、国内的不同区域或省份等。分析营业收入的地区结构，可以获得以下信息：一是确定企业业务或产品的主要地理市场，以及在不同市场的竞争力；二是了解企业面临的区域性风险因素和成长机会，如主要市场的经济发达程度、当地的主要竞争对手、当地习俗和消费者生活习惯、政治稳定性、法律和监管制度、外汇管制、气候等，这些因素决定了企业在不同市场的成长潜力和面临的风险。

---

① 张新民，张爱民．财务报表分析［M］．北京：中国人民大学出版社，2014．

[例] 有些企业的收入中，境外收入占比相对较高，如美的集团、青岛海尔、福耀玻璃的外销收入都在营业收入的 40% 以上，复星医药的海外收入占营业收入的比例也超过 20%。外销的毛利率通常低于本土的毛利率，如 2018 年美的集团的海外毛利率为 23.48%，国内市场的毛利率是 30.53%；复星医药的国外毛利率为 38.80%，本土毛利率为 64.49%。对外销售主要采用外币结算，企业面临更大的政治不确定性、更高的监管风险、法律风险和外汇风险。

（四）主营业务收入的客户构成

主营业务收入的客户构成，是指收入来源于哪些客户。对主营业务收入的客户构成进行分析，主要目的是了解企业是否存在对主要客户的依赖性及其面临的市场风险。我们可以从客户集中度和关联方交易两个方面对主营业务收入的客户构成进行分析。

（1）客户集中度分析。客户集中度（customer concentration）反映了企业收入来源的集中或分散程度，描述了企业产品的市场状况。财务报告中提供了企业对前五大客户的销售收入和所占比例，如果前五大客户收入占比较高或者对单一客户的销售收入占比较高，即认为客户集中度较高。较高的客户依赖性，会因客户的发展获得更多的商业机会，也会使企业受到客户经营风险的极大影响，并面临更大的货款回收的信用风险。对于客户集中度的正面和负面影响的分析，可以参考下面的引文。

　　"传统上，人们认为提高客户集中度主要对企业产生了消极影响。主要是因为，一方面，随着客户集中度不断提高，企业对客户的依赖程度更大，客户的议价能力更强。面临主要客户的要挟，企业可能会不得已在降低销售价格、延长商业信用以及储备超额存货等方面作出让步，最终导致企业经营业绩的恶化（Porter，1979；Gosman 等，2004；Piecy 和 Lane，2006）。另一方面，客户集中度的不断提高意味着企业经营风险的提高。一旦主要客户中断与企业之间的交易关系或者与企业的竞争对手形成战略联盟，会导致企业经营风险过高并损害企业的经营业绩（Maksimovic 和 Titman，1991；Dhaliwal 等，2013）。

　　然而，上述传统观点忽略了企业与主要客户之间的信息交流与合作所可能产生的正面作用，例如，随着供应链上下游企业之间的信息共享和生产合作的不断增强（Kumar，1996；Kinney 和 Wempe，2002），高集中度的客户有助于形成稳定和可靠的客户关系。与此同时，高客户集中度使得企业更有可能从这些主要客户获得更多有价值的信息，从而更有利于企业与这些客户进行联合投资，比如，通过与客户在广告和营销方面的合作实现降低销售和管理费用，提高企业的资产利用率、会计业绩以及市场价值的目标（Kalmani 和 Narayandas，1995；Patatoukas，2012）。

　　现有的研究结果表明，类似于中国这样的新兴市场国家或者发展中国家的营商环境主要是以关系导向而非以市场规则导向为主，供应商与客户之间的相互联系在很大程度上是通过信任或者企业与个人层面的社会网络等非正式制度建立起来的（Zhou 等，2008；Cannon 等，2010；Bai 等，2016）。这不仅有助于促进供应商—客户之间的信息交流与合作，而且在一定程度上能够缓解由于供应链复杂化或者过于集中所可能导致的要挟问题与经营风险。"

资料来源：江伟，孙源，胡玉明. 客户集中度与成本结构决策——来自中国关系导向营商环境的经验证据 [J]. 会计研究，2018（11）：70—76.

（2）关联交易收入的分析。如果企业与其客户或供应商之间存在控制、共同控制或重大影响的情形，或者双方同受一方控制、共同控制或重大影响，则构成关联方（related party）。关联方可以是母公司、子公司、联营企业、合营企业、主要投资者个人及与其关系密切的家庭成员。在销售和采购中，如果与关联方之间的交易额占比较多，就需要评价关联方的身份和交易的商业实质、企业商业活动的独立性和交易作价的公允性。如果关联交易作价不公允或者销售款长期不回收，要适当怀疑是否存在利用关联交易操纵收入或者转移资金的可能性。

第3节　成本和费用的分析

一、成本、费用确认和计量的一般原则

广义的费用泛指企业发生的所有耗费和损失。会计要素中定义的费用（expense），是指与企业经营活动相关的耗费，会计准则将其定义为"企业在日常活动中发生的、会导致所有者权益减少的、与向所有者分配利润无关的经济利益的总流出"。费用的发生一般会导致资产的减少或负债的增加。一项耗费如果符合费用的定义，同时与费用相关的经济利益很可能流出企业且能够可靠计量时，就可以确认为费用。

费用的确认和计量以权责发生制为基础，但未必一定有相应的现金流出。在费用确认和计量时，配比原则和谨慎原则具有重要影响。

（一）配比原则

配比原则（match principle）要求一项收入与为取得该项收入所发生的成本和费用，应计入同一个会计期间，以实现收入和成本费用的对比。成本费用与收入的配比关系主要有三种：一是按因果关系配比，即将与收入具有直接因果关系的成本和费用，计入收入所属的会计期间，如营业成本、销售过程中发生的费用等；二是按期间配比，是指某些费用的发生与收入之间缺乏清晰的因果关系，很难认定和计量其所带来的收入，或者数额较小，故将其直接计入发生的当期。这些费用通常按所属部门和费用性质，分别计入管理费用、销售费用和研发费用，与资金筹集和使用有关的费用则计入财务费用；三是按期间分摊，主要是指某些支出能够使企业在一个以上的会计期间受益，因而采用系统且合理的方法将其在预计受益期内进行分摊的做法。

通常情况下，如果一项支出产生收益的时间在一年以内或长于一年的一个营业周

期以内，则称为收益性支出（revenue expenditure），可在支出当期确认为费用；如果一项支出带来收益的期间超过一年或长于一年的一个营业周期，则称为资本性支出（capital expenditure），应计入资产成本，在资产预计使用寿命期内采用折旧或摊销的方式分期计入各期费用，实现与受益期间的配比。

企业日常活动中发生的许多支出都需要进行费用化或资本化的判断，如研究开发支出、广告费、借款费用、退休后福利、管理人员股票期权等。由于很难预期这些支出的效益和持续性，我国会计准则采用了全部计入当期损益和有条件资本化并行的做法。例如，将研究阶段支出和广告费全部计入当期损益；对开发阶段的支出和长期借款费用，则实行有条件的资本化，不符合资本化条件的支出直接计入当期损益，符合资本化条件的支出可以计入资产的成本，在预期使用寿命内分摊。配比关系的分类只是提供了一般性原则和一些约定俗称的做法，一项支出是费用化还是资本化、资本化后如何分摊其成本，需要管理层根据支出目的和所形成资产预期经济利益的实现方式进行判断和决策。

（二）谨慎性原则

谨慎性原则（conservative principle）对于费用的确认和利润的计算非常重要。谨慎性原则要求企业在对交易或事项进行确认、计量和报告时，面对不确定性因素，应充分预计各种风险和损失，而不能高估资产或收益。因此，利润表中确认的费用和损失，不仅包括已发生的费用和损失，还包括预计的费用和损失。预计费用或损失中的一部分计入销售费用和营业外支出等项目，与预计负债的确认相对应；另一部分计入信用减值损失或资产减值损失，与资产减值的确认相对应。

按照谨慎性原则预计费用或损失，首先，表示企业可能在资产质量或资产管理、信用管理、产品市场等方面陷入了困境。如债务人出现信用危机导致应收账款可能无法收回，或产品滞销导致存货积压而跌价，或技术进步导致固定资产使用寿命缩短，或被投资企业的股价下跌或业绩下降而导致对外投资减值，或市场环境发生不利变化等。其次，企业可能利用资产减值的计提进行盈余管理。例如，企业在正常经营情况下对资产减值计提不足，不提或少提资产减值准备，或利用存货、应收账款的减值计提及转回在各期间进行调节，以保持利润的平滑或增长趋势；而在特殊情况下，可能会一次性计提大额的资产减值损失，使当年利润大幅度下滑或巨额亏损，对经营业绩进行"大清洗"。因此，在会计分析时，应充分考虑管理层过度运用谨慎性原则的可能性。尤其是对于资产减值损失和信用减值损失，应与上年和行业对比，并结合企业当前是否存在融资、退市、管理层变更等情形，进行分析和评价。

二、成本和费用项目的分析

一般企业的营业总成本包括营业成本、税金及附加、销售费用、管理费用、研发费用和财务费用。金融企业（包括商业银行、证券、保险业等）或金融业务的营业总成本还包括利息支出、手续费及佣金支出、退保金、赔付支出净额、提取保险责任准备金净额、保单红利支出、分保费用等。

（一）营业成本的分析

营业成本是指所销售商品或提供服务的成本。不同行业的营业成本的具体内容不同，对于制造业，营业成本是指所销售商品的生产成本；对于商业企业，营业成本是指所销售商品的采购成本；对于运输企业，营业成本是指所提供运输服务的成本等。与营业收入相对应，营业成本包括主营业务成本和其他业务成本。

（1）营业成本的计量。营业成本的计量过程包含大量会计处理方法的选择，如产品成本或商品成本计算方法、费用分摊方法、期末发出存货的计价方法等，企业之间可能存在较大的不可比性。

（2）营业成本的增减变化。营业成本通常随营业收入的增减变动而同向变动。如果企业大幅调整产品销售价格或虚增收入，营业收入的增减变动幅度就会大于营业成本的增减变动，营业成本率同时发生较大变动。

营业成本率是营业成本与营业收入的比率，是与毛利率相对的比率，营业成本率越高，毛利率就越低。各行业和各种经营模式下，营业成本率存在系统性差异，并具有相对稳定性。影响营业成本的因素，既有可控因素，如供货渠道、采购批量等；也有不可控因素，如市场价格等。有些企业在财务报告中披露了产品成本构成的信息，对这些信息进行分析和同行业对比，有利于了解企业的成本结构和产品的竞争力。

（二）期间费用的分析

期间费用是企业报告期内发生的、不能直接或间接归属于某种产品成本，是直接计入当期损益的各项费用。一般企业的期间费用包括销售费用、管理费用、研发费用和财务费用，银行的期间费用统称为业务及管理费。期间费用是企业正常经营活动中发生的费用，是计算营业利润的主要扣除项目。有些企业尽管有很高的毛利率，但若期间费用率过高，也会抵销毛利率带来的盈利优势。

对一般企业的期间费用进行分析，一般包括三个方面：

一是计算和分析期间费用总额和各组成部分比上年的增减变动。如果期间费用比上年大幅增加，则要分析其对营业利润变动的影响及其包含的主要明细项目。

二是计算期间费用率，即期间费用对营业收入的比率，对其进行历史比较和行业比较。

三是分析主要费用项目与业务规模的匹配性，如销售费用与营业收入、业务招待费与营业收入、利息费用与贷款规模等，并对其进行历史比较和行业比较。对于金额较大或变动较大的费用项目要进行重点分析；对于酌量性费用，企业一般实行总额或预算控制政策，如果发生较大的变动，应分析其原因。

1. 管理费用的分析

管理费用（administrative and management expenses），是指企业为组织和管理生

产经营活动所发生的费用，包括开办费、行政管理部门的经费、工会经费、董事会会费、聘请中介机构费用、咨询费、诉讼费、业务招待费、矿产资源补偿费、排污费、固定资产修理费等。

对管理费用进行分析时，需要注意的是，首先，管理费用通常随企业规模和收入的变动而增减变动，管理费用率（管理费用占营业收入的比率）具有相对稳定性。其次，管理费用中的许多支出项目具有酌量性，如果人工费用较高或业务招待费金额过大，可能意味着企业的行政部门较庞大或管理效率较低。财务报表使用者可以参照行业均值或参考预算标准进行评价。最后，管理层的在职消费大多是通过管理费用项目列支的，如果管理费用率过高，可能意味着企业存在较高的代理成本。

2. 销售费用的分析

销售费用（selling and marketing expenses），是指企业在销售商品和材料、提供劳务和服务的过程中发生的费用，具体包括：销售过程中发生的费用，如保险费、包装费、运输费、商品维修费、装卸费等；为促销产品而发生的费用，如展览费、广告费等；以及为销售本企业商品而专设的销售机构的经费和人工费用，如人工薪酬、业务费、折旧费用、固定资产修理费等。

对销售费用进行分析，首先，计算销售费用的增长率及销售费用占营业收入的比率，并与同行业进行对比。促销和销售活动是维护企业品牌价值和驱动收入增长的主要因素，尤其在竞争比较激烈的行业和产品更新换代较快的行业，如医药行业、快消品行业等，销售费用占营业收入的比例通常都比较高，销售费用增长率甚至会超过营业收入增长率。我们在第 2 章分析共同比利润表时已经看到，复星医药、恒瑞医药和华润三九 2019 年的毛利率分别是 59.62％、87.49％和 67.15％，期间费用分别占营业收入的 53.68％、62.39％和 53.88％，其中，销售费用的比例分别是 34.45％、36.61％和 44.55％，对营业利润具有非常大的影响。

其次，对销售费用的构成项目进行分析。在各销售费用项目中，销售人员薪酬、运输费、包装费等与销售收入存在比较稳定的比例关系；广告和促销费用属于管理层酌量性费用；产品质量保证费用需要依赖管理层对销售数据、历史索赔数据等的估计与判断。如果产品质量保证费用的计提比例不断提高，意味着企业未来的支付义务将会增加，应分析企业的产品是否存在重大缺陷或产品市场的监管标准是否发生变化。各行业及各企业的销售费用结构存在一定的差异，如汽车行业的产品质量保证费用占比较高，医药制造企业的市场推广费用占比较高。

3. 财务费用的分析

财务费用（financing expenses），是指企业为筹集生产经营所需资金等而发生的费用。一般企业的财务费用主要包括利息净支出（即利息费用减利息收入）、汇兑净损益（即汇兑损失减汇兑收益）、金融机构手续费、购销现金折扣等。财务费用反映了企业的融资成本、利率风险和汇率风险，具有较大的信息含量。

对财务费用进行分析，需要了解以下内容：

（1）分析财务费用总额及其对营业利润的影响。财务费用与企业的负债规模、现金持有规模和外币交易规模相关。由于财务费用中包含利息收入和汇兑收益，因而财务费用总额可能为正数（净费用）也可能为负数（净收益）。企业之间的财务费用存在较大的差异，根据东方财富网提供的数据，2018年的非金融上市公司中，有1,285家企业的财务费用是负数，即净收益，最多的是美的集团，为－18.23亿元；其次是五粮液、中国石化、格力电器、中油工程等。其余2,000多家上市公司的财务费用均为正数，即净费用，最多的是中国石油，为184.80亿元。

（2）分析利息收入与利息费用的变动趋势，了解企业的财务风险和融资成本。如果一家企业连续多年的利息收入超过利息费用，一般说明企业不存在资金短缺状况。这类企业的经营活动现金流量净额一般较充裕，货币资金较多，公司将富余的资金存放于银行或购买理财产品，赚取存款利息收入或理财收入。而利息费用较多的企业，一般有息负债较多，融资压力较大，财务风险较高。

[例] 表7-3所列的三家公司，充分说明了利息费用、利息收入和汇兑净损益的变动及其对营业利润的影响。美的集团2018年的利息收入有21.56亿元，贡献了8.43%的营业利润；中国石油2018年的利息费用为223.52亿元，约占营业利润的16.58%；东方航空的利息费用达37.27亿元，是营业利润的1.26倍。

表7-3　财务费用与营业利润

项目	美的集团		中国石油		东方航空	
	2018年	2017年	2018年	2017年	2018年	2017年
利息费用（亿元）	7.04	9.67	223.52	224.08	37.27	31.84
减：利息收入（亿元）	(21.56)	(11.44)	(37.69)	(29.01)	(1.10)	(1.11)
汇兑净损益（亿元）	(4.85)	8.63	11.45	10.94	20.40	(20.01)
其中：汇兑收益（亿元）	—	—	(124.75)	－82.17	—	—
其他（亿元）	1.14	1.29	10.42	10.47	2.51	1.89
财务费用合计（亿元）	(18.23)	8.16	82.95	134.31	59.08	12.61
营业收入（亿元）	2,596.64	2,407.12	23,535.88	20,158.90	1,149.30	1,017.21
营业利润（亿元）	255.64	216.28	1,348.12	577.69	29.58	72.46
财务费用/营业收入	—	0.34%	0.35%	0.67%	5.14%	1.24%
财务费用/营业利润	(7.13%)	3.77%	6.15%	23.25%	199.73%	17.40%
利息费用/营业利润	2.75%	4.47%	16.58%	38.79%	126.00%	43.94%
利息收入/营业利润	8.43%	5.29%	2.80%	5.02%	3.72%	1.53%
汇兑损益/营业利润	(1.90%)	3.99%	0.85%	1.89%	68.97%	(27.62%)

注：（ ）内为负数。

需要注意的是，利润表中的"财务费用"项目中包含的利息费用仅仅是指计入当期损益的利息费用，不包含资本化的利息费用。只对财务费用中包含的利息费用进行分析，实际上低估了企业的融资成本和利息支付义务。

（3）分析汇兑收益和汇兑损失，了解企业的汇率风险。有些企业的海外市场较大，或对外业务较多，并持有大量的外汇，随着汇率的波动，经常产生大额的汇兑损失或汇兑收益，对营业利润产生较大影响。

　　[例]　根据表 7-3，美的集团在 2017 年发生汇兑净损失 8.63 亿元，2018 年产生汇兑净收益 4.85 亿元。这是由于美的集团产品出口收入增加，2018 年的境外销售收入占公司整体营业收入的 42.52％，2017 年为 43.19％，汇率变动对业绩产生了一定的影响。

　　中国石油的汇兑损益净额不多，但汇兑收益和汇兑损失的个别规模都很大。

　　东方航空的外币有息债务（长期借款、应付债券、应付融资租赁款）较多，汇兑损益对营业利润的影响也较大，且年度间的波动较大，2017 年的汇兑净收益为 20.01 亿元，2018 年则发生汇兑净损失 20.40 亿元，利息净费用与汇兑净损失合计约 56.57 亿元，是营业利润的 1.91 倍，成为影响该公司当年经营业绩的主要因素。

　　4. 研发费用的分析

　　利润表中的研发费用（research and development expenses），是报告期企业内部研究与开发过程中发生的计入当期损益的金额，包括研究阶段的支出以及开发阶段支出中的费用化金额。2018 年之前，研发费用包含在"管理费用"项目中。2018 年之后，财务报表格式进行调整，开始在利润表内单设"研发费用"项目列报。2019 年 4 月，财政部发布《关于修订印发 2019 年度一般企业财务报表格式的通知》（财会〔2019〕6 号），从 2019 年中期财务报告起，原计入管理费用的自行开发无形资产的摊销也并入"研发费用"项目列报。我们在第 2 章分析过年度报告中"经营情况讨论与分析"部分披露的"研发投入"信息。财务报表使用者可以结合资产负债表中的"研发支出"项目、利润表中的"研发费用"项目、现金流量表中的"支付的其他与经营活动有关的现金"项目等，对企业的研发投入进行分析，了解企业的研发强度和创新能力。

　　对研发费用进行分析，应关注以下内容：

　　(1) 研发投入的强度及其增长性。研究开发是企业提高技术创新能力和构建核心竞争力的基础，有助于企业维护长期的竞争优势，构筑持续发展的内在驱动力。但研究开发活动周期长，产出的不确定性大，需要长期持续不断的投资，医药、信息技术、航空航天、汽车制造等行业尤其如此。反映企业研发投入持续性和强度的指标，主要是研发投入对营业收入的比例、研发投入的增减变动等。正常经营情况下，企业每年都会按照收入的一定比例对研究开发进行投入并保持固定或稳定增长。因此，如果企业削减研发投入，应引起特别的关注。

　　(2) 管理层对研发投入具有决策权。这种决策权表现在两个方面：一是研发投入的规模和方向。研发投入属于酌量性支出，管理层对研发投入的规模和方向具有最终决策权，在企业经营业绩不佳或资金匮乏的情况下，削减研发投入通常是短期内提升经营业绩和缓解现金不足的快捷方式。但长期看，研发投入的减少会损害企业的发展潜力和未来的竞争能力。二是研发投入的资本化与费用化。研发投入的费用化与资本化是一项重要的会计政策，依赖于管理层的判断。

[例] 复星医药、恒瑞医药和华润三九的核心业务都是药品制造与研发。复星医药 2015—2019 年的研发投入、营业收入、营业利润、研发投入资本化的数据如表 7-4 所示。

表 7-4　研发投入及研发费用　　　　　　　　　　　　（单位：亿元）

项目	复星医药					恒瑞医药	华润三九
	2015 年	2016 年	2017 年	2018 年	2019 年	2019 年	2019 年
研发投入	8.30	11.06	15.29	25.07	34.63	38.96	5.34
其中：药品制造与研发	—	9.63	12.75	22.50	31.31		—
资本化研发投入	1.60	3.91	5.03	10.27	14.22	0.00	0.98
费用化研发投入	6.70	7.15	10.27	14.80	20.41	38.96	4.36
营业收入	126.09	146.29	185.33	249.18	285.85	232.89	147.02
其中：药品制造与研发	89.35	102.60	131.95	186.81	217.66	232.47	—
营业利润	32.97	33.99	40.75	35.36	44.94	61.50	25.29

根据表 7-4 分析该公司最近 5 年的研发投入强度、研发投入的会计处理政策、研发费用对企业经营业绩的影响，并与恒瑞医药和华润三九进行比较，如表 7-5 所示。

表 7-5　研发投入的强度和对营业利润的影响

项目	复星医药					恒瑞医药	华润三九
	2015 年	2016 年	2017 年	2018 年	2019 年	2019 年	2019 年
营业收入增长率	4.85%	16.02%	26.69%	34.45%	14.72%	33.70%	9.49%
研发投入增长率	21.35%	33.24%	38.26%	63.92%	38.14%	45.92%	7.28%
营业利润增长率	37.72%	3.10%	19.87%	(13.24%)	27.10%	33.79%	48.50%
研发投入/营业收入	6.58%	7.56%	8.25%	10.06%	12.11%	16.73%	3.63%
研发费用/营业利润	20.32%	21.03%	25.19%	41.85%	45.42%	63.35%	17.24%
研发投入资本化的比例	19.29%	35.38%	32.87%	40.98%	41.06%	0.00%	18.35%

注：(）内为负数。

2015 年至 2019 年，复星医药的营业投入和研发收入均呈增长趋势，营业收入的年均增长率约为 19.35%，研发投入的年均增长率约为 38.98%。根据 CSMAR 数据库的统计，2018 年，有 41 家上市公司的研发支出超过 25 亿元，医药行业中以恒瑞医药最多，为 26.7 亿元；复星医药次之，为 25.07 亿元。这两家公司在 2019 年的研发投入都增长了 30% 以上。研发投入占营业收入的比例也逐年增长，从 6.58% 增长至 12.11%。2019 年的研发投入为 34.63 亿元，其中的 90% 投入了药品的制造与研发。与同行业相比，复星医药的投入规模和投入强度都较大。

　　从会计政策的运用看，复星医药的研发投入资本化比例持续提高，从 2015 年的 19.29％逐渐提高到 2019 年的 41.06％。按照复星医药制定的资本化条件（见第 1 章），公司在研发项目取得相关批文或者证书之后的费用，方可作为资本化的研发支出；其余研发支出，则作为费用化的研发支出。较高的资本化率可能是因为公司的研发投入具有较高的成果转化率。

　　从研发费用（指研发投入费用化的部分）对经营业绩的影响看，2015—2019 年，研发费用占营业利润的比例都在 20％以上，2018 年和 2019 年更是达到 40％以上，对营业利润影响显著。由此可见，研发投入的费用化或资本化是影响企业经营业绩的一项重要的会计政策。

　　（3）研发投入对企业具有政策价值。首先，研发支出能够进行加计扣除，增加节税效应。我国从 2008 年起，对企业的研究开发投入采用在应纳税所得额中加计扣除的办法，即对于企业研发活动中实际发生的研发费用，未形成无形资产计入当期损益的，在据实扣除的基础上，再加计扣除 50％；形成无形资产的，按无形资产成本的 150％在税前摊销。2017 年，对科技型中小企业的研发费用税前加计扣除比例有限期地提高到 75％和 175％。2018 年进一步规定，所有企业的研发投入都可以在 2018—2020 年间享受加计 75％和 175％的扣除。加计扣除减少了企业的所得税现金流出，是政府对企业研发创新的一项激励性政策。复星医药因研发费用加计扣除产生的所得税影响，2018 年约为 6，423 万元，2019 年约为 8，433 万元。恒瑞医药由于研发费用全部费用化，研发费用加计扣除对所得税的影响在当期就可全部实现，该数额在 2018 年为 2.41 亿元，2019 年为 3.32 亿元。

　　其次，研究开发费用占营业收入的比例和研究开发人员占职工总数的比例，是认定高新技术企业的主要标准。如果被认定为高新技术企业，企业适用的所得税税率将从 25％降到 15％。这项政策成为许多企业加大研究开发投入力度的一个重要推动力。

　　（4）实务中，研发费用有时也会被企业作为股权激励的一项条件，成为企业研发投入的另一个推动力。如复星医药在 2013 年实施的第一期限制性股票激励计划中，设定了扣除非经常性损益后的净利润、营业收入、研发费用三个业绩考核目标，要求三个解锁期内，制药业务研发费用占制药业务销售收入的比例分别不低于 4.8％、4.9％和 5.0％，在第二期限制性股票激励计划中，则将该比例定为不低于 5％。

三、非经常性损益项目的分析

（一）非经常性损益的界定

非经常性损益（extraordinary gains and loss），是指与正常经营业务无直接关系，以及虽与正常经营业务相关，但由于其性质特殊和偶发性，影响财务报表使用者对公司经营业绩和盈利能力作出正常判断的各项交易和事项产生的损益。非经常性项目（nonrecurring items）的主要特点是非正常性和不经常发生，因而不能反映企业的经营目标且预期不会构成企业利润的主要来源。中国证监会在《公开发行证券的公司信息披露规范问答第 1 号——非经常性损益（2008）》[①] 中，要求企业在编报招股说明书、定期报告或发行证券的申报材料时，充分披露非经常性损益项目的内容，并列举了 21 个非经常性损益项目。实务中常见的非经常性损益项目包括：非流动资产处置损益、计入当期损益的政府补助、计入当期损益的对非金融企业收取的资金占用费、委托他人投资或管理资产的损益、公允价值变动损益、投资收益、其他营业外收入和营业外支出等。有些非经常性项目与企业日常经营活动相关且包含在营业利润的计算中，有些属于营业外收入或营业外支出项目。

利润表中没有单独列报非经常性损益。但在年度报告的"公司简介和主要财务指标"部分，上市公司需要披露"归属于上市公司股东的净利润"和"归属于上市公司股东的扣除非经常性损益的净利润"，以及对应的基本每股收益和加权平均净资产收益率。同时，单独列表披露"非经常性项目和金额"的信息。根据这些信息，财务报表使用者可以了解非经常性损益对净利润的影响，对企业的利润持续性和利润质量作出评价和判断。

对于非经常性损益进行分析，还需要注意以下问题：

（1）非经常性损益项目具有偶发性和非持续性。只有扣除非经常性损益后的净利润，才能真正反映企业的持续盈利能力。因此，如果非经常性损益数额较大，在计算企业盈利能力指标时，应使用扣除非经常性损益后的净利润数据。

（2）某些非经常性损益的发生具有一定的经常性。如出租车和租赁公司的车辆每年都会进行报废和更新，因而每年都会发生一定的资产处置损益。有些非经常性事项的发生，可能会提供关于公司未来发展的信息，具有预测价值，如企业以债务转资本的混合方式进行债务重组后，未来的利息费用将会降低，利润将会有一定程度的提高，同时，由于负债比例降低，未来的融资空间增大。

（3）非经常性损益是一种常见的盈余管理手段。许多非经常性损益项目是管理层积极干预和决策的结果，如资产减值准备的计提、债务重整、资产处置等。在企业面临亏损或融资需求时，非经常性损益能起到规避亏损、利润平滑或清洗业绩的效果。因此，财务报表使用者应结合企业的环境因素分析非经常性损益对利润和现金流的影响及其动机。

（二）非经常性损益项目的分析

我们前面已经在"谨慎性原则"部分对"资产减值损失"项目和"信用减值损失

---

① 2001 年 4 月 25 日，中国证监会发布《公开发行证券的公司信息披露规范问答第 1 号——非经常性损益》，对非经常性损益的含义和内容进行了界定。2004 年 1 月 15 日，证监会对部分内容作出修订。2008 年，新的企业会计准则在上市公司范围内施行。结合新会计准则中相关规定的变化，中国证监会对《公开发行证券的公司信息披露规范问答第 1 号——非经常性损益（2007）》进行了修订，从 2008 年 12 月 1 日起实施，其中列举了 21 个非经常损益项目，供企业在编制财务报告时参考。

项目"进行过分析，下面是对利润表中所列报的其他非经常性损益项目进行的分析。

1. 其他收益与政府补助

利润表中的"其他收益"项目（other income）包括的内容主要有：与日常活动相关的政府补助、先征后返的税金、扣缴个人所得税收到的扣缴税款手续费①等，以政府补助居多。根据 2017 年修订的《企业会计准则第 16 号——政府补助》，与企业日常活动相关的政府补助从"营业外收入"计入"其他收益"。因此，现行利润表中，政府补助的列报分两种情况：与日常活动相关的政府补助，计入"其他收益"项目；与日常活动无关的政府补助，则计入"营业外收入"项目。但在现金流量表中，企业实际收到的政府补助，无论是与资产相关还是与收益相关，均作为经营活动产生的现金流量列报。

研究开发、技术改造项目和环保项目，经常会获得政府提供的财政补贴和财政奖励，或者专项资金补助。政府补助反映了企业获得的政策支持，补充了企业所需要的营运资金或研发资金，对于科技创新型企业和环保类企业尤其重要。但政府补助通常具有时限和条件，不能反映企业的持续盈利能力。如果一家公司的持续经营和盈利过度依赖政府补助，甚至长期依赖政府补助，就要分析其受补助项目的性质和补助政策的持续性，对企业的盈余质量和持续经营能力作出谨慎评价。

[例] 复星医药获得的与日常活动相关的政府补助的金额，2018 年为 2.77 亿元，2019 年为 3.12 亿元，对营业利润的平均贡献率达 7%，补助项目包括对创新能力、扶持项目、环保等的财政补助，对科研项目、技术改造等的科技专项补助，以及先征后返的税金。恒瑞医药这两年的政府补助分别为 1.63 亿元和 1.90 亿元，华润三九收到的政府补助分别为 1.83 亿元和 2.02 亿元。新能源汽车制造企业的政府补助也比较多，如比亚迪 2018 年度的营业利润为 42.42 亿元，其他收益为 23.28 亿元，其中约 15 亿元为政府补助，占营业利润的 35.74%；此外，营业外收入中还记录了政府补助 10.1 亿元。扣除非经常性损益前、后的净利润分别为 27.80 亿元和 5.86 亿元。

2. 投资收益

投资收益（income from investment），反映的是企业对外投资性资产取得的收益或发生的损失。对外投资性资产主要是通过购买股权和债权进行的投资，包括交易性金融资产、债权投资、其他债权投资、其他权益工具投资、长期股权投资等。投资收益中，既包含已实现收益，也包含未实现收益。已实现收益或损失，如债权投资持有

---

① 企业作为个人所得税的扣缴义务人，根据《中华人民共和国个人所得税法》（以下简称《个人所得税法》），可以按所扣缴税款 2% 的比例获得扣缴手续费。企业一般将这些费用计入"营业外收入"项目。2018 年 9 月，财政部发布《关于 2018 年度一般企业财务报表格式有关问题的解读》，企业收到的这部分扣缴税款手续费，作为其他与日常活动相关的项目在利润表的"其他收益"项目中填列。

期间的利息收入、股权投资的现金股利、资产处置时所确认的投资收益或投资损失等；未实现收益或损失，如长期股权投资存续期间按权益法核算时确认的投资收益等。

对投资收益进行分析，首先，需要计算其增减变动和对营业利润及净利润的影响。投资性收益受被投资单位的盈利能力、利润分配政策、证券价格波动等因素的影响。其次，将投资收益与对外投资性资产进行对比，计算企业对外投性资产的收益率，与经营性资产的收益率进行对比，以评价企业的利润来源及其稳定性。最后，关注是否存在企业变更会计处理方法的情形，如长期股权投资的后续计量由成本法变为权益法时，投资收益可能会发生较大的波动。报告期如果存在出售对外投资性资产的交易，往往也会发生大额的投资收益或损失。

3. 公允价值变动损益

公允价值变动损益（profit and loss from changes in fair value），是指企业的资产和负债采用公允价值计量时，因公允价值变动形成的应计入当期损益的利得或损失。以公允价值计量的资产和负债主要包括交易性金融资产、交易性金融负债，以及采用公允价值后续计量模式的投资性房地产、衍生工具、套期业务等。日常核算中，这些资产或负债公允价值的变动计入"公允价值变动损益"科目，在利润表中按"公允价值变动收益（损失）"项目列报。与资产减值损失一样，公允价值变动损益反映的是资产价值的变动，属于未实现损益，既不增加也不减少企业的现金流量。但公允价值的变动很难预期，可能会对利润的稳定性造成冲击。

公允价值计量是企业的一项重要的会计政策。企业除了在利润表内披露公允价值损益外，还在附注中单独披露"公允价值变动收益""以公允价值计量的各项资产和负债"等信息，在"非经常性损益明细表"中列报公允价值变动损益对利润的税后影响金额，许多报表项目的附注信息中也包含公允价值信息。财务报表使用者可重点关注公允价值变动损益对营业利润或净利润的影响程度。如果公允价值变动较大，还应该关注资产的质量及其对资产负债表的影响。

我们在第1章中分析过复星医药公司采用公允价值计量的项目及其对当期利润的影响。对此问题感兴趣的读者可以通过本章的案例分析题中的案例（三），进一步了解上市公司的公允价值计量属性的运用情况。

4. 资产处置损益

资产处置损益（income from asset disposal），或称为非流动资产处置损益，主要是指企业处置非流动资产产生的利得或损失。这里的非流动资产包括划分为持有待售的非流动资产（金融工具、长期股权投资和投资性房地产除外）或处置组（子公司和业务除外）、未划分为持有待售的固定资产、在建工程、生产性生物资产及无形资产、债务重组中处置的非流动资产和非货币性资产交换中换出的非流动资产（金融工具、长期股权投资和投资性房地产除外）。资产处置损益在利润表中按"资产处置收益（损失）"项目列报，属于营业利润的构成项目。

与公允价值变动损益不同的是，资产处置损益是已经实现的损益，且可能会发生相应的现金流动。在正常经营期间，资产处置损益的金额比较稳定。如果报告期间的资产处置损益金额较大，则有必要了解其具体原因，如是否存在经营业务的战略性调整，或遭遇财务危机。资产处置损益对营业利润或净利润的比例，反映了资产处置损益对企业利润的影响程度。尽管资产处置损益是一次性的，只影响当期利润，但对于预测未来的盈利能力仍具有一定的帮助。例如，如果企业永久关闭了在某地区的一个工厂，或者将该工厂转移到另一个地区，未来的收入、利润和风险将会发生改变。

5. 营业外收入和营业外支出

营业外收入和营业外支出，是企业日常经营活动之外的交易或事项带来的收益或发生的损失，是营业利润之外的项目。营业外收入和营业外支出之间不存在因果关系，是独立的报表项目。营业外收入（extraordinary income），主要包括与日常活动无关的政府补助、资产盘盈利得、罚款和滞纳金收入、无须及无法支付的应付款项、捐赠利得等。[①] 营业外支出（extraordinary expenditure），主要包括公益性捐赠支出、赔偿金和违约金等各种罚款及赔偿支出、非常损失、盘亏损失、因自然灾害等导致的非流动资产毁损和报废损失等。

营业外收入和营业外支出具有偶发性，通常不可持续，但大额的营业外收支会对当期盈余产生较大的影响，甚至改变利润的变动趋势。如上市公司经常发生的债务重组，通过债务豁免、延期或债务转资本方式，解决了债务拖欠问题，同时增加了营业外收入，增加了净利润或扭亏为盈。但债务重组没有带来现金流入，也不意味着企业的持续经营能力发生根本改善。因此，如果营业外收入或营业外支出占净利润的比例较高，在分析计算企业的持续盈利能力时，应将其扣除。

[例] 抚顺特钢股份有限公司（以下简称"抚顺特钢"，股票代码：600399），为上海证券交易所 A 股上市公司，主营业务为特殊钢和合金材料的研发制造，主要产品为合金结构钢、工模具钢、不锈钢和高温合金。经营模式为传统的特殊钢和合金材料研发、制造和销售模式，是航空航天领域特殊钢和合金材料的传统供应商。

1. 重组背景

2018 年 6 月 27 日，抚顺特钢因 2016 年追溯调整后和 2017 年两个会计年度经审计的归属于上市公司股东的净利润连续为负数，2017 年会计年度经审计的期末净资产为负值，且公司 2017 年度财务报告被会计师事务所出具了无法表示意见的审计报告，根据《上海证券交易所股票上市规则》的规定，公司股票被实施退市风险警示，股票简称从"抚顺特钢"变更为"＊ST 抚钢"。如果 2018 年度公司经审计的年度净利润为负值或期末净资产为负值，或 2018 年度公司财务会计报告继续被出具无法表示意见或者否定意见的审计报告，公司股票将被暂停上市。

2018 年前三季度，抚顺特钢实现营业收入 435，210.94 万元，实现净利润

---

① 企业接受股东或股东的子公司直接或间接的捐赠，实质是股东对企业的资本性投入，属于权益性交易，直接计入所有者权益，不计入营业外收入。

−12，616.45 万元，净资产余额为−95，288.18 万元。

2．受赠资金，解决净资产为负值问题

2018 年 9 月 20 日，抚顺特钢与其控股股东东北特钢集团股份有限公司签署"资金赠予协议"，协议约定东北特钢集团股份有限公司向抚顺特钢赠予不超过 9 亿元的资金。2018 年 9 月 27 日和 11 月 21 日，抚顺特钢分别收到 3 亿元和 2.1 亿元，受赠资金全额计入资本公积。

3．债务重整，解决净利润为负数问题

2018 年 4 月，上海东震冶金工程技术有限公司（以下简称"上海东震"）以抚顺特钢不能清偿到期债务并且明显缺乏清偿能力为由，向抚顺市中级人民法院（以下简称"抚顺中院"）申请对公司进行重整。抚顺特钢当时欠付上海东震 2011 年的货款 5，096，086.40 元。

2018 年 9 月 20 日，抚顺中院裁定受理上海东震对抚顺特钢的重整申请。11 月 21 日，重整案第二次债权人会议及出资人组会议分别表决通过了"抚顺特殊钢股份有限公司重整计划（草案）"及"重整计划之出资人权益调整方案"。11 月 22 日，抚顺中院裁定批准了抚顺特钢的重整计划，中止公司重整程序，进入重整计划执行阶段。

根据重整计划，抚顺特钢按每 10 股转增 5.17 股的比例实施资本公积金转增股票，共转增 69，210 万股股票，用于偿付债务、支付相关费用和补充公司流动资金。其中，东北特钢集团通过竞价处置受让 8，000 万股，中国银行抚顺分行受领 12，292.4644 万股用于抵偿公司的金融债务，其他转股债权人获得 46，917.5356 万股。12 月 27 日，收到抚顺中院的民事裁定书，裁定重整计划执行完毕。通过重整，资本公积增加 2，177，604，000 元，并在营业外收入中确认了 2，876，894，718.11 元的债务重组利得。

根据财务报表附注，抚顺特钢重整的债务涉及的短期借款约为 44.39 亿元、应付票据约为 35.92 亿元、应付账款约为 5.21 亿元，涉及的长期借款增加 17.51 亿元。其中既有经营性债务，也有融资性债务。

4．重整结果

2018 年度，抚顺特钢实现营业收入 58.48 亿元，利润表中列报的归属于上市公司股东的净利润为 26.07 亿元。截至 2018 年 12 月 31 日，归属于上市公司股东的净资产为 41.70 亿元。一举扭转了前三个季度的经营亏损和净资产为负的局面，全年净利润扭亏为盈，净资产由负转正。中准会计师事务所（特殊普通合伙）对抚顺特钢的 2018 年度财务报告出具了标准无保留意见的审计报告。

由于涉及退市风险警示的情形已经消除，2019 年 4 月 8 日，上海证券交易所撤销了抚顺特钢的退市风险警示并实施其他风险警示，公司股票简称从"＊ST 特钢"变更为"ST 特钢"。

抚顺特钢重整前两年（2016 年和 2017 年）和重整后（2018 年）的财务报告中列报的关键财务数据和审计意见类型如表 7-6 所示。

表 7-6 关键财务数据和审计意见的类型 （单位：元）

项目	2018 年	2017 年	2016 年
营业收入	5,847,731,735	4,984,304,966	4,677,555,208
营业利润	−260,693,439	−1,248,905,912	−62,495,961
归属于上市公司股东的净利润	2,607,308,284	−1,337,585,276	−44,102,024
归属于上市公司股东的扣除非经常性损益的净利润	−224,867,048	−1,299,114,408	−66,122,242
归属于上市公司股东的净资产	4,169,882,170	−1,126,717,266	210,868,010
未分配利润	−50,376,883	−2,657,016,752	−1,319,431,476
资本公积	2,178,078,354	162,574,354	162,574,354
审计意见	无保留意见	无法表示意见	带强调事项段的无保留意见

5. 非经常性损益

抚顺特钢 2018 年扭亏为盈的主要原因是债务重整。由于采用的是债务转股份方式，债务重整不但增加了企业的营业外收入和利润，还增加了股本和资本公积。企业将债务重组利得约 28.77 亿元计入营业外收入，避免了连续三年亏损。抚顺特钢的营业外收入和非经常性损益的构成分别如表 7-7 和表 7-8 所示。

表 7-7 营业外收入项目 （单位：元）

项目	2018 年	2017 年	2016 年
债务重组利得	2,876,894,718	—	—
政府补助	4,170,551	1,025,874	11,976,611
其他	—	—	15,802,247
合计	2,881,065,269	1,025,874	27,778,858

注：从 2017 年 1 月 1 日起，与公司日常活动相关的政府补助，从"营业外收入"项目重分类至"其他收益"项目。将部分原列为"营业外收入"及"营业外支出"项目的资产处置损益重分类至"资产处置收益"项目。

表 7-8 非经常性损益项目 （单位：元）

项目	2018 年	2017 年	2016 年
非流动资产处置损益	1,432,427	−348,671	—
计入当期损益的政府补助	13,237,765	24,983,729	15,802,247
债务重组损益	2,876,894,718	—	—
企业重组费用,如安置职工支出、整合费用等	−50,517,098	−55,608,662	10,483,866
除上述各项之外的其他营业外收入和支出	−8,872,462	−7,497,264	−4,265,932
合计	2,832,175,350	−38,470,868	22,020,181

注：计入当期损益的政府补助,不包括与公司正常经营业务密切相关,符合国家政策规定、按照一定标准定额或定量持续享受的政府补助。

6. 资本公积

资本公积在 2018 年的年初金额为 1.63 亿元，期末为 21.78 亿元，期末余额比期初余额净增加 20.16 亿元，增长 1，239.74％，如表 7-9 所示。资本公积增减变动的原因，主要包括资本公积金转增资本、债权人豁免部分债务、控股股东的资金捐赠。其中，因债务重整增加资本公积 21.78 亿元，是资本公积净增加和净资产由负转正的主要原因。

表 7-9　资本公积的变动　　　　　　　　　　　　　　　　　（单位：元）

项目	期初余额	本期增加	本期减少	期末余额
资本溢价（股本溢价）	154,976,922	2,177,604,000	154,976,922	2,177,604,000
其他资本公积	7,597,432	510,000,000	517,123,078	474,354
合计	162,574,354	2,687,604,000	672,100,000	2,178,078,354

7. 资产减值损失

2017 年度，抚顺特钢计提了约 10.52 亿元的资产减值损失，相当于当年 13.38 亿元亏损额的 78.62％。2018 年，抚顺特钢确认资产减值损失 1.796 亿元，其中包括固定资产减值损失 1.03 亿元，这是当年营业亏损的主要原因。在审计报告中，注册会计师认为，由于"资产减值准备的计提依赖于管理层的专业判断和重大估计且减值金额较大，会对财务报表产生重大影响，因此我们将相关资产的减值与核销作为关键审计事项"。抚顺特钢资产减值损失的确认状况如表 7-10 所示。

表 7-10　资产减值损失　　　　　　　　　　　　　　　　　（单位：元）

项目	2018 年	2017 年	2016 年
坏账损失	26,939,259	80,169,155	10,320,302
存货跌价损失	49,557,126	957,874,142	18,212,293
可供出售金融资产减值损失	—	13,641,235	—
固定资产减值损失	103,086,828	660,028	4,486
合计	179,583,213	1,052,344,560	28,537,081

参考资料：

（1）抚顺特钢 2016 年至 2019 年的各年度报告。

（2）《抚顺特殊钢股份有限公司关于债权人申请公司重整的提示性公告》

（3）《抚顺特殊钢股份有限公司关于受赠资金到账的公告》

（4）《抚顺特殊钢股份有限公司关于股东权益变动的提示公告》

（5）《抚顺特殊钢股份有限公司关于重整计划执行完毕的公告》

（6）《抚顺特殊钢股份有限公司关于存在被暂停上市风险的提示公告》

（7）《抚顺特殊钢股份有限公司关于申请撤销公司股票退市风险警示及将被实施其他风险警示的公告》

四、税收费用的分析

在利润表中，税收费用的列报涉及两个独立项目："税金及附加"和"所得税费用"。

（一）税金及附加

税金及附加（tax and surcharges）属于营业性费用，包含的税费项目主要是消费税、城市维护建设税、资源税、房产税、城镇土地使用税、车船税、印花税、教育费附加，以及房地产开发企业开发和销售产品的土地增值税等，这些税费主要与经营活动或营业额相关，是在"营业利润"项目之前的扣除项。税金及附加通常随营业收入的增减变动而变动，与营业收入保持相对稳定的比例关系。

（二）所得税费用

所得税费用（income tax expense）反映的是应该从当期利润总额中扣除的所得税费用，主要包括两项：当期所得税和递延所得税。其中，当期所得税是指企业按照税法规定计算确定的针对当期交易或事项应缴纳的所得税；递延所得税是资产和负债的账面价值与计税基础之间的暂时性差异的所得税影响，包括递延所得税资产和递延所得税负债，是计入当期所得税费用但以后可以少缴的税款或应缴纳的税款。

现行会计准则对企业所得税采用资产负债表债务法进行核算，根据资产和负债的期末账面价值与计税基础之间的差异，计算和确认递延所得税资产或递延所得税负债及其对所得税费用的影响。因此，资产和负债的确认和计量，尤其是资产减值、折旧或摊销等会计政策和会计估计，将通过影响所得税费用而影响当期的净利润。如果所得税费用为负值，将会起到增加利润或减少亏损的效果，甚至能够使企业扭亏为盈。这种情况下，尤其要谨慎分析企业的盈利能力。

[例] 表7-11是某上市公司2008年度的合并利润表和母公司利润表中的部分项目。母公司利润表中，所得税费用为负数，这使得净利润增加2,214.53万元。合并利润表中，利润总额为－1,005.23万元，由于所得税费用为负数（－3,367.03万元），最终扭亏为盈，实现净利润2,361.8万元；此外，因少数股东损益也为负数，使得归属母公司所有者的净利润进一步增加。财务报表使用者应该对这种利用负值所得税费用扭亏为盈或增加利润的现象持非常谨慎的态度。

表 7-11　所得税费用与净利润　　　　　　　　　（单位：万元）

项目	合并利润表	母公司利润表
利润总额	(1,005.23)	6,438.56
减：所得税费用	(3,367.03)	(2,214.53)
净利润	2,361.80	8,653.09
归属于母公司所有者的净利润	2,560.66	
少数股东损益	(198.86)	

注：（　）内为负数。

根据报表附注，合并利润表中的所得税费用—3,367.03 万元的构成如下：

当期所得税：4,900.30 万元，

当期减免所得税：3,359.33 万元，

递延所得税：—4,908.00 万元，

其中，递延所得税资产减少—4,848.36 万元，

递延所得税负债增加—59.64 万元。

需要注意的是，利润表中披露的利润总额不同于应纳税所得额，利润表中确认的所得税费用也不同于当期应该缴纳的所得税税额。应纳税所得额是在利润总额的基础上，按照税法规定进行纳税调整后的金额。按照《中华人民共和国企业所得税法》（以下简称《企业所得税法》），企业每一纳税年度的收入总额，减除不纳税收入、免税收入、各项扣除以及允许弥补的以前年度亏损后的余额，为应纳税所得额；应纳税所得额乘以适用税率，减除按照《企业所得税法》关于税收优惠的规定减免和抵免后的余额，为应纳所得税税额。而所得税费用则是按照资产负债表债务法计算和确认的会计意义的费用。

上市公司在报表附注中将披露从利润总额到所得税费用的计算过程，财务报表使用者从中可以了解影响报告期所得税费用的一些主要因素。

[**例**] 表 7-12 列示了复星医药在 2018 年和 2019 年的年度报告财务报表附注中披露的从利润总额到所得税费用的计算过程，2018 年度的递延所得税费用对所得税费用影响较大。

表 7-12 从利润总额到所得税费用的计算过程 （单位：万元）

项目	2019 年	2018 年
利润总额	452,575	357,959
按法定税率计算的所得税费用	108,443	94,993
某些子公司适用不同税率的影响	(20,818)	(24,544)
对以前期间当期所得税的调整	889	(6,796)
归属于合营企业和联营企业的损益	(37,257)	(35,330)
无须纳税的收益	(2,956)	(583)
不可抵扣的费用	4,746	5,899
税率变动对递延所得税余额的影响	(18,371)	505
利用以前年度可抵扣亏损	(3,146)	(1,881)
研发费用加计扣除产生的所得税影响	(8,433)	(6,423)
未确认的可抵扣暂时性差异的影响和可抵扣亏损	55,124	30,132
按本集团实际税率计算的所得税费用	78,223	55,971
其中:当期所得税费用	79,192	66,572
递延所得税费用	(969)	(10,601)

注:( )内为负数。

第 4 节　利润及利润质量的分析

一、利润的列报

（一）利润的定义

利润（profit），是指企业一定会计期间的经营成果，包括收入减去费用后的净额、直接计入当期损益的利得和损失等。其中，收入和费用是按照权责发生制确认的应计入当期的收入和费用，是日常经营活动的业绩；直接计入当期的利得和损失，是指应计入当期损益、会导致所有者权益发生增减变动的、与所有者投入资本或者向所有者分配利润无关的利得和损失，是非日常活动的结果。一定期间的利润净额依赖于收入和费用、利得和损失的确认和计量。

利润表中列报的利润分为四个层次：营业利润、利润总额、净利润、综合收益。在对企业的盈利能力进行分析时，财务报表使用者还可以计算息税前利润和息税折旧摊销前利润这两个利润指标。息税前利润（earnings before interest and tax，简称 EBIT），是指扣除债务利息费用和所得税费用之前的利润，EBIT 排除了负债和税收因素的影响，是衡量全部资产盈利能力的较佳指标。息税折旧摊销前利润（earnings before interest，tax，depreciation and amortization，简称 EBITDA），是指扣除债务利息费用、所得税费用、折旧和摊销费用之前的利润，EBITDA 排除了财务杠杆、税收、长期资产成本摊销方法的影响。其计算公式如下：

$$EBIT＝净利润＋所得税＋利息费用$$
$$EBITDA＝净利润＋所得税＋利息费用$$
$$＋折旧费用＋摊销费用$$

（二）业绩预告制度

定期报告并不是财务报表使用者了解企业利润的唯一信息来源，人们也不用等到年度报告披露后才能了解企业全年的盈利状况。在年度报告公布之前，信息需求者可以根据企业已公开披露的信息了解和预测全年的经营业绩，调整自己的投资或信贷决策。这些信息至少包括两个部分：一是中期报告（一季报、半年报和三季报）。根据中期报告的业绩，再结合上年及上年同期的数据，可以对报告年度的经营业绩进行预测。二是业绩预告。业绩预告是上市公司在披露年度报告之前对当期预计净利润的公告。但并不是所有的上市公司都必须进行行业绩预告。上海证券交易所规定，如果上市公司预计全年将出现净利润为负值、净利润与上年同期相比上升或下降50％以上、扭亏为盈等情形的，应进行行业绩预告。深圳证券交易所分别对主板、原中小板和创业板制定了业绩预告制度，如主板上市公司预计报告期内（中期和年度）出现净利润为负、扭亏为盈、实现盈利且净利润与上年同期相比上升或下降50％以上（基数过小的除外）、期末净资产为负、年度营业收入低于1000万元等情形时，需要进行业绩预告。

发布业绩预告的公司一般在报告期内的业绩发生了较大的变化，甚至"业绩变脸"，可能会导致股票价格的波动或者信息使用者经济决策的改变。业绩预告中披露的业绩变动的原因，为进一步经营分析和财务分析提供了线索。

二、利润的分析

利润是财务报表使用者最关心的财务数据之一，具有较高的决策相关性。利润的质量体现为利润反映企业真实盈利能力和预测未来盈利能力的程度。在资本市场上，由于财务舞弊案件的发生几乎最终都归结为利润虚假，导致财务报表使用者对于企业报告的会计利润的质量深感忧虑。

在对利润进行会计分析时，可以考虑从以下方面评价利润的总体质量：收入和费用确认与计量的会计政策的稳健性和一贯性；利润的稳定性；利润的持续性；利润的现金含量等。在此基础上，再计算盈利能力财务比率，进一步评价企业的盈利能力（详见第 10 章）。

（一）利润的稳健性和会计政策的总体评价

会计政策的选择是否稳健经常被作为判断盈利质量的一项重要标准。财务报表使用者在对各项收入和费用的确认与计量进行会计分析后，可根据比较重要的会计政策的运用情况，对企业会计政策和会计估计的稳健性作出整体性评价。对利润确定比较重要的会计政策和会计估计，包括资产减值准备的计提、长期资产的折旧或摊销、研究开发支出的费用化、借款费用的资本化、收入的确认、公允价值计量属性的运用、所得税费用的计量等。通常认为，以稳健的会计政策和会计估计为基础确定的利润更可靠。

会计政策和会计估计的变更也是判断盈利质量的重要标准。如果报告期的利润主要来自某项会计政策或会计估计的自愿性变更，则需要慎重评价利润的质量和持续性。

无论是会计政策选择还是会计变更，行业惯例和可比企业的会计政策和会计估计一般是比较合理的参考标准。

（二）利润的稳定性和增长趋势

通常情况下，净利润尤其是营业利润的稳定增长，能表示企业经营状况良好且业绩稳定的信息；如果利润大幅度波动，就很难对未来的盈利趋势进行预测。稳定增长不等于快速增长。很少有公司能够持续多年保持快速增长，或保持稳定不变的增长速度或收益率。各行业具有不同的生命周期并受到宏观经济环境的影响，企业的盈利增长趋势一般应与所属行业的景气状况相符合。过于完美的增长趋势，尤其是对于初始发行股份并上市的公司（IPO），应合理怀疑其财务粉饰的可能性。

（三）利润的持续性和构成分析

利润表中报告的净利润包括经营性利润和非经常性损益。如果净利润主要来自营业利润，或非经常性损益比例越低，净利润的持续性就越强，质量就越高。

（1）经营性利润比例越大，利润质量越高。经营活动是企业为达成经营目标所从事的主要活动，营业利润是经营活动的成果，具有较高的稳定性和持续性。因此，营业利润占净利润的比例越高，企业的利润质量就越高。相应地，营业外收入和营业外支出是非经营活动的利得或损失，营业外收支净额占净利润的比重越大，利润可持续性就越低。

营业利润包括经营性利润和其他收益、投资收益、资产处置损益、公允价值变动损益等经营活动相关的非经常性损益，经营性利润是企业的核心利润，经营性利润越高，营业利润质量就越高；在经营性利润中，主营业务利润越高，营业利润的可持续性就越强。经营性利润的计算公式如下：

经营性利润＝营业收入－营业成本－税金及附加－销售费用－管理费用－研发费用－财务费用＋利息费用

（2）非经常性损益越多，利润质量越低。如前所述，非经常性损益通常与正常经营业务没有直接关系，具有偶发性和非持续性。如果非经常性损益占净利润的比例较大，或者报告期的净利润主要来自非经常性损益项目，利润的持续性和可预测性就较差。

（四）利润与资产、现金流量的匹配性

我们在第 2 章中讨论过财务报表项目之间的匹配关系，利用这种匹配关系，可以对企业的利润来源和利润质量进行进一步分析。

（1）利润结构与资产结构的对应关系。资产分为经营性资产和对外投资类资产，相应地，利润可以分为经营性利润和投资收益。一般情况下，经营性资产与扣除非经常项目损益后的营业利润具有对应关系，对外投资性资产与投资收益具有对应关系。投资收益受被投资单位经营业绩和市场价格的影响，具有更大的不确定性。随着收购兼并日益增多以及企业持有的金融性资产的增加，投资收益在利润中的地位也越来越重要。如果一家企业的投资收益在营业利润中的比例不断提高，应考虑企业是否在调整资产配置结构或改变盈利模式。

（2）利润与现金流量的对应关系。利润表是以权责发生制为基础的业绩报表，收入和费用的确认以应计为基础，与现金的流入和流出存在时间上的差异。现金流量表以现金制为基础，反映了现金的流入和流出。如果经营活动正常运转和商业交易正常进行，收入与现金流量应具有较高的匹配性。

利润表项目和现金流量表项目之间的对应关系主要包括：

① 营业收入与应收账款；

② 营业收入与销售商品、提供劳务收到的现金；

③ 营业利润与经营活动现金流量净额；

④ 净利润与经营活动现金流量净额；

⑤ 投资收益与取得投资收益收回的现金。

收入和利润的现金含量越高，利润质量就越高。如果经营活动现金流量净额大幅度低于净利润，或者净利润为正数但经营活动现金流量净额为负数，通常表示企业确认的收入没有伴随现金的流入，甚至存在利润操纵的可能性。造成这种现象的原因很多，如企业放宽信用政策使得销售商品、提供劳务收到的现金低于确认的营业收入，长期股权投资采用权益法核算，供应商收紧商业信用，虚记收入等。

三、利润质量恶化的信号

综合对资产项目的分析和对收入、费用和利润项目的分析，如果出现下列情形，通常表示企业的利润质量较低或盈利能力存在恶化的迹象，甚至存在操纵利润的可能，需要引起特别的关注：

（1）净利润主要来自非经常性损益项目，表示未来业绩的可持续性较差。

（2）营业利润和净利润均为正数，但经营活动现金流量净额很低，甚至为负数。

（3）应收账款规模和存货的增加超过营业收入的增长，平均收账期延长。

（4）研究开发支出缩减严重，或开发支出大量资本化。

（5）所得税费用较低或为负数，甚至成为净利润的主要来源；或者利润增加，但所得税费用减少。

（6）不提或少提资产减值准备，资产减值准备计提比例明显低于同类企业水平。

（7）自愿性变更会计政策和会计估计，如改变固定资产折旧方法、提高预计净残值率或延长折旧年限，改变坏账准备的计提比例等。

（8）营业收入大幅提高，但营业利润和净利润增长缓慢；或营业收入增长缓慢，但净利润却大幅增长。

（9）行业增长缓慢，或同行业企业收入下降，但本公司收入和利润逆向增长。

四、净利润与经济增加值

现行会计系统以权责发生制为基础，在计算净利润时只扣除实际发生的债务成本，没有确认权益资本成本。如果不考虑权益资本成本，账面会计利润能否反映企业的真实业绩是值得怀疑的。斯腾斯特公司（SternStewart Co.）于1982年提出的经济增加值指标在一定程度上解决了这个问题。

经济增加值（economic value added，简称 EVA），是指税后经营利润减去债务资本成本和股权资本成本后的剩余。其计算公式如下：

经济增加值＝税后净经营利润－投入资本×加权平均资本成本率

其中，税后净经营利润是在税后净利润的基础上对利息费用、研究开发费用、非经常性损益、递延所得税影响等费用项目调整后的利润数。投入资本包括权益资本和债务资本，是期初余额和期末余额的加权平均数，同时调整无息债务、在建工程、资产减值准备等项目后的数额。加权平均资本成本是债务资本的税后成本与权益资本成本按投资比例加权计算的平均值。

经济增加值考虑了权益资本成本的扣除问题，意味着会计账面正利润不一定增加了股东财富，只有全部资本的成本都得到补偿，才能认为企业为股东创造了价值，股权资本也才保值增值；如果税后净经营利润小于全部资本成本，即经济增加值为负，反而减损了股东财富。从这个意义上来说，经济增加值提供了一个综合性的经营业绩评价标准。

在确定了资本回报率的情形下，经济增加值的计算公式可进一步表达为：

$$经济增加值 = 投入资本 \times 资本回报率 - 投入资本 \times 加权平均资本成本率$$
$$= 投入资本 \times (资本回报率 - 加权平均成本率)$$

按照现行的财务报表计算经济增加值存在一定难度，主要原因是税后净营业利润和资本的调整项目非常多，缺乏统一标准，调整过程比较复杂；同时，股权资本成本并非企业实际支出的成本，不符合会计确认的条件，如何确定股权资本成本需要进行判断。

对于企业管理层来说，用经济增加值衡量企业业绩的价值主要在于可以促使管理层考虑股权资本的使用成本以及股东回报的正当性，并能在一定程度上抑制企业投资决策的盲目性或过度投资的行为。经济增加值也可以作为考核管理层业绩的一项参考指标。事实上，经济增加值在实务中得到了一定运用。2009 年 12 月 28 日，国务院发布修订后的《中央企业负责人经营业绩考核暂行办法》，调整了此前实施的对中央企业负责人的业绩考核指标体系，规定从 2010 年开始采用经济增加值指标。

对于财务报表使用者来说，经济增加值可以作为评价企业盈利质量的一个补充指标，也是反映企业价值创造能力的一个综合性指标。目前，许多数据库提供经济增加值数据，可供财务报表分析者对财务报表进行分析时直接使用。

[例] 表 7-13 列示了 13 家上市公司 2018 年的 EVA。EVA 数据来自于色诺芬（CCER）数据库，净利润数据摘自年报。表内的前 10 家公司是 2018 年归属于母公司股东净利润排名前 25 家公司中的非金融类公司。EVA1 和 EVA2 存在较大的差异，这是因为两者的计算口径不同，其税后净营业利润和投入资本的调整项目、加权平均资本成本率的取值方法也不同，表注释详细列示了计算 EVA1 和 EVA2 所使用的三个主要参数的取值方法。与净利润相比，多数公司的 EVA 低于净利润，有的公司甚至出现净利润为正数，但 EVA 为负数的现象。因此，财务报表使用者应谨慎评价企业的经营业绩和股权资本的回报能力。

表 7-13 经济增加值（EVA）与净利润的对比

公司名称	EVA1(亿元)	EVA2(亿元)	净利润(亿元)	EVA1/净利润	EVA2/净利润
中国石化	300	539	631	0.48	0.85
中国石油	(104)	781	530	(0.20)	1.47
中国神华	341	436	439	0.78	0.99
上汽集团	231	378	360	0.64	1.05
贵州茅台	315	320	352	0.89	0.91
万科 A	357	378	338	1.06	1.12
海螺水泥	243	240	298	0.82	0.81
格力电器	214	218	262	0.82	0.83
长江电力	126	197	226	0.56	0.87

（续表）

公司名称	EVA1	EVA2	净利润	EVA1/净利润	EVA2/净利润
宝钢股份	112	155	214	0.52	0.72
永辉超市	（3）	（2）	15	（0.20）	（0.13）
中远海控	（30）	（15）	12	（2.50）	（1.25）
国电电力	（45）	31	16	（2.81）	1.94

注1：EVA1中，税后净营业利润＝净利润＋（利息支出＋研究开发费用）×（1－企业所得税税率）；期末总投资额＝所有者权益合计＋负债合计－无息流动负债－视同无息流动负债－在建工程净额；加权平均资本成本设定值为5.5%。

注2：EVA2中，税后净营业利润＝营业利润－所得税费用＋利息支出（非金融机构）＋资产减值损失＋开发支出＋递延所得税负债增加额－递延所得税资产增加额；期末总投资额＝所有者权益合计＋资产减值准备－在建工程减值准备－在建工程净额＋递延所得税负债－递延所得税资产＋短期借款＋交易性金融负债＋一年内到期的非流动负债＋长期借款＋应付债券＋长期应付款；加权平均资本成本＝债券资本成本×（1－企业所得税税率）×（债务资本/总资本）＋股权资本成本×（股权资本/总资本）

注3：（　）内为负数。

思考与分析

名词解释

收入　　　　　费用　　　　　预收款销售　　　支出的费用化与资本化

研发投入　　　研发费用　　　所得税费用　　　营业利润

净利润　　　　期间费用　　　非经常性损益　　政府补助

利润质量　　　经营性利润　　经济增加值

思考题

1. 请简述收入确认的原则和五步法模型。

2. 请以软件定制为例，说明跨期销售模式下的收入确认方法。

3. 期间费用包括哪些内容？请分析其对企业盈利能力分析的重要性及分析方法。

4. 如何进行营业收入构成的分析？

5. 何谓非经常性损益？非经常性损益包括哪些项目？

6. 请结合抚顺特钢的案例，谈谈债务重整和非经常性损益对企业业绩的影响。

7. 如何评价企业利润的质量？

8. 为什么现金含量越高，利润质量就越高？

9. 请简要说明息税前利润和息税折旧摊销前利润对评价企业盈利能力的重要性。

10. 请简述现行会计准则中研发投入的会计处理原则。研发投入的管理层决策从哪些方面影响企业的业绩？

11. 如何理解投资收益在营业利润中的比例较高的现象？

12. 请解释经济增加值的含义。对于股东的投资决策来说，经济增加值是否能比净利润更好地反映企业的经营业绩？

案例分析题

⊙ 案例（一）

东阿阿胶股份有限公司（以下简称"东阿阿胶"，股票代码：000423），1996 年 7 月 29 日在深圳证券交易所挂牌上市，主营业务为药品的生产和销售。2018 年实现营业收入 73.38 亿元，净利润为 20.85 亿元，销售净利率为 28.41%。

一、业绩预告

2020 年 1 月 17 日，公司发布业绩预告，预计 2019 年度归属于上市公司的净利润将亏损 3.34—4.59 亿元，比上年同期下降 116%—122%。业绩预计情况和业绩变动原因的说明如下。

1. 业绩预计情况

表 7-14 业绩预计情况

项目	本报告期（2019 年）	上年同期（2018 年）
归属于上市公司股东的净利润	比上年同期下降 116%—122% 亏损 33,360 万元—45,860 万元	盈利 208,6.61 万元
基本每股收益	亏损 0.5123 元/股—0.7043 元/股	盈利 3.1878 元/股

2. 业绩预计审计情况

本次业绩预告未经会计师事务所审计。

3. 业绩变动原因说明

（1）近年来，受整体宏观环境以及市场对价值回归预期逐渐降低等因素影响，公司渠道库存出现持续积压。为避免企业长期良性健康受到不利影响，2019 年，公司主要侧重于清理渠道库存，主动严格控制发货、全面压缩渠道库存数量，尤其在 2019 年下半年进一步加大了渠道库存的清理力度，因而对经营业绩影响有所加大。故对 2019 年全年业绩情况作出如上预测。

（2）公司紧紧围绕品牌积累和消费者开创配置资源，通过营销数字化转型，实现消费者运营。着眼于盘整期后的长期良性健康发展，公司将积极优化调整发展战略，加强临床和学术推广，梳理丰富产品体系，不断推出"阿胶＋"和"＋阿胶"系列产品，推进阿胶即食化、对接新消费、转型新营销、拓展新客群、孵化多品类。着力推进营销模式变革，由聚焦阿胶产业向滋补行业转变。通过商业模式的转型，加快适应数字环境的组织能力变革，推动公司良性健康发展。

二、年报披露

2020年3月27日，东阿阿胶公布2019年年度报告。根据年报披露的数据，2019年度实际亏损4.44亿元，同比下降121.29％；扣除非经常性损益后的净亏损为5.37亿元，同比下降128.03％；经营活动现金净流量为－11.20亿元，同比下降211.00％；归属于上市公司的净资产为99.75亿元，同比下降11.74％。收入、成本、利润、资产、应收账款和存货等情况如表7-15所示。

表7-15 东阿阿胶2019年度报告数据

项目	2019年（万元）	2018年（万元）	增减变动
营业收入	2,958,622,339	7,338,316,223	−59.68％
营业成本	1,548,797,492	2,495,745,781	−37.94％
营业利润	(513,059,039)	2,440,563,715	−121.02％
归属于上市公司股东的净利润	(443,915,812)	2,084,866,053	−121.29％
扣除非经常性损益的归属净利润	(536,791,921)	1,915,104,462	−128.03％
经营活动现金净流量	(1,119,993,997)	1,009,049,053	−211.00％
基本每股收益	(0.68)	3.19	−121.32％
稀释每股收益	(0.68)	3.19	−121.32％
总资产年末余额	11,653,674,528	13,869,959,247	−15.98％
净资产年末余额	9,974,925,868	11,302,058,976	−11.74％
应收账款年末余额	1,263,014,299	902,278,130	39.98％
存货年末余额	3,521,670,204	3,366,887,212	4.60％

实物的生产、销售和库存情况如表7-16所示。

表7-16 东阿阿胶2019年生产、销售和库存情况

行业分类	项目	单位	2019年	2018年	增减变动
医药工业	销售量	吨	5,561	8,188	−32.08％
	生产量		7,460	7,694	−3.04％
	库存量		2,711	811	234.28％

此外，东阿阿胶还对应收票据、应收账款、其他应收款计提和确认了1.18亿元的信用减值损失（其中：应收账款信用减值损失为1.44亿元）、0.05亿元的存货跌价损失。两项合计比2018年（0.74亿元）净增加66.22％，这是发生营业亏损的主要原因。

讨论与分析：

1. 请解释上市公司业绩预告的目的。

2. 请结合东阿阿胶2019年的收入、成本和利润变动，分析东阿阿胶业绩预告中对业绩变动原因的说明是否合理。

3. 请结合生产量、销售量和库存量的变动，分析存货影响营业收入和营业成本的途径。

4. 请分析应收账款预计信用减值损失的会计政策及管理层判断的影响。

5. 东阿阿胶 2019 年的净利润为 −4.44 亿元，经营活动产生的现金流量净额为 −11.20 亿元。请分析出现这种状况的原因。

⊙ 案例（二）

世纪星源股份有限公司（以下简称"世纪星源"，股票代码：000005）是一家在深圳证券交易所上市的股份有限公司，主营业务为不动产商品房开发、物业管理服务、酒店经营、会所服务、停车场管理与私家车出行服务、不动产项目权益的投资管理业务、环保、交通及清洁能源基础设施经营等。其 2015—2017 年的基本每股收益分别为 −0.0596 元、0.1026 元和 0.0145 元，加权平均净资产收益率分别为 −8.07％、8.94％和 1.18％。2015—2017 年的利润和现金流量情况如表 7-17 所示。

表 7-17　世纪星源 2015—2017 年利润和现金流量

项目	2017 年	2016 年	2015 年
归属于上市公司股东的净利润(万元)	1,531	10,866	(5,524)
归属于上市公司股东的扣除非经常损益的净利润(万元)	(6,233)	(1,493)	(5,926)
经营活动产生的现金流量净额(万元)	(24,330)	(18,586)	1,579
基本每股收益(元/股)	0.0145	0.1026	(0.0596)
加权平均净资产收益率(%)	1.18	8.94	(8.07)

注：( )内为负数。

该公司的非经常性损益项目主要包括非流动资产处置损益、计入当期损益的政府补助、计入当期损益的对非金融企业收取的资金占用费、其他营业外收入和营业外支出等。

讨论与分析：

1. 请根据上述资料，分析世纪星源的利润质量。

2. 请结合企业的业务结构，查阅资料，分析世纪星源的核心竞争力。

3. 请计算和分析非经常性损益对企业利润的影响。如果非经常性损益经常化，是否表示企业的利润质量提高了？

4. 请查阅该公司 2018—2019 年的有关资料，分析其是如何摆脱连续亏损和退市风险的。

⊙ 案例（三）

上海汽车集团股份有限公司（以下简称"上汽集团"，股票代码：600104）的主营业务是整车（含乘用车、商用车）的研发、生产和销售。该公司在 2019 年的年度报告中披露的"采用公允价值计量的项目"如表 7-18 所示。

表 7-18　上汽集团 2019 年披露的"采用公允价值计量的项目"

项目名称	期初余额	期末余额	当期变动	对当期利润的影响
交易性金融资产	3,896,232	4,979,660	1,083,428	151,488
应收款项融资	901,907	1,140,184	238,277	
其他流动资产——同业存单	319,362	3,522,093	3,202,730	
其他债权投资	105,946	61,082	(44,864)	
其他权益工具投资	1,279,344	1,828,188	548,844	
其他非流动金融资产	153,600	209,447	55,847	(4,069)
交易性金融负债	97,740	121,129	23,389	2,232
合计	6,754,132	11,861,782	5,107,650	149,651

注:( )内为负数。

其他有关资料如下:

归属于上市公司股东的净利润:2,560,338 万元;

归属于上市公司股东的扣除非经常性损益的净利润:2,158,112 万元;

经营活动产生的现金流量净额:4,627,185 万元。

讨论与分析:

1. 根据上表,该公司 2019 年的公允价值变动为 510.77 亿元,对当期净利润的影响是 14.97 亿元。在利润表中应该列报的公允价值变动损益的金额是多少?

2. 请简述公允价值变动对资产负债表、利润表和现金流量表的影响。

3. 公允价值变动损益属于经常性损益还是非经常性损益?请解释理由并分析其对利润质量的影响。

第 8 章

现金流量分析

1. 了解现金流量分析的意义与现金流量的分类
2. 掌握对现金流量进行趋势分析和结构分析的方法
3. 根据现金流量的变化了解企业的战略布局和战略调整
4. 掌握现金流量相关财务比率的计算方法
5. 了解管理层会计判断对现金流量列报的影响

第 1 节　现金流量与现金流量表

一、现金流量分析的意义

在财务分析和估值中，现金流量分析具有独特的意义。现金被视为企业的"血液"，充足、持续且稳定的现金流是企业经营活动良性运转和财务健康的标志，是影响投资估值的重要因素，也是保障债权人信贷安全的基础。现金流量表（statement of cash flow）是现金流量的载体，反映了企业一定会计期间内各项业务活动的现金及现金等价物的流入和流出情况以及现金流量净额的信息。因此，对于现金流量的分析，主要是对现金流量表的阅读和分析。

现金流量表以动态的方式，呈现企业在报告期内的现金来源路径和运用去向。将现金流量表信息与资产负债表和利润表相结合，有助于评价企业的财务弹性、盈利质量和偿债能力。

首先，对现金流量信息进行分析，有助于财务报表使用者评价企业创造现金流量的能力，尤其是日常经营活动产生现金流量的时间、金额和不确定性，以评价企业的经营风险和竞争优势。许多文献研究表明，现金流量具有价值相关性，能够提供增量信息。

其次，现金流量信息有助于判断企业的财务状况和流动性，评价企业的现金支付能力，包括偿付债务本息的能力，以及支付现金股利的能力和股利政策的持续性。

再次，现金流量表提供了报告期内重大投资活动和重大筹资活动的信息，有助于了解企业的经营战略和预测企业未来的成长性。

最后，现金流量表以现金收付为基础，与以应计制为确认和计量基础的资产负债表和利润表相比，现金的流入和流出较少受到会计政策选择和会计估计判断的影响，较为客观。以现金流量为基础，可以对收入质量和盈余质量进行评价，识别可能存在的盈余操纵。同时，现金流量信息在一定程度上消除了不同主体对相同交易或事项采用不同会计处理方法的影响，提高了不同主体经营业绩的可比性。

二、现金流量的分类

（一）现金及现金等价物

现金流量表的编制基础是现金及现金等价物（cash and cash equivalence）。这里的"现金"，是指企业的库存现金以及存入金融机构、可以随时用于支付的银行存款和其他货币资金。不能随时支取的存款，如质押、冻结的活期存款和没有预先通知不能随时支取的银行定期存款、银行承兑汇票保证金等，属于受限制的资金，不属于现金流量表所界定的"现金"；提前通知存款银行或其他金融机构后便可随时支取的定期存款、存放中央银行可以随时支取的备付金、存放同业款项、拆放同业款项、同业间买入返售证券等，应包括在"现金"范围内。这里的"现金等价物"，是指企业持有的期限短、流动性强、易于转换为已知金额的现金、价值变动风险很小的短期投资，通常是指三个月内到期的债券投资。现金等价物视同现金。在现金流量表中，一项业务只有涉及现金及现金等价物与非现金项目之间的转换时才会产生现金的流入或流出，现金形式的转换、现金与现金等价物之间的转换，均不会产生现金流量。

"现金及现金等价物"与资产负债表中的"货币资金"和"交易性金融资产"项目存在一定对应关系，但并非完全一致。以贵州茅台 2018 年年报为例，资产负债表中"货币资金"项目的期末余额为 1，120.75 亿元，没有交易性金融资产。但货币资金中有 138.32 亿元属于受到限制的资金（包括 66.32 亿元"存放中央银行法定存款准备金"和 72 亿元"不能随时支取的定期存款"），因此，现金及现金等价物的期末余额为 982.43 亿元，小于货币资金的金额。同理，"货币资金"的期初余额为 878.69 亿元，扣除使用受到限制的货币资金 129.41 亿元，现金及现金等价物的期初余额为 749.28 亿元。编制现金流量表的目的之一，即是对现金及现金等价物的期末余额与期初余额的差额 233.15 亿元进行详细的解释和说明，以便财务报表使用者和管理层了解报告期内全部资金的来源和去向。

（二）现金流量的分类

在编制现金流量表时，企业将其业务活动分为经营活动、投资活动和筹资活动三大类，相应地，现金流量也分为经营活动现金流量、投资活动现金流量和筹资活动现金流量三类，在现金流量表中分类呈报。现金及现金等价物的净增加额，是报告期内经营活动、投资活动和筹资活动综合变动的结果。

1. 经营活动与经营活动现金流量

经营活动（operating activity），是指企业投资活动和筹资活动以外的所有交易和事项。一个企业的经营活动体现了其所属的行业特征，如工业企业的经营活动主要包括材料物资采购、产品加工和制造、商品销售、接受劳务、提供劳务、支付职工薪酬、缴纳税费等，而商业银行的经营活动主要包括吸收存款、发放贷款、同业存放、同业拆借等。

对于一般企业，经营活动现金流入量包括：销售商品、提供劳务收到的现金，收到的税费返还，收到的其他与经营活动有关的现金。经营活动现金流出量包括：购买商品、接受劳务支付的现金，支付给职工以及为职工支付的现金，支付的各项税费，支付的其他与经营活动有关的现金等。

2. 投资活动与投资活动现金流量

投资活动（investing activity），是指企业长期资产的购建和不包括在现金等价物范围内的投资及其处置活动。这里的投资活动，既包括实物资产投资，也包括金融资产投资；既包括对内投资，也包括对外投资。需要注意的是，投资活动与经营活动的划分是相对的，例如，企业购入以公允价值计量且其变动计入当期损益的股权，对于一般工商企业，这项交易属于对外投资，作为交易性金融资产核算和列报，但对于投资性基金，则属于经营性资产。

对于一般企业，投资活动的现金流入量包括：收回投资收到的现金，取得投资收益收到的现金，处置固定资产、无形资产和其他长期资产收回的现金净额（包括由于自然灾害所造成的固定资产等长期资产损失而收到的保险赔偿收入），处置子公司及其他营业单位收到的现金净额，收到的其他与投资活动相关的现金。投资活动的现金流出量包括：购建固定资产、无形资产和其他长期资产支付的现金，投资支付的现金，取得子公司及其他营业单位支付的现金净额，支付的其他与投资活动有关的现金。

3. 筹资活动与筹资活动现金流量

筹资活动（financing activity），是指导致企业资本及债务规模和构成发生变化的活动。企业筹集资金的主要渠道包括负债和股权，具体形式包括吸收直接投资、发行股份、留存收益、银行借款、发行长期债券和短期融资券、融资租赁等。

对于一般企业，筹资活动现金流入量包括：吸收投资收到的现金，取得借款收到的现金，收到的其他与筹资活动有关的现金（包括接受捐赠收到的现金）。筹资活动现金流出量包括：偿还债务支付的现金，分配股利、利润或偿付利息支付的现金，支付的其他与筹资活动有关的现金。

三、现金流量表的列报格式

现金流量表的列报方式分为直接法（direct method）和间接法（indirect method）。直接法是指按照经营活动、投资活动和筹资活动分类列报各类活动的现金流入量、现金流出量和现金净流量。直接法下，各现金流量项目的列报简单、直观，现金的来龙去脉清晰明确，便于进行分析和预测。间接法主要是经营活动现金流量净额的一种计算和列报方法，是以利润表中的本期净利润为基础，结合资产负债表和利润表，对流动性应计项目、非流动性应计项目、非经营活动利得和损失项目进行调整后，计算得出经营活动现金流量净额的方法。间接法下从净利润到经营活动现金流量净额的调整过程，反映了应计制基础的经营业绩与现金制基础的经营业绩之间的差异，以及三大财务报表之间的联系。

《国际会计准则第 7 号——现金流量表》（IAS7）规定，企业可以在直接法和间接法中任选一种，作为列报经营活动现金流量的方式，但鼓励采用直接法。我国《企业会计准则第 31 号——现金流量表》规定，企业应当采用直接法列示经营活动产生的现金流量，但需要在附注中按间接法披露补充信息，列示"将净利润调整为经营活动现金流量"的调整项目和计算过程。

现金流量表附注中的"补充信息"，主要包括下列五项：

（1）将净利润调节为经营活动现金流量；

（2）当期取得或处置子公司及其他营业单位的信息；

（3）不涉及当期现金收支、但影响企业财务状况或在未来可能影响企业现金流量的重大投资和筹资活动。

（4）现金和现金等价物的构成及其在资产负债表中的相应金额。

（5）企业持有但不能由母公司或集团内其他子公司使用的大额现金和现金等价物金额。

财政部发布的《企业会计准则第 31 号——现金流量表》的应用指南中，提供了一般企业、商业银行、保险公司、证券公司等四个行业的现金流量表的格式。[①] 以复星医药、恒瑞医药和华润三九为例，一般企业现金流量表的格式如表 8-1 所示。

表 8-1　现金流量表　　会企 03 表

编制单位：××股份有限公司　　　2019 年度

项目	复星医药 2019 年（万元）	复星医药 2018 年（万元）	增长率	恒瑞医药 2019 年（万元）	华润三九 2019 年（万元）
一、经营活动产生的现金流量					
销售商品、提供劳务收到的现金	3,003,650	2,716,243	10.58%	2,327,984	1,444,331
收到的税费返还	25,764	27,945	−7.81%	0	1,006
收到其他与经营活动有关的现金	66,042	55,903	18.14%	32,655	79,701
经营活动现金流入小计	3,095,456	2,800,091	10.55%	2,360,640	1,525,038
购买商品、接受劳务支付的现金	1,096,911	1,044,178	5.05%	108,505	300,990
支付给职工以及为职工支付的现金	476,494	391,439	21.73%	393,057	226,159

---

① 按照《企业会计准则第 31 号——现金流量表》，政策性银行、信托投资公司、租赁公司、财务公司、典当公司执行与商业银行相同的现金流量表格式；担保公司执行与保险公司相同的现金流量表格式；资产管理公司、基金公司、期货公司执行与证券公司现金流量表相同的格式。如有特别需要，可以结合本企业的实际情况，进行必要的调整和补充。

（续表）

项目	复星医药 2019 年（万元）	复星医药 2018 年（万元）	增长率	恒瑞医药 2019 年（万元）	华润三九 2019 年（万元）
支付的各项税费	253,277	269,005	−5.85%	242,824	186,991
支付其他与经营活动有关的现金	946,533	800,458	18.25%	1,234,571	613,716
经营活动现金流出小计	2,773,215	2,505,080	10.70%	1,978,956	1,327,855
经营活动产生的现金流量净额	322,241	295,011	9.23%	381,683	197,183
二、投资活动产生的现金流量					
收回投资收到的现金	434,805	70,328	518.26%	2,687,717	371,285
取得投资收益收到的现金	56,812	54,008	5.19%	30,736	5,269
处置固定资产、无形资产和其他长期资产收回的现金净额	3,398	2,918	16.46%	120	129
处置子公司及其他营业单位收到的现金净额	388	2,030	−80.87%		19,251
收到与其他投资活动有关的现金	157,494	23,567	568.29%		524
投资活动现金流入小计	652,898	152,850	327.15%	2,718,573	396,458
购建固定资产、无形资产和其他长期资产支付的现金	396,206	317,491	24.79%	56,135	53,597
投资支付的现金	51,792	213,338	−75.72%	2,856,982	380,887
取得子公司及其他营业单位支付的现金净额	82,267	64,288	27.96%		11,917
支付与其他投资活动有关的现金	139,830	82,225	70.06%		1,194
投资活动现金流出小计	670,094	677,342	−1.07%	2,913,117	447,596
投资活动产生的现金流量净额	(17,196)	(524,491)	−96.72%	(194,544)	(51,137)
三、筹资活动产生的现金流量					
吸收投资收到的现金	319,049	485,137	−34.24%	9,701	0
取得借款收到的现金	1,150,127	1,238,563	−7.14%		3,000
收到其他与筹资活动有关的现金	6,222	18,425	−66.23%		4,369
筹资活动现金流入小计	1,475,399	1,742,126	−15.31%	9,701	7,369
偿还债务支付的现金	1,394,206	999,512	39.49%		53,523
分配股利、利润或偿付利息支付的现金	211,767	198,055	6.92%	81,089	40,243
支付其他与筹资活动有关的现金	63,024	230,806	−72.69%	463	2,820
筹资活动现金流出小计	1,668,997	1,428,373	16.85%	81,552	96,585
筹资活动现金流量净额	(193,598)	313,753	−161.70%	(71,851)	(89,216)
四、汇率变动对现金及现金等价物的影响	(511)	(1,804)	−71.70%	1,231	96
五、现金及现金等价物净增加额	110,937	82,469	34.52%	116,519	56,926
加：期初现金及现金等价物余额	717,501	635,032	12.99%	386,573	227,282
六、期末现金及现金等价物余额	828,437	717,501	15.46%	503,092	284,208

　　注：（　）内为负数。

复星医药 2019 年年末的现金及现金等价物为 82.84 亿元，比年初增加 11.09 亿元。经营活动、投资活动和筹资活动在报告期的现金流量净额分别是 32.22 亿元（净流入）、−17.2 亿元（净流出）、−19.36 亿元（净流出）。经营活动的主要现金流量项目是销售和采购，投资活动的主要现金流量项目是收回对外投资和购建长期经营性资产，筹资活动的主要现金流量项目是取得借款和偿还债务。

根据现金流量表的格式，对现金流量的分析可以从趋势分析、结构分析、项目分析三个角度进行，趋势分析和结构分析属于总体分析方法。

第 2 节　现金流量的总体分析

一、现金流量的趋势分析

现金流量的趋势分析，是指对现金流量净额以及经营活动、投资活动、筹资活动等三类现金净流量随时间而变化的趋势进行的分析，这些分析有助于预测未来现金流量的变化趋势。

经营活动现金流量反映了企业自身经营活动创造现金的能力。正常经营状态下，经营活动的现金流入量应高于其现金流出量，具有稳定性，是企业的主要现金来源。充裕的经营活动现金净流量是偿付债务、支付现金股利的基础，并为投资活动提供部分资金。因此，经营活动现金流量净额的持续增加是积极和正面的信号，是企业健康成长的标志。如果一家企业的经营活动现金流量净额连续数年为负数，一般表示企业经营困难，或已陷入财务困境。

投资活动现金流量与企业的资本性支出和资产处置相关。如果投资活动现金流量净额持续为负且金额巨大，意味着企业处于大规模投资和扩张中。如果一个企业多年连续进行内部和外部投资，即使在整个行业增长的背景下，也会因过度扩张承受巨大的资金压力。当投资连续增长但盈利能力又不增长时，应考虑投资活动的效率或真实性。

筹资活动现金流量主要是由经营活动和投资活动的资金需求决定。投资活动的发生通常伴随着大额的筹资性现金流入，如为了购置固定资产或兼并收购而发行股份或债券、借款等。故此，对于投资活动和筹资活动，一般不宜用现金流量净额的方向（正或负）进行评价，需要结合其内容进行分析。

经营活动、投资活动和筹资活动相互影响。如果企业经营活动现金流量净额充足或持有较多现金，企业对外部筹资的需求就会降低，可能会选择偿还债务或回购股份；如果经营活动现金流量净额不足，经营活动和投资活动的资金需求就必须依赖外部筹资。

对重要的现金流量表项目应进行趋势分析，如"销售商品、提供劳务收到的现金"多年稳定或稳定增长，在一定程度上反映了销售产品或服务的回款能力；而如果"购建固定资产、无形资产和其他长期资产支付的现金"多年持续增长，通常表示企业处于持续扩张状态。

二、现金流量的结构分析

现金流量的结构分析，主要是对现金净流量结构、现金流入结构和现金流出结构分别进行的分析。

（一）现金净流量结构分析

现金净流量结构，是指在现金净流量总额中，经营活动现金流量净额、投资活动现金流量净额和筹资活动现金流量净额分别所占的比例。现金净流量总体结构分析，是了解报告期资金来源和需求的主要方法。

对结构分析的结果不存在固定的解释模式。如前所述，我们希望在正常的经营活动期间，企业的经营活动现金流量净额为正数；但无法对投资活动现金流量净额和筹资活动现金流量净额确定一个适当的标准。

[例] 根据现金流量表计算现金净流量的结构，如表 8-2 所示。三家医药公司都有充裕的经营活动现金净流量，其规模相当于报告年度现金及现金等价物净增加额的 3 倍左右，说明经营活动具有非常强的现金创造能力。投资活动现金流量净额和筹资活动现金流量净额的比例不确定且差异较大，需要结合现金流入具体项目和现金流出具体项目进行分析。汇率变动的影响主要是为了平衡现金流量表，一般不需要特别关注。

表 8-2　现金净流量的结构分析

项目	复星医药 2019 年	复星医药 2018 年	增减变动	恒瑞医药 2019 年	华润三九 2019 年
经营活动现金流量净额的比例	290.47％	357.72％	（67.25％）	327.57％	346.39％
投资活动现金流量净额的比例	（15.50％）	（635.99％）	620.49％	（166.96％）	（89.83％）
筹资活动现金流量净额的比例	（174.51％）	380.45％	（554.96％）	（61.66％）	（156.72％）
汇率变动对现金及现金等价物的影响	（0.46％）	（2.19％）	1.73％	1.06％	0.17％
现金及现金等价物净增加额	100.00％	100.00％	0.00％	100.00％	100.00％

注：（ ）内为负数。

（二）现金流入量结构分析

现金流入量结构，是指在现金流入总额中，经营活动现金流入量、投资活动现金流入量和筹资活动现金流入量分别所占的比例，或各主要项目所占的比例。现金流入结构分析揭示了报告期企业的主要现金流入项目。正常经营情况下，经营活动现金流入具有稳定性且是现金流入的主要来源，但如果企业在报告期间发生了处置长期资产的业务或筹集资金的活动，就会产生大额的投资活动现金流入或筹资活动现金流入，这部分现金流入通常不具有持续性。

（三）现金流出量结构分析

现金流出量结构，是指在现金流出总额中，经营活动现金流出量、投资活动现金流出量和筹资活动现金流出量各自所占的比例，或各主要项目所占的比例。现金流出结构分析揭示了企业现金的主要用途或去向。正常经营情况下，经营活动现金流出量具有稳定性且是主要的现金流出项目。但如果企业在报告期间进行投资或并购，就会产生大额的投资活动现金流出；如果企业偿还债务本息、股份回购或支付股利，同样会产生大额的筹资活动现金流出。

［例］根据复星医药2019年现金流量表进行的现金流量结构分析，如表8-3所示。经营活动的现金流量净额是报告期现金及现金等价物净增加的主要原因；经营活动的现金流入量和现金流出量分别占报告期全部现金流入量和全部现金流出量的50%以上，之后是筹资活动的现金流入量和现金流出量。

表8-3 现金流量结构分析

项目	现金流量净额结构	现金流入量结构	现金流出量结构
经营活动现金流入量		59.26%	
经营活动现金流出量			54.25%
经营活动产生的现金流量净额	290.47%		
投资活动现金流入量		12.50%	
投资活动现金流出量			13.10%
投资活动产生的现金流量净额	(15.50%)		
筹资活动现金流入量		28.24%	
筹资活动现金流出量			32.65%
筹资活动产生的现金流量净额	(174.51%)		
汇率变动的影响	(0.46%)		
现金及现金等价物净增加额合计	100.00%	100.00%	100.00%

注：(　)内为负数。

三、企业生命周期与现金流量的变化趋势

（一）企业生命周期与现金流量的变化趋势

生命周期理论（life cycle theory）认为，如同生物学中的成长曲线一样，一个企业从创立、成长到衰退的整个过程中，大致也可以划分为几个不同的发展阶段，如初创期、成长期、成熟期和衰退期。① 不同的生命周期阶段，经营活动现金流量、投资活动现金流量和筹资活动现金流量具有不同的特征，现金流量的结构也不同。

（1）初创期。通常情况下，处于初创期的企业，产品品牌尚没有获得消费者和市场的认可，经营不稳定，市场份额小，经营活动现金流入量较少，融资渠道少，但资

① Ichak Adiaes（2017）把企业生命周期划分为十个阶段：孕育期、婴儿期、学步期、青春期、壮年期、稳定期、贵族期、官僚前期、官僚期、死亡。伊查克·爱迪思．企业生命周期［M］．王玥译．北京：中国人民大学出版社，2017.

金需求巨大，筹资活动是制约企业发展的主要因素。

（2）成长期。进入成长期的企业，拥有了一定的市场需求，经营活动现金净流量逐渐增加，但研究开发、市场推广、项目投资等活动的资金需求量很大，投资活动一般为现金净流出。相应地，外部筹资是企业维持正常经营运转及投资活动的主要资金来源，因此，筹资活动一般为现金净流入。如果企业的资金供应充足，市场拓展顺利，成长速度加快，可能开始产生盈利并产生正的经营活动现金净流量，满足投资活动的部分资金需求。

（3）成熟期。随着企业进入成熟期，市场和技术趋于稳定，收入和利润增长的增速放缓，经营活动现金流入量能够完全弥补经营活动的现金流出并有剩余，大额投资活动和融资活动减少，经营活动现金流量净额逐渐沉淀下来，企业开始增加对股东的股利支付或股份回购，直到企业进入衰退期或经营战略发生调整。

（4）衰退期。如果企业进入衰退期，市场萎缩，收入减少，经营活动现金流量相应减少，但由于投资活动的现金需求也会降低，企业可能会增加对股东的回报，并减少外部筹资。有些企业在此阶段会开发新的投资项目，或谋求战略转型，这会消耗积累的现金甚至需要外部融资。

（二）产品生命周期与现金流量的变化趋势

企业现金流量的生命周期与行业生命周期及产品生命周期密不可分。首先，影响行业生命周期的因素，包括市场增长率、需求增长率、产品品种、竞争者数量、行业进入壁垒及退出壁垒、技术变革、用户群购买行为等，往往决定了企业的商业模式、盈利能力及现金流量特征。

其次，产品或业务单一的企业的生命周期与其产品生命周期具有较高的同步性，产品或产品结构是影响企业现金流量的重要影响因素。一种产品的增长率和产生现金流量的能力可以用波士顿矩阵（BCG matrix）表示。波士顿矩阵基于市场引力和企业实力两个因素把公司的产品或业务分为四类：高增长率、高市场占有率的明星产品（stars），低增长率、高市场占有率的"现金牛"产品（cash cow），高增长率、低市场占有率的问题产品（question marks），低增长率、低市场占有率的"瘦狗"产品（dogs）。"现金牛"产品是已经进入成熟期的产品，销量大、利润率高，可以提供大量且稳定的经营现金流，本身无需追增投资，还可支持其他产品的资金需求；明星产品和问题产品都需要进一步投入资金，以支持其高速成长的需要或进行市场开发；"瘦狗"产品不但利润率低，赚取的经营现金流量也较少。由此可见，企业当前拥有的产品结构群决定了企业的经营活动、投资活动和筹资活动的现金流量状态和结构，是预测企业未来现金流量的金额、时间及不确定性的基础。如果企业的产品中，"现金牛"产品较多，经营活动现金流量净额将会富余并不断积累或沉淀下来，而明星产品则意味着企业可能要增加投资活动现金流出。

Gardner 认为，与生物学中的生命周期相比，企业的生命周期具有某些特殊性，第一，企业的发展具有不可预期性。一个企业由年轻迈向年老可能会经历 20—30 年的时间，也可能会经历好几个世纪。第二，企业的发展过程中可能会出现一个既不明显上升也不明显下降的停滞阶段，这是生物生命周期所没有的。第三，企业的消亡也并非是不可避免的，企业完全可以通过变革实现再生，从而开始一个新的生命周期。从目前来看，互联网、人工智能等技术带来的颠覆式创新和指数级发展正在快速缩短企业和产品的生命周期。因此，借助于生命周期理论，可以更好地分析和理解企业现金流量的结构和变化特征，但某一特定企业或特定产品的生命周期都有不同的轨迹，不可一概而论。

第3节　现金流量的项目分析

一、经营活动现金流量的分析

（一）经营活动现金流量的项目分析

1. 经营活动现金流入项目的分析

（1）销售商品、提供劳务收到的现金。这是指企业因销售商品、提供劳务而实际收到的销售收入款和增值税销项税额，包括前期销售的本期收款、本期销售的本期收款和预收的销货款项，反映了销售活动中已实现的经济利益，是最重要的经营活动现金流入项目。销售活动的现金流入受经营模式和信用政策的影响较大，销量增加、价格提高、预收货款等都会使现金收入增加，如果在价格提高的同时仍能保持销量不变或增加，现金流入将会非常丰裕。

（2）收到的税费返还。这是指企业收到返还的各种税费，如收到的增值税、所得税、消费税、关税和教育费附加返还款等。

（3）收到其他与经营活动有关的现金。这是指除上述两个项目之外收到的其他与经营活动有关的现金，如罚款收入、经营租赁资产的租金、投资性房地产的租金、流动资产损失中的个人赔偿款、政府补助、押金及保证金等。

2. 经营活动现金流出项目的分析

（1）购买商品、接受劳务支付的现金。这是指企业因购买材料、商品、接受劳务而实际支付的货款和增值税进项税额，包括前期采购的本期付款、本期采购的本期付款和预付的采购款项，是最重要的经营活动现金流出项目。同样，采购活动的现金流出亦受到供应商信用政策的影响和交易双方商业关系等因素的影响。

（2）支付给职工以及为职工支付的现金。企业实际支付给职工的现金以及为职工支付的现金，包括企业为获得职工提供的服务而在报告期实际支付的各种形式的报酬以及其他相关支出，如工资、奖金、各种津贴和补贴等，以及为职工支付的其他费用。在现金流量表中，应视职工的工作性质和服务对象，分别计入经营活动现金流量项目（"支付给职工以及为职工支付的现金"）和投资活动现金流量项目（"购建固定资产、无形资产和其他长期资产所支付的现金"）。

（3）支付的各项税费。这是指企业在报告期内实际支付的各项税费，包括增值税、所得税、教育费附加、印花税、房产税、土地增值税、车船税等，这些税费可能属于本报告期的费用，也可能属于以前期间或以后期间的费用。

（4）支付的其他与经营活动有关的现金。这是指除上述各项目外，支付的其他与经营活动有关的现金，如市场费用、研发费用、保证金、罚款、差旅费、业务招待费、保险费、短期租赁和低价值资产租赁的租金等。"收到的其他与经营活动有关的现金"和"支付的其他与经营活动有关的现金"项目内容较多，有时金额非常大，需关注是否存在现金流量分类操纵或关联方占用资金的情况。

经营模式和商业环境决定了经营活动现金流量的实现方式。多数情况下，企业的经营活动现金流入量和流出量同向变动且在时间上保持一致，当现金流入高于现金流出时，出现现金结余。但有些行业企业的经营活动现金流入量和流出量的时间和金额具有不确定性和内在的不均衡性。例如，影视制作行业，由于影视制作周期长，影视作品的摄制和发行过程中，资金持续流出，而影视作品发行后的资金回笼时间和金额具有极大的不确定性。因此，影视制作公司在大规模投入影视制作期间，就可能出现经营活动现金流量为负、需要从外部筹资的情形。

一个企业的竞争优势也能够从经营活动现金流量的变动中得到验证。尤其是产品具有差异化、相对于买方和卖方均具有较强议价能力的企业，可能在产品价格上涨时仍然能够增加销售量并提前或按时收到货款，使得现金流入量的增长快于现金流出量的增长。

[例] 贵州茅台 2018 年的主要经营活动现金流量项目如下：

"销售商品、提供劳务收到的现金"：842.69 亿元，比 2017 年增长 30.81%。按照年度报告，增长的主要原因是销售量的增加以及主导产品茅台酒的价格上调。

"购买商品、提供劳务支付的现金"：52.99 亿元，仅比 2017 年增长 8.67%。

"支付给职工以及为职工支付的现金"：66.53 亿元，比 2017 年增长 21.20%。

贵州茅台经营活动的主要现金流入项目的规模和幅度都大于主要现金流出项目的规模和幅度，从而能够形成大量的净现金结余，在分配股利后还能够不断累积，成为企业的一项重要的资金来源。

（二）经营活动现金流量的充裕性

经营活动创造现金流量的能力被喻为企业的"造血"能力，具备"造血"功能是对经营活动的基本要求。因此，对经营活动现金净流量的基本要求是充裕和稳定。但对于如何衡量经营活动现金流量的充裕性，却很难找到一个统一的标准。有研究者把经营活动现金净流量细分为五种状态：（1）小于零；（2）等于零；（3）大于零，但不足以弥补当期的长期资产折旧或摊销以及应计费用等"非付现成本"；（4）大于零，且能够补偿当期的"非付现成本"；（5）大于零，且在补偿"非付现成本"后仍有剩余。如果经营活动现金流量净额小于零，表示经营活动自身收不抵支，需要通过其他途径获取资金，如消耗企业现存的货币积累，挤占本来用于投资活动的资金，额外融资，拖延债务支付或加大经营活动引起的负债规模等,[①] 有的企业通过与银行签订流动资金周转借款协议解决日常经营活动资金不足的问题。企业在初创期和成长期或者某些经营困难的年份，可能会出现经营活动现金流量净额为负数的情况，但如果经营活动现金流量长期入不敷出，企业就将很难生存下去，注册会计师在审计时常把这种情形视为企业持续经营能力存在重大不确定性的一种迹象。经营活动现金流量不足意味着必须不断从外部融资。如果经营活动过度依靠外部融资，将增加企业的财务风险和融资成本，降低投资的灵活性。

因此，充裕的经营活动现金净流量，应该是指经营活动的现金流入除了满足经营活动自身的支出需求外，还应该有足够的剩余，为企业的投资活动和融资活动提供支持。一个追求扩张和成长的企业，应不断增强经营活动的"造血"功能，在实现经营活动收支平衡的基础上，满足增量投资支出、偿还债务本息、分配现金股利等的需要，并提供一定量的现金积累，减少对外部融资的依赖，实现以内源融资为主导的优序融资循环。

经营活动现金流量的充裕程度可以用现金流量充裕率表示。现金流量充裕率越高，财务弹性越好。如果现金充裕率大于1，表示企业满足了各项资本性支出和弥补资本成本之后，尚拥有可自由支配的现金。现金充裕率的计算公式为：

现金流量充裕率＝经营活动产生的现金净流量÷（固定资产折旧＋资本性支出＋到期债务本息＋现金股利）

[例] 某上市公司 2018 年的经营活动现金净流量为 413.85 亿元。当年的固定资产折旧及摊销共计 11.65 亿元。2018 年购置固定资产、无形资产和其他长期资产的现金支出为 16.07 亿元，支付现金股利 164.4 亿元，没有到期负债和利息。现金流量充裕率的计算如下：

不考虑非付现成本补偿的现金流量充裕率 ＝ 413.85 ÷ （16.07 ＋ 164.4） ＝ 2.29

考虑非付现成本补偿的现金流量充裕率 ＝ 413.85 ÷ （11.65 ＋ 16.07 ＋ 164.4） ＝ 2.15

（三）将净利润调节为经营活动现金流量

报表附注的"现金流量表补充资料"部分，披露了经营活动现金流量净额计算的间接法。间接法反映了现金制与应计制之间的差异，有助于评价净利润的质量。

经营活动现金净流量与净利润之间的差异调整项目主要包括：

（1）非流动性应计项目。主要包括长期资产的折旧或摊销等。

（2）非经营性收益或损失。主要包括投资收益、公允价值变动损益等。

（3）营运资本的变动。主要包括存货、经营性应收项目和经营性应付项目等流动性应计项目。

---

① 杨方文. 现金流量的五种状态 [J]. 经济论坛，2003 (16)：49—50.

[例] 复星医药、恒瑞医药和华润三九 2019 年度合并现金流量表部分补充资料如表 8-4 所示。

表 8-4　将净利润调节为经营活动现金流量　　　　　　（单位：万元）

项目	复星医药		恒瑞医药	华润三九
	2019 年	**2018 年**	**2019 年**	**2019 年**
净利润	374,352	301,988	532,645	213,908
加:资产减值损失	48,708	12,435	1,870	20,944
信用减值损失				1,194
固定资产折旧	87,782	86,032	61,095	29,878
使用权资产折旧	13,978	—		
无形资产摊销	45,445	45,976	757	3,610
投资性房地产折旧				87
长期待摊费用摊销	4,842	2,683	2,732	3,107
处置固定资产、无形资产和其他长期资产的(收益)/损失	(1,773)	299	(124)	161
固定资产报废损失	1,000	1,637	167	89
公允价值变动损失(收益)	35,316	(20,436)	(3,753)	(61)
财务费用	107,691	92,216		53
投资收益	(356,550)	(181,545)	(30,927)	(80,486)
股份支付	10,907	7,233		
递延所得税资产减少(增加)	(1,651)	(2,642)	4,547	(1,597)
递延所得税负债增加(减少)	683	(12,117)	108	749
存货的减少(增加)	(50,519)	(56,470)	(58,170)	8,696
经营性应收项目的减少(增加)	(86,327)	(66,159)	(289,162)	(80,063)
经营性应付项目的增加(减少)	88,357	83,880	141,664	76,915
其他			18,233	
经营活动产生的现金流量净额	322,241	295,011	381,683	197,183

注:(　)内为负数。

以复兴医药为例，2019 年度的净利润（374,352 万元）与经营活动现金流量净额（322,241 万元）之间的差异为 52,111 万元。其中的一部分调整项目是资产减值、长期资产的折旧与摊销、投资收益等影响利润但不影响经营活动现金流量的项目或非经营性项目，这些事项的会计处理都是以管理层对会计政策和会计估计的判断为基础的，且未必产生现金流入或流出。另一部分调整项目是存货、经营性应收项目和经营性应付项目等，反映了营运资本的变动。经营性应付项目的增加表示供应商提供了更多的商业信用，经营性应收账目的增加则表示企业提供给客户的商业信用。当经营性应收项目和应付项目同时增加时，其对现金流量的部分影响可能相互抵销。对于企业来说，延迟应付账款的支付和将持有的应收款项进行折价转让，能够增加企业的经营活动现金流量净额。

二、投资活动现金流量的分析

投资活动现金净流量的巨额结余（即正数/净流入）或亏欠（负数/净流出），通常与企业投资战略的实施或调整相关。通过对投资活动现金流量构成项目对比和分析，有助于了解企业的战略方向和战略实施情况。

（一）"购置固定资产、无形资产或其他资产支付的现金"与"处置固定资产、无形资产和其他资产收回的现金净额"

这两个项目反映的是企业内部长期经营性资产的投资和处置，需要结合具体项目或原因进行评价。购置资产需要大量资金投入，因而导致投资活动的现金净流出。内部经营能力的提高，将增加企业未来的产出、收入、盈利和经营活动现金流入，是企业成长的重要标志。但实务中出现过虚增在建工程和固定资产以便将资金导出体外的事例，因此需要对具体投资项目进行评价。相应地，处置资产的原因可能包括：市场萎缩或产品竞争力下降收缩主营业务，主动淘汰过时技术，处置不良资产，提高业务的集中度，以资产抵债等。当企业面临被购并的威胁时，出售资产还是对恶意收购的一种防御手段。

企业内部运营能力的投资和扩张程度可以用净投资额表示。净投资额是企业一定期间因购置长期资产形成的新增投资扣除长期资产处置和补偿长期资产摊销之后的净额。其计算公式如下：

长期资产净投资额＝购建固定资产、无形资产或其他长期资产支付的现金－处置固定资产、无形资产和其他资产收回的现金净额－固定资产折旧－长期资产摊销

长期资产净投资比＝长期资产净投资额÷长期资产期初净额×100%

如果一家公司的净增投资额远远大于零，可以认为该公司采取了扩张战略；如果净增投资额远远小于零，则这家公司采取了收缩战略；如果净增投资额接近于零，则这家公司采取了维持战略（郭永清，2017）。另外，从企业整体分析净投资时，还应考虑营运资本的增加额。

[例] 根据贵州茅台的现金流量表、资产负债表和报表附注，其2018年年初的经营性长期资产为187.03亿元（包括固定资产152.44亿元和无形资产34.59亿元，投资性房地产为0），购置固定资产、无形资产和其他长期资产等支出为16.07亿元，处置固定资产、无形资产和其他长期资产的金额为0，当年长期资产的折旧和摊销为11.65亿元。则：

长期资产净投资额＝16.07－0－11.65＝4.42（亿元）

长期资产净投资比＝4.42÷187.03×100%＝2.36%

2018年，该公司的生产能力扩张幅度比较小。由于公司的主要产品是一种地理标志性产品，其制作工艺过程受制于周围的地理环境、气候条件、土壤、水源等条件，酿造方法独特，很难大规模推广和被其他企业完全复制，其生产性长期资产也无需像其他制造企业那样频繁更新。

（二）"取得子公司及其他营业单位支付的现金净额"和"处置子公司或其他营业单位收到的现金净额"

这两个项目分别反映了企业对外投资增加和处置的情形。取得子公司的方式包括兼并收购和自行设立。子公司是独立的法人，其经营业务可能是集团业务的延伸，或是从上游或下游对集团产业链的完善和补充，或属于跨界投资。处置子公司的方式主要是转让股权或者关闭子公司。

如果一个企业在处置固定资产等经营性长期资产的同时，增加了对外的股权投资或购并，说明企业有可能在收缩内部经营活动，并转向外部扩张；反之，如果一个企业持续多年在处置子公司的同时，增加了购置固定资产等经营性资产的投资，说明企业可能在重新配置资产或更注重自身经营能力的扩张。

（三）"投资支付的现金"和"收回投资收到的现金"

投资支付的现金，反映企业进行权益性投资和债权性投资所支付的现金，包括企业取得的除现金等价物以外的交易性金融资产、债权投资、其他债权投资、长期股权投资（不包括取得子公司支付的现金）等所支付的现金和交易费用。

收回投资收到的现金，包括企业出售、转让或到期收回除现金等价物以外的交易性金融资产、债权投资、其他债权投资、长期股权投资等收到的现金。

（四）"取得投资收益收到的现金"

取得投资收益收到的现金，反映企业因股权性投资而分得的现金股利和因债权性投资而取得的现金利息。这部分投资收益是已经实现的投资收益，与利润表中所列投资收益的部分内容是对应的。

（五）"收到其他与投资活动有关的现金"和"支付其他与投资活动有关的现金"

这两个项目分别反映以上各项目外，收到的或支付的其他与投资活动有关的现金，如定期存款、工程项目保证金等。如果这两个项目的金额较大，应分析其具体构成。

三、筹资活动现金流量的分析

企业筹集的资金主要用于两个方面：一是对内或对外投资，二是补充营运资本。筹资活动现金流量项目与资产负债表中的负债和权益项目存在对应关系，其金额和发生时间还应与资金的预期用途相适应。

（一）筹资活动产生的现金流入

筹资活动产生的现金流入，按照筹资的方式分项目列报，其中，"吸收投资收到的现金"项目，反映企业以发行股票等方式筹集的资金净额；"取得借款收到的现金"项目，反映企业取得的短期借款和长期借款，以及发行债券收到的现金净额。除此之外收到的筹资资金，如其他借款、不丧失控制权下处置子公司部分股权等的现金，计入"收到其他与筹资活动有关的现金"项目。

（二）筹资活动引起的现金流出

筹资活动的现金流出，按照内容分项目列报，其中，"偿还债务支付的现金"，是指偿还短期借款、长期借款和应付债券的本金；"分配股利、利润或偿付利息支付的现金"，是指偿还的债务利息和支付的现金股利。该项目在一定程度上反映了企业的融资成本或股利政策，可能是稳定且长期的现金流量。除此之外的筹资活动相关的现金流出，均计入"支付的其他与筹资活动有关的现金"项目，包括支付的银行汇票保证金、融资活动相关费用、租赁费用、股份回购和购买子公司少数股权等有关的现金支付。如果其他项目金额较大，应通过附注获取其详细信息。

四、不涉及当期现金收支的重大投资和筹资活动

不涉及现金收支的重大投资和筹资活动，是指反映企业报告期内影响资产或负债但不形成该期现金收支的重大投资活动和筹资活动，主要包括债务转资本、一年内到期的可转换公司债券、融资租赁或经营租赁方式租入的固定资产。这些投资活动或筹资活动并不影响报告期的现金流量，但对当期的财务状况及未来的现金流量和盈利能力具有重大影响，因而对于财务报表使用者是重要的信息。例如，企业融资租入生产经营设备时，并不需要全额付款，而是形成"租赁负债"，这意味着未来较长时期内每期都要发生固定的现金支出。又如债务转股本，则意味着免除了用现金偿还债务和利息的义务，同时改善了资本结构和减少了利息费用。

另外，企业的许多投资活动或筹资活动可能暂时不涉及现金收支，如利用非现金资产偿还债务，或利用非现金资产对外投资，既节省了现金支出，还提高了资产的利用价值，同时预期将来会产生投资收益和现金流入。

五、以现金流量为基础的财务比率

以现金流量表为基础，并结合资产负债表和利润表项目，可以计算若干财务比率，从现金流量的角度对企业的偿债能力、盈利能力和利润质量等作出评价。

（一）以现金流量为基础的偿债能力指标

1. 经营活动现金流量对流动负债的比率＝经营活动现金流量净额÷流动负债

该比率反映了企业用经营活动现金流量偿还即将到期债务的能力。该比率的值越大，企业的偿债能力也越强。需要注意的是，公式中的"经营活动现金净流量"为历史财务报表数据，并不代表企业现在所拥有的现金存量。公式中的"流动负债"，是指资产负债表日后一年内到期的全部负债，包括一年内到期的非流动负债。

2. 经营活动现金流量对负债总额的比率＝经营活动现金流量净额÷负债总额

该比率反映了企业用经营活动产生的现金偿还所有债务的能力。分母为负债总额。该比率的值越大，企业偿还债务的能力就越强。

3. 现金利息保障倍数＝（经营活动现金流量净额＋所得税＋利息费用）÷利息费用

现金流量利息保障倍数是利息保障倍数的变化形式，反映了经营活动现金净流量对报告期利息费用的保障程度。该比率的值越大，利息支付的保障能力越强，财务风险就越低。

（二）以现金流量为基础的盈利能力指标

1. 每股经营活动现金净流量＝（经营活动现金流量净额－优先股股利）÷流通在外的普通股股份的加权平均数

该比率衡量的是公司通过正常经营活动为每股普通股创造的回报，是衡量公司盈利能力的重要指标，也是对每股收益（EPS）指标的补充。

2. 现金股利保障倍数＝经营活动现金流量净额÷现金股利

现金股利保障倍数反映了企业用经营活动产生的现金向股东支付现金股利的能力。正常经营情况下，现金股利应来自企业经营活动创造的现金而不是外部融资。该比率的值越大，表明公司未来支付现金股利的持续性就越强。

（三）以现金流量为基础的盈利质量指标

1. 收入的现金含量＝销售商品、提供劳务收到的现金÷营业收入

营业收入的现金含量反映了现金基础的收入与应计基础的收入之间的匹配程度。该比率的值越大，营业收入越真实可靠，质量越高。

2. 利润的现金含量＝经营活动现金流量净额÷净利润

净利润的现金含量是指经营活动现金流量净额与净利润的比值，是衡量利润质量的重要指标，也可以用营业利润进行计算。如果经营活动现金流量净额和净利润都为正数，则该比率的值越大，盈利质量越高；如果经营活动现金流量为正数但净利润为负数，表示企业尽管账面亏损，但经营活动流动性充足，经营活动能够正常进行；如果经营活动现金净流量为负数但净利润为正数，表示利润和收入没有现金流支撑，企业可能采用了较激进的信用政策、收入和费用确认政策，甚至存在盈余操纵的可能。

[例] 根据资产负债表（表 2-1）、利润表（表 2-2）和现金流量表（表 8-1），计算三家医药公司现金流量基础的偿债能力比率、盈利能力比率和盈利质量指标，如表 8-5 所示。三家公司都具有较高的收入现金含量和净利润现金含量，每股经营活动现金流量净额也较高。

表 8-5 以现金流量为基础的财务比率

项目	复星医药			恒瑞医药	华润三九
	2019 年	2018 年	增减变动	2019 年	2019 年
经营活动现金净流量/流动负债	0.18	0.16	12.30%	1.54	0.29
经营活动现金净流量/负债总额	0.09	0.08	9.36%	1.46	0.27
每股经营活动现金净流量	1.26	1.15	9.24%	0.86	2.01
经营活动现金净流量/现金股利	0.71	0.82	−13.61%	0.63	0.77
收入的现金含量	1.05	1.09	−3.60%	1.00	0.98
利润的现金含量	4.12	5.27	−21.84%	5.23	4.59

第4节 管理层判断与现金流量的列报

一、管理层判断与现金流量的分类

一般认为，现金流量的确定相对比较客观，且企业的资金往来和结算均需通过银行系统，资金进出易于追踪和监管，因而难以对现金流量进行操纵。但实际案例显示，现金流量的列报也存在管理层的判断和决策问题，企业可能通过选择交易的执行和结算时间，或调整现金流量的分类等做法，达到调增经营活动现金流量的目的。因此，资产、负债、收入和费用确认的会计政策，也会影响现金流量项目的分类和列报。

以房地产开发企业为例，企业开发的房地产按用途进行核算和列报：以出售为目的，属于存货；以自用为目的，属于固定资产；以赚取租金为目的，属于投资性房地产。相应地，对于房地产开发时支付的现金，也应归属于不同的类型：为存货开发所支付的现金，属于"经营活动现金流量——购买商品、接受劳务支付的现金"；为固定资产和投资性房地产开发所支付的现金，属于"投资活动现金流量——购建固定资产、无形资产和其他长期资产支付的现金"。当某开发项目存在两项或两项以上的规划用途时，需要按照规划用途或面积比例对现金流量进行分配。规划用途取决于管理层的意图，且可能随着时间推移与环境变化而改变。

现金流量的分类传递了不同的信息。例如，如果一项经营活动现金流出量作为投资活动现金流出量列报，将增加经营活动现金流量净额和投资活动现金流出量，可能会被报表使用者解读为当前经营状况良好及企业投资扩张的信息。

另外，同一项资产的取得、使用和处置，会计准则可能将其计入不同类型的现金流量。以投资性房地产为例，投资性房地产的购置和处置属于投资活动，购置所支付的现金和处置时所收到的现金属于"投资活动现金流量"，但投资性房地产的出租属于经营活动，租金收入应计入"经营活动现金流量——收到其他与经营活动有关的现金"。

二、交易经济实质的判断与现金流量的分类

实务中，不同企业对同一项交易或事项的经济实质及其产生的现金流量的分类可能存在不同的判断。以应收票据为例，应收票据一般产生于销售商品或提供劳务的商业活动，如果企业将应收票据持有到期并收回款项，该现金流入应认定为"经营活动现金流量——销售商品、提供劳务收到的现金"。但如果企业将持有的票据在到期之前向银行贴现，对于贴现净额在现金流量表中的分类，实务中则存在两种不同的观点：

一种观点认为，票据贴现净额属于筹资活动的现金流量，因为贴现的实质是向银行融通资金，尤其是在票据附有追索权的情况下，票据贴现等同于以票据质押的形式从银行借款，短期借款增加，相应地，现金流量表中应将其分类为"筹资活动现金流

量——取得借款收到的现金"。但事实情况是，该笔借款在未来不一定导致现金流出；同时，如果一家企业大量使用商业汇票进行结算并贴现的话，这种处理方法必然导致经营活动现金流量的大幅减少，不能正确反映企业经营活动创造现金流量的能力，也不能反映这些交易的商业实质。

另一种观点认为，应收票据产生于企业的日常经营业务，因此票据贴现净额应该计入当期经营活动现金流量。但由于票据贴现的实质是融通资金，属于筹资活动，将其分类为筹资活动现金流量似乎更能反映贴现业务的经济实质，也更符合资产负债表与现金流量表项目之间的对应关系。

我们引用中国证监会在《上市公司执行企业会计准则案例解析（2017）》中列举的一个案例，请读者进行判断。

　　[例] A 公司为上市公司，2×11 年 8 月，A 公司因销售商品取得 6 个月到期的银行承兑汇票 1,000 万元。为了加快资金回笼，A 公司于 2×11 年 12 月 31 日将该票据贴现，取得现金 995 万元。

　　问题：A 公司在编制 2×11 年度现金流量表时，因贴现银行承兑汇票取得的现金 995 万元应该如何进行分类？

　　对于上述交易，企业会计准则并没有给出统一的处理规定，中国证监会给出的建议是：

　　"在应收票据贴现且不符合金融资产终止确认条件的情况下，贴现现金流作为筹资活动现金流入似乎更符合准则中筹资活动的定义；针对实务中普遍存在的银行承兑汇票贴现，从经济实质看，作为经营活动现金流入似乎更能反映其经济实质。"

由此可见，具体到应收票据贴现现金流的列报，需要企业根据经济业务的实质作出判断。同理，应收账款的保理或抵押借款也属于此类情形。我们可以通过查阅上市公司的财务报告了解多数企业是如何处理这类实务问题的。但只有了解不同类型现金流量的含义及其经济后果，才能对企业的选择作出客观评价。

交易经济实质的判断对于现金流量分类的影响还体现在其他交易或事项中。例如，企业为了在银行开立承兑汇票存放在银行的承兑保证金，属于限定用途的资金。在现金流量表中分类列报时，需要确定该笔资金之后的使用方式：如果票据到期后直接从该保证金中支付票据款，则应根据购入资产的用途，将其计入"购买商品、接受劳务支付的现金"或者"购建固定资产、无形资产和其他长期资产支付的现金"；如果票据到期后，该笔保证金退回，另以其他来源的资金支付票据款，则票据保证金的存入及收回应分别作为"支付的其他与筹资有关的现金"项目和"收到的其他与筹资有关的现金"项目列报。

三、会计准则变化对现金流量分类的影响

会计准则的修订和调整，不但影响资产负债表和利润表项目的列报，还会引起现

金流量分类的改变。我们仍然以租赁为例，按照原《企业会计准则第 21 号——租赁》，企业租入资产分为融资租赁和经营租赁，经营租赁的资产和负债不计入表内，租金在租赁期内直接计入相关资产成本或当期损益，租金支付属于经营活动现金流出；以融资租赁方式租入的资产和负债则在表内确认，分别计入长期资产和长期应付款，企业偿付融资租赁负债时所支付的现金属于筹资活动现金流出。

2018 年修订的租赁准则中，取消了承租人关于经营租赁和融资租赁的分类，除了选择简化处理的短期租赁和低价值租赁外，承租人需将所有其他租赁确认为使用权资产和租赁负债。这一处理方法的改变不仅对资产负债表和利润表产生影响，也改变了现金流量表的项目分类和结构。在现金流量表中，简化处理的短期租赁付款额和低价值资产租赁付款额以及未纳入租赁负债计量的可变租赁付款额仍计入经营活动现金流出量，其他的租赁付款均作为筹资活动现金流量。因此，经营活动现金流量净额将会增加，筹资活动现金流量净额将会减少。在经营租入资产较多的航空公司等企业，财务报表数据和财务比率的变化将会非常显著。

[例] 截至 2018 年年末，东方航空共有客机 680 架，其中，自有 230 架，融资租赁 260 架，经营租赁 190 架。2018 年新签订的融资租赁飞机租金总额（本金和利息）加手续费共计 61.42 亿元，新签订经营租赁飞机及发动机的所有租期租金总额为 28.74 亿元。当年预付飞机经营租赁租金 155 亿元，占预付账款的 20.26%。根据已经签订的不可撤销的经营性租赁合同，未来最低应支付租金共计 327.63 亿元。2018 年的经营活动现金流量净额为 223.38 亿元，"支付的其他与筹资活动有关的现金——支付的融资租赁款及税金"共计 96.29 亿元。

2019 年，东方航空采用新租赁准则，对经营租赁业务进行了重新分类。这使得经营活动现金流量净额同比增长 29.70%，达到 289.72 亿元；"支付的其他与筹资活动有关的现金——支付的融资租赁款及税金"同比增长 148.16%，达 238.95 亿元。由于经营活动现金流量净额的增加，财务报表使用者在分析和判断企业的盈利能力和现金流量创造能力时，可能会得出不一样的结论。

思考与分析

名词解释

现金流量	现金及现金等价物	经营活动
投资活动	筹资活动	直接法
间接法	每股经营活动现金净流量	长期资产净投资比

思考题

1. 如果一家公司的经营活动现金流量净额小于净利润，或净利润为正但经营活动现金流量净额为负，试分析其中的原因，并对企业的经营状况和盈利质量进行评价。

2. 会计政策和会计估计的选择或变更会同时影响净利润和现金流量吗？

3. 如何根据现金流量表项目的变化分析企业战略调整的可能性？

4. 如何评价经营活动现金流量净额的充裕性？

5. 2017 年修订的租赁准则对于现金流量表的列报产生了哪些影响？

6. 如何评价投资活动现金流量净额和筹资活动现金流量净额为负数的现象？

7. 企业需要在现金流量表的补充资料中披露"不涉及当期现金收支的重大投资活动和筹资活动"，具体包括哪些内容？为什么要披露这些信息？

8. 假设一家上市公司 2018 年 9 月份因销售商品取得一张 6 个月期的银行承兑汇票，面值 2,000 万元。该公司于 2018 年 12 月 20 日持该汇票向银行贴现，取得现金 1,990 万元。那么，在现金流量表中，应如何列报该笔现金流入？

案例分析题

⊙ 案例（一）

贵州茅台酒股份有限公司（以下简称"贵州茅台"，股票代码：600519），是一家在上海证券交易所上市的公众公司，主要经营业务是茅台酒及系列酒的生产与销售，主导产品"贵州茅台酒"是世界三大蒸馏名酒之一，也是集国家地理标志产品、有机食品和国家非物质文化遗产于一身的白酒品牌。

在年度报告中，贵州茅台将其经营模式描述为：采购原料—生产产品—销售产品。原料采购根据公司生产和销售计划进行；产品生产工艺流程为：制曲—制酒—贮存—勾兑—包装。销售模式为：公司产品通过国内社会渠道区域经销、直销渠道、国外社会渠道区域经销进行销售。

贵州茅台 2018 年和 2019 年的现金流量表如表 8-6 所示。

表 8-6　贵州茅台 2018 年和 2019 年现金流量表

项目	2019 年（万元）	2018 年（万元）	增长率
一、经营活动产生的现金流量			
销售商品、提供劳务收到的现金	9,498,014	8,426,870	12.71%
客户存款和同业存放款项净增加额	(43,742)	101,040	(143.29%)
收取利息、手续费及佣金的现金	366,763	344,498	6.46%
收到的税费返还			
收到其他与经营活动有关的现金	123,408	62,156	98.55%
经营活动现金流入小计	9,944,444	8,934,564	11.30%
购买商品、接受劳务支付的现金	552,195	529,852	4.22%

（续表）

项目	2019 年（万元）	2018 年（万元）	增长率
客户贷款及垫款净增加额	1,300	300	333.33%
存放中央银行和同业款项净增加额	(450,318)	92,071	(589.10%)
拆出资金净增加额	20,000		
支付利息、手续费及佣金的现金	17,542	11,709	49.82%
支付给职工以及为职工支付的现金	766,986	665,314	15.28%
支付的各项税费	3,984,135	3,203,218	24.38%
支付其他与经营活动有关的现金	531,542	293,577	81.06%
经营活动现金流出小计	5,423,382	4,796,040	13.08%
经营活动产生的现金流量净额	4,521,061	4,138,523	9.24%
二、投资活动产生的现金流量			
收回投资收到的现金			
取得投资收益收到的现金			
处置固定资产、无形资产和其他长期资产收回的现金净额			
处置子公司及其他营业单位收到的现金净额			
收到与其他投资活动有关的现金	732	1,124	(34.89%)
投资活动现金流入小计	736	1,124	(34.55%)
购建固定资产、无形资产和其他长期资产支付的现金	314,886	160,675	
投资支付的现金			
取得子公司及其他营业单位支付的现金净额			
支付与其他投资活动有关的现金	2,418	3,346	(27.73%)
投资活动现金流出小计	317,304	164,021	93.45%
投资活动产生的现金流量净额	(316,569)	(162,896)	不适用
三、筹资活动产生的现金流量			
吸收投资收到的现金	83,300		
取得借款收到的现金			
收到其他与筹资活动有关的现金			
筹资活动现金流入小计	83,300		
偿还债务支付的现金			
分配股利、利润或偿付利息支付的现金	2,011,740	1,644,109	22.36%
支付其他与筹资活动有关的现金			
筹资活动现金流出小计	2,011,740	1,644,109	22.36%
筹资活动现金流量净额	(1,928,440)	(1,644,109)	17.29%
四、汇率变动对现金及现金等价物的影响	3	3	(6.09%)
五、现金及现金等价物净增加额	2,276,055	2,331,521	(2.38%)
加：期初现金及现金等价物余额	9,824,329	7,492,808	31.12%
六、期末现金及现金等价物余额	12,100,384	9,824,329	23.17%

注:（　）内为负数。

对于增减变动比较大的现金流量项目，公司的解释如下：

（1）客户存款和同业存放款项净增加额减少，主要是公司控股子公司贵州茅台集团财务有限公司归集集团公司其他成员单位资金增加额减少；

（2）收到其他与经营活动有关的现金增加，主要是公司控股子公司贵州茅台酒销售有限公司收取经销商保证金；

（3）客户贷款及垫款净增加额增加，主要是公司控股子公司贵州茅台集团财务有限公司发放集团成员单位贷款较上期增加；

（4）拆出资金净增加额增加，主要是公司控股子公司贵州茅台集团财务有限公司同业拆出资金；

（5）存放中央银行和同业款项净增加额减少，主要是公司控股子公司贵州茅台集团财务有限公司存入的不可提前支取的定期银行存款到期；

（6）支付利息、手续费及佣金的现金增加，主要是公司控股子公司贵州茅台集团财务有限公司支付的利息增加；

（7）支付其他与经营活动有关的现金增加，主要是退回经销商保证金；

（8）处置固定资产、无形资产和其他长期资产收回的现金净额增加，主要是收到固定资产处置收入；

（9）收到其他与投资活动有关的现金减少，主要是本期收到基本建设履约保证金减少；

（10）购建固定资产、无形资产和其他长期资产支付的现金增加，主要是基本建设支付工程款较上期增加；

（11）投资活动产生的现金流量净额减少，主要是本期购建固定资产、无形资产和其他长期资产支付的现金较上期增加；

（12）吸收投资收到的现金增加，主要是公司控股子公司贵州茅台集团财务有限公司增资吸收投资款。

讨论与分析：

1. 请对贵州茅台现金流量结构、现金流入量结构和现金流出量结构进行分析。

2. 请结合贵州茅台的产品属性和业务模式，分析该公司现金流量结构的特点及其形成的原因。

3. 贵州茅台的现金流量项目中包含集团财务有限公司的金融业务。请讨论金融业务对公司现金流量的影响。如果进行同行业比较，应如何解决可比性问题？

4. 请查找资料，补充 2015—2017 年的历史数据，分析公司连续 5 年的现金流量结构。

⊙ 案例（二）

欢瑞世纪联合股份有限公司（简称"欢瑞世纪"，股票代码：000892），1999 年 1 月 15 日在深圳证券交易所挂牌上市。从 2000 年开始，公司经过几次资产重组、破产重整、更名后，主营业务转为影视剧的制作发行、艺人经纪、游戏及其他影视衍生业务等。2018 年 4 月 27 日，欢瑞世纪披露了 2017 年度财务报告。年报中关于营业收入、净利润和现金流量的信息如表 8-7 所示。

表 8-7　营业收入、净利润和现金流量

项目	2017 年(元)	2016 年(元)	增减变动(元)	增减
营业收入	1,567,214,149	738,552,646	828,661,503	112.20%
归属于上市公司股东的净利润	422,071,618	265,073,130	156,998,488	59.23%
归属于上市公司股东的扣除非经常性损益的净利润	380,233,429	249,828,486	130,404,943	52.20%
经营活动产生的现金流量净额	(432,361,081)	40,578,210	(472,939,291)	(1,165.50%)

注:( )内为负数。

公司的分季度主要财务指标如表 8-8 所示。

表 8-8　分季度主要财务指标　　　　　　　　　　　　　　(单位:元)

项目	第一季度	第二季度	第三季度	第四季度
营业收入	31,115,133	222,963,579	177,854,743	1,135,280,694
归属于上市公司股东的净利润	(28,958,400)	(10,675,559)	19,099,737	442,605,841
归属于上市公司股东的扣除非经常损益的净利润	(28,943,594)	(26,680,233)	(1,303,124)	437,160,380
经营活动产生的现金流量净额	(662,123,126)	(210,288,818)	443,219,186	(3,168,323)

注:( )内为负数。

深圳证券交易所对欢瑞世纪 2017 年年度报告进行事后审核后，于 2018 年 5 月 30 日向欢瑞世纪出具《关于对欢瑞世纪联合股份有限公司的年报问询函》(函〔2018〕第 162 号)，对其 2017 年的财务报告提出了十六个问题，要求企业进行答复。其中的第八个问题和第九个问题如下:

第八个问题:"公司年报显示,你公司 2017 年实现营业收入为 1,567,214,149.69元,同比增加 112.20%,归属于上市公司股东的净利润为 422,071,618.20 元,同比增加 59.23%,经营活动产生的现金流量净额为－432,361,081.69 元,同比减少 1,165.50%。请你公司:(一)结合公司的主营业务,说明公司营业收入和净利润变化趋势不匹配的原因;(二)结合采购销售模式、结算政策、收入确认方式等,有针对性地说明报告期内经营性现金流大幅下滑的原因,以及与营业收入变动出现背离的合理性;(三)公司经营性现金流下滑对持续经营能力的影响,以及公司的应对措施;(四)请年审会计师发表意见。"

第九个问题则是要求欢瑞世纪根据公司的分季度主要财务指标,回答四个问题:"(一)详细说明经营活动产生的现金流量净额波动较大的原因及合理性;(二)列表说明 2017 年四个季度及 2018 年第一季度的营业收入、成本、毛利率情况;(三)结合公司业务的盈利模式、季节特性及收入确认政策,详细说明公司季度财务数据波动的原因,以及公司第四季度营业收入、净利润显著高于前三季度的原因,是否存在突击确认或跨期确认收入、结转成本费用等情形；（四）详细说明同期净利润与经营活动产生的现金流量净额不匹配的原因及合理性。"

2018 年 6 月 7 日，欢瑞世纪在《欢瑞世纪联合股份有限公司关于回复深圳证券交易所年报问询函的公告》中，对深圳证券交易所的问询函进行了答复。

对于第八个问题的回复如下：

对于公司报告期内经营现金流下降的原因，欢瑞股份认为："一是期初储备的影视剧数量少，导致当期销售以前年度存货取得资金流入的来源少。二是公司正处于业务高速发展期，报告期内公司投资拍摄了《天下长安》等多部影视剧作品，影视剧业务投资数量和投资规模都在不断增加，业务扩张导致经营活动现金流出远远高于经营活动现金流入。"

对于经营现金流大幅下滑与营业收入变动背离的原因，欢瑞世纪的回复为："公司的电视剧收入确认系以取得'发行许可证'，将电视剧拷贝、播映带和其他载体转移给购货方时确认收入。公司目前处于扩张期，期初影视剧作品储备量少，当年拍摄当年销售的实际情况导致收入确认集中程度较高。公司本期主要作品《天下长安》《秋蝉》《天乩之白蛇传说》等三部电视剧的'发行许可证'均在第四季度取得，而母带交接也只能在第四季度办理，故相应的电视剧发行收入在第四季度集中确认，发行收入的资金回笼时间因受合同约定的回款节点具有明显的滞后性，故收入确认时点与资金回笼时间跨年度情况明显。综上所述，公司正处于高速增长时期，业务规模快速扩张，相应的项目投资支出形成的现金流出大幅增长；而发行收入由于主要影视剧的'发行许可证'在第四季度取得，故在第四季度集中确认，同时销售收入的回款存在滞后性，从而导致本年度经营性现金流大幅下滑，且与营业收入出现背离。"

对于公司经营性现金流下滑对持续经营能力的影响，欢瑞世纪的回复为："公司经营性现金流下滑系由于公司正处于高速增长期，业务规模扩张形成的经营性现金流出超过了经营性现金流入所致。截至 2017 年 12 月 31 日，公司的资产负债率仅为 23.97%，其中，金融机构借款占负债总额的 16.16%，公司负债率较低，不会对公司的持续经营能力造成影响。"

对于第九个问题的回复如下：

对于各季度经营活动产生的现金流量净额波动较大的原因，欢瑞世纪的回复为："公司报告期将部分暂时闲置的募集资金用于购买保本型银行理财产品，在报表中作为'其他流动资产'列报，其购买和赎回产生的现金流量在前三季度作为'经营活动产生的现金流量'列报。"

根据欢瑞世纪提供的四个季度经营活动现金净额表，购买和赎回该理财产品产生的现金流量净额，第一季度为－550，000，000 元，第三季度为 557，752，739.73 元。公司的解释为："扣除理财产品的影响因素后的经营活动产生的现金流量净额在报告期每个季度均呈现负数，其主要原因系公司电视剧业务规模不断扩大，投入增加而电视剧的应收账款回收期又相对较长，第四季度净流出金额大幅下降主要系因本年度的主要作品制作与付款都是发生于前三季度。"

对于同期净利润与经营活动产生的现金流量净额不匹配的原因，欢瑞世纪的回复为："经营活动产生的现金流量净额较上年同期大幅下降，主要系：（1）公司正处于高速成长期，业务规模增加，购买商品接受劳务支付的现金、支付其他与经营活动有关的现金大幅增长。（2）受公司收入确认季度不均衡及销售资金回笼周期长的影响，本期确认电视剧发行收入因未到合同约定回款节点，导致销售商品、提供供劳务收到的现金增长不明显。综上所述，净利润同期变动与经营活动产生的现金流量净额不匹配主要系：收入确认季度不均衡的特性及资金回笼的滞后性导致本期净利润变动与经营活动产生的现金流量净额不匹配。"

讨论与分析：

1. 请查阅有关资料，根据影视制作企业的采购和销售模式、结算政策、收入确认方式等业务特征，分析该行业收入和成本费用确认以及经营活动现金流量的特征。

2. 请查阅该公司的财务报告和有关资料，对问询函中的第八个问题和第九个问题进行逐项分析。对于该公司 2017 年度经营活动现金流量净额大幅度下滑及与营业收入和净利润增长出现背离的解释，你认为是否具有合理性？

3. 如果你是监管部门或审计师，你是否认可公司的答复？如果你是投资者，你认为该公司的盈利能力和经营活动是否具有可持续性？

4. 请对比原收入准则和修订后的收入准则，并分析新收入确认原则是否能够解决该公司经营活动现金流量净额与营业收入和净利润的背离问题。

第四部分

财 务 分 析

[主要内容]

　　流动性与偿债能力分析
　　盈利能力分析
　　成长性分析

[学习提示]

　　财务分析主要是通过计算和比较财务比率的方式对财务报表进行分析。

　　财务比率包括偿债能力和流动性比率、营运能力比率、盈利能力比率和成长性比率。

　　经营战略、竞争优势和会计策略是影响财务比率的重要因素。

　　行业值、可比公司值和历史值是评价财务比率的基准值。

　　对财务比率的解读和运用非常重要，知其然，知其所以然，而后用之。

　　净资产收益率是财务比率体系的核心，可以作为财务分析的起点。

　　本部分内容可以与会计分析结合学习。

偿债能力与流动性分析

1. 了解偿债能力分析的含义和内容
2. 掌握短期偿债能力比率的计算和分析方法
3. 掌握长期偿债能力比率的计算和分析方法
4. 了解营运效率对偿债能力和盈利能力的影响
5. 掌握资产营运效率的计算和分析方法

第 1 节 短期偿债能力分析

一、偿债能力与偿债能力分析

偿债能力（debt paying ability），是指企业履行债务契约的能力，反映了企业对债务本金和利息的保障程度，是企业具备支付能力的最重要特征。对于所有的利益相关者来说，企业的偿债能力均非常重要。较高的偿债能力，对于债权人，意味着本金及利息的安全；对于股东，意味着较低的投资风险；对于企业，意味着能够正常维护与银行等金融机构的正常信用关系，以及与供应商和客户的良好商业关系。

偿债能力分析涉及两种情形：一是基于清算基础的偿债能力分析；二是基于持续经营基础的偿债能力分析。在清算状态下，企业的资产和负债不再进行流动和非流动的区分，资产均按清算净值进行计量，负债则按照相关法律或合同约定的应偿付金额或可偿付金额进行计量，企业的偿债能力表现为资产清算价值与债务清偿价值的对比。而在正常经营状态下，会计确认、计量和报告均以持续经营为前提，资产分为流动资产和非流动资产，按既定用途使用；负债分为流动负债和非流动负债，按约定期限偿还，因而必须以会计分期为基础进行偿债能力分析。除非特别说明，一般情况下的财务分析均是在企业持续经营基础上进行的。

偿债能力分析包括短期偿债能力分析、长期偿债能力分析和债务结构分析等三个方面。一般来说，短期债权人注重企业的短期流动性；长期债权人更关注企业的资本结构和长期偿债能力；合理的债务结构则有助于降低融资成本和整体财务风险，保障所有债权人本息的安全。债务结构分析的内容详见第 6 章,此处不再赘述。

二、短期偿债能力比率的计算与分析

(一)短期偿债能力的含义

短期偿债能力(short-term liquidity),是指企业偿付短期负债的能力。短期负债是指未来一年内或超过一年的一个营业周期内即将到期的债务,而流动资产是未来一年内或超过一年的一个营业周期内即将被耗用或变现的资产,是偿付流动负债的主要资金来源。因此,短期偿债能力分析主要是对流动资产与流动负债的对比分析。

不能偿还即将到期的流动性债务将使企业暴露在巨大的流动性风险之下。短期偿债能力在很大程度上取决于资产的流动性。资产的流动性是指资产的变现能力,它包含两层含义:一是资产转化为现金的速度或时间;二是资产的变现价值与预期变现价值的一致程度。资产的流动性一般用资产的周转速度表示。资产周转越快,变现确定性越高,流动性就越强;资产的预期变现价值通常是指资产预期能够实现的价值量,如公允价值或售价等,预期变现价值越高,可提供给偿债的资金就越有保障。

资产结构是影响资产周转速度的一项重要因素。不同资产的周转速度不同,一般而言,流动资产周转速度快于非流动资产的周转速度,流动资产比例越高,总资产周转越快。流动资产中,用途不受限制的货币资金和交易性金融资产具有最强的流动性,其次是应收票据和应收账款,存货周转较慢。非流动资产中,债务工具和权益工具类资产的变现速度快于固定资产和无形资产。从变现价值看,流动资产的可实现价值更容易预测,非流动资产的预期变现价值则具有较高的不确定性。

反映短期偿债能力的财务比率主要包括营运资本、流动比率、速动比率、现金比率和现金流量比率等,反映资产流动性的财务比率主要包括应收账款周转率、存货周转率、现金周转期等。不能偿还短期债务会给企业的持续经营造成严重影响,因此,财务报表分析时必须关注并分析企业的短期偿债能力和流动性。

(二)短期偿债能力比率的计算与分析

1. 营运资本

营运资本(working capital),一般是指净营运资本,等于流动资产减去流动负债后的差额,反映了企业日常经营活动中可供周转使用的流动资金净额。其计算公式如下:

$$营运资本＝流动资产－流动负债$$

一般认为,营运资本越多,流动负债的安全性就较高,债务风险就越小;同时,较高的营运资本还表示企业具有一定的应对意外事件或把握随机出现的采购或投资机会的准备;而较低的或负的营运资本,则表示企业存在流动性不足的风险,营运资本为负数还可能会使公司被视为持续经营能力存在重大不确定性的一种信号。

在运用营运资本评价短期偿债能力时,还应注意以下问题:

(1)营运资本是绝对数,与企业规模和经营模式相关,无法反映流动资产和流动负债在时间上的匹配关系,也不便于对不同规模的企业或同一企业的不同期间进行横向或纵向的比较。一家总资产为 5,000 万元的企业与一家总资产为 500 万元的企业，营运资本的规模可能相差甚远。

（2）营运资本不等于可随时动用的资金。如果营运资本的增加是流动资产增长快于流动负债增长造成的，如存货和应收款项的增长快于应付款项和预收款项的增长，则营运资本将增长，但经营活动现金净流量可能会减少。

（3）营运资本管理是企业整体财务战略的重要组成部分。营运资本为正数，表示一部分流动资产占用了长期资金来源，在资产－资金匹配策略上偏于稳健，融资成本一般较高；营运资本为负数，则表示一部分长期资产是由短期负债形成的，资产－资金匹配策略偏于激进，具有较高的财务风险。

营运资本与长期资产和长期资本之间的关系如下：

营运资本＝流动资产－流动负债

　　　　＝（总资产－非流动资产）－（总资产－股东权益－非流动负债）

　　　　＝（股东权益＋非流动负债）－非流动资产

　　　　＝长期资本－非流动资产

正常经营状态下，企业的货币资金、应收账款和存货等必须长期保持一定的规模，不可能将全部流动资产进行清算以偿还债务。因此，保持营运资本为正数被视为财务安全的一项主要标志。但营运资本的规模并没有定量的标准，许多学术研究人员认为，企业战略、规模、行业特征、业绩、成长性、经济周期等都是影响营运资本需求量的因素。[①] 企业可以通过管理购货款的付款时间将营运资本控制在较低的水平上，只要企业的流动资产周转较快或具有较强的短期融资能力，就能在一定程度上保障短期债务的偿付。

如果只考虑经营性流动资产和经营性流动负债，计算出的营运资本称为净经营性营运资本。由于经营性流动资产中不包含交易性金融资产，经营性流动负债中不包含短期借款和一年内到期的长期负债，净经营性营运资本反映了经营活动所提供的财务弹性。其计算公式如下：

净经营性营运资本＝经营性流动资产－经营性流动负债

2. 流动比率

流动比率（current ratio），是指企业一定会计期末的流动资产与流动负债的比率。流动比率是衡量企业短期偿债能力的典型指标，在财务分析中应用非常广泛。与营运资本相比，流动比率消除了规模因素的影响，更直观地反映了流动资产对流动负债的保障程度，便于不同企业之间以及同一企业不同期间之间进行横向或纵向比较。流动比率的计算公式如下：

$$流动比率 = \frac{流动资产}{流动负债}$$

[①] 袁卫秋，董秋萍. 营运资本管理研究综述 [J]. 经济问题探索，2011（12）：157—162.

[例] 根据 20×8 年 12 月 31 日的资产负债表，A 公司的流动资产为 350 万元，流动负债为 50 万元；B 公司的流动资产为 3，500 万元，流动负债为 3，200 万元。两家公司的流动资产和流动负债的规模存在较大差异，但营运资本均为 300 万元，流动比率则分别为 7 和 1.09。因此，不能认为两家公司具有相同的短期偿债能力。

一般认为，如果流动比率过低，企业可能存在短期偿债能力不足的风险；流动比率较高，则表示企业的流动资产能够产生足够的现金以清偿全部流动负债，满足正常生产经营活动的需求，对债权人来说更具安全性。但流动比率并非越高越好。流动比率的适当数值，并不存在一个统一的标准，需要结合行业特征、历史数据和流动资产结构进行分析。

(1) 结合行业特征进行分析。由于不同行业的经营模式、营业周期、资产配置、款项结算方式不同，流动比率往往相差甚远。行业均值和同行业可比企业值通常是财务比率的较好基准。流动资产和流动负债的规模通常是由其经营模式和销售规模决定的。一般情况下，营业周期越长的行业，合理的流动比率较高；资产流动性较快的行业，合理的流动比率较低。农业企业的流动比率通常要高于商品流通企业和航空业，如隆平高科 2014—2018 年的流动比率平均值为 1.776，而东方航空只有 0.258。但同一行业的各企业之间，流动比率往往也存在较大差距。

(2) 结合历史数据进行分析。对流动比率连续多年的数值进行分析，能够了解企业短期偿债能力和流动性的变化趋势。例如，乐视网 2014—2018 年的流动比率分别是 0.81、1.22、1.27、0.55、0.36，最后两年急剧下降，是出现流动性风险的信号。

(3) 结合流动资产的构成进行分析。流动资产中，现金具有最强的流动性（用途受限的现金除外），交易性金融资产的价值波动较大，应收票据和应收账款的可回收价值通常低于账面价值，存货周转较慢，预付款项是已经支出的现金。但现金的收益率最低，持有大量现金不符合企业经营的目的；逾期应收账款、积压的材料物资或产成品存货、大额预付账款等的实际变现能力较差。同时，企业经营过程中需要保持一定规模的流动资产占用，并不会将全部流动资产清算变现。因此，流动比率并非越高越好。过高的流动比率，可能还意味着流动资产占用了长期性资金，会增加企业的融资成本。反之，如果流动资产周转较快，即使流动比率较低，也不一定会出现支付风险。

(4) 流动比率受到会计政策选择和会计估计判断的影响，如坏账准备和存货跌价准备的计提、存货发出的计价方法等。这些会计方法通过影响应收账款和存货的账面价值，从而影响各项财务比率的计算结果。

流动比率还会受到人为的操纵或刻意的管理。如果流动比率被作为银行借款合同的一项限制性条款，为了避免债务违约，企业可能会通过资产减值准备或设计并执行某些交易的方法提高期末的流动比率，如增加流动资产或减少流动负债、提前偿还未到期债务、报表项目之间的重分类（如长期资产分类为持有待售资产）等，均能起到提高流动比率的效果。

[例] A 公司年末的流动资产和流动负债如表 9-1 所示。假设存在三种不同的情形：流动资产大于流动负债，流动资产等于流动负债，流动资产小于流动负债。三种情形下，营运资本和流动比率的值不相同。

表 9-1　流动比率的计算

项目	情形 1	情形 2	情形 3
流动资产（万元）	500,000	500,000	300,000
流动负债（万元）	500,000	300,000	500,000
营运资本（万元）	0	200,000	-200,000
流动比率	1.00	1.67	0.60

假设三种情形下，企业分别偿还一笔的未到期债务 200,000 元或借入 100,000 元的新债务，营运资本和流动比率的变化如表 9-2 所示。由于流动资产和流动负债同时变动，营运资本不变，但流动比率会发生变化：

表 9-2　交易对流动比率的影响

项目	提前偿还 200,000 元债务			借入 100,000 元新债务		
	情形 1	情形 2	情形 3	情形 1	情形 2	情形 3
流动资产（万元）	300,000	300,000	100,000	600,000	600,000	400,000
流动负债（万元）	300,000	100,000	300,000	600,000	400,000	600,000
营运资本（万元）	0	200,000	-200,000	0	200,000	-200,000
流动比率	1.00	3.00	0.33	1.00	1.50	0.67

情形 1，流动资产等于流动负债，同时增加或减少流动资产和流动负债不会改变流动比率；

情形 2，流动资产大于流动负债，偿还债务提高了流动比率，借入新债则降低了流动比率；

情形 3，流动资产小于流动负债，借入新的债务提高了流动比率，提前偿还债务则降低了流动比率。

假设 A 公司与银行签订的借款合同中约定，借款期间内企业的流动比率不得低于 2。当前，A 公司处于情形 2 的状态，流动比率为 1.67。为了避免违约，A 公司在 12 月 25 日提前偿还了一笔金额为 200,000 元的未到期应付账款，则流动比率提高至 3，从而避免了借款违约的后果。

3. 速动比率

速动比率（quick ratio），又称酸性实验比率（aid-test ratio），是指某一会计期末的速动资产与流动负债的比率。速动资产是流动资产扣除存货后的差额，主要包括货币资金、交易性金融资产和各种应收款项。由于存货周转较慢、变现期较长，且可能存在陈旧过时、积压滞销或被抵押等情形，其变现时间和金额具有不确定性，因此，用扣除存货后的速动资产计算的速动比率，能够更准确地反映企业的短期偿债能力。其计算公式如下：

$$速动比率 = \frac{流动资产 - 存货}{流动负债}$$

如果存货在流动资产中的占比较低，速动比率与流动比率就会比较接近。此外，流动资产中的其他项目，如预付款项、一年内到期的非流动资产和其他流动资产等，可能无法变现或变现具有不确定性，尤其是预付款项，是已经支出的款项，不属于可用资金，将预付款项包括在流动资产中，会高估企业的流动性。因此，如果预付款项金额较大，应在计算速动比率时扣除，或直接将货币资金、交易性金融资产和应收款项（包括应收票据和应收账款）相加，直接求得速动资产。此时计算的速动比率，称为保守速动比率。其计算公式如下：

$$保守速动比率 = \frac{流动资产 - 存货 - 预付款项}{流动负债}$$

速动比率是对流动比率的补充。速动比率越高，说明企业的短期偿债能力越强；速动比率太低，说明企业的短期偿债能力较差。但对速动比率的评价，同样应该考虑企业的经营模式和速动资产的结构，并与行业均值和可比企业数值及企业前期进行比较，不存在适用于各行各业的通用标准。

4. 现金比率

现金比率（cash ratio），是指现金与流动负债的比率，反映了企业在不依赖应收账款回收和存货销售的情形下，只动用当前现金存量履行短期债务契约的能力。这里的"现金"或称为现金资产，包括库存现金、随时可以用于支付的银行存款和交易性金融资产。在企业陷入财务困境时，现金比率衡量了企业应对财务危机的能力。其计算公式为：

$$现金比率 = \frac{货币资金 + 交易性金融资产}{流动负债}$$

现金比率反映的是企业的即时支付能力，较少受到营业周期和会计政策选择的影响。由于现金的收益能力较低，现金比率并非越高越好，企业一般也不会为了偿债长期保留大量的现金。但在实务中，确实存在许多储备大量现金使得现金比率较高的企业。企业留存大量现金的原因，可能是经营活动现金净流量的积累，或者缺乏投资机会，或者恰逢获得某项重大融资等，并非以偿还债务为主要目的。在企业经营遭遇特殊困难的情形下。如果无法获得经营活动现金流量也不能获得新的商业信用和银行信用或权益资本，企业只能运用当前拥有的现金资产偿还到期债务本息并进行各种支付，在某种程度上，此时企业拥有的现金资产的规模决定了其能够生存的时间。

5. 现金流量比率

现金流量比率（cash flow-debt ratio），是指企业经营活动现金流量净额与流动负债的比率，反映了企业经营活动所创造的现金流量对流动负债的保障程度。其计算公式如下：

$$现金流量比率 = \frac{经营活动现金流量净额}{流动负债}$$

现金流量比率越高，表示企业短期偿债风险越小。需要注意的是，经营活动现金流量净额是流量数据，不是现金存量，不表示企业的即时偿付能力。现金流量比率的意义，主要在于预测企业未来期间内经营活动创造的现金净流量对于同期内到期的流动负债的保障程度。如果现金流量比率较低，预示着企业未来的偿债能力存在不足的风险。

[例] 根据复星医药、恒瑞医药和华润三九的资产负债表（表 2-1）和现金流量表（表 8-1），计算各项短期偿债能力财务比率，如表 9-3 所示。复星医药 2019 年的各项流动性比率均比 2018 年有所提高。三家公司相比，恒瑞医药的营运资本规模较大，营运资本占总资产的比例高达 71.99%，四项流动性比率也较高，这是因为该公司持有较多的现金和交易性金融资产。

表 9-3 短期偿债能力比率的计算与比较

项目	复星医药 2019 年	复星医药 2018 年	增减变动 （＋/－）	恒瑞医药 2019 年	华润三九 2019 年
营运资本（万元）	296,960	7,848	289,112	1,983,867	359,961
营运资本/总资产（%）	3.90	0.11	3.79	71.99	17.91
流动比率	1.17	1.00	0.17	9.02	1.54
速动比率	0.94	0.82	0.12	8.37	1.32
现金比率	0.57	0.51	0.06	5.49	0.46
现金流量比率	0.18	0.16	0.02	1.54	0.29

三、流动负债结构对短期偿债能力的影响

除了流动资产的结构，流动负债结构也是影响流动性比率计算的重要因素，尤其是应付账款、预收款项、一年内到期的非流动负债等项目，对于解读短期偿债能力比率非常重要。

应付账款和应付票据是商业债务，是营运资本的重要来源。在正常商业信用环境中，应付账款一般会保持一定的规模，循环周转，不必完全结清。在某种程度上，应付账款和应付票据是企业相对于供应商更具有议价能力的一种标志。

预收款项，是企业实际已经收到的现金，一般以提供商品或服务的方式偿还，不需要付现。如果预收款项金额较大，可在计算速动比率和现金比率时将其从流动负债（分母）中扣除。

一年内到期的非流动负债，通常金额巨大且即将偿还，会大幅度降低企业当期的短期偿债能力比率，并使企业面临较大的现金支付压力。

四、影响短期偿债能力的表外因素

除了上述依据财务报表数据计算的偿债能力比率外，还有一些表外因素，虽然不影响财务比率的计算，但可能会提高或降低企业的流动性，对企业的短期偿债能力或长期偿债能力造成重大影响，在财务分析时应该加以注意。

（一）提高流动性的因素

某些表外因素，能够使企业在面临资金需求或现金流意外中断时，快速获得所需资金或将债务展期，如未使用的银行授信额度、良好的商业资信、资产负债表日后可能达成的债务重组协议或已确定获得的赔偿等。这些因素在一定程度上提高了企业的流动性和财务弹性。

（1）可动用的银行授信额度。银行授信额度，是指商业银行授予客户的信贷额度，包括贷款额度、开立信用证额度、出口押汇额度、银行承兑汇票额度等。客户获得授信额度后，根据协议自行决定额度使用时间。未使用的信用额度使企业能够随时获得所需要的资金，为企业的短期财务安排提供了便利和灵活性。

（2）良好的商业资信。如果企业具有良好的信用记录，在资金暂时困难的情况下，有可能获得债权人的债务展期或额外的商业信用。反之，信用记录产生的连锁反应，也会使企业陷入经营困境。

（3）其他提高流动性的因素。如果企业有望与债权人进行债务重组，不管是减免债务本息、债务展期还是债务转资本，都能缓解企业当前的偿债压力；如果企业存在可能获胜的诉讼赔偿，预期也会带来额外的现金流入。但这些事项的发生具有高度的不确定性，不能作为解决流动性需求的常规手段。

（二）降低流动性的因素

某些表外因素，不影响财务比率的计算，却会减少企业未来的现金流入量或增加现金流出量，从而降低企业的流动性。

（1）或有负债或承诺事项。或有负债是过去的交易或事项形成的潜在义务，其结果须由某些未来事项的发生或不发生决定，如未决税款争议、未决经济诉讼、为他人借款或履行有关经济合同提供担保等。或有负债通常在报表附注中披露，不在表内确认。如果企业存在大额的或有负债，意味着很有可能在未来某会计期间承担经济义务，导致大额现金流出，降低未来的偿债能力。

承诺事项是指因合同或协议的要求引起义务的事项，包括企业已签订的尚未履行或尚未完全履行的对外投资合同、已签订的正在或准备履行的大额发包合同、租赁合同等。重大承诺事项通过附注披露，不在表内确认。但未来特定期间内，只要达到特定条件，就需履行这些承诺事项并导致现金流出、其他资产减少或负债增加。

（2）资产负债表日后发生的资产价值减损、非常损失、现金利润分配等事项。在资产负债表日无法预期这些事项是否发生，若发生此类事项，将可能减少企业的现金流入或导致现金流出。

（3）补偿性余额。补偿性余额是企业从银行借款时，按照银行要求，在开立的银行存款账户中保留的最低存款余额，通常为贷款额的一定百分比（如 10%—20%）。补偿性余额降低了银行的信贷风险，但提高了借款企业的实际利率，减少了其实际可支配的借入资金，使"银行存款"项目中包含一部分不能随时动用的金额。如果补偿性余额较大，依据财务报表计算的流动性比率将会被高估，财务杠杆率则被低估，从而影响对企业偿债能力的判断。

第 2 节　长期偿债能力分析

一、长期偿债能力的含义

长期偿债能力（solvency），是指企业履行全部债务契约或偿付全部债务本金和利息的能力，尤其是对长期有息债务的偿付能力。经营性负债主要是短期债务，增加了企业的营运资本，而长期债务主要是融资性负债和带息债务，其积极作用包括利息的财务杠杆效应和节税效应，以及保持股东对公司的控制权、约束管理层的机会主义行为并降低代理成本等。但负债融资具有融资成本，必须定期还本付息，并受到法律的强制保护。

长期来看，企业的偿债能力依赖于其资本结构的合理性和盈利能力，反映了企业的总体财务风险。因此，长期偿债能力分析主要以资产负债表和利润表为基础进行。

（1）以资产负债表为基础的长期偿债能力分析，主要是为了反映权益资本对债务资本的保障程度，尤其是在企业陷入财务困境或清算状态时，动用全部资产偿还债务的能力，典型的财务比率是资产负债率和产权比率。因此，适度负债和资本结构的稳定性是控制财务风险的前提。

（2）以利润表为基础的长期偿债能力分析，主要是为了反映企业通过生产经营活动获得的收益对债务利息的保障程度，典型的财务比率是利息保障倍数。因此，保持总资产收益率高于债务资本成本是长期偿债能力的基础。

（3）以现金流量表为基础的偿债能力分析，主要是反映企业自身经营活动创造的现金流量对负债的保障能力，典型的财务比率是经营活动现金流量净额对流动总负债和流动负债的比率。总体上，充裕的经营活动现金流量为偿还债务和投资扩张提供了可靠的资金来源。

二、以资产负债表为基础的长期偿债能力分析

（一）资产负债率

资产负债率（debt ratio），即财务杠杆比率，是指特定时点（一般指会计期末）的负债总额与资产总额的比率，反映了全部资产对全部负债的保障能力。其计算公式如下：

$$资产负债率＝\frac{负债总额}{资产总额}\times100\%$$

资产负债率是衡量企业负债程度及财务风险程度的一项基本指标。资产负债率越低，债务安全性越高，财务风险越小。一般认为，资产负债率的经验比率为 50%。如果资产负债率太高，企业将面临较高的偿债压力；若资产负债率超过 100%，则处于资不抵债状态。事实上，在评价负债率时，经验标准仅供参考。影响资产负债率的因素，包括行业特征、盈利能力、资产结构、企业规模、财务政策、产权性质、投资机会、资本市场环境、经济周期等各种内部因素和外部因素。实务中，存在几乎没有债务融资但仍保持高盈利和持续增长的企业，也存在负债率很高但运营正常的企业。

在对资产负债率进行时，应注意以下问题：

首先，资产负债率具有行业差异性。如表 9-4 所示，不同行业企业的资产负债率存在较大的差异。金融业由于业务特殊，资产负债率通常较高，如浦发银行的资产负债率平均超过 90%。非金融行业中，航空、建筑、房地产等企业的资产负债率通常较高，汽车制造企业较为适中，服务性企业相对较低。如万科 A（房地产开发企业）的资产负债率平均为 82.23%，东方航空（航空运输业）为 76.42%，上汽集团（汽车制造业）为 61.92%，徐家汇（商业贸易企业）只有 17.25%。

同一行业内不同企业之间的资产负债率也存在较大的差别，如上汽集团和广汽集团均属于整车制造业企业，但上汽集团的资产负债率超过广汽集团约 20%。除了整车制造外，两家企业还从事金融业务，上汽集团的金融业务规模更大，从整体上提高了资产负债率。

表 9-4 资产负债率的横向比较和纵向比较

年份	浦发银行	万科 A	东方航空	云南白药	徐家汇	广汽集团	上汽集团
2015 年	93.68%	77.7%	80.76%	29.87%	17.52%	41.28%	58.78%
2016 年	93.63%	80.54%	76.15%	35.56%	18.65%	45.38%	60.20%
2017 年	92.98%	83.98%	75.15%	34.51%	18.09%	41.13%	62.39%
2018 年	92.39%	84.59%	74.93%	34.42%	16.66%	41.02%	63.63%
2019 年	91.99%	84.36%	75.12%	23.28%	15.34%	39.99%	64.58%
平均	92.93%	82.23%	76.42%	31.53%	17.25%	41.76%	61.92%

其次，资产负债率受到企业个体特征的影响。一般情况下，盈利能力较强的企业，经营活动现金流量净额充裕，对负债融资的依赖度较低。有形资产和土地使用权较多的企业，可用于抵押的资产较多，更容易获得金融机构的贷款。由于固定资产大多以历史成本计价，账面价值多低于变现价值，因而固定资产较多的企业，资产负债率容易被高估。

无形资产（除土地使用权外）、研发支出和商誉的减值风险高，难以作为贷款的抵押物。在计算资产负债率时，可以从总资产中扣除这三个项目，只反映有形资产对负债的保障程度，即有形资产债务率。其计算公式如下：

$$有形净值债务率 = \frac{负债总额}{资产总额 - 无形资产 - 研发支出 - 商誉} \times 100\%$$

[例] 以三家医药行业企业为例，复星医药的资产负债率为48.50%，恒瑞医药的资产负债率只有9.50%，该公司没有银行借款也没有发行公司债券。扣除无形资产、研发支出和商誉后的有形资产债务率，复星医药和华润三九分别提高约17%和14%，达到65.76%和49.29%，恒瑞医药仅从9.50%增至9.63%，略有提高。主要的原因：一是复星医药和华润三九进行了对外并购，因而产生了较多的商誉；二是三家企业对研究开发支出采用了不同的会计政策，恒瑞医药的研发投入全部计入当期费用，期末没有开发支出余额，无形资产也较少。华润三九的研发投入资本化比例为18.31%，复星医药的研发投入资本化比例为41.09%。研发投入资本化比例越高，无形资产和研发支出项目的金额就越大，有形资产债务率相应就越高。

因此，在对同行业企业之间进行资产负债率比较时，应考虑企业采用的财务政策与会计政策的差异，或进行适当调整。

表9-5 资产负债率和有形资产债务率的比较

项目	复星医药 2019 年	复星医药 2018 年	增减变动 （＋/－）	恒瑞医药 2019 年	华润三九 2019 年
资产负债率	48.50%	52.39%	－3.89%	9.50%	35.92%
有形资产债务率	65.76%	70.39%	－4.63%	9.63%	49.29%
产权比率	0.94	1.10	－0.16	0.11	0.56
有形净值债务率	1.92	2.38	－0.46	0.11	0.97

需要注意的是，过度负债与高负债率并非等同的概念，高负债率并不意味着过度负债。权衡理论认为，负债具有抵税效应，但随着负债比例的提高，负债融资成本会增加，陷入财务困境的风险将会增大，在一定程度上抵销了债务利息的税盾效应，当债务的税盾收益与财务困境成本相等时，负债比例最优，视为最佳资本结构。由此看来，超过最优资本结构即可认为是过度负债。但最佳资本结构的界定存在一定难度，企业通常根据经验或目标负债率来衡量是否负债过多，外部投资者还可以选择行业负债率的中位数和均值作为衡量一家企业是否过度负债的基准。[①]

再次，对资产负债率的评价受到利益相关者风险和收益偏好的影响。债权人倾向于企业保持较低的资产负债率，以保障债务本息的安全；由于负债具有财务杠杆效应

---

① 已有研究对于长期视角下过度负债的衡量主要采用三种方式：（1）实际负债率减去回归（通过资产负债率对其主要影响因素回归）得到的目标负债率；（2）实际负债率减去当年行业负债率中位数或均值；（3）Graham 的 Kink 值，即公司负债所能达到最大税收优惠时的利息支出或实际利息支出。这三种方式的主要区别在于对目标负债率的理解。第一种方式认为目标负债率由企业特征、行业和宏观因素决定，较为全面；第二种方式认为企业目标负债率以行业负债率为标准，但可能忽略了行业内异质性；第三种方式认为企业目标负债率由税收因素决定，但是研究表明，控制其他因素后，税收对企业资产负债率的影响不显著。陆正飞，何捷，窦欢. 谁更过度负债：国有还是非国有企业？[J]. 经济研究，2015（12）：54—67. 上述引用中省略了参考文献引用的内容。

和税盾效应，股东对较高的负债率可能持更乐观和开放的态度。事实上，如果一家企业陷入财务危机，不仅债权人无法收回债务本息，股东也会因财务状况恶化或股价下跌而遭受重大损失。因此，较高的资产负债率对于股东同样是一个危险信号，对于管理层也不是一个好消息。

（二）股东权益比率和权益乘数

股东权益比率（equity-asset ratio），即所有者权益比率，是股东权益与资产总额的比率，是资产负债率的相对比率。股东权益比率越高，债务本息就越安全。其计算公式如下：

$$股东权益比率 = \frac{股东权益}{资产总额} \times 100\%$$

股东权益比率的倒数称为权益乘数（equity multiplier），是资产总额与股东权益的比率，表示单位所有者权益所撬动的资产规模。权益乘数越大，资产负债率越高。其计算公式如下：

$$权益乘数 = \frac{资产总额}{股东权益总额} = \frac{1}{1-资产负债率}$$

计算权益乘数时，可以对总资产和所有者权益总额分别取期间平均数，计算"平均权益乘数"。

资产负债率、所有者权益比率、产权比率和权益乘数均是财务杠杆的不同表现形式。

（三）产权比率

产权比率（debt-equity ratio），即负债权益比率，是负债总额与股东权益总额的比率，反映了债权人权益受到股东权益保护的程度，是资产负债率的一种变化形式。其计算公式如下：

$$产权比率 = \frac{负债总额}{股东权益} = \frac{资产负债率}{1-资产负债率}$$

在计算产权比率时，可以从股东权益中扣除无形资产、研发支出和商誉，计算有形净值债务率，以反映在公司清算状态下，权益资本对负债的保障程度。其计算公式如下：

$$有形净值债务率 = \frac{负债总额}{股东权益-无形资产-开发支出-商誉} \times 100\%$$

有息负债包括短期借款、一年内到期的非流动负债、长期借款、应付债券、租赁负债等。有息债务占负债总额的比例越大，企业的偿债压力就越大。股东权益对有息债务的保障程度越高，财务风险就越小。其计算公式如下：

$$有息债务权益比 = \frac{有息债务}{股东权益}$$

有息负债与货币资金的差额即为企业的净负债，净负债与股东权益的比率称为净负债率，反映了企业的净债务负担水平。其计算公式如下：

$$净负债率 = \frac{有息负债-货币资金}{股东权益} \times 100\%$$

　　银行借款是多数企业普遍运用的融资方式，以借款为基础计算的借款权益比率，反映了股东权益对金融机构借款的保障程度。其计算公式如下：

$$借款净额与权益比率 = \frac{短期借款＋一年内到期的长期借款＋长期借款－货币资金}{股东权益}$$

（四）长期资本负债率

　　长期资本负债率（long-term capital-debt ratio）等于长期负债与长期资本的比率。长期资本包括债权资本和股权资本，两者之间的比例关系称为资本结构（capital structure）。在可行的条件下，企业通常会选择融资速度最快、融资成本最低、财务风险最小的融资方式。长期负债是购置长期资产时常用的融资方式，利率较高，一般要分期支付利息（零息债券除外）。长期负债的利息分别计入财务费用或资产成本，是一项固定性支付，在较长的时间内影响公司的流动性、净利润和现金流量。其计算公式如下：

$$长期资本负债率 = \frac{长期负债}{长期负债＋股东权益} \times 100\%$$

　　该比率也可以直接用长期负债与股东权益进行比较。需要注意的是，优先股无论如何分类，在计算资本结构比率时都应该包含。

　　财务学理论在分析企业资本结构和估值时，一般采用市场价值。财务报表使用者通常采用负债和股东权益的账面价值，也可以将市场价值计算的资本负债率作为补充。

三、以利润表和现金流量表为基础的长期偿债能力分析

（一）利息保障倍数

　　利息保障倍数（times interest earned ratio），是指企业一定期间（一般指一个会计年度）的息税前利润与利息费用的比率。息税前利润是企业扣除利息费用和所得税费用之前的利润，反映了企业现行资本结构下的盈利能力对利息费用的保障程度。其计算公式如下：

$$利息保障倍数 = \frac{净利润＋所得税费用＋利息费用}{利息费用}$$

　　公式中的"利息费用"，应包括计入当期损益的利息费用、计入资产成本的资本化利息以及租赁负债的利息费用。计入当期损益的利息费用，在利润表的"财务费用"项下列示；[①] 资本化的利息费用，计入"在建工程"和"存货"等项目的成本，可从报表附注中查找有关数据。企业多数情况下不披露租赁负债的利息费用，有的财务分析师可能使用租赁支出的一定比例进行概算。

---

　　① 2018 年之前，在报表附注中披露财务费用的构成信息，包括利息费用、利息收入、汇兑收益、汇兑损失、金融机构手续费等。2018 年 6 月 15 日，财政部发布《关于修订印发 2018 年度一般企业财务报表格式的通知》（财会〔2018〕15 号），利润表内"财务费用"项目下增列"利息费用"和"利息收入"两个子项目。

利息保障倍数是总资产收益对当期利息费用的倍数，表示企业在面临财务困境无法支付利息之前，利润下降的限度。利息保障倍数越大，利息费用的安全程度越高。著名财务学家希金斯（2009）认为，如果一个公司能够通过获取新贷款偿还旧债务从而不断使其到期债务得以展期，它的财务负担就只有利息费用，那么利息保障倍数就比较重要。[①] 按期支付利息有助于企业不断积累银行信用和市场声誉。长期看，盈利是利息支付的基础，因此，利息保障倍数能够较好地衡量企业的长期负债能力和利息的安全程度，该指标对于银行等金融机构评价贷款安全性具有重要价值。

息税前利润中扣除的折旧和摊销费用属于非付现费用，因此，即使利息保障倍数小于1，企业仍有可能正常支付利息。需要注意的是，非经常性损益不具有持续性，如果其金额较大，可将其从息税前利润中扣除，以使利息保障倍数只反映正常经营活动利润对利息费用的保障程度。

在具体运用利息保障倍数时，还可以进行一些调整或变换，如使用息税折旧摊销前利润（EBITDA）计算利息保障倍数，以消除折旧和摊销等会计选择的影响。其计算公式如下：

$$EBITDA\ 利息保障倍数 = \frac{息税前利润 + 折旧费用 + 摊销费用}{利息费用}$$

（二）现金流量利息保障倍数

在衡量企业的支付能力时，现金流量比利润更可靠。用经营活动现金流量净额替代息税前利润计算的现金流量利息保障倍数（cash flow times interest earned ratio），是对利息支付能力的一种较好的衡量方式。如果企业经营活动无法产生足够的现金以支付利息，财务报表使用者应对企业的资金利用效率和长期偿债能力保持适度的谨慎。其计算公式如下：

$$现金流量利息保障倍数 = \frac{经营活动现金流量净额}{利息费用}$$

融资引起的固定支付承诺，除了负债利息，还包括优先股股利，应在衡量企业支付能力时加以考虑。以全部固定支付或承诺为基础计算的财务比率叫作固定支付比率（fixed charge ratio），可以作为利息保障倍数的补充。固定支付比率越高，企业偿债能力越强。其计算公式如下：

$$固定支付比率 = \frac{净利润 + 所得税费用 + 利息费用}{利息费用 + 优先股股利 / （1 - 所得税税率）}$$

[例] 根据三家医药公司的利润表、现金流量表和报表附注中的有关数据（如表9-6所示）计算的利息保障倍数、现金流量保障倍数和EBITDA利息保障倍数如表9-7所示。

---

① 罗伯特·C.希金斯.财务管理分析（第10版）.沈艺峰等译.北京：北京大学出版社，2015.

表 9-6　利息费用与保障倍数的计算

项目	复星医药 2019 年 （万元）	复星医药 2018 年 （万元）	增减	恒瑞医药 2019 年 （万元）	华润三九 2019 年 （万元）
利息费用	107,469	92,966	15.60％		441
资本化利息费用	1,958	792	147.22％		
所得税费用	78,223	55,971	39.76％	72,931	42,955
净利润	374,352	301,988	23.96％	523,645	213,908
息税前利润	562,002	451,717	24.41％	596,576	257,304
经营活动产生的现金流量净额	322,241	295,011	9.23％	381,683	197,183
息税折旧摊销前利润	714,049	586,408	29.31％	661,160	293,986
折旧费用和摊销费用合计	152,047	134,691	12.89％	64,584	36,682
其中:固定资产折旧费用	87,782	86,032	2.03％	61,095	29,878
使用权资产折旧费用	13,978				
投资性房地产折旧或摊销费用					87
无形资产摊销费用	45,445	45,976	−1.15％	757	3,610
长期待摊费用摊销	4,842	2,683	80.47％	2,732	3,107

根据表 9-7，复星医药的利息保障倍数和 EBITDA 利息保障倍数都比上年提高，主要原因是净利润的增长。一般情况下，考虑折旧费用和摊销费用后，EBITDA 利息保障倍数通常更高。而现金流量基础的利息保障倍数取决于净利润与经营活动现金流量净额之间的对比，如果经营活动现金流量净额为负数，就不需要计算现金利息保障倍数。恒瑞医药 2019 年度没有发生利息费用，因此就不需要计算利息保障倍数。

表 9-7　利息费用与保障倍数的计算

项目	复星医药 2019 年	复星医药 2018 年	增减	恒瑞医药 2019 年	华润三九 2019 年
利息保障倍数	5.14	4.82	6.60％		583.46
现金利息保障倍数	2.94	3.15	(6.41％)		447.13
EBITDA 利息保障倍数	6.53	6.25	10.80％		666.63

注:( )内为负数。

（三）到期债务本息偿付比率

到期债务本息偿付比率（payment ratio of principal and interest of matured debt），是指企业一定期间（通常为一年）的经营活动现金流量净额与报告期的到期债务本金和应付利息的比率。其计算公式如下：

$$到期债务本息偿付比率 = \frac{经营活动现金流量净额}{到期债务本金 + 应付利息}$$

到期债务是指报告期内需要偿还的债务本金和应该支付的利息，不包括应计但不需要在本期支付的利息费用。到期债务本息偿付比率综合了资产负债表、利润表和现金流量表的信息，是对利息保障倍数的补充。该比率越高，企业的支付能力就越强。

四、影响企业长期偿债能力的因素

（1）盈利能力。长期看，盈利能力是偿债能力的基础。只有债务资本的收益超过债务资本成本，才能保障债务本息的安全，提高权益资本的回报率。长期持续的盈利还会增加净利润的留存和积累，从而增加股东权益和优化资本结构；同时创造源源不断的现金净流量，提高企业的支付能力。

（2）长期资产的变现能力和增值潜力。企业的长期资产尤其是固定资产和土地使用权，多数按历史成本计量，其账面价值一般低于现行公允价值。这些长期资产不仅可以作为负债的抵押物，在企业亏损或现金流短缺时，还可以通过改变计量属性或出售变现，增加企业盈利并带来巨额现金流，使企业摆脱财务困境。

（3）合理的资本结构以及雄厚的自有资本。负债比例过高通常隐含着巨大的财务风险。因此，控制负债的规模和比例，保持适度负债，是控制财务风险的前提。

（4）长期的固定支付。企业可能有一些固定支付或承诺，如优先股股利、长期建造合同的分期付款、原租赁准则下的长期经营性租赁租金等，需要在较长时期内进行分期支付，但不一定在表内作为负债进行确认。这种情形下，以报表数据为基础计算的财务比率，将会高估企业的短期或长期偿债能力。

五、偿债能力和财务风险的其他分析方法

（一）财务杠杆系数

固定融资成本对股东权益回报的财务杠杆效应可以用财务杠杆系数（degree of financial leverage，DFL）衡量。财务杠杆，是指债务利息、优先股股利等固定性融资成本的存在使得普通股每股收益的变动幅度大于息税前利润变动幅度的现象。其计算公式如下：

$$DFL = \frac{每股收益变动百分比}{息税前利润变动百分比}$$

或者：

$$DFL = \frac{息税前利润}{息税前利润 - 利息费用 - 优先股股利/（1-所得税税率）}$$

财务杠杆系数是由固定融资成本和息税前利润共同决定的。固定的利息和优先股股利放大了息税前利润对每股收益或股东权益回报率的影响程度。财务杠杆系数越大，财务风险就越高；随着盈利能力的提高，财务杠杆系数将会下降。在对财务报表进行分析时，财务杠杆系数可以作为资产负债率的补充指标。

　　[**例**] 复星医药 2019 年的净利润为 374，352 万元，所得税费用为 78，223 万元，利息费用为 107，469 万元，没有发行优先股。则财务杠杆系数为：

息税前利润＝374，352＋78，223＋107，469＝560，044（万元）

财务杠杆系数＝560，044÷（560，044－107，469）＝1.24

计算结果表示，当息税前利润增长时，每股收益将会以 1.24 倍的速度增长；反之，当息税前利润下降时，每股收益将会以更大的幅度下降。由于息税前利润是全部资产的总回报，因此，负债成本对股东收益的影响最终是由企业的总体盈利能力决定的。这种总体盈利能力可以用总资产收益率表示。因此，负债的财务杠杆效应表现为，当总资产收益率高于负债利息率时，负债就会提高股东权益资本回报率；当总资产收益率低于负债利息率时，负债就会降低股东权益资本的回报率。长期看，一家企业的负债能力与其盈利能力密切相关，盈利能力较强的公司往往具有较低的负债水平。

（二）信用评级

在分析企业的偿债能力尤其是信用风险时，第三方机构的信用评级（credit ratings）也是一项易于获取且较为客观的参照标准。信用评级是指资信评估机构对债券发行企业或债券的信用度（credit worthiness）所进行的等级评定。[1] 信用等级分为主体信用等级和债券信用等级，主体信用等级反映了企业的整体信用风险，可用于评价企业的长期偿债能力；债券信用等级是评级机构在综合考虑发债主体信用能力、债券条款及其偿付能力等因素后，对企业所发行债券的综合债务保障能力作出的评价。信用评级机构在评级时通常会综合考虑企业的信用可靠性、商业风险和财务风险等因素，如经济和行业环境、产品市场、管理状态、盈利能力等，因而信用评级能够较好地反映企业的信用风险。

各信用评级机构都有自己的信用等级表达方式。例如，标准普尔（S&P）分别对长期债券信用和短期债券信用设立了不同的等级体系。对于长期债券信用共设了 10 个等级：AAA、AA、A、BBB、BB、B、CCC、CC、C、SD/D，它们所表示的偿债能力依次减弱。如 AAA 级表示债务人企业能够对债券本金和利息提供最高级别的保护；CCC 级债券表示发债企业履约还债的能力依赖良好的商业、金融和经济条件，如果商业、金融和经济条件恶化，发债人很可能违约。一般认为，BBB 级及以上等级的债务具有较高的安全性，属于投资级债券；BBB 级以下的债务具有较高的违约风险，但利息率通常也较高。标准普尔对短期信用评级分设六级：A-1、A-2、A-3、B、C、SD/D。不管是长期债券还是短期债券，当债务到期而债务人未能按期偿还时，即使宽限期未满，标准普尔也会评"D"级，除非其相信债务人企业能在宽限期内偿还。SD/D 则表示债务人有选择地对待某些或某类债务违约。信用评级的不足之处是具有滞后性，但仍不失为一项反映企业信用风险和偿债能力的综合性指标。

---

[1] 国际上最具有影响力的三大信用评级机构分别是：标准普尔公司（Standard & Poor's），穆迪投资者服务公司（Moody's）、惠誉国际信用评级公司（Fitch Ratings）。

（三）Z 值模型

Z 值模型（Z-score model）是 Altman 教授于 1968 年建立的一个用于预测公司破产风险的模型。Altman 教授以美国 1945 年之后 20 年间 33 家破产企业和相同数量的非破产企业作为研究对象，通过逐步判别分析，确定了 5 个最相关和影响最大的指标，构造了判别财务危机的预测模型。这五个指标包括：营运资本/资产总额（X_1）、留存收益/资产总额（X_2）、息税前利润/资产总额（X_3）、股东权益市价/总负债（X_4）、销售收入/资产总额（X_5）。

Z 值的计算公式如下：

$$Z = 1.2X_1 + 1.4X_2 + 3.3X_3 + 0.6X_4 + 0.996X_5$$

Z 值模型提供了 2.675 和 1.81 两个临界点，Z 值越小，破产风险越大。如果 Z 值大于 2.675，一般表示企业财务状况良好；如果小于 1.81，则表示企业存在较大的破产风险；如果 Z 值介于 1.81 和 2.675 之间，即所谓的灰色地带，则无法准确判断公司的财务状况。

1977 年，Altman 教授和另外两位学者对 Z 值模型进行扩展，建立了 ZETA 信用风险评估模型（ZETA credit risk model），所使用的变量增加到 7 个，提高了破产风险判别的精确度。ZETA 模型如下：

$$ZETA = aX_1 + bX_2 + cX_3 + dX_4 + eX_5 + fX_6 + gX_7$$

这 7 个变量的定义分别为：

资产收益率：息税前利润/总资产（X_1）；

收益的稳定性：资产收益率的 10 年变动趋势的标准差（X_2）；

债务负担（debt service）：息税前利润/利息费用（X_3）；

累计盈利能力：留存收益/资产总额（X_4）；

流动性：营运资本/资产总额（X_5）；

资本化率：普通股权益市值/总资本（X_6）；

规模：资产总额的对数（X_7）。

Z 值模型在财务比率与违约风险之间建立统计关系，综合反映了企业的流动性、累计盈利能力、当期盈利能力、资本结构、资产周转效率等状况，揭示了经营活动、投资决策和融资政策对企业偿债能力的影响，是对企业财务状况的综合评价。在对企业的信用风险进行事前评估时，Z 值可以作为补充或参考性指标。

第 3 节　营运效率分析

一、营运效率分析的意义

营运效率（operating efficiency）或称营运能力（operating capability），是指企业运用其所拥有的经济资源创造产出的能力，反映了企业的资产管理效率。通常情况下，任何生产经营环节效率的改进，都将体现为资产利用能力的提高和产出的增加。

资产周转越快，资金利用效率就越高，流动性和偿债能力就越强；同时也意味着企业能够以更少的资金占用实现更多的收益。因此，资产周转能力是影响企业偿债能力与盈利能力的重要因素。

由于营运效率衡量的是生产经营活动的投入（包括营运资本投入和生产能力投入）与其产出之间的对比关系，因此，对营运效率进行分析的方法，通常是将营业收入和营业成本分别与各类或各项资产进行对比，计算资产的周转速度。常用的营运效率指标包括：应收账款周转率、存货周转率、流动资产周转率、固定资产周转率、总资产周转率，以及营业周期和现金周转期。金融企业由于没有明显的可识别营业周期，一般无须计算应收账款周转率和存货周转率。

资产周转率受到各种企业内外部因素的影响，如行业经营模式、经营活动的季节性、营业收入的确认原则、资产计价与期末减值的会计处理方法等，具有典型的行业特征。为了合理解释营运效率指标，应首先了解企业的行业特征和商业模式，以及收入确认和资产计量的会计政策。在进行分析时，应将行业值和企业历史值作为比较的基准。

二、营运效率比率的计算与分析

（一）应收账款周转率

1. 应收账款周转率的含义

应收账款周转率（accounts receivable turnover），是企业一定期间内（通常为 1 年）的赊销收入与应收账款平均余额的比率，是评价应收账款流动性和企业信用管理效率的重要指标。应收账款周转率可以用周转次数表示，也可以用周转天数表示。应收账款周转天数或称为应收账款平均收账期（average collection period），表示从销售商品到收回现金的平均天数，或客户平均占款天数。周转次数越多，周转天数就越短。其计算公式如下：

$$应收账款周转率（次数）= \frac{赊销收入}{（应收账款期初余额＋应收账款期末余额）\div 2}$$

$$应收账款周转率（天数）= \frac{365}{应收账款周转次数}$$

需要说明的是，计算应收账款周转率的分子应该是赊销收入额，只有信用销售才会产生应收账款，但财务报告中通常不披露赊销收入数据，故一般使用营业收入代替，这使得得出的应收账款周转速度偏高。赊销比例越低，按营业收入计算的应收账款周转率就越高。另外，应收票据也可以包含在分母中。

经营活动季节性较强的企业，应收账款规模在年度内会出现较大的波动，期末余额和期初余额一般较低，导致应收账款的流动性被高估。这种情形下，可以按季度计算应收账款的平均余额和应收账款周转率。

应收账款期末余额或平均余额与日均营业收入之比，反映了企业每实现 1 元营业收入所需要的应收账款投资。其计算公式如下：

$$应收账款收入比 = \frac{应收账款期末余额}{营业收入 \div 365}$$

应收账款是企业授予客户的商业信用，目的是为了扩大客户群和增加销售额。美国工业企业中约1/6的资产是应收账款，因此，应收账款是代表企业财务资源的一项重要的投资（Ross等，2016）。[①] 应收账款是企业提供给客户的短期融通资金，具有机会成本，企业还要承担管理成本和可能的坏账损失。因此，通常认为，应收账款的规模要适度。企业的信用决策就是在因授信而增加的收益与其产生的成本之间进行权衡、制定合理的信用条件和收账政策、进行客户信用分析的过程。按照经典的财务学理论，当信用销售引起的收入增加所带来的现金流量边际增量等于应收账款增加带来的成本增量时，就是企业可提供的最优信用额度。但确定最优的信用政策是企业管理层的工作，财务报表使用者的目的是分析企业现有应收账款的价值和流动性，通过应收账款了解企业的业务模式、市场竞争状况和产品竞争力、相对于客户的议价能力等，以对企业的盈利能力和现金流量作出评价。

2. 分析应收账款周转率需要注意的问题

（1）对应收账款周转率进行评价，应根据分析目的确定适当的比较基准。可以运用的基准包括行业平均值或可比企业值、企业历史值、授予客户的平均信用期等。相对于基准值，一般认为，应收账款周转率越低，说明回款效率较低，不仅影响资金的正常周转，坏账风险和收账费用也会提高。而应收账款的快速回收能够在一定程度上弥补流动比率较低的不利影响，提高企业的短期偿债能力。

应收账款周转效率是企业信用管理效率的综合反映。企业在下列情形下可能会采取宽松的信用政策：市场竞争非常激烈；以营业额为基础的薪酬机制；生产能力过剩、变动成本较低；大量长期客户等。过于宽松的信用政策，往往会导致应收账款增加，回款较慢。在客户高度依赖本企业产品的情况下，企业的信用政策就会收紧。反之，过于严格的信用政策，虽然减少了应收账款，但可能会对企业的市场占有率和销售量产生负面影响。

（2）应收账款账面价值是扣除坏账准备后的净额，因而应收账款周转率受到管理层在预计信用减值损失时所作会计估计的影响，且可能会出现令人困惑的结果。例如，一家企业计提了大额坏账准备，表示应收账款可回收价值较低，收入不能回款变现；但此时的应收账款周转率却提高了。在计算其他资产周转率时也会出现这种现象。以不扣除减值准备的资产原值为基础计算资产周转率是一种较好的解决方法。

（3）应收账款周转率是就应收账款整体而言的，并不反映某项应收账款的收款进程。如果企业仅有少量的应收账款，应收账款周转率反映的信息可能与应收账款的真实流转进程不一致。但在会计期末存在大量应收账款且按信用风险特征分类预计减值损失时，应收账款周转率就具有较好的应用价值。

---

① Stephen A. Ross，Westerfield R. W.，Jaffe J.，Jordan B. D.. *Corporate Finance*（11e）. New York：McGraw-Hill Education，2016.

[例] 甲、乙两公司 2019 年年初均无应收账款。甲公司于 11 月份销售一批产品，销售价款为 2,000 万元（不含增值税），信用期为 2 个月，12 月份收回货款 1,600 万元，年末应收账款余额为 400 万元，预计能够按期收回，故年末没有计提坏账准备。乙公司在 3 月份销售了一批产品，销售价款为 2,000 万元（不含增值税），信用期为 2 个月，12 月份收回货款 1,600 万元，应收账款年末余额为 400 万元，年末也没有计提坏账准备。两家公司当年度均没有其他销售业务发生。

根据上述数据，两家公司的应收账款周转率均为 10 次。但甲公司的资金回收速度显然快于乙公司。如果乙公司对年末尚未收回的 400 万元应收账款计提了 20% 的坏账准备，则应收账款年末账面价值为 320 万元，应收账款周转率就是 12.5 次。此时，尽管乙公司的应收账款存在信用减值的风险，但应收账款管理效率指标却好于甲公司。由于外部财务报表使用者无法获得账款回收时间的具体信息，在应收账款规模较大的情况下，可以不考虑回款进程因素。

3. 应收账款账龄分析

应收账款账龄是指尚未回收的应收账款在账面上已存续的时间。账龄分布也是应收账款管理效率的一种反映。大部分公司都会通过编制账龄分析表对应收账款的回收情况进行监控。财务报表使用者可以通过财务报告中披露的应收账款账龄表了解应收账款的账龄状况。

通过账龄分析表，还可以评价坏账准备计提的合理性和评估企业的坏账风险。企业内部分析时，可以计算不同账龄的应收账款回收率或损失率以及应收账款迁徙率，用于评价应收账款的管理效率。

（二）存货周转率

1. 存货周转率的含义

存货周转率（inventory turnover），是企业一定期间内（通常为 1 年）的营业成本（或营业收入）与存货平均余额的比率，是评价存货流动性和管理效率的一项指标。存货周转率可以用周转次数表示，也可用周转天数表示。存货周转次数表示一定期间内存货从取得、加工到出售的循环次数，或 1 元存货投资所带来的营业额。存货周转天数是指存货的平均储存天数，表示周转一次所需要的时间。其计算公式如下：

$$存货周转率（次数）＝\frac{营业成本}{（存货期初余额＋存货期末余额）÷2}$$

$$存货周转率（天数）＝\frac{365}{存货周转次数}$$

通常情况下，存货周转次数越多，周转天数越短，说明存货周转越快，在企业内部平均滞留的时间就越少，资金占用水平就越低，管理效率就越高。一般情况下，企业总会保持一定规模的存货，以维持正常经营活动和避免缺货，但存货会产生管理成本和机会成本，并存在陈旧过时和跌价的风险。

2. 分析存货周转率需要注意的问题

（1）存货周转率的评价基准，通常是行业均值或本企业历史数值。相对于比较基准，如果存货周转率过高，一般表示期末存货水平较低，可能的原因包括独特的商业模式、订货批量较小、适时制存货管理、会计年度采用自然营业年度、产品定制化管理等。如果存货周转率过低，一般是库存过多，如材料储备过多或库存商品积压，可能的原因包括管理效率低下或产品滞销，存在较高的跌价风险，需要引起财务报表分析者的关注。虚计存货同样会导致较高的库存和较低的存货周转率，并虚减成本和虚增毛利。因此，存货周转速度综合反映了企业采购、生产、销售以及运营管理等经营活动的总体效率。

（2）存货周转率受到会计政策选择的影响，尤其是存货发出的计价方法和期末计量方法。首先，不同的存货发出计价方法依赖于不同的存货实物流转假设（个别计价法除外），计算出的存货余额不相等。在物价持续上涨的情况下，使用先进先出法确定的期末存货成本较高，存货周转率相对较低。其次，由于存货的期末计量采用成本与可变现净值孰低法，跌价严重的存货的期末余额较低，存货周转率反而相对较高。

需要注意的是，资产负债表中的"存货"项目是一个综合性项目，包含了各类和处于不同使用状态的存货。企业内部分析时，可以按原材料、在产品、库存商品、周转材料等分别计算周转率，以获得存货管理所需的信息。

（三）流动资产周转率

流动资产周转率（current asset turnover），是一定期间内（通常为 1 年）的营业收入与流动资产平均余额的比率，反映了全部流动资产的管理效率。流动资产周转率可以用流动资产在某一期间的周转次数表示，也可以用周转天数表示，表示流动资产周转一次所需的时间。其计算公式如下：

$$流动资产周转率（次数）=\frac{营业收入}{（流动资产期初余额＋流动资产期末余额）\div 2}$$

$$流动资产周转率（天数）=\frac{365}{流动资产周转次数}$$

流动资产周转率反映了流动资产的综合周转效率。可以结合企业历史数据、行业特点、流动资产结构等因素进行分析。流动资产周转越快，表示流动资金利用效率越高，实现同样的营业收入需要投入的资金就越少。

许多财务报表使用者习惯使用营运资本周转率反映资产和负债的周转效率。其计算公式如下：

$$营运资本周转期=\frac{（营运资本期初余额＋营运资本期末余额）\div 2\times 365}{营业收入}$$

（四）固定资产周转率

1. 固定资产周转率的含义

固定资产周转率（PP&E turnover），是企业一定期间内（通常为 1 年）的营业收入与固定资产平均余额的比率，反映了全部固定资产的使用效率。固定资产周转率可以用周转次数表示，反映 1 元的固定资产投资所产生的营业收入；也可以用周转天数表示，表示固定资产平均周转一次所需要的时间。其计算公式如下：

$$固定资产周转率（次数）= \frac{营业收入}{（固定资产期初余额＋固定资产期末余额）÷2}$$

$$固定资产周转率（天数）= \frac{365}{固定资产周转次数}$$

2. 分析固定资产周转率需要注意的问题

（1）固定资产周转率的评价基准，一般为行业基准或历史基准。固定资产是企业的主要经营性资产，寿命期较长。固定资产周转率越高，说明企业的生产能力利用效率越高。

（2）按固定资产账面价值计算周转率，受到固定资产减值和折旧等会计政策或会计估计的影响。如果固定资产比较陈旧或过度计提折旧，或属于劳动密集型企业，固定资产账面净值较低，固定资产周转率就会偏高。因此，生产能力相同且营业收入也相同的两家公司，由于固定资产新旧程度不同，固定资产的周转效率会存在较大的差别。

（3）固定资产周转率还受到其他因素的影响。如在高通货膨胀环境中，营业收入中包含了物价上涨因素，如果固定资产按历史成本计价，固定资产周转率就会偏高。在新购置固定资产期间，尤其是新购置生产能力尚未充分利用期间，固定资产周转率也可能会突然降低。制造过程外包的企业，固定资产周转率通常较高。非经营性固定资产比例较高的企业，固定资产周转率较低等。

（4）租赁会计准则的影响。原租赁会计准则只确认融资租赁方式租入的固定资产，但对营业收入不加区分，以此为基础计算的固定资产周转率相对偏高。2018 年，租赁准则修订后，融资租赁和经营租赁的资产均作为"使用权资产"确认，因此，应按"固定资产"和"使用权资产"的合计数计算固定资产周转率，固定资产周转率可能会暂时降低。

［例］复星医药于 2019 年开始采用新租赁准则，2018 年和 2019 年的营业收入和固定资产、使用权资产的年末余额如表 9-8 所示。2017 年年末的固定资产账面价值为 655，600 万元。按照固定资产和使用权资产之和计算，企业对生产能力的投资比上年增长 12.03%，超过 2018 年的增长率；固定资产周转率次数为 3.81 次，而不是 3.94 次。

表 9-8　固定资产周转率的计算

项目	2019 年	2018 年
营业收入（万元）	2,858,515	2,491,827
固定资产年末余额（万元）	741,037	708,325
使用权资产年末余额（万元）	52,480	

（续表）

项目	2019 年	2018 年
固定资产增长率	4.62％	8.04％
固定资产增长率（含使用权资产）	12.03％	8.04％
固定资产周转次数	3.94	3.65
固定资产周转次数（含使用权资产）	3.81	3.65
固定资产周转天数	93 天	100 天
固定资产周转天数（含使用权资产）	96 天	100 天

（五）总资产周转率

1. 总资产周转率

总资产周转率（total asset turnover），是指企业一定时期内（通常为 1 年）营业收入与总资产平均余额的比率，反映了全部投资的利用效率。总资产周转率的表示方式可以是周转次数，表示一定期间内全部资产的循环次数；也可以是周转天数，表示全部资产周转一次需要的平均时间。其计算公式为：

$$总资产周转率（次数）＝\frac{营业收入}{（总资产期初余额＋总资产期末余额）÷2}$$

$$总资产周转率（天数）＝\frac{365}{总资产周转次数}$$

总资产周转率的计算结果应与行业值或历史值等进行比较。与基准值相比，总资产周转率越高，说明企业的资产管理效率越高，投入资本的产出能力就越强。

需要注意的是，营业收入是经营性资产的收益，对外投资性资产的收益属于投资收益。因此，如果对外投资性资产在总资产中的占比较高，按营业收入和全部资产计算的总资产周转率将会被低估，不能合理反映企业经营活动的运营效率。

总资产周转率是股东权益收益率的驱动因素之一。为了提高权益资本的回报率，企业应采取多种措施加快总资产周转率，如保持各类资产的合理比例，合理平衡流动性、价值变动风险和收益能力不同的资产的结构，尤其是流动资产和固定资产之间的比例；提高各项资产的利用程度和周转速度；防止资产闲置；增强产品的竞争优势；加大市场推广力度等。

2. 资本密集度

总资产平均余额与营业收入的比例，称作资本密集度（capital intensity ratio），即实现 1 元收入所需要的全部投资，是总资产周转率的倒数。资本密集度越高，实现单位收入所需的投资就越多，资产周转率较低。资本密集型企业如汽车制造、钢铁、化工等，通常需要进行庞大的投资，经营风险较高。提高总资产周转率，降低资本密集度，能够有效地减少对外部资金的需求。其计算公式如下：

$$资本密集度＝\frac{（总资产期初余额＋总资产期末余额）÷2}{营业收入}$$

三、营业周期和现金周转期

（一）营业周期

营业周期（operating cycle），或称经营周期，是指企业从外部购入材料或商品等存货，经过加工处理或生产，直至完工，将商品销售出去并最终收回销售款所经历的时间。从数量上，营业周期等于应收账款周转天数与存货周转天数之和。其计算公式如下：

$$营业周期＝存货周转天数＋应收账款周转天数$$

营业周期也是反映企业营运效率的常用指标。营业周期越短，实现同样的营业收入所需要的资金量就越少。

（二）现金周转期

现金周转期（cash cycle），是指从企业实际支付存货购买款至商品销售并收到销货款所经历的时间，等于营业周期与应付账款周转期之差。其计算公式为：

$$现金周转期＝营业周期－应付账款周转期$$

其中，应付账款周转期（accounts payable period）是指从购入存货到支付购货款之间的时间间隔。如果企业对于供应商非常重要，供应商一般愿意提供较长的信用期，则该企业的应付账款周转期就较长。其计算公式如下：

$$应付账款周转期＝\frac{365×（应付账款期初余额＋应付账款期末余额）÷2}{营业成本}$$

应付账款是采购过程中发生的商业负债，严格意义上的应付账款周转期应该以购货成本为基础进行计算，即：购货成本＝存货期初余额＋购货成本－存货期末余额。但在存货的期初余额和期末余额差异不大的情形下，可以直接使用营业成本进行计算。

利用现金周转期可以判断企业的现金流状况和运营效率。现金周转期越短，出现现金短缺的可能性越小；较长的现金周转期意味着企业可能会现金不足，需要从外部融资，因而会增加融资成本和财务风险。现金周转期还反映了企业相对于供应商和客户的议价能力，那些在产业链中处于相对强势地位的企业能够最大限度地利用客户和供应商提供的商业信用，现金周转期往往较短。但这些做法可能会受到商业伦理方面的质疑，尤其在大型企业单边延长对中小供应商的付款期或迫使客户提前付款时，可能被视为恃强凌弱，甚至违反商业道德。

［例］H、S、G 三家上市公司属于同一行业内的同一细分行业，经营业务类似，产品结构基本相同，销售渠道主要是经销商实体店、天猫和京东等电商平台、公司的官方网上商城。三家公司的规模不同。2017 年和 2018 年的资产负债表和利润表中与计算应收账款周转率和存货周转率有关的项目如表 9-9 所示。

表 9-9　资产负债表和利润表相关项目

项目	H 公司		S 公司		G 公司	
	2018 年年初 /2017 年度	2018 年年末 /2018 年度	2018 年年初 /2017 年度	2018 年年末 /2018 年度	2018 年年初 /2017 年度	2018 年年末 /2018 年度
总资产余额（亿元）	1,572	1,676	682	715	2,150	2,512
存货余额（亿元）	225	224	151	141	166	200
应收账款余额（亿元）	129	104	85	84	58	77
应付账款余额（亿元）	262	278	106	93	346	390
营业收入（亿元）	1,634	1,833	782	834	1,483	1,981
营业成本（亿元）	1,126	1,302	681	730	996	1,382

根据表 9-9 的数据，计算有关的营运能力财务比率，如表 9-10 所示。

表 9-10　营运能力比率

财务比率	H 公司	S 公司	G 公司
应收账款周转次数（次）	15.72	9.87	29.32
应收账款周转天数（天）	23.22	36.98	12.45
存货周转次数（次）	5.80	5.00	7.56
存货周转天数（天）	62.98	73.01	48.31
应付账款周转次数（次）	4.82	7.32	3.76
应付账款周转天数（天）	75.77	49.89	97.11
营业周期（天）	86.20	109.99	60.76
现金周转期（天）	10.43	60.10	(36.35)
总资产周转次数（次）	1.13	1.19	0.85
总资产周转天数（天）	323.01	306.72	429.41
存货收入比	0.12	0.18	0.09
应收账款收入比	0.15	0.12	0.03
总资产收入比	0.89	0.84	1.18

将三家公司的应收账款周转次数、存货周转次数、总资产周转次数和应付账款周次数绘制成图，如图 9-1 所示，公司之间的差异一目了然。

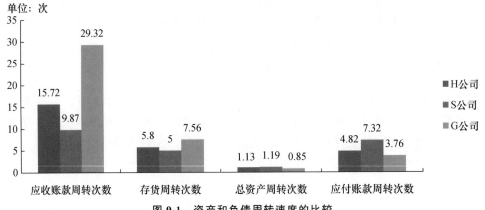

图 9-1　资产和负债周转速度的比较

三家企业中，G 公司的应收账款周转速度和存货周转速度最快，应付账款周转天数最长，营业周期最短，因而具有最短的营业周期和现金周转期，营业周期只相当于 S 公司的 60%，现金周转期为负数（−36 天），处于对供应商资金的纯占款状态。H 公司的应收账款和存货的周转速度也快于 B 公司，现金周期只有 10.43 天。而 S 公司的现金周转期长达 60 天。总体看，G 公司和 H 公司的应收账款和存货的管理能力都较高，在行业内具有较强的竞争力，在产业链上相对于客户和供应商也处于较为优势的地位。

从资产和收入的对比关系上看，G 公司的存货收入比和应收账款收入比分别只有 0.09 和 0.03，实现单位收入所需的营运资本投资较少。但 G 公司的总资产规模较大，总资产周转速度较慢，需要进一步结合资产结构进行分析。

（三）行业差异和竞争优势对营业周期的影响

资产周转速度和营业周期具有行业差异性。制造业的营业周期包括采购、加工制造、销售的全过程，但由于各种产品的生产周期不同，各类制造业的营业周期存在较大差异。例如，医药制造类企业的存货资产较多，由于药物的消费时间和数量受到严格的限制，因而存货周转相对较慢，营业周期较长；商业零售业和航空业没有加工制造过程，存货和应收账款的周转速度均较快，因而营业周期较短；农业企业的生产过程受到自然条件的制约，存货周转期较长，整个营业周期可能会超过一个会计年度。

同一行业内部的企业之间，由于所采用的经营模式、产品竞争力、营销策略的不同，资产流动性和营业周期也存在较大差异。业务或产品被客户和供应商高度依赖的企业，能够快速收回销货款并延迟支付购货款，营业周期和现金周转期相对较短，如上例中的 G 公司和 H 公司。如果一家企业实施严格的信用政策或适时制存货管理策略，应收账款和存货的存量通常较少，周转较快，营业周期也较短；如果企业提供宽松的商业信用环境或需要保留较多的存货，营业周期相对就较长。

从企业的竞争战略看，实施成本领先战略的企业，毛利率比较低，为了实现目标利润，必须加快资产周转和提高资产运营效率。如果资产周转率下降，可能预示着产品市场状况恶化、存货积压和盈利能力下降。实施差异化战略的企业，产品具有定价优势，毛利率较高，但资产周转可能相对较慢。

总体上，存货和应收账款不但占用企业的流动性资金，其周转速度还影响企业的短期偿债能力、盈利能力和现金流量。因此，加强存货和应收账款的管理，对于各行各业都非常重要。

（四）商业模式对营运效率的影响

商业模式（business model），是指企业与客户之间、与供应商之间、与其他合作伙伴之间的交易关系，包括加工制造、货物交付、服务提供、款项结算等多个方面。

进入 21 世纪以来，信息技术和互联网技术的运用改变了企业的商务环境，也改变了企业的物流、资金流和信息流的方式，重塑了企业的价值链。新的商业模式不断出现，传统行业企业的运营方式也发生了改变。

商业模式改变了许多财务比率的传统特征。如某些制造业企业的生产方式，从原先的大批量规模化生产转向接受客户的个性化定制，销售模式则从实体店转向"线下＋线上"相结合。个性化定制降低了产成品存货，缩短了存货周转期；线上交易方式使得企业可以跨过经销商直接与客户进行交易，能够提前收到货款或向客户交货时即可收到货款，加快了货款回收速度，甚至消除了大部分应收账款，大大缩短了应收账款周转期，提高了营业收入的现金含量。又如某些大型零售电商，甚至不需要商品仓库，或只设立几个大型的自营商品仓库，由于货物周转快，且一般在货物售出后才向供应商定期结算购货款，因而存货周转期短、应收账款较少但应付账款结算周期较长，现金流量充足且现金周转期较短。

[例] 京东商城电子商务有限公司（JD.com，Inc.，以下简称 JD 商城），2014 年在纳斯达克上市。从 2014 年到 2018 年，京东商城的营业利润、持续经营净利润、净利润均为负数，但经营活动现金流量净额却持续为正数。电商经营模式使得公司能够及时收回销货款，同时又能对供应商保持较长的付款周期，经营活动现金流持续不断。根据京东商城 2018 年的财务报告，当年的营业收入为 4，620 亿元，营业成本为 3，961 亿元，净利润为－28.01 亿元，经营活动现金流量净额达 208.8 亿元；2018 年年末的应收账款余额（含应收关联方款项）为 142.46 亿元（年初为 271.6 亿元），应付账款年末余额（含应付关联方款项）为 802.06 亿元（年初为 743.94 亿元）。存货的年末余额为 440.3 亿元（年初余额为 417.0 亿元）。

根据财务报表计算得到下列财务指标：

存货周转天数：$365 \times [（440.3＋417.0）\div 2]/3，961＝39.50$（天）

应收账款周转天数：$365 \times [（142.46＋271.6）\div 2]/4，620＝16.36$（天）

应付账款周转天数：$365 \times [（802.06＋743.94）\div 2]/3，961＝71.23$（天）

营业周期：$39.50＋16.36＝55.86$（天）

现金周转期：$55.86－71.23＝－15.37$（天）

京东商城的现金周转期为－15.37 天，且经营活动现金流量净额持续为正，日常运营活动的流动性比较充足。

思考与分析

名词解释

偿债能力	流动性	长期偿债能力	营运资本
流动比率	速动比率	现金比率	资产负债率
产权比率	权益乘数	利息保障倍数	现金利息保障倍数
财务杠杆系数	存货周转率	应收账款周转率	流动资产周转率
营业周期	现金周转期	固定资产周转率	总资产周转率
营运能力			

思考题

1. 请问何谓偿债能力？请解释资产流动性对偿债能力分析的意义。

2. 请解释营运资本和流动比率的含义。如何运用这两个指标分析企业的短期偿债能力？

3. 请列举分别以资产负债表和利润表为基础衡量企业长期偿债能力的主要财务比率。

4. 请列举以经营活动现金流量净额为基础衡量企业长期偿债能力的主要财务比率。

5. 如何判断一家企业是否过度负债？高负债率是否意味着过度负债？

6. 请列举影响企业短期偿债能力和长期偿债能力的表外因素。

7. 长期债权人更关注企业的盈利能力，你是否同意这种观点？请解释理由。

8. 在评价企业的偿债能力和信用风险时，财务杠杆系数和信用评级机构的信用评级能够提供哪些信息？

9. 何谓营运效率？请解释企业营运效率与偿债能力、盈利能力之间的关系。

10. 应如何评价一家企业的应收账款周转率？

11. 应如何评价一家企业的存货周转率？

12. 请解释营业周期和现金周转期的含义，并分析行业之间和同行业不同企业之间的营业周期和现金周转期存在差异的影响因素。

13. 何谓总资产周转率？影响总资产周转率的因素有哪些？

14. 会计政策和会计估计如何影响固定资产的周转率？

15. 请简述企业竞争战略与营运能力之间的关系。

16. 请对比并分析复星医药、恒瑞医药和华润三九这三家公司的营运能力。

案例分析题

⊙ **案例（一）**

万科企业股份有限公司（以下简称"万科 A"，股票代码：000002），主营业务为房地产开发及相关业务。2018 年和 2019 年合并资产负债表中的货币资金、流动资产合计、负债和所有者权益部分，如表 9-11 所示。

表 9-11　货币资金、流动资产合计、负债和所有者权益　　　　（单位：万元）

项目	2019 年 12 月 31 日	2018 年 12 月 31 日
货币资金	16,619,460	18,841,745
流动资产合计	143,898,935	129,507,186
流动负债：		
短期借款	1,536,523	1,011,168
衍生金融负债		63,123
应付票据	94,128	165,145
应付账款	26,728,087	22,794,593
预收款项	77,078	25,397
合同负债	57,704,723	50,471,141
应付职工薪酬	689,626	577,085
应交税费	2,510,973	1,873,086
其他应付款	25,069,846	22,607,562
一年内到期的非流动负债	8,064,622	7,043,825
其他流动负债	4,785,423	5,559,269
流动负债合计	127,261,028	112,191,394
非流动负债：	0	0
长期借款	11,431,978	12,092,906
应付债券	4,964,551	4,709,515
租赁负债	2,127,737	
预计负债	14,963	14,353
其他非流动负债	106,544	233,805
递延所得税负债	28,233	53,891
非流动负债合计	18,674,005	17,104,469
负债合计	145,935,033	129,295,863
负债和股东权益总计	172,992,945	152,857,936

在 2019 年年度报告"经营和财务状况分析"部分，万科 A 对负债状况的分析如下：

1. 负债率

截至 2019 年底，本集团净负债率为 33.9%。

2. 有息负债及结构

截至报告期末，本集团有息负债合计 2,578.5 亿元，占总资产的比例为 14.9%。有息负债以中长期负债为主。有息负债中，短期借款和一年内到期的有息负债合计 938.9 亿元，占比为 36.4%；一年以上有息负债为 1,639.7 亿元，占比为 63.6%。

分融资对象来看，银行借款占比为 54.5%，应付债券占比为 24.1%，其他借款占比为 21.4%。

分利率类型来看，有息负债中，固定利率负债占比为 36.5%，浮动利率负债占比为 63.5%。有抵押的有息负债 50.1 亿元，占总体有息负债的 1.9%。

分境内境外来看，境内负债占比为 73.9%，境外负债占比为 26.1%。人民币负债占比为 74.1%，外币负债占比为 25.9%。

3. 融资情况

本集团通过公司债券、超短期融资券、中期票据等融资工具持续优化债务结构、降低融资成本，提升公司对财务风险的防范能力。凭借良好的市场信用，本集团境内外资本市场发行得到各类金融机构的认可。报告期内，本集团分两次完成总额为 45 亿元住房租赁专项债券发行，发行利率分别为 3.65% 和 3.55%；完成 5 亿元超短期融资券发行，发行利率为 3.18%；此外，还完成多次美元中期票据发行，最低票面利率为 3.15%。

报告期内，本集团实际利息支出合计 139.6 亿元，其中，资本化的利息合计 56.9 亿元。

4. 信用评级

报告期内，标普、惠誉维持本集团"BBB＋"的信用评级，穆迪维持本集团"Baa1"的信用评级，评级展望均为"稳定"。国内评级机构中诚信证券评估有限公司维持本集团主体信用等级 AAA，评级展望稳定。

讨论与分析：

（1）请计算该公司 2019 年和 2018 年的流动比率、资产负债率和净负债率。

（2）请分析哪些负债项目属于有息负债，哪些属于付现负债，哪些属于融资性负债。

（3）请计算有息负债在流动负债和负债总额中所占的比例，并分析有息负债的期限结构。

（4）有息负债会使企业面临哪些风险？

（5）请结合房地产开发企业的业务特点，分析经营性负债会使企业面临的风险。

（6）你是否同意这句话："本集团通过公司债券、超短期融资券、中期票据等融资工具持续优化债务结构、降低融资成本，提升公司对财务风险的防范能力。"？请解释你所提出的观点。

⊙ 案例（二）

东方航空从 2019 年 1 月 1 日起开始执行修订后的租赁准则。执行新租赁准则对 2019 年 1 月 1 日合并资产负债表中资产项目的影响如表 9-12 所示。

表 9-12　新租赁准则对资产项目的影响　　　　　（单位：百万元）

项目	报表数	假设按原准则	影响
预付账款	362	765	（403）
固定资产	81,259	175,675	（94,416）
使用权资产	126,925	—	126,925
递延所得税资产	677	207	470
合计	209,223	176,647	32,576

注：（　）内为负数。

2017—2019 年的合并财务报表中的营业收入以及部分资产数据如表 9-13 所示。

表 9-13　营业收入及部分资产数据　　　　　（单位：百万元）

项目	2019 年 12 月 31 日 /2019 年度	2018 年 12 月 31 日 /2018 年度	2017 年 12 月 31 日 /2017 年度
固定资产余额	95,573	175,675	163,130
使用权资产余额	127,361	—	—
总资产余额	282,936	236,765	227,464
营业收入	120,860	114,930	101,721

要求：

1. 请计算 2019 年和 2018 年的固定资产增长率和总资产增长率。

2. 请计算 2019 年和 2018 年的固定资产周转率和总资产周转率。

3. 新修订的租赁准则改变了租赁的分类与列报方法，请结合该案例的资料，分析租赁分类对财务比率的影响。

⊙ 案例（三）

浙江奥康鞋业股份有限公司（简称"奥康国际"，股票代码：603001），主营业务为纺织和服装。2019 年年度报告披露后，2020 年 5 月 25 日，奥康国际收到上海证券交易所上市公司监管一部下发的《关于浙江奥康鞋业股份有限公司 2019 年年度报告的信息披露监管问询函》（上证公函〔2020〕0575 号）。在问询函中，上海证券交易所要求公司补充披露关于应收账款的下列信息：

（1）在应收账款规模下降情况下，应收账款周转率下降的原因及合理性；

（2）应收账款占营业收入的比重及周转率情况与同行业可比公司是否存在显著差异。

2020 年 6 月 17 日，奥康国际在回复中提供了以下资料：

（1）2019 年和 2018 年应收账款周转率如表 9-14 所示。

表 9-14　2018 年和 2019 年应收账款周转率

项目	2019 年 12 月 31 日/2019 年度	2018 年 12 月 31 日/2018 年度	2017 年 12 月 31 日
应收账款账面价值(万元)	108,900.92	118,080.30	106,774.24
应收账款账面价值平均余额(万元)	113,490.61	112,427.27	—
营业收入(万元)	272,648.07	304,313.82	—
应收账款周转率	2.40	2.71	—

奥康国际认为："由于 2019 年度和 2018 年度的应收账款账面价值平均余额变动不大，而 2019 年度营业收入较 2018 年度下降 10.41%，导致在 2019 年年末应收账款余额下降的情况下应收账款周转率下降。"

（2）奥康国际与同行业可比公司的应收账款占营业收入的比重及周转率如表 9-15 所示。

表 9-15　奥康国际与同行业可比公司应收账款占营业收入比重及周转率

公司名称	2019 年 12 月 31 日/2019 年度			
	应收账款账面价值(万元)	营业收入(万元)	应收账款占营业收入的比重	应收账款周转率
红蜻蜓	81,065.44	296962.45	27.30%	4.12
哈森股份	11,162.34	123,569.26	9.03%	10.93
天创时尚	26,003.77	208,920.50	12.45%	7.14
起步股份	58,013.17	152,339.78	38.08%	2.79
同行业可比公司平均	44,061.18	195,448.00	22.54%	6.25
除哈森股份、天创时尚外行业可比公司平均	69,539.31	224,651.12	30.95%	3.46
奥康国际	108,900.92	272,648.07	39.94%	2.40

奥康国际认为："公司 2019 年度应收账款周转率大幅低于同行业可比公司平均水平，主要受销售模式不同影响。同行业可比公司中，哈森股份和天创时尚两家公司的直营比例均超过 90%，且主要销售渠道为结算周期较短的商场和百货公司，拉高了整体平均水平。剔除哈森股份、天创时尚外，同行业可比上市公司平均应收账款周转率为 3.46 次，结合应收账款占营业收入的比重来看，与公司的应收账款周转率略有差异。"

讨论与分析：

1. 请分析奥康国际的应收账款、应收账款周转率、营业收入比上年的增减变动。并解释在应收账款规模下降情况下，应收账款周转率下降的原因及合理性。

2. 请根据应收账款占营业收入的比重及应收账款周转率，分析奥康国际与同行业可比公司之间的差异。你是否同意该公司的解释？结合该案例，谈谈销售模式对应收账款周转率的影响。

第 10 章

盈利能力分析

学习目的

1. 了解盈利能力分析的重要性
2. 掌握基本盈利能力比率的计算和分析方法
3. 掌握股份基础的盈利能力比率的计算和分析方法
4. 掌握市场基础的估值比率的计算和分析方法
5. 了解影响企业盈利能力的因素

第 1 节　利润表基础的盈利能力分析

一、盈利能力与盈利能力分析

盈利能力，是指企业利用所控制的经济资源赚取回报的能力。赚取利润是营利性组织从事经营活动和投资活动的主要目的。盈利对于企业的各利益相关方都非常重要，既是股东投资回报的主要来源，也是偿债能力的基础；是影响估值的重要因素，也是重要的纳税基础。在我国资本市场中，盈利能力还是衡量一家企业是否具有公开发行股份资格的一项主要条件，是公司能否继续增资扩股或者退市的主要条件。在企业内部，盈利通常是对管理层进行业绩评价和股权激励的基本条件，也是职工薪酬的保障。相应地，由于盈利的重要性，利润操纵行为也屡禁不止。

盈利分析包括评价盈利的稳定性、持续性、质量、盈利能力等多个方面，计算和比较财务比率是对一般企业进行盈利能力分析的常用方法。盈利能力财务比率通常以收入、成本和资产为基础计算，利润率越高，表示企业的盈利能力越强。

（1）以利润表为基础的盈利能力分析，主要反映收入、成本费用与利润的对比关系。常用的财务比率包括：毛利率、营业利润率、营业净利率、成本费用利润率等。

（2）以资产负债表为基础的盈利能力分析，主要反映资本投入与利润的对比关系。常用的财务比率包括：总资产收益率、净资产收益率等。

（3）以市场为基础的盈利能力分析，主要是对发行股份或者公开上市公司的盈利能力进行的分析。常用的财务比率包括：每股收益、每股股利、股利收益率等。以市场价格为基础计算市盈率、市销率、市现率等指标还可以用于股份估值。

二、利润表基础的盈利能力分析

(一) 毛利率

毛利润 (gross profit), 是指营业收入减去营业成本后的差额, 毛利占营业收入的比率称作毛利率 (gross profit percentage)。毛利是进一步弥补各项期间费用、税金、损失并获得净利润的基础, 因此, 毛利率是一项非常关键的基础性业绩指标。对外披露的利润表并不提供毛利润的数据, 但企业在年度报告的 "经营情况讨论与分析" 部分和报表附注中通常会披露主营业务或主营产品的毛利率, 财务报表使用者也可根据利润表自行计算。其计算公式如下:

$$毛利率 = \frac{营业收入 - 营业成本}{营业收入} \times 100\%$$

毛利率越高, 表示企业的盈利潜力越大, 同时, 在遭遇产品价格下降或成本上升时, 具有更大的安全边际。

(1) 毛利率具有行业差异性和个体差异性。不同行业的经营模式、发展成熟度、市场竞争状况、成本构成等不同, 毛利率具有内在的差异。如医药制造企业的毛利率通常较高, 零售业一般采用薄利多销的盈利模式, 毛利率较低; 信息技术企业的毛利率较高, 传统制造业的毛利率较低。

行业差异并不是绝对的, 同一行业内不同企业之间的毛利率也存在较大的差别。有的企业拥有远高于行业平均水平的毛利率, 尤其是行业内的领先企业。一般认为, 这类企业在产品差异性或成本控制等方面拥有某种竞争优势, 如产品的稀缺性或不可替代性、垄断性的业务、难以复制的自然资源、经营特许权、独特的产品设计或精细的成本控制、规模经济等, 这些优势使得企业对其产品拥有定价权或能够保持较低的成本, 从而转化为较高的毛利率。只要企业能够在未来保持这种竞争优势, 就能够持续获得较高的毛利。

[例] 表 10-1 列示了 2018 年度 12 家在世界各地不同证券交易所上市的国内外知名公司的毛利率, 这些公司在全球范围或国内均是行业内的领先者。比较来看, 信息技术公司的毛利率一般比较高, 如脸书的毛利率高达 83.25%, 微软为 65.92%, 谷歌为 56.48%, 阿里巴巴、腾讯、科大讯飞也都在 45% 以上。即使在传统行业, 有些企业仍可以取得较高的毛利率, 如国际商用机器 (IBM) 的毛利率常年保持在 46% 以上, 高露洁、辉瑞、可口可乐的毛利率都非常高, 贵州茅台的毛利率高达 91%。[①]

---

① 2010 年至 2018 年, 贵州茅台的毛利率平均为 91.63%, 除了 2017 年为 89.8% 外, 其他年份均在 90% 以上。

表 10-1　毛利率和净利率的比较

公司名称	毛利率	经营费用率	净利率	公司名称	毛利率	经营费用率	净利率
微软	65.92%	34.73%	31.19%	IBM	46.40%	35.43%	10.97%
谷歌	56.48%	34.01%	22.47%	高露洁	59.38%	42.92%	16.46%
脸书	83.25%	43.65%	39.60%	辉瑞	79.03%	58.17%	20.86%
阿里巴巴	45.09%	23.8%	21.29%	可口可乐	61.90%	43.02%	18.88%
腾讯	45.45%	19.88%	25.57%	贵州茅台	91.14%	39.77%	51.37%
科大讯飞	50.03%	42.22%	7.81%	京东商城	14.28%	14.89%	−0.61%

注：数据来自东方财富网。

（2）毛利率的变动趋势。影响单位产品毛利率的因素主要是销售量、销售价格和单位成本，市场规模和销售结构对企业的整体毛利率具有重大影响。因此，毛利率如果发生大幅波动，可能的原因包括：产品售价调整，成本变动，产品结构或业务结构发生变化，转变经营模式、市场变动等，其中有些因素是可控的，有些因素则属于外部因素。如果一家企业的毛利率较低或者毛利率下降，可能的原因为企业所在行业属于毛利率较低的行业，或采取了薄利多销的经营模式，或该行业处于衰退阶段；因竞争或促销等原因降低产品售价；采购成本或人工成本提高；低毛利率产品的销售比例提高；存货采用定期盘存制但发生了严重的存货损失等。如果毛利率下降的原因是降价出售产品，就需要引起特别的关注。企业管理层则应根据原因及时采取应对措施。

需要注意的是，如果企业商品存货积压，或少结转销售成本，也会使得毛利率提高。变更存货发出的计价方法和固定资产的折旧方法等，都能够达到降低营业成本和提高毛利率的效果。虚增收入、虚记存货亦如此。

（3）多元化经营企业的毛利率。如果企业经营多种业务或产品，根据利润表计算的毛利率反映的就是加权平均毛利率。但在对企业未来的盈利能力进行预测时，主营业务的毛利率至关重要。在年度报告中的"经营情况讨论与分析"部分或报表附注中，企业通常会披露分行业、分产品、分地区的营业收入、营业成本和毛利率及其增减变动的信息，并对毛利率的增减变动进行分析和解释。这些信息有助于财务报表使用者了解企业的利润来源和未来的盈利潜力。

　　[例] 根据三家医药公司 2019 年度的利润表计算的企业整体毛利率如下：

　　复星医药：毛利率 =（2,858,515−1,154,342）÷2,858,515×100%
=59.62%

　　恒瑞医药：毛利率 =（2,328,858−291,294）÷2,328,858×100%
=87.49%

　　华润三九：毛利率 =（1,470,192−483,007）÷1,470,192×100%
=67.15%

　　年度报告中披露的主营业务的营业收入、营业成本和毛利率的分行业数据如表 10-2 所示。复星医药的三个主营业务板块中，药品制造与研发的毛利率最高，为 65.64%；医疗器械与医学诊断板块的毛利率为 52.38%，比上年增长 4.27%；医疗服务的毛利率只有 25.52%。其他两家公司的主营业务都比较单一，营业毛利率与主营业务毛利率比较接近。

表 10-2　主营业务毛利率

分行业	营业收入（万元）	营业成本（万元）	毛利率	营业收入比上年增减	营业成本比上年增减	毛利率比上年增减
复星医药：						
药品制造与研发	2,176,587	747,884	65.64%	16.51%	14.67%	0.55%
医疗器械与医学诊断	373,581	177,904	52.38%	2.66%	(5.77%)	4.27%
医疗服务	303,992	226,407	25.52%	18.61%	19.92%	(0.82%)
恒瑞医药：						
医药制造业	2,324,680	291,067	87.48%	33.59%	24.83%	0.88%
华润三九：						
医药行业	1,414,587	441,055	68.82%	9.99%	19.28%	(2.43%)

注：（　）内为负数。

（4）毛利并不是最终收益，毛利率不等于最终的盈利能力。毛利中只扣除了营业成本，没有扣除税金及附加、销售费用、管理费用、研发费用、财务费用等经营性费用。如果企业的经营费用率很高，或者发生非经常性损失，将会直接抵销毛利率较高的优势。尤其是在竞争激烈的行业中，销售费用和研发费用支出庞大，对于营业利润和净利润往往具有重大的影响。

（二）营业利润率

营业利润率（operating profit percentage），是指营业利润占营业收入的比例，反映了企业经营活动的盈利能力。其计算公式如下：

$$营业利润率 = \frac{营业利润}{营业收入} \times 100\%$$

营业利润是税前利润，是毛利润扣除销售费用、行政与管理费用、研发费用、财务费用、投资收益、公允价值变动收益等项目后的余额。也就是说，除经营活动外，营业利润中还包含财务杠杆、投资活动、资产价格变动等因素的影响。

期间费用是营业利润率与毛利率之间差异的主要影响因素，甚至会侵蚀大部分毛利。尤其是销售费用，占收入的比例通常较高。竞争越激烈，企业在营销活动上的投入就越多。我们在第 2 章的共同比利润表（表 2-5）中看到，三家医药公司 2019 年的期间费用率（期间费用占营业收入的比例）分别为 53.68%、62.39%、53.88%，从毛利率（59.62%、87.49%、67.15%）中扣除期间费用和其他费用或损失后，营业利润率分别只有 15.72%、26.41% 和 17.20%，如图 10-1 所示，期间费用消耗了大部分毛利，但由于其他损失率是负数（收益），使得营业利润率最终有所提高。

经营业务是企业的核心业务，对财务报表进行分析时，也可以只考虑经营性活动的收入和费用，计算经营性利润率。经营性利润是营业收入减去营业成本、税金及附

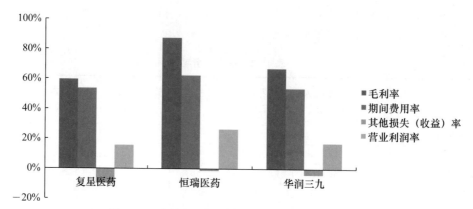

图 10-1　毛利率、期间费用率和营业利润率

加、销售费用、管理费用、研发费用、财务费用并加回利息费用的利润，这一利润指标不受融资活动、投资活动和非经常性交易或事项的影响，或被称为核心利润。其计算公式如下：

$$经营性利润率=\frac{经营性利润}{营业收入}\times100\%$$

经营性利润＝营业收入－营业成本－税金及附加－销售费用－管理费用－研发费用－财务费用＋利息费用

[例] 由表 2-2 可知，复星医药 2019 年的营业利润为 449，356 万元，营业收入为 2，858，515 万元，营业成本为 1，154，342 万元，税金及附加为 25，984 万元，销售费用 984，676 万元，管理费用 259，078 万元，研发费用 204，140 万元，财务费用 86，544 万元，利息费用 107，469 万元。则：

营业利润率＝449，356÷2，858，515×100％＝15.72％

经营性利润＝2，858，515－1，154，342－25，984－984，676

$\qquad$ －259，078－204，140－86，544＋107，469

$\qquad$ ＝251，220（万元）

经营性利润率＝251，220÷2，858，515×100％＝8.79％

（三）营业净利率

营业净利率（net profit margin，PM），是净利润与营业收入的比率。净利润是企业最终的财务成果，是扣除所有经营性成本和费用、投资收益、非经常性损益和所得税费用后的净额。营业净利率表示每百元收入的最终回报（return on sales，ROS），净利率越高，报告期的业绩就越好。其计算公式如下：

$$营业净利率=\frac{净利润}{营业收入}\times100\%$$

净利润中包含对外投资收益、债务融资成本和税收等因素，受到经营效率、会计政策选择、市场竞争环境、战略、税收、融资活动等因素的综合影响。正常经营状态下，营业成本和经营费用是影响净利润的主要报表项目。

[例] 再回到表 10-1，表的后半部分列出了经营费用率和净利率。尽管各公司遵循的会计准则不完全相同，但其经营性费用的构成内容基本相同，主要包括销售费用、研发费用、行政与管理费用、折旧与摊销等。这些公司的毛利率平均为 58%，经营费用率平均约 36%，但净利率只有约 22%。

辉瑞的毛利率（79.03%）与净利率（20.86%）之间的差异高达 58.17%，其中的研发费用、营销费用、折旧与摊销费用、重组费用合计约占收入的 52.94%，抵销了大部分毛利。科大讯飞的毛利率为 50.03%，扣除经营费用后，净利率只有 7.81%。京东商城的毛利不足以抵补经营费用，产生了 0.61% 的亏损。由此可见，控制经营费用与增加毛利对提高企业盈利能力同样重要。

为了更好地反映企业盈利能力的稳定性和持久性，财务报表使用者可以根据分析的目的对净利润的构成进行调整，再计算收入的利润率。调整方式包括：

（1）减去非经常性损益后的净利润。即：净利润－非经常性损益。

（2）息税前利润。即：净利润＋所得税费用＋利息费用。

（3）经营性息税前利润。即：息税前利润－非经常性损益。

（4）息税折旧摊销前利润。即：净利润＋所得税费用＋折旧费用和摊销费用＋利息费用。

（四）成本费用净利率

成本费用净利率（net profit to expense ratio），是指一定时期的净利润与全部成本费用的比率，反映了企业报告期的投入产出能力。其计算公式如下：

$$成本费用利润率＝\frac{净利润}{成本费用总额}\times100\%$$

公式中的"成本费用"，是指企业正常经营活动的成本和费用，包括营业成本、税金及附加、销售费用、管理费用、研发费用、财务费用和所得税费用等，但不包括非经常性损失和营业外支出。

第 2 节　资产和资本基础的盈利能力分析

一、总资产收益率

总资产收益率（return on total assets，简称 ROA），是一定时期内的利润与总资产平均余额的比率，反映了全部资产的总体回报能力。其计算公式如下：

$$总资产收益率＝\frac{利润}{（总资产期初余额＋总资产期末余额）\div2}$$

公式中的"利润"，可以取息税前利润、息税折旧摊销前利润、利润总额、净利润，财务报表使用者可根据分析目的确定。

（1）按息税前利润计算，总资产收益率不区分资金来源，不受资本结构和所得税的影响。当总资产收益率高于负债融资成本时，举债融资将提高权益资本收益率，产生财务杠杆效应。

（2）按息税折旧摊销前利润计算，总资产收益率不受折旧和摊销等会计政策的影响。

（3）按息后税前利润计算，总资产收益率可以分解为息税前利润与利息费用对总资产的比率，反映融资成本对经营业绩的影响。其分解公式如下：

$$\frac{息后税前利润}{平均总资产}=\frac{息税前利润}{平均总资产}-\frac{利息费用}{平均总资产}$$

（4）按净利润（net profit）计算，即总资产净利率，反映了扣除利息和所得税费用后，管理者利用全部资产为股东创造净收益的能力。总资产净利率可以分解为营业净利率和总资产周转次数的乘积，从而将资产管理、营销活动和成本控制等联系在一起。其关系式如下：

总资产收益率＝营业净利率×总资产周转率

或者：

$$\frac{净利润}{平均总资产}=\frac{净利润}{营业收入}\times\frac{营业收入}{平均总资产}$$

　　［例］复星医药 2019 年的年初总资产为 7，055，136 万元，年末总资产为 7，611，965 万元，全年营业收入为 2，858，515 万元，净利润为 374，352 万元。则：

$$\frac{374，352}{(7，055，136+7，611，965)\div2}=\frac{374，352}{2，858，515}$$

$$\times\frac{2，858，515}{(7，055，136+7，611，965)\div2}$$

即：5.10％＝13.10％×0.3898

如果仅考虑投入资本（债务资本和权益资本）和资本的回报（税后利息和净利润），对总资产收益率的分子分母重新定义后所计算的回报率，称为总资本回报率（return on total capital，ROTC/ROC），这里的债务资本主要是指长期有息负债。其计算公式如下：

$$总资本回报率=\frac{净利润+利息费用\times（1-所得税税率）}{（债务资本+权益资本）平均余额}\times100％$$

二、净资产收益率

（一）净资产收益率的计算

净资产收益率（return on equity，简称 ROE），即权益资本回报率，也称作所有者权益报酬率或权益净利率，是归属于普通股股东的净利润与普通股股东权益的比率，反映了股东权益资本的收益。对于股东来说，净资产收益率是非常重要的财务指标，该比率越高，说明企业为股东创造利润的能力越强。此外，净资产收益率还是我国上市公司公开发行证券时要达到的条件之一，[①] 也是很多上市公司股权激励计划的一项业绩考核指标。

1. 加权平均净资产收益率

加权平均净资产收益率是一项强制性披露指标。中国证监会发布的《公开发行证券的公司信息披露编报规则第 9 号——净资产收益率和每股收益的计算及披露》（2010 年修订）规定，企业在编制招股说明书、年度财务报告、中期财务报告时，应自行计算并披露加权平均净资产收益率、基本每股收益和稀释每股收益，该公告提供了这些指标的计算方法。

加权平均净资产收益率的计算公式如下：

$$加权平均净资产收益率 = \frac{净利润}{加权平均净资产} \times 100\%$$

公式中的"净利润"，分别对应"归属于公司普通股股东的净利润"和"扣除非经常性损益后归属于公司普通股股东的净利润"，扣除了优先股股利和永续债利息。

公式中的"加权平均净资产"，是指归属于普通股股东的加权平均净资产，按净资产在年度内增减变动的时间（从增减变动的次月起）进行加权平均计算的结果。其计算公式如下：

加权平均净资产＝归属于公司普通股股东的净资产期初余额＋归属于公司普通股股东的净利润÷2＋报告期新增的归属于普通股股东的净资产×至报告期末累计月数÷报告期月份数－报告期减少的归属于普通股股东的净资产×至报告期末累计月数÷报告期月份数

如果企业在报告期内发生同一控制下企业合并的，计算加权平均净资产收益率时，被合并方的净资产应从报告期期初起进行加权；计算扣除非经常性损益后的加权平均净资产收益率时，被合并方的净资产从合并日的次月起进行加权。计算比较期间的加权平均净资产收益率时，被合并方的净利润、净资产均从比较期间期初起进行加权；计算比较期间扣除非经常性损益后的加权平均净资产收益率时，被合并方的净资产不予加权计算（权重为零）。

[例] A 公司 2018 年 12 月 31 日的资产负债表中，归属于母公司股东的所有者权益的年初余额为 25,000 万元，年末余额为 27,000 万元；优先股的年初余额为 7,400 万元，年末余额为 9,000 万元。2018 年度的利润表中，归属于公司股东的净利润为 1,610 万元，扣除非经常性损益后归属于公司股东的净利润为 1,050 万元。当年的优先股股利为 100 万元。2019 年 8 月 23 日，企业宣布分

---

① 《上市公司证券发行管理办法》规定，上市公司向不特定对象公开募集股份（简称"增发"）时，条件之一是"最近三个会计年度加权平均净资产收益率平均不低于百分之六。扣除非经常性损益后的净利润与扣除前的净利润相比，以低者作为加权平均净资产收益率的计算依据"。

红派息公告，8月30日，向普通股股东支付现金股利690万元。报告期内没有增发、配股、回购等事项。

加权平均净资产收益率的计算过程如下：

（1）计算归属于公司普通股股东的净利润

归属于公司普通股股东的净利润＝1，610－100＝1，510（万元）

扣除非经常性损益后归属于公司普通股股东的净利润＝1，050－100＝950（万元）

（2）计算加权平均净资产

归属于母公司普通股股东权益的年初余额＝25，000－7，400＝17，600（万元）

归属于母公司普通股股东权益的年末余额＝27，000－9，000＝18，000（万元）

股东权益的其他变动＝18，000－（17，600＋1，510－690）＝18，000－18，420＝－420（万元）

股东权益的其他变动420万元是减少数，如果无法确定其具体变动的时间，可以假设其在年末发生，或假设为年度中期发生。如果假设在年度中期发生，则：

加权平均净资产＝17，600＋1，510/2－690×4/12－420×6/12

＝17，915（万元）

（3）计算加权平均净资产收益率

按归属于公司普通股股东的净利润计算：

加权平均净资产收益率＝1，510÷17，915×100％＝8.43％

按扣除非经常损益后归属于公司普通股股东的净利润计算：

扣除非经常损益后的加权平均净资产收益率＝950÷17，915×100％＝5.39％

2. 简单加权的平均净资产收益率

财务报表使用者可以直接从公司财务报告中获取加权平均净资产收益率的数据，或者从某些数据库中提取该指标值。如果报告期间内净资产没有变动或增减变动金额不大，或者无法确定净资产增减变动的确切时间，也可以参照总资产收益率的计算方法，只对净资产的年初余额和年末余额进行简单加权平均。其计算公式如下：

$$净资产收益率＝\frac{归属于普通股股东的净利润}{（净资产期初余额＋净资产期末余额）÷2}×100％$$

如果净资产年度内变动不大，也可以直接使用期末净资产余额进行计算。

[例] 如上例，按净资产的年初余额和年末余额计算净资产收益率：

净资产平均余额＝（17，600＋18，000）÷2＝17，800（万元）

按归属于公司普通股股东净利润计算：

加权平均净资产收益率＝1，510÷17，800×100％＝8.48％

按扣除非经常性损益后归属于普通股股东的净利润计算：

扣除非经常损益后的加权平均净资产收益率＝950÷17，800×100％＝5.34％

如果各种方法的计算结果差别不大，财务报表分析者可根据成本－效益原则或决策目的选择使用。

如果公司没有进行外部股权融资，净资产的变动主要就是当期净利润的留存。净资产收益率不仅反映了公司的盈利能力，也是股东将利润留存于企业所要求的再投资回报率。如果公司发生了增资扩股等外部融资行为，净利润必须同步增长，才能维持原来的净资产收益率水平。因此，净资产收益率也是衡量公司投资扩张或收购兼并的经济效果的一项财务比率。

（二）净资产收益率的分解与杜邦关系式

净资产收益率反映了权益资本的回报，体现了企业追求价值增长和最大化股东财富的经营目标和财务管理目标。在进行财务分析时，以净资产收益率为核心，构建其与关键财务比率之间的关系式，能够反映权益资本回报的驱动因素和变动趋势。

对净资产收益率进行分解的方法主要有两种：

第一种方法是按照净资产收益率的驱动因素，将其分解为总资产收益率和权益乘数的乘积，或者营业净利率、总资产周转率和权益乘数三项财务比率的乘积。这种分析方法称为杜邦分析法（DuPont analysis），最早由美国杜邦公司使用[1]，是一种运用非常广泛的财务综合分析方法。杜邦关系式（DuPont identity）一般如下所示：

$$净资产收益率＝总资产报酬率\times 权益乘数$$
$$＝营业净利率\times 总资产周转率\times 权益乘数$$

将各比率的计算公式代入上述关系式，即：

$$\frac{净利润}{平均净资产}=\frac{净利润}{营业收入}\times\frac{营业收入}{平均总资产}\times\frac{平均总资产}{平均净资产}$$

杜邦关系式表明，权益资本回报是获利能力、经营效率和资本结构的函数，是企业经营政策和财务政策（包括投资政策和筹资政策）综合作用的结果，反映了企业面临的经营风险、投资风险和财务风险。杜邦关系式通过四个财务比率把企业的经营目标和影响经营业绩的驱动要素联系在一起，因而是考察公司是否最大化股东投资回报的路线图。

---

[1]　杜邦公司（DuPont）成立于 1802 年，最初制造并销售火药，是美国最大的火药生产商，成立之初发行股票 18 股，募集资金 36000 美元。1904 年之后，开始陆续进入化工、农业（如种子和杀虫剂）、医药等领域，是尼龙和聚四氟乙烯（杜邦特氟龙）、可丽耐等的发明者。杜邦公司于 20 世纪 80 年代进入中国，先后在北京、上海、深圳等设立办事机构、研发机构和加工厂。2015 年 12 月，杜邦公司与陶氏化学宣布平等合并，合并后的公司被命名为陶氏杜邦公司（DowDuPont）。杜邦公司采用的杜邦财务分析法在企业业绩评价中得到广泛运用。

杜邦关系式中各财务比率之间的关系，如图 10-2 所示。

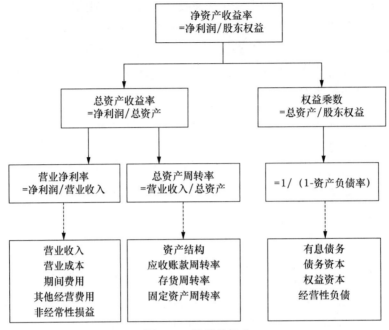

图 10-2　杜邦关系式

杜邦关系式为企业的经营和管理活动提供了一条明确思路。当企业以提高股东权益回报为财务目标时，企业必须做到：

（1）形成竞争优势，开源节流。如利用差异化优势获得产品定价权以提高销售收入，或利用低成本优势降低售价以扩大市场份额，同时控制成本费用。

（2）合理配置资产结构，尤其是固定资产与流动资产的比例，提高资产利用效率，减少资产闲置。

（3）适度运用财务杠杆，防范财务风险。长期来看，财务杠杆的运用是有限度的，驱动股东权益回报增长的根本动力是企业盈利能力的提高。

第二种方法是将净资产收益率分解为权益资本的经营回报率和财务杠杆收益两个部分。

权益资本的经营回报率等于总资产收益率，一般按息税前利润计算；财务杠杆收益是总资产收益率超过债务资本成本率的差额。当总资产收益率超过债务资本成本时，权益资本回报率将提高，并获得额外的财务杠杆收益。

净资产收益率的分解公式如下：

$$净资产收益率 = 总资产收益率 - （总资产收益率 - 债务资本成本）\times \frac{负债}{股东权益}$$

或者：

$$净资产收益率 = \left(总资产收益率 - \frac{利息费用}{总资产}\right) \times \frac{总资产}{股东权益}$$

对净资产收益率进行分解能够发现影响权益资本回报的关键因素，获得对企业经营战略、财务规划和竞争优势的基本了解。一般情况下，低成本竞争优势企业的净利率较低但周转率较快，差异化竞争优势企业的净利率较高但周转速度较慢，周转慢的企业可能需要通过债务融资满足资金需求，因而财务杠杆较高，但另一些企业也许会为了避免流动性风险减少负债；盈利能力较强的企业，内源融资比较充足，杠杆比率相对较低。

（三）杜邦分析方法的运用

杜邦分析方法以净资产收益率为核心和出发点，为财务报表分析提供了简明的逻辑思路。通过对同一企业不同期间之间、同一行业不同企业之间、不同行业不同企业之间的股东权益回报进行比较，并运用因素分析法计算各因素的影响程度，能够发现企业业绩的驱动因素和约束因素，以了解企业盈利能力变化或差异的原因。

1. 同一企业不同期间的比较

[例] 根据表 10-3，复星医药 2015—2019 年的净资产收益率呈下降趋势，主要原因是销售净利率的下降，导致总资产收益率持续降低；但财务杠杆减缓了净资产收益率的下降速度。该公司 2019 年的净资产收益率是 11.10%，比 2018 年增长 0.94%。用杜邦关系式表达如下：

2018 年净资产收益率：10.16% = 10.87% × 0.3761 × 2.4861

2019 年净资产收益率：11.10% = 11.62% × 0.3898 × 2.4500

净资产收益率提高：11.10% − 10.16% = 0.94%

采用因素分析法逐步替代，计算各因素的影响程度：

（1）营业净利率的影响：（11.62% − 10.87%）× 0.38 × 2.49 = 0.70%

（2）总资产周转率的影响：11.62% × （0.39 − 0.38）× 2.49 = 0.40%

（3）权益乘数的影响：11.62% × 0.39 × （2.45 − 2.49）= −0.16%

0.70% + 0.40% − 0.16% = 0.94%，最主要的影响因素是营业净利率的提高。

表 10-3　净资产收益率的纵向比较和纵向比较

年份	营业净利率	总资产周转率	平均权益乘数	总资产收益率	净资产收益率
2015 年	19.51%	0.3429	2.1097	6.69%	14.12%
2016 年	19.18%	0.3569	2.0304	6.85%	13.90%
2017 年	16.86%	0.3506	2.2253	5.91%	13.15%
2018 年	10.87%	0.3761	2.4861	4.09%	10.16%
2019 年	11.62%	0.3898	2.4500	4.53%	11.10%
复星医药平均值	15.61%	0.3632	2.2603	5.61%	12.48%
恒瑞医药	22.88%	0.9330	1.1217	21.35%	23.94%
华润三九	14.37%	0.7711	1.6302	11.08%	18.06%

2. 同一行业不同企业的比较

如表 10-3 所示，与另两家公司相比较，复星医药的净资产收益率相对较低，主要原因是其销售净利率和总资产周转率较低。复星医药 2019 年的销售净利率是 11.62％,总资产周转率是 0.3898,权益乘数为 2.45,负债率相对较高。我们知道,复星医药的主营业务包括三个板块,各板块的盈利能力差别很大,这对其总体的获利能力和经营效率具有一定的影响。

3. 不同行业不同企业的比较

净资产收益率是一项综合性指标,利用杜邦关系式对不同行业企业的净资产收益率进行分解,可以获得对不同行业的运营模式和经营效率等的认知,更好地理解不同行业的盈利模式。

[**例**]表 10-4 列示了 10 家不同行业公开上市公司 2018 年的净资产收益率。

表 10-4　不同企业和不同行业的比较

行业	企业	营业净利率	总资产周转率	总资产净利率	平均权益乘数	净资产收益率
环境和公用	成发环境	28.65％	0.25	7.16％	3.66	26.21％
房地产	卧龙地产	20.38％	0.48	9.78％	2.80	27.39％
房地产	万科 A	11.34％	0.22	2.49％	9.34	23.30％
化工	华鲁恒升	21.03％	0.83	17.45％	1.62	28.28％
厨具制造	苏泊尔	9.36％	1.78	16.66％	1.78	29.66％
医疗器械	大博医疗	48.09％	0.51	24.53％	1.14	27.96％
零售业	永辉超市	2.10％	1.95	4.10％	1.84	7.53％
航空业	东方航空	2.36％	0.49	1.16％	4.26	4.93％
农业	隆平高科	22.09％	0.25	5.52％	2.22	12.26％
通信设备	中兴通讯	−8.17％	0.63	−5.15％	5.01	−25.79％

对净资产收益率比较接近的公司进行比较,可以发现:不同公司的利润驱动因素不同,有些企业是因为总资产收益率较高,如华鲁恒升、苏泊尔、大博医疗,有些企业则是因为财务杠杆较高,如成发环境、卧龙地产、万科 A、东方航空。

对总资产收益率比较接近的公司进行比较,可以发现:即使总资产收益率相同,净资产收益率的驱动因素也可能存在较大差异。如苏泊尔和华鲁恒升的总资产收益率相差不多,但华鲁恒升的营业净利率较高（21.03％）,苏泊尔的总资产周转则较快（1.78）。

总资产周转率对于净资产收益率的影响非常显著。零售业的资产周转相对较快,农业、房地产、环境和公用事业的资产周转相对较慢。如隆平高科和永辉超市的总资产收益率比较接近（5.52％和 4.10％）,但隆平高科的营业净利率是永辉超市的 10 倍多,农业的经营周期较长,附加值较高;但永辉超市的总资产周转速度是隆平高科的近 8 倍,是典型的"薄利多销"模式,两者的总资产收益率最终比较接近。又如大博医疗的营业净利率高达 48.09％,但总资产周转率只有

0.51 次，总资产收益率最终为 24.53%，净资产收益率为 27.96%。

财务杠杆对股东权益回报的贡献，等于净资产收益率对总资产收益率的倍数。如万科 A 的总资产收益率为 2.49%，但权益乘数高达 9.34，因而净资产收益率达到 23.30%，东方航空、成发环境、卧龙地产的净资产收益率的大部分也是来自于财务杠杆收益。需要注意的是，财务杠杆效应是双面的，如果企业发生亏损，权益乘数同样会放大企业的亏损，如中兴通讯的总资产净亏损率为 5.01%，权益乘数为 5.01，净资产亏损率达到 25.79%。

这些例子并不能完全说明行业之间的差异。事实上，行业内部不同公司的经营策略和财务政策可能存在较大的差异，净资产收益率也相差甚远。如卧龙地产的净资产收益率主要来自较高的营业净利率和总资产周转率，而万科 A 的净资产收益率中包含更多财务杠杆的贡献。

需要注意的是，虽然营业净利率、总资产周转率、权益乘数与净资产收益率是同向变动的关系，但三个财务比率不会同时提高或同时下降，某项经营政策或财务政策对三个财务比率的影响常常相互抵消，使得净资产收益率不会同比例增减。例如，增加财务杠杆会提高权益乘数，但负债增加带来的利息费用会降低营业净利率，因此，净资产收益率只会有限度地提高或降低。从长期来看，营业净利率和总资产周转率是影响净资产收益率的关键因素，财务杠杆则放大了企业的经营回报或经营风险，通过提高财务杠杆增加股东权益回报的策略具有较高的财务风险。

财务报表使用者应对当前的净资产收益率在未来的持续性作进一步分析和预测。一般认为，"如果一个企业的权益净利率经常高于其他公司，就会引来竞争者，迫使该公司的权益净利率回到平均水平。如果一个公司的权益净利率经常低于其他公司，就难以增获资本，会被市场驱逐，从而使得幸存公司的权益净利率平均水平回归正常"。[①] 在技术与创新日新月异且竞争日益激烈的市场中，一个公司能否长期保持较高的净资产收益率，在很大程度上取决于其是否形成某种竞争优势以及可以在多长时间内保持这种竞争优势。

杜邦关系式的局限也是显而易见的，如以净资产收益率为核心目标，可能使管理层因过分重视财务结果从而导致发生短期经营行为或操纵会计利润的现象，忽视长期的价值创造。同时，杜邦关系式没有包含流动性和现金流量等重要财务指标。更重要的是，杜邦关系式没有区分经营性资产和对外投资性资产并分别反映其盈利能力，也没有区分经营性负债和融资性负债。如果投资收益是企业报告期净利润的最主要来源，这种指标分解方式就会无法辨识企业的利润和经营风险的主要来源；只有有息负

---

① 中国注册会计师协会. 财务成本管理 [M]. 北京：中国财政经济出版社，2019. Penman (1991) 认为，长期看，股东权益回报率趋向于恢复到一个平均的水平，但仍存在组合差异，较高的股东权益回报率的组合在未来仍然会有较高的股东权益回报率，较低的仍较低，只是不同组合之间的差异缩小了。

债才需要支付利息并具有财务杠杆作用，对于经营性负债为主要债务构成的企业，同样无法准确识别企业的财务风险。[①]

第3节 市场基础的盈利能力分析

一、以股份为基础的盈利能力指标

（一）每股收益

每股收益（earnings per share，EPS），是指一定会计期间内每股普通股所赚得的净利润或所承担的净亏损。每股收益是衡量股份有限公司盈利能力的一项基本指标，每股收益越高，说明企业的盈利能力越强。由于每股收益消除了企业规模的影响，直观易懂，便于对不同企业以及同一企业不同会计期间的业绩进行比较，因而是一种应用非常广泛的盈利能力比率。

如同净资产收益率一样，我国上市公司需要在招股说明书、年度财务报告和中期财务报告中自行计算并披露报告期的基本每股收益和稀释每股收益。基本每股收益（basic EPS），是指在简单股权结构下，只考虑普通股和不可转换优先股时的每股收益；稀释每股收益（diluted EPS），是在基本每股收益的基础上，进一步考虑可转换证券、认股权证和股票期权等稀释性证券的摊薄效应后计算的每股收益。稀释每股收益和基本每股收益之间的差异反映了资本结构对每股收益的最大稀释幅度。计算和披露稀释每股收益符合谨慎性原则和充分披露的要求。《企业会计准则第34号——每股收益》和中国证监会发布的《公开发行证券的公司信息披露编报规则第9号——净资产收益率和每股收益的计算及披露》（2010年修订）中详细规定了每股收益的计算及列报。财务报表分析者可以从财务报告中获取每股收益的信息，也可以自行计算。

1. 基本每股收益

基本每股收益是指只考虑当期实际发行在外的普通股股份时，每股普通股所获得的净利润。每股收益如果是正数，表示每股净利润；如果是负数，表示每股净亏损。其计算公式如下：

$$基本每股收益 = \frac{归属于普通股股东的当期净利润}{发行在外普通股的加权平均数}$$

公式中的分子"归属于普通股股东的当期净利润"，分两种情况：

（1）全部损益，即"归属于公司普通股股东的当期净利润"，等于当期净利润减去当期优先股股利后的净额。

（2）持续经营损益，即"扣除非经常性损益后归属于普通股股东的净利润"。在合

[①] 中国注册会计师协会主编的注册会计师考试教材《财务成本管理》一书中，将公司活动分为经营活动和金融活动后，调整编制管理用财务报表，以此为基础建立的管理用财务分析体系为：权益净利率＝净经营资产净利率＋（净经营资产净利率－税后利息率）×净财务杠杆。其中，净负债＝金融负债－金融资产，净经营资产＝净负债＋股东权益。财务报表使用者可参考该内容。

并财务报表中，则是指归属于母公司普通股股东的当期合并净利润。一般来说，持续经营基础的每股收益，对于预测未来的盈利趋势更具参考价值。

公式中的分母"发行在外普通股的加权平均数"，是发行在外普通股股份数按在报告期内的流通时间计算的加权平均数，不包含库存股。报告期内因增发、债转股、回购等原因增加或减少的股份数，均按照其在报告期内的存续时间进行加权平均，报告期内如果发生配股，应考虑配股中的送股因素；股票股利、公积金转增资本、拆股、并股等虽然改变了发行在外的普通股或潜在普通股的数量，但不影响企业的资产总额和权益总额，也不改变企业的净利润，因此，这些情况导致的股份变动不论在报告年度内何时发生，均应全额计入每股收益的计算，不必按时间加权平均。

发行在外普通股加权平均数的计算公式如下：

发行在外普通股加权平均数＝期初发行在外普通股股数＋报告期因股票股利或公积金转增等增加的股份数－当期缩股数＋报告期因新发行或债转股等增加的股份数×已发行时间÷报告期时间－报告期因回购等减少的股份数×已回购时间÷报告期时间

需要注意的是，如果在资产负债表日至财务报告批准报出日之间发生股票股利、公积金转增资本、拆股和并股等事项，也应调整股份数，重新计算报告期的每股收益，并对利润表中的上年同期每股收益进行调整。这种情况下，就会出现报告期披露的上年每股收益与上年同期财务报告中披露的每股收益不一致的情况。

[例] 某上市公司 2018 年度归属于普通股股东的净利润为 7,860 万元，非经常性损益为 2,103 万元。2017 年 12 月 31 日，发行在外的普通股股份数为 6,500 万股。2018 年 5 月 20 日，该公司宣告分配股票股利，以上年年末的总股本为基数每 10 股送 3 股。2018 年 9 月 10 日，该上市公司公开发行股份 1,500 万股。假设报告期内没有发生其他影响股份变动的交易或事项。

2018 年的基本每股收益计算如下：

（1）加权平均股份数：6,500＋6,500×3/10＋1,500×112/365＝8,910.27（万股）

其中，送股数量：6,500×3/10＝1,950（万股）

（2）基本每股收益：7,860÷8,910.27＝0.88（元/股）

（3）扣除非经常性损益后的基本每股收益：（7,860－2,103）÷8,910.27＝0.65（元/股）

假设 2017 年 1 月 1 日发行在外的普通股也是 6,500 万股，年度内没有发生变动。2017 年度归属于普通股股东的净利润为 2,383 万元，扣除非经常性损益后归属于普通股股东的净利润为－1,289 万元。在编制 2018 年度利润表时所列报的上年基本每股收益为：

基本每股收益：2,383÷（6,500＋1,950）＝0.28（元/股）

扣除非经常性损益后的基本每股收益：－1,289÷（6,500＋19,50）＝－0.15（元/股）

报告期内发生同一股东控制下企业合并，合并方在合并日发行新股份并作为对价的，计算报告期末的基本每股收益时，应把该股份视同在合并期初即已发行在外（即权重为1）；计算比较期间的基本每股收益时，应将该股份视同在比较期间期初即已发行在外。计算报告期末扣除非经常性损益后的每股收益时，合并方在合并日发行的新股份从合并日起次月进行加权；计算比较期间扣除非经常性损益后的每股收益时，合并方在合并日发行的新股份不予加权计算（权重为零）。

2. 稀释每股收益

稀释每股收益，是指当公司存在稀释性潜在普通股时，假设企业所有发行在外的稀释性潜在普通股均在报告期转换为公司的普通股，从而分别调整基本每股收益计算公式中的分子和分母计算的每股收益。

潜在普通股（potential common stock），是指赋予其持有者在报告期或以后期间享有取得公司普通股权利的金融工具或其他合同，包括可转换公司债券、可转换优先股、认股权证、股票期权等。假设报告期内可转换工具被转换、期权和认股权证被行权，或者一旦满足特定条件就发行普通股，则公司发行在外的股份数将会增加，成本费用和利润也会发生变化，从而使得每股收益不同于基本每股收益。如果导致每股收益减少或每股亏损增加，则认为该潜在普通股具有稀释性，称其为稀释性潜在普通股；如果每股收益增加或每股亏损减少，则认为其具有反稀释性，不予披露。

对于潜在普通股持有者来说，根据其目前拥有的选择权，如果行权后财富减少，将不会行权；如果行权后财富增加，将行使相关权利。因此，计算稀释性每股收益的前提，是假设未来股价高于约定的转换价格或购买价格，潜在普通股股东愿意转换或购买公司的普通股以增加其财富，而行权必然引起股份数量的增加及每股收益的变动。因此，稀释每股收益反映了未来资本结构变化对财务业绩的稀释程度，有助于投资者了解未来利润摊薄的风险。

稀释性每股收益的计算步骤如下：

（1）计算潜在普通股对净利润的影响：净利润调整数

净利润调整数，是考虑所得税影响后的金额，主要包括两项：一是当期确认的稀释性潜在普通股的利息费用；二是稀释性潜在普通股转换时产生的收益或费用。

（2）计算潜在普通股对普通股股份数的影响：稀释性潜在普通股的加权平均数

稀释性普通股的加权平均数，是指假设稀释性潜在普通股在当期期初或发行日转换为普通股而增加的股份数，按照其发行在外的时间进行加权的平均数。①

（3）计算增量股每股收益并判断其稀释程度

增量股的每股收益越小，稀释程度越大。其计算公式如下：

$$增量股的每股收益 = \frac{净利润调整数}{稀释性普通股的加权平均数}$$

---

① 转换时间的确定应当区分以下情形：以前期间发行的，假设在当期期初转换；当期发行的，假设在发行日转换；当期被注销或终止的，按当期发行在外的时间加权平均；当期被转换或行权的，从期初至转换日或行权日，计入稀释每股收益，从转换日或行权日起，计入基本每股收益。

如果增量股的每股收益小于基本每股收益，即表示该潜在普通股具有稀释性。

（4）计算稀释每股收益

稀释每股收益计算公式如下：

$$稀释每股收益=\frac{净利润＋净利润调整数}{发行在外普通股的加权平均数＋稀释性普通股的加权平均数}$$

3. 可转换证券与稀释每股收益

可转换证券是指证券持有人按照发行时约定的价格在约定的时间内将证券转换为发行公司普通股的证券，包括可转换债券（convertible bond）和可转换优先股（convertible preferred stock）。对于可转换证券的稀释性，一般采用假设转换法，即假设该证券在当期期初或发行日已转换为公司普通股，本期不必再支付债券利息或优先股股息。可转换证券的假设转换既增加了流通中的股份数，又增加了归属于普通股股东的净利润。因此，最终是否对每股收益产生稀释效应存在不确定性，需要进行计算和判断。如果增量股的每股收益小于基本每股收益，则说明该可转换证券具有稀释作用。

[例] 某上市公司 2018 年度归属于普通股股东的净利润为 87,600 万元。年初发行在外的普通股股份为 30,000 万股，年内股份数未有变动，股票面值为 1 元。2018 年 1 月 1 日，公司按面值发行 20,000 万元，5 年期，每张面值为 100 元，票面固定年利率为 3%，每年付息 1 次，付息日为每年 12 月 31 日，利息均计入各年损益的可转换公司债券。该批可转换债券自发行日起 12 个月后可转换为公司的普通股，转股价格为每股 10 元，即 100 元转 10 股。企业适用的所得税税率为 25%。当期不附转换权的类似债券的市场利率为 5%。

基本每股收益和稀释每股收益的计算如下：

（1）基本每股收益：87,600÷30,000＝2.92（元）

（2）可转换债券的年票面利息：20,000×3%＝600（万元）

查复利现值系数表和年金现值系数表，得到 5 年期、折现率为 5% 的复利现值系数为 0.7835，年金现值系数为 4.3295。

负债成分的公允价值：600×4.3295＋20,000×0.7835＝18,267.7（万元）

权益成分的公允价值：20,000－18,267.7＝1,732.3（万元）

假设可转换债券转股，则股份数增加：（20,000÷100）×10＝2,000（万股）

同时，净利润增加：18,267.7×5%×（1－25%）＝685.04（万元）

增量股的每股收益：685.04÷2,000＝0.34（元/股），小于基本每股收益 2.92 元，该可转换债券具有稀释作用。

则，稀释每股收益：（87,600＋685.04）÷（30,000＋2,000）＝2.76（元）

4. 认证权证、股票期权与稀释每股收益

认股权证（stock warrants），是指公司发行的、约定持有人有权在履约期间或特定到期日按约定价格从公司购买一定数量股份的凭证。股票期权（stock options），是指公司授予持有人在未来一定期限内按预先确定的价格和条件购买公司一定数量股份的权利。

认股权证和股票期权是否具有稀释性，最终取决于两个因素：行权价格与普通股当期市场价格的对比，以及企业的盈利状况。首先，如果行权价格低于市场价格，权证持有人通常会行权，从而使得发行在外的股份数增加。其次，由于认股权证和股票期权的假设行权并不改变企业的净利润，因而对于盈利企业，潜在普通股的行权将减少每股收益，具有稀释性；但对于亏损企业，潜在普通股的行权将减少每股亏损，具有反稀释性。

假设认股权证和股份期权行权时，普通股股份的增加数等于全部行权数量与对价收入按平均市场价格折算的股份数之差，即相当于无对价发行的股份数量。其计算公式如下：

$$增加的普通股股份数 = 全部拟行权数量 - \frac{行权价格 \times 全部拟行权数量}{报告期普通股的平均市场价格}$$

[例] 某公司 2018 年度的净利润为 2,190 万元，优先股的年度股利为 290 万元。年初发行在外的普通股为 1,250 万股，年内未有变动。2018 年 1 月 1 日，公司对外发行了 200 万份认股权证，18 个月后可以行权，每份认股权证可以在行权日按 9 元的价格认购本公司 1 股新发行股份。2018 年，公司普通股的平均市场价格为 12 元。当年的非经常性损益为 370 万元。在编制 2018 年度利润表时，公司需要计算和列报基本每股收益和稀释每股收益。

计算过程如下：

(1) 以"归属于公司普通股股东的当期净利润"为基础计算：

基本每股收益：(2,190 - 290) ÷ 1,250 = 1.52（元/股）

假设行权而增加的股份数：200 - 200 × 9 ÷ 12 = 50（万股）

增量股的每股收益：0/50 = 0，具有稀释性

稀释每股收益：(2,190 - 290) ÷ (1,250 + 50) = 1.462（元/股）

稀释每股收益低于基本每股收益。

(2) 以"扣除非经常性损益后归属于普通股股东的净利润"为基础计算：

基本每股收益：(2,190 - 290 - 370) ÷ 1,250 = 1.224（元/股）

假设行权而增加的股份数：200 - 200 × 9 ÷ 12 = 50（万股）

增量股的每股收益：0/50 = 0，具有稀释性

稀释每股收益：(2,190 - 290 - 370) ÷ (1,250 + 50) = 1.177（元/股）

稀释每股收益低于基本每股收益。

5. 股份回购与稀释每股收益

如果企业进行股份回购，发行在外的股份数减少，每股收益也将发生变动。一般情况下，企业在股份回购公告中承诺股份回购的数量或金额及回购期间，在价格适当时再分期分批回购股份。但股份回购不是固定的承诺，由于股票市场价格的变动或者企业资金短缺等各种原因，许多企业最终可能不会按计划回购股份。但在计算每股收益时，如果企业承诺的股份回购价格高于当期普通股平均市场价格，就应当考虑其稀释性。

股份回购情形下的稀释每股收益的计算思路，是先假设企业按平均市场价格发行股份筹集资金，再用所筹集的资金按照约定价格进行股份回购。假设发行的普通股股数与承诺回购的普通股股数之间的差额，就是增加的股份数。其计算公式如下：

$$增加的普通股股数 = \frac{回购价格 \times 承诺回购的普通股股数}{报告期普通股平均市场价格} - 承诺回购的普通股股数$$

增加的普通股股份数再乘以相应的时间权重，用以调整计算稀释每股收益的加权平均普通股股数。对于盈利企业，股份数增加将减少每股收益，产生稀释效应；对于亏损企业，股份数增加将减少每股亏损，具有反稀释性。

6. 多项潜在普通股与稀释每股收益

在计算稀释每股收益时，应考虑所有稀释性潜在普通股的影响。如果企业存在多项潜在普通股，应将每次发行或一系列发行的潜在普通股视为不同的潜在普通股，按下列步骤计算稀释每股收益：列出所有潜在普通股；分别计算各潜在普通股的增量股每股收益；按稀释程度排序；在基本每股收益的基础上，按稀释程度从大到小的顺序依次计算稀释每股收益，直至稀释每股收益达到最小值。

(二) 每股股利和股利收益率

每股股利 (dividend per share，DPS) 和股利收益率 (dividend yield ratio) 是反映股份有限公司股东投资回报的两项财务比率。每股股利是指每股普通股从企业所分得的现金股利。每股股利受企业盈利能力、现金流量、投资机会和股利政策等因素的影响，是影响股票估值的一项基本因素。其计算公式如下：

$$每股股利 = \frac{普通股股东分配的现金股利总额}{发行在外的普通股股份数}$$

每股股利的持续性和变动性，提供了关于公司未来盈利能力和发展前景的信息。财务报表使用者可从企业的利润分配公告中直接获得每股股利的信息，无须自行计算。

股利收益率是每股现金股利与当前股票市场价格之比，表示按照当前价格购入股份并预期获得与当前相同的现金股利，所能够取得的投资收益率。如果股利收益率比较固定且超过将资金存放于银行或购买国债、理财产品等的收益率，购入股份可能就是一项较好的投资选择。股利收益率的计算公式如下：

$$股利收益率 = \frac{报告期的每股股利}{当前股票价格} \times 100\%$$

二、市场价格基础的价值分析

市场基础的价值比率主要是以市场价格为基础计算的财务比率，如市场价格与每股收益、每股净资产、销售收入、现金流量等的比率。这些比率适用于公开上市公司，可用于对公司股份进行基本的价值分析，第 13 章将介绍这些财务比率在价值评估中的应用。

（一）市盈率

市盈率（price-to-earnings ratio，P/E），即价格盈余比，是指普通股的权益市场价值与净利润的比率。市盈率反映了投资者愿意为企业的每股收益所支付的价格，体现了投资者对公司未来前景的预期。其计算公式如下：

$$市盈率 = \frac{每股市场价格}{每股收益}$$

公式中的"每股市场价格"一般为当前的股票价格；"每股收益"可以是上年度每股收益，也可以是本年度的预计每股收益或者未来一定期间（如 3—5 年）的预测均值。按照上年度每股收益计算的市盈率称作静态市盈率，按照预计每股收益计算的市盈率称作动态市盈率。由于动态市盈率包含对公司业绩增长的预期，更具有估值参考价值。一般认为，市盈率越高，表示市场估值越高。因此，投资者常用市盈率来衡量股票的投资价值和风险。实务中，市盈率还是新股发行定价的一项重要参考。但如果公司发生亏损，市盈率指标将无法使用。

市盈率由市场价格和公司盈利所决定。过高的市场价格和过低的盈利都会导致市盈率过高。由于市场价格中包含大量不可控因素，在业绩没有同步变化的情况下，过高的市盈率可能是对股价泡沫的一种警示信号。与其他财务比率一样，对市盈率的评价，通常也要参照行业市盈率或业务相近企业的市盈率。

根据估值理论，股票市盈率是增长机会、风险和会计政策三个因素的函数。如果一家公司拥有较好的增长机会、经营风险较低，或会计政策相对保守，其股票市盈率相对就较高。市场一般对于成长性公司的未来业绩具有良好的预期，增长机会的不同使得行业之间以及同一行业内不同企业之间的市盈率存在较大的差异。一般来说，成长性企业和新兴行业企业的整体市盈率相对较高，成熟期企业和传统行业企业的市盈率相对较低，如电子信息企业的市盈率通常就是商业银行市盈率的数倍。

（二）市净率

市净率（price-to-book value ratio，P/B），即市值账面价值比，是指普通股权益的市场价值与账面价值之间的比率，也可以用每股市场价格与每股账面价值进行计算。其计算公式如下：

$$市净率 = \frac{权益市场价值}{权益账面价值}$$

市净率反映了投资者愿意为每元账面净资产所支付的价格。对于市净率高低与投资价值的关系，需要结合市场环境和企业经营状况等进行分析。通常认为，每股净资产是股票价格的底线，股价低于每股净资产，即市净率小于 1，俗称"破净"。市净率和市盈率有时还被作为价值股和成长股的划分标准。

（三）市现率

市现率（price-to-cash flow ratio，PCF），是企业的股票市值与现金净流量的比率，反映了股票市场价格与现金流量净额之间的匹配程度，可用于评价股票的估值和风险。其计算公式如下：

$$市现率 = \frac{权益市场价值}{现金净流量}$$

每股现金净流量越多，经营风险就越小。现金净流量包含经营、投资、分配、筹资等因素的综合影响，且不易被操控。但由于投资活动现金净流量和筹资活动现金净流量可能为负，具体运用该指标时，要结合现金净流量的构成进行分析，或者只使用经营活动现金流量净额数据。如果每股现金流量净额为负数，该指标将失去应用价值。

（四）市销率

市销率（price-to-sales ratio，PS），也叫作收入乘数，是企业普通股的总市值与营业收入的比率。其计算公式如下：

$$市销率 = \frac{权益市场价值}{营业收入}$$

市销率也是一项估值参考指标。一般认为，市销率越低，估值越低。由于营业收入一般不会出现负数，因而对于成长性企业和亏损企业，市销率是一个比较适合的估值指标。同时，营业收入对企业的战略调整、市场竞争力和价格政策的变化非常敏感，使得市销率能够更可靠评价企业的发展潜力。但在企业发生大量关联交易的情况下，计算该指标时应考虑关联销售的影响，并与同行业对比。

三、影响企业盈利能力的因素

盈利能力是诸多因素综合作用的结果，这些因素既体现在财务报表内的财务数据中，也体现在表外的非财务信息中。

通过对财务报表项目的分析和财务比率的计算，财务报表使用者能够发现影响企业盈利能力的主要因素，如主营业务收入的增长趋势和稳定性、成本费用水平及其控制能力、财务杠杆的运用、资产的规模和结构、营运效率等。竞争优势和独特盈利模式往往具有持续使企业获得超额收益的能力。

企业的盈利模式受其行业特征制约。我们在第 3 章中已经知道，一个行业的盈利能力是由该行业面临的实际与潜在竞争程度以及在投入和产出市场上的议价能力所决定的。这其中包含许多无法在财务报表中直接量化的因素，如市场环境、行业的发展趋势、技术更新、资源的稀缺性、特许经营权及其持续期间、品牌影响力、地理位置、管理层的能力、员工结构、企业文化、客户和供应商的业务依赖度等，这些因素对公司的市场、收入和成本、费用等产生直接影响，需要在评价企业盈利能力时加以关注。

毫无疑问，会计政策和会计估计也是影响利润的重要因素，且体现了管理层的判断和决策。由于会计政策或会计估计的结果多数将转回，当期采用过于乐观的会计政策可能意味着以后期间会计利润的下降。因此，在分析盈利能力时，需要对管理层的会计选择偏好进行分析和总结，以对企业的盈利质量和变化趋势作出独立判断。

思考与分析

名词解释

盈利能力	毛利率	净资产收益率	总资产收益率
营业净利率	基本每股收益	稀释每股收益	可转换公司债券
稀释性潜在普通股	杜邦分析法	市盈率	市净率

思考题

1. 反映企业盈利能力的财务比率有哪些？

2. 试述毛利率与企业的竞争优势和业务模式之间的关系。

3. 毛利率对利用财务报表进行投资决策有何价值？毛利率如果过高或过低，可能的原因有哪些？

4. 在计算盈利能力比率时，如何考虑非经常性损益的影响？

5. 分析净利率和毛利率之间差异的原因。毛利率较高，是否意味着净利率也较高？

6. 请简述期间费用对于企业盈利能力的影响。

7. 请分析总资产收益率与净资产收益率之间差异的原因。

8. 何谓潜在普通股？何谓稀释性潜在普通股？我国上市公司的潜在普通股包括哪些？

9. 请解释基本每股收益和稀释每股收益的含义。为什么证监会要求我国上市公司在财务报告中披露稀释每股收益？

10. 股票期权行权时将会增加股份的数量但不影响净利润，这是否意味着股票期权一定对每股收益具有稀释作用？

11. 请简述对净资产收益率进行比率分解的两种方法及其意义。

12. 如何确定财务杠杆对股东权益回报的影响程度？

案例分析题

⊙ 案例（一）

欢瑞世纪联合股份有限公司（以下简称"欢瑞世纪"，股票代码：000892），1999年1月15日在深圳证券交易所挂牌上市，当时的股票名称为"三爱海陵"，主营业务为汽车、摩托车零配件的制造。从2000年开始，公司经过几次资产重组和破产重整，变更了主营业务和公司名称。2017年1月，公司的主营业务确定为影视剧的制作发行、艺人经纪、游戏及其他影视衍生业务等。2018年4月27日，欢瑞世纪公布2017年年度报告，在年度报告的第四节"经营情况讨论与分析"部分，披露了"占公司营业收入或营业利润10％以上的行业、产品或地区情况"，如表10-5所示。

表 10-5　占公司营业收入或营业利润 10% 以上的行业、产品或地区情况

项目	营业收入（万元）	营业成本（万元）	毛利率	营业收入比上年同期增减	营业成本比上年同期增减	毛利率比上年同期增减
分行业						
影视行业	156,721	86,891	44.56%	112.20%	208.56%	(17.31%)
分产品						
电视剧及衍生品	142,994	85,162	40.44%	106.36%	208.57%	(19.73%)
电影及衍生品	(202)	632	412.43%	(146.69%)	934.67%	326.53%
艺人经纪	8,969	755	91.59%	240.83%	332.54%	(1.78%)
网络游戏	4,489	0	100.00%	224.48%	0.00%	0.00%
其他	472	343	27.31%	319.87%	4.99%	218.01%
分地区						
国内	143,088	80,241	43.92%	112.85%	206.95%	(17.19%)
海外	13,633	6,650	51.22%	105.60%	229.35%	(18.33%)

注:（ ）内为负数。

深圳证券交易所对欢瑞世纪2017年年报进行了事后审核，于2018年5月30日向公司出具了《关于对欢瑞世纪联合股份有限公司的年报问询函》（公司部年报问询函〔2018〕第162号），向公司提出了16个问题。其中的第十个问题如下：

"十、公司年报"占公司营业收入或营业利润10％以上的行业、产品或地区情况"部分显示，公司电影及衍生品业务营业收入为－2，021，463.80元，较去年同期减少146.69％，营业成本为6，315，710.45元，较去年同期增加934.67％，毛利率为412.43％。请你公司结合收入确认政策，详细说明你公司电影及衍生品业务营业收入为负，但毛利率为正的原因。"

欢瑞世纪于2018年6月7日所做的回复中，对上述问题解释如下：

"（一）报告期内出现公司电影及衍生品业务营业收入为负数的情形是因电影《怦然星动》从发行人应分回的发行收入分成调减所致。公司2016年确认的电影发行分成收入是按发行人当年提供的收入分成表确认的，2017年，发行人根据最新的市场情

况提供了新的收入分成表，其表上显示的分成金额减少，公司相应冲回了多计的电影分成收入。

（二）关于"公司电影及衍生品业务报告期营业收入为负数，毛利率为正数"的问题，我们采用的毛利率计算公式为：

$$毛利率＝（营业收入－营业成本）/营业收入×100\%$$
$$＝（-2,021,463.80-6,315,710.45)/(-2,021,463.80)×100\%$$
$$＝412.43\%$$

为了提高编制定期报告的效率，我们在定期报告中全部按照常规计算公式的定义计算出的结果填列，以利于校验，没有为了追求评价标准的一致性去修改常规计算公式的定义或作变通处理。

以上现象属于认知习惯与数学结论相背离的情形，我们将在以后对这类数据指标单独进行诠释或作留白处理。"

讨论与分析：

1. 请对欢瑞世纪 2017 年度的营业收入进行分析。

2. 你是否认同该公司关于毛利率的回复？在营业收入为负数的情况下，如何评价该公司的盈利能力？

3. 请分析网络游戏的毛利率为 100% 的可能原因。

4. 与同期历史相比，如果毛利率大幅度下降，可能的原因是什么？如果毛利大幅度提高，可能的原因是什么？请结合案例进行分析。

⊙ 案例（二）

HE 公司、SC 公司、GL 公司属于制造业内同一细分行业内的上市公司。三家公司的资产规模、收入规模、资产结构存在不同程度的差异。其 2018 年和 2017 年的收入、归属母公司股东的净利润、归属于普通股股东的股东权益、总资产等数据如表 10-6 所示。

表 10-6 HE 公司、SC 公司、GL 公司 2017 年和 2018 年数据　　　　（单位：亿元）

项目	HE 公司		SC 公司		GL 公司	
	2018 年	2017 年	2018 年	2017 年	2018 年	2017 年
净利润	149	138	6	7	524	448
营业收入	3,682	3,268	1,666	1,562	3,962	2,966
年末总资产	3,362	3,144	1,430	1,364	5,660	4,300
年末股东权益	794	666	261	289	1,826	1,312

要求：

1. 请计算三家公司 2018 年的净资产收益率和总资产收益率，并分析三家公司盈利能力的差异。

2. 请按照杜邦关系式对净资产收益率进行分解。根据计算和分解的结果，分析影响每家公司净资产收益率的主要因素，进一步比较这三家公司的经营优势和劣势。

3. GL 公司没有长期有息债务，总负债的 95％是流动负债，主要构成是应付账款、应付票据和预收账款。这种情况下，如何运用杜邦分析法进行分析？

⊙ **案例（三）**

H 公司和 S 公司是属于制造业内同一细分行业的两家上市公司。2018 年和 2019 年的利润表以及年末资产负债表的部分项目如表 10-7 和表 10-8 所示。两家公司执行所有新会计准则的时间是一致的。H 公司 2019 年度的股本变动全部是可转换债券转股。H 公司于 2019 年 1 月月初按面值发行可转换债券，总面值为 30 亿元，票面利率为 0.2％，2019 年 7 月月初全部转换完成。S 公司在这两个会计年度内没有发生股份的增减变动。营业总收入等于营业收入。

表 10-7 **H 公司和 S 公司利润表（部分）** （单位：万元）

项目	H 公司		S 公司	
	2019 年度	**2018 年度**	**2019 年度**	**2018 年度**
一、营业收入	20,076,198	18,410,848	8,879,290	8,338,526
二、营业总成本	19,262,579	17,468,771	8,861,264	8,284,675
其中:营业成本	14,086,840	13,045,509	7,856,948	7,298,579
税金及附加	80,205	86,809	50,673	55,910
销售费用	3,368,213	2,892,314	573,043	590,141
管理费用	1,011,326	840,515	168,961	155,581
研发费用	626,694	510,465	158,947	132,689
财务费用	89,302	93,159	52,693	51,776
其中:利息费用	174,711	146,587	90,444	65,855
利息收入	55,022	48,474	51,867	48,806
加:其他收益	128,221	93,226	57,766	41,456
投资收益	547,954	192,457	25,251	8,570
公允价值变动收益(损失)	7,672	(14,519)	(179)	11,210
信用减值损失	(15,037)	(9,963)	(6,174)	
资产减值损失	(86,058)	(76,251)	(30,309)	(35,837)
资产处置收益(损失)	48,573	26,775	1,219	11,926
三、营业利润(亏损)	1,444,944	1,153,802	65,599	91,176
加:营业外收入	39,097	47,980	3,678	4,892
减:营业外支出	20,981	23,632	2,753	4,314
四、利润总额(亏损)	1,463,061	1,178,150	66,524	91,754
减:所得税费用	229,622	188,184	33,091	25,685
五、净利润(亏损)	1,233,439	989,965	33,432	66,070
（一）按经营持续性分类				
1. 持续经营净利润	902,153	953,239	33,432	66,070
2. 终止经营净利润	331,287	36,727		
（二）按所有权归属分类				
1. 归属于母公司股东的净利润	820,625	748,366	6,056	32,317
2. 少数股东损益	412,815	241,599	27,376	33,753

注:（ ）内为负数。

表 10-8 H 公司和 S 公司资产负债表（部分）　　　　（单位：万元）

项目	2019 年 12 月 31 日	2018 年 12 月 31 日	2019 年 12 月 31 日	2018 年 12 月 31 日
股本（面值 1 元）	657,957	636,842	461,624	461,624
归属于母公司股东的所有者权益	4,788,832	3,974,275	1,302,003	1,305,375
少数股东权益	1,710,154	1,606,510	811,554	837,181
总资产	18,745,424	16,809,157	7,398,921	7,150,688

讨论与分析：

1. 请计算两家公司 2019 年度的营业利润和净利润比上年的增长率。根据利润结构和同比变动的情况，分析两家公司利润增长或下降的主要驱动因素。

2. 请分析营业利润的构成，据此对两家公司的经营活动和投资活动进行分析。

3. 请计算两家公司 2019 年度的毛利率、营业利润率、息税前利润率、营业净利率，并解释净利率与毛利率之间差异的主要原因。

4. 请计算和分析两家公司两个年度的净资产收益率和每股收益。

5. 请分析两家公司归属于母公司股东净利润和少数股东损益之间差异的可能原因。

第 11 章

成长性分析

学习目的

1. 理解成长性分析对财务报表使用者的价值
2. 掌握成长性财务比率的计算与分析方法
3. 掌握评价增长质量的思路和方法

第 1 节　成长性比率的分析

一、成长性与成长性分析

（一）成长性的含义

成长性（growth capability），也称作发展能力或增长，是指企业在经营活动过程中，通过不断扩大积累而形成的发展潜能，是预测企业未来发展趋势的重要指标。

成长性是企业盈利能力、偿债能力和营运能力的综合体现，也是未来盈余增长的基础。从长期来看，增长是企业价值的重要驱动力；在股权投资或并购估值时，被投资或被并购企业的成长性是一项需要考虑的重要因素。对于企业来说，成长性意味着经营效率的提高或规模的扩大；不仅如此，越来越多的企业在股权激励计划中，将成长性指标和营利性比率一起作为激励性条件。因此，无论对于投资者、企业还是管理者，成长性都是在财务报表分析时应该关注的重要内容。

[**例**] 内蒙古伊利实业集团股份（以下简称"伊利股份"；股票代码：600887），2002 年 9 月 10 日在上海证券交易所上市，主要从事各类乳制品及饮品的加工、制造与销售活动。该公司实施过三次主要的股权激励计划。各次激励计划的基本内容和行权条件如下：

（1）2006 年股权激励计划：授予激励对象 5,000 万份股票期权，授权日起 8 年内可以行权。行权条件为：一是按照《内蒙古伊利实业集团股份有限公司股票期权激励计划实施考核办法》，激励对象上一年绩效考核合格；二是首期行权时，伊利股份上一年度扣除非经常性损益后的净利润增长率不低于 17％且上一年度主营业务收入增长率不低于 20％；三是首期以后行权时，伊利股份上一年度主营业务收入与 2005 年相比的复合增长率不低于 15%。

（2）2016 年股权激励计划：共授予股票期权 4，500 万份和限制性股票 1，500 万股，有效期为授予日（2016 年 12 月 28 日）起最长不超过 48 个月。业绩考核目标分别为：第一个行权或解锁期，以 2015 年净利润为基数，2017 年的净利润增长率不低于 30%，净资产收益率不低于 12%；第二个行权或解锁期，以 2015 年净利润为基数，2018 年的净利润增长率不低于 45%，净资产收益率不低于 12%。"净利润"均采用归属于上市公司股东的扣除非经常性损益后的净利润。

（3）2019 年股权激励计划：共授予 15，242.8 万股限制性股票，解除限售期为 2019—2023 年，共分为 5 期。绩效考核分公司和激励对象两个层面。公司层面的业绩指标选取了"净利润增长率""净资产收益率""现金分红比例"三项指标，具体规定为：以 2018 年净利润为基数，设定 2019—2023 年年度净利润增长率分别为 8%、18%、28%、38%、48%；各年度净资产收益率均不低于 20%；每年现金分红比例均不低于 70%。计算三项指标时所使用的"净利润"指标均指剔除本次及其他激励计划股份支付费用影响数值后的"归属于上市公司股东的扣除非经常性损益后的净利润"。

参考资料：

［1］内蒙古伊利实业集团股份有限公司股票期权激励计划（草案）．

［2］内蒙古伊利实业集团股份有限公司关于向激励对象授予股票期权与限制性股票的公告．

［3］内蒙古伊利实业集团股份有限公司关于向 2019 年限制性股票激励计划激励对象授予限制性股票的公告．

［4］内蒙古伊利实业集团股份有限公司 2019 年限制性股票激励计划草案（修订稿）．

伊利股份股权激励计划中所使用的营业收入增长率、净利润增长率、净资产收益率、现金分红比例等指标，分别反映了企业的成长能力、盈利能力和对股东的现金回报能力。从披露的财务报告看，伊利股份 2005 年的营业收入为 121.8 亿元，2019 年为 902.2 亿元，年复合增长率约为 15%；扣除非经常性损益后的净利润，2005 年为 2.695 亿元，2019 年为 62.68 亿元，年复合增长率约为 25%。与同行业的其他几家大型乳制品生产企业相比，增长速度较快。

（二）增长的方式

企业的成长或增长体现为投入的增长和产出的增长。投入增长即投资的增加，主要是指总资产和资本规模的增长；产出增长即经营业绩的增加，主要是指收入和利润的增长。

企业实现增长的途径主要有两条：一是以内部利润积累为基础，进行内涵式增长；二是通过收购兼并，实现外延式扩张。增长带来的好处显而易见：规模经济效应，声誉和知名度，更多的渠道和客户，多元化经营业务的风险平衡和收益，资源配置优化等。实务中，企业普遍存在追求规模的偏好，许多企业把快速增长视为理所当然的目标。相对于内部积累，收购兼并能够使企业快速扩张，是企业更愿意选择的增长方式。纵观当前世界级跨国公司，基本都是通过收购兼并形成的。机会主义理论认为，管理层的经济收益和社会声誉往往与公司规模有关，因而存在追求建立商业帝国大厦的自信和冲动，对投资和收购抱有极高的热情。

收购兼并对企业的收入和规模增长具有立竿见影的效果。通过购并，企业能够迅速获得被购并企业的生产能力、销售渠道和市场，且收购后的合并财务报表中，总资产、营业收入、甚至净利润都会增加，每股收益也可能大幅增长。但收购过程本身花费甚巨，还可能付出较高的收购溢价，产生大额商誉。并购后的财务业绩和市场价值是否真正增长，取决于很多因素，如管理和运营方面的协同效应、商誉的减值等。有些财务学家认为，购并后的公司是两个独立企业的价值之和，不会带来价值的增长，如果一家预期盈利增长较快和市盈率较高的企业购并了一家增长较慢和市盈率较低的企业，其市盈率将会下降。

二、成长性比率的计算与分析

财务报表分析时，可以分别按资产负债表和利润表计算成长性比率。以资产负债表为基础的财务比率，包括总资产增长率、固定资产增长率、资本积累率等，反映了企业投资和规模的增长情况；以利润表为基础的财务比率，包括收入增长率、利润增长率、每股收益增长率、技术投入比率等，主要反映了企业产出和业绩的增长情况。

对于成长性比率进行分析与评价，需要与行业值和历史值进行比较。

（一）以资产负债表为基础的成长性比率

1. 总资产增长率

总资产增长率（growth rate of total assets），是指报告期总资产增长额与上期末总资产余额的比率，是反映企业扩张程度的主要比率。以年度报告为例，其计算公式如下：

$$总资产增长率=\left(\frac{报告期末总资产}{报告期初总资产}-1\right)\times100\%$$

为了消除短期异常因素对总资产变动的影响，反映企业正常经营状态下的增长趋势和稳定程度，对于营业收入、总资产、净资产和利润等的增长，还可以计算持续 n 期（如 n 年）的算术平均增长率或几何平均增长率。其计算公式如下：

$$总资产算数平均增长率=\frac{\Sigma（各期的总资产增长率）}{n}$$

$$总资产几何平均增长率=\left(\sqrt[n]{\frac{报告期末总资产}{第1期期初总资产}}-1\right)\times100\%$$

总资产是企业规模的最佳度量指标，因此，总资产增长率是企业增长状况的代表性指标。如果总资产增长但总资产周转率下降，说明企业规模扩大或产能提高，但可能尚未带来产出的增长。

2. 固定资产增长率和固定资产成新率

（1）固定资产增长率（growth rate of fixed asset），是反映固定资产增长程度的财务比率，一般指报告年度固定资产增长额与上年末固定资产余额的比率。固定资产代表企业的生产经营能力，固定资产的增长一般意味着企业产能提高，是未来业绩增长的基础。其计算公式如下：

$$固定资产增长率=\left(\frac{报告期末固定资产}{报告期初固定资产}-1\right)\times100\%$$

为了反映固定资产的变动趋势和消除短期异常波动的影响，还可以计算最近 n 年的固定资产算数平均增长率或几何平均增长率，可参照总资产算术增长率和几何增长率的计算公式。

（2）固定资产成新率（residue ratio to the fixed assets），也称作固定资产净值率，是指企业固定资产净值与固定资产原值的比率，反映了固定资产的新旧程度，一般用期末余额计算，也可以用期初余额和期末余额的平均值计算。其计算公式如下：

$$固定资产成新率=\frac{固定资产账面净值}{固定资产原值}\times100\%$$

成新率较高的固定资产，通常包含较新的技术，运行效率相对较高；如果固定资产成新率较低，可能意味着企业将面临固定资产更新、技术升级换代及由此带来的融资需求等经营和融资方面的需求。但固定资产净值受到固定资产折旧及减值会计的影响，企业对折旧和减值等所作的会计选择和会计估计，通常考虑的是其他因素。

3. 资本积累率和资本保值增值率

（1）资本积累率（capital accumulation rate），即股东权益（或净资产）增长率，是反映股东权益增长程度的比率，等于报告期股东权益净增长额与上年末股东权益余额的比率。其计算公式如下：

$$资本积累率=\left(\frac{报告期末所有者权益}{报告期初所有者权益}-1\right)\times100\%$$

资本积累率反映了企业资本的保全能力和积累能力。为了反映权益资本的变动趋势和消除短期异常波动的影响，还可以计算最近 n 年的算数平均增长率或几何平均增长率。

（2）资本保值增值率（value maintenance and appreciation of capital），是反映股权资本保全程度的指标，等于期末股东权益与期初股东权益的比值。其计算公式为：

$$资本保值增值率=\frac{报告期末所有者权益}{报告期初所有者权益}\times100\%$$

投入资本的增加，如增发股份、债转股、转增资本、接受捐赠等，不是真正意义上的资本保值和增值；同样，股份回购、减资等投入资本的减少，也并非权益资本的减损。资本保值增值的真正源泉是经营活动的新增利润。因此，权益资本的保值增值情况可以用留存收益与投入资本的比率进行衡量。其计算公式如下：

$$资本保值增值率=\frac{所有者权益期初余额+本期净利润}{所有者权益期初余额}\times100\%$$

[例] 复星医药 2015—2019 年的资产增长率如表 11-1 和图 11-1 所示。这 5 年间，该公司的固定资产、总资产和净资产的年均增长速度超过 10%。但 2017 年的总资产和固定资产增长幅度非常大，总资产增长率达到 41.59%，主要是因为该公司在 2017 年发生了购并业务，这使得合并范围发生变化。

表 11-1　资产增长率的变动趋势

项目	2019 年	2018 年	2017 年	2016 年	2015 年	平均值
固定资产增长率	12.03%	8.04%	27.55%	7.97%	2.96%	11.71%
总资产增长率	7.89%	13.85%	41.59%	14.57%	8.11%	17.20%
净资产增长率	13.98%	10.47%	14.14%	22.05%	9.04%	13.94%
资本保值增值率	1.12	1.11	1.14	1.15	1.15	1.13

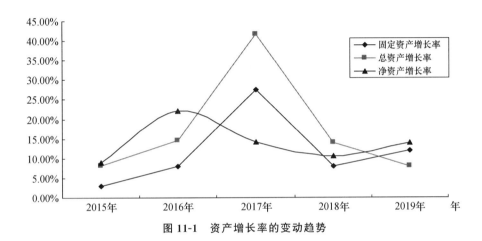

图 11-1　资产增长率的变动趋势

（二）以利润表为基础的成长性比率

1. 营业收入增长率

营业收入增长率是本期营业收入比上期营业收入的增长幅度。在分析企业成长性时，营业收入增长率是一项非常重要的指标。从长期来看，盈利增长是以收入增长为基础的。营业收入增长率的计算公式如下：

$$营业收入增长率 = \left(\frac{报告期营业收入}{上年同期营业收入} - 1 \right) \times 100\%$$

为了消除异常波动的影响，还可以计算营业收入过去 n 年的算数平均增长率或几何平均增长率。其计算公式如下：

$$营业收入算数平均增长率 = \frac{\Sigma（各期的营业收入增长率）}{n}$$

$$营业收入几何平均增长率 = \left(\sqrt[n]{\frac{报告期营业收入}{第 1 期营业收入}} - 1 \right) \times 100\%$$

营业收入的增长可能源于行业的增长、产品价格的上涨、市场份额的扩大、收购兼并等。行业所处的生命周期阶段是影响企业增长的重要因素。一般情况下，整个行业处于成长状态时，由于市场整体的扩张或产品价格的上涨，行业内多数企业的收入都会有不同程度的增长；反之，如果行业处于饱和状态或衰退阶段，行业的整体增长速度将会变慢或下降。值得注意的是，各行业都可能存在这样的企业，其收入增长速度不仅超过行业平均增长，还超越了行业内的大多数企业。这种企业通常拥有某些独特的竞争优势，如品牌、差异化、经营效率、资源、渠道等，是行业内的优质企业。

收入确认的会计政策中包含管理层的大量判断。如果一家企业的发展速度与行业增长态势存在较大背离，或者存在利润增长与收入增长不匹配的现象时，需要对企业收入的真实性和会计确认的稳健性保持适当的质疑。

在对营业收入进行分析时，财务报表使用者还应该关注分部报告，按主次业务、产品、行业、地区等，分别计算营业收入的增长率，以了解企业收入增减变动的根源及其对企业整体增长和未来业绩的影响。

2. 利润增长率

利润的增减变动也是衡量企业成长性的一项基本指标。利润是资本保值增值的源泉，利润增长是企业价值增长的基础。财务报表使用者可分别按营业利润和净利润等分别计算本年利润比上年利润的增长率，或本期利润比上年同期利润的增长率。为了消除异常波动的影响和更好地反映利润的增长趋势，还可计算连续多年（如 3—5 年）的利润平均增长率。以净利润为例，利润增长率的计算公式如下：

$$净利润增长率 = \left(\frac{报告期净利润}{上年同期净利润} - 1 \right) \times 100\%$$

财务报表使用者应对营业收入增长率、营业利润增长率、净利润增长率进行对比分析，如果三者差异较大，尤其是营业利润增长率或净利润增长率明显低于或高于收入增长率，就需要对营业收入的确认、期间费用的构成和变动、非经常性损益项目和净利润的质量等作进一步分析。

3. 每股收益增长率

每股收益增长率，是指报告期的每股收益比上年同期每股收益的增长率。为了消除异常波动的影响并更好反映利润的增长趋势，还可计算连续多年（如 5 年）的每股收益平均增长率。每股收益增长率的计算公式如下：

$$每股收益增长率 = \left(\frac{报告期每股收益}{上年同期每股收益} - 1 \right) \times 100\%$$

每股收益增长率可以分别按基本每股收益、稀释每股收益、扣除非经常性损益后的每股收益计算。在公司发行在外的股份数没有变动的情况下，每股收益增长率与净利润增长率基本相同。但报告期内若发生增发股份、转增资本、股票股利等事项，每股收益可能被摊薄；而股份回购则会增厚每股收益。

股份回购直接影响两个报表项目：货币资金减少和股本减少。由于净利润没有变动，股本、净资产和总资产的减少将使得每股收益、总资产收益率和净资产收益率的提高。例如，如果公司上年度和报告年度的净利润均为 2,600 万元，两个年度发行在外的普通股的加权平均股份数相同，均为 5,000 万股，则两年的每股收益应该相等，均为 0.52 元。但如果企业在报告年度的 7 月 1 日回购 500 万股，则本年度的每股收益为 0.55 元，比上年增长约 5％。需要注意的是，股份回购消耗了企业的现金储备，但并没有改善企业的经营效率和市场竞争能力。因此，财务分析者不仅要关注股份回购对财务比率的影响，还应尽可能了解企业股份回购的真正动机。

[**例**] 复星医药 2015—2019 年的收入和利润的增长率如表 11-2 和图 11-2 所示。这 5 年中，该公司的收入和利润的增长率波动较大，2017 年的收入增长也与收购业务有关。营业利润、净利润和每股收益与营业收入的变动趋势存在一定背离。

表 11-2　收入和利润增长率的变动趋势

项目	2019 年	2018 年	2017 年	2016 年	2015 年	平均值
营业收入增长率	14.72％	34.45％	26.69％	16.02％	4.85％	19.35％
营业利润增长率	27.10％	−13.24％	20.05％	2.95％	37.71％	14.91％
净利润增长率	22.66％	−13.33％	11.36％	14.05％	16.43％	10.23％
每股收益增长率	21.50％	−15.75％	4.96％	13.08％	16.30％	8.02％

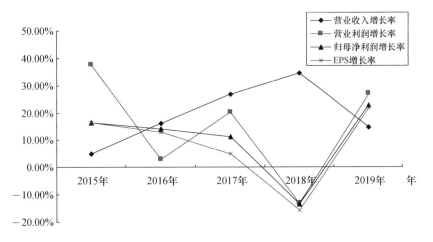

图 11-2　收入和利润增长率的变动趋势

4. 技术投入比率

技术投入比率（technical input ratio），是指企业的技术转让支出和研究开发投入与当年营业收入的比率。技术转让费是企业从外部购入和获得技术转让所支付的费用，研发投入是企业自行研究开发新技术和新产品的研究支出和开发支出。技术投入占营业收入的比率，反映了企业对技术创新的重视程度和投入力度。其计算公式如下：

$$技术投入比率 = \frac{技术转让费 + 研发投入}{营业收入} \times 100\%$$

公式中使用的"研发投入"，应该是定期报告中"经营讨论与分析"部分单独披露的数据，包括费用化的研发投入。技术投入尤其是内部研发投入是企业技术创新和保持竞争力的根本途径。对于所有行业和所有企业来说，技术投入都是企业持续发展的直接推动力，是未来发展潜力的先行指标。软件和信息技术、计算机、医药、通信和电子设备制造、汽车制造等行业[①]，都是研发技术投资相对较高的行业。我们在第1章比较并分析了三家医药公司的研发投入及其占营业收入的比例。在第5章分析了研究开发支出的费用化和资本化问题，此处不再赘述。

第2节　增长质量的分析

一、增长的质量

（一）行业生命周期与增长速度

企业的成长性大多与行业的发展状态密切相关。一般认为，一个行业的生命周期（life cycle）大致要经过幼稚期、成长期、成熟期和衰退期四个阶段。成长期行业的市场增长率最高，新技术、新产品不断涌现，既创造了市场需求也引领了市场发展；当一个行业处于成长阶段时，身处其中的多数企业都能获得快速发展的机会。但随着行业进入成熟期，市场渐趋饱和，行业扩张逐渐变慢。就个体企业来说，因规模增大导致的基数提高，也会使企业的增长速度趋于缓慢。因此，预期一个企业尤其是成熟行业中的大型企业，长期保持较高的增长速度是不现实的。分析者在对企业的发展趋势进行预测和估值时，应该对过去的高速增长作出理性判断，分析其原因和持续性，而不是纯粹将高速增长视为好消息。

行业增长率和可比企业增长率是评价企业增长速度的适当标准。但即使在成熟期行业甚至传统行业中，也有些企业因为技术创新、营销活动、产能提高或产品差异化等优势连续多年保持稳定或快速增长。财务报表使用者应对行业发展潜力和企业的研发投入、营销费用和固定资产投入等进行分析，这有助于预测企业未来的增长趋势。

（二）增长质量的评价

增长质量是成长性评价的一个重要方面。当一家企业的收入、利润、资产等在快速增长的时候，投资者可能面临这样的疑问：资产增长和收入增长一定会增加企业的盈利并提高盈利能力吗？会带来企业价值的提升吗？我们在前面的章节中学习过利用现金流评价收入和利润的质量，在这里我们不妨使用同样的标准。

---

① 研发投入的典型范例是华为，该公司是信息与通信基础设施和智能终端的提供商，近10年来累计投入研发费用约6,000亿元人民币，2018年的研发费用支出为1,015.09亿元人民币，约占全年收入的14.1%，2019年投入1,316.69亿元，占收入的15.3%，研究与开发人员超过9.6万名，约占公司总人数的49%。截至2019年年底，华为持有效授权专利85000多件，其中90%以上是发明专利。

一般认为，收入、利润、现金流的增减变动是对应或匹配的，将收入和利润的增长分别与现金流量的增长进行对比，可用以评价增长的质量。常用的现金流量指标是销售商品、提供劳务收到的现金和经营活动现金流量净额。正常情况下，随着收入的增长，利润和现金流也会增加。对应项目之间缺乏匹配关系的增长往往是不可靠的，我们可以通过下面两家公司的增长状况，获得对增长速度和增长质量的基本认识。

[例] 第一家公司是华为。如表 11-3 所示，该公司连续 5 年（2015—2019年）的营业收入增长率平均近 25%，其营业利润和经营活动现金流量净额的增长率虽然不稳定，但 5 年平均值仍分别达到约 18% 和 23%，与营业收入的增长基本是匹配的。第二家公司是京东。如表 11-4 所示，该公司直到 2019 年才实现盈利，但营业收入每年都保持增长状态，最近 5 年的营业收入年均增长率近 39%，经营活动现金净流量的增长虽然不稳定，但年度平均近 128%。

这两家公司处于不同行业，经营业务和经营模式不同，收入规模均超过千亿元。两家公司的共同之处是营业利润的现金含量较高，经营活动现金流量净额均为正值，日常经营活动的资金流动性较好；同时，在经过一段时间的高速发展后，增长速度放缓。

表 11-3　营业收入、营业利润和经营活动现金流量净额的增长（华为）

项目	2019 年	2018 年	2017 年	2016 年	2015 年	平均值
营业收入（亿元）	8,588	7,212	6,036	5,216	3,950	6,200
营业利润（亿元）	778	733	564	475	458	602
经营活动现金流量净额（亿元）	914	747	963	492	493	722
营业收入增长率	19%	19%	16%	32%	37%	25%
营业利润增长率	6%	30%	19%	4%	34%	18%
经营活动现金净流量增长率	22%	−23%	96%	0%	18%	23%

表 11-4　营业收入、营业利润和经营活动现金流量净额的增长（京东）

项目	2019 年	2018 年	2017 年	2016 年	2015 年	平均值
营业收入（亿元）	5,769	4,620	3,623	2,583	1,810	3,681
营业利润（亿元）	90	（26）	（8）	（13）	（54）	（2）
经营活动现金流量净额（亿元）	248	209	269	82	17	165
营业收入增长率	25%	28%	40%	43%	57%	39%
经营活动现金净流量增长率	19%	−22%	226%	386%	31%	128%

注：（　）内为负数。

二、企业增长的决定因素

(一)融资约束与增长

增长是企业价值增加的重要驱动因素,企业的增长速度和增长模式在一定程度上受制于其可获得的财务资源和融资方式。尤其是处于快速增长阶段的企业,需要大量的资金注入。按照公司金融学的增长模型,在企业预期能够保持目前的盈利能力和利润分配政策的条件下,如果企业可获得的资金仅限于利润留存等内源融资,其扩张速度是有限的,只能够以内部增长率(internal growth rate,IGR)实现增长;如果企业在保持目前的资本结构、经营效率、盈利能力和股利政策不变的情形下,还能够获得外部债务融资,就能够以更快的速度增长,创造更多的价值,这个增长速度称为可持续增长率(sustainable growth rate,SGR)。

内部增长率表示在没有任何外部融资的情况下公司可能实现的最大增长率,是由总资产收益率(ROA)和利润留存率(b)所决定的。其计算公式如下:

$$内部增长率 = \frac{总资产净利率 \times 利润留存率}{1 - 总资产净利率 \times 利润留存率} = \frac{ROA \times b}{1 - ROA \times b}$$

可持续增长率是在运用外部债务融资但没有提高总体财务杠杆的情况下所能达到的最大增长率。著名财务学家 Higgins 认为,在不改变资本结构的情况下,随着权益的增长,公司可以借入更多的资金。负债的增长和权益的增长一起决定了资产的扩张速度,后者反过来又限制了销售增长率。因此,限制销售增长的因素就是股东权益的扩张速度,一个公司的可持续增长率就是股东权益的增长率。如果企业不发售新股,那么新增权益的唯一来源就只能是留存利润,利润留存率即留存利润再投资率,因此,企业的可持续增长率就等于利润留存率与净资产收益率(ROE)的乘积。其计算公式如下:

$$可持续增长率 = \frac{报告期净利润 \times 利润留存率}{期初所有者权益}$$

整理得:

$$可持续增长率 = 净资产收益率 \times 利润留存率$$

即:$SGR = ROE \times b$

由于企业在可持续增长状态下的权益增加仅限于留存利润,即期末股东权益等于期初股东权益与报告期留存利润之和,假设股东权益回报率不变,股东权益期末余额与期初余额之间的关系如下:

$$期初股东权益 + 报告期净利润 \times 利润留存率 = 期末股东权益$$

即:期初股东权益 = 期末股东权益 - 报告期净利润 × 利润留存率

将该关系式代入上述可持续增长率的计算公式,经过整理,即可得用报告期末股东权益计算的可持续增长率。其计算公式如下:

$$可持续增长率 = \frac{净资产收益率 \times 利润留存率}{1 - 净资产收益率 \times 利润留存率} = \frac{ROE \times b}{1 - ROE \times b}$$

（二）增长的决定因素

可持续增长率的计算公式中主要包含净资产收益率和利润留存率两个因素。由于净资产收益率可以分解为营业净利率、总资产周转率和权益乘数，利润留存率与股利支付率是相对的，可持续增长率可以分解如下：

可持续增长率＝（营业净利率×总资产周转率×权益乘数）×（1－股利支付率）

因此，一个公司的可持续增长率直接取决于四个因素：

（1）营业净利率。表示经营效率和盈利能力的提高，有助于提高可持续增长率。

（2）总资产周转率。表示资产利用效率的改善，有助于提高可持续增长率。

（3）权益乘数。表示财务杠杆的适度运用，有助于提高可持续增长率。

（4）股利支付率。表示股利支付率的降低将增加内部权益资本，有助于企业的成长。

可持续增长率是净资产收益率的函数。相对于净资产收益率，可持续增长率更好地反映了企业的发展前景和要求。Palepu，Healy 和 Bernard（2004）认为，企业的增长和盈利能力取决于其所采取的产品市场战略和金融市场战略。[①] 其中，产品市场战略与公司竞争优势、经营策略和投资政策相关，金融市场战略则与公司的融资政策和股利政策相关。因此，盈利能力和成长性是企业的经营活动、投资活动、融资活动和股利政策综合作用的结果。可持续增长率直观呈现了企业的经营战略、投资决策、融资决策和股利政策对公司盈利能力与成长能力的贡献程度，有助于理解和评价企业的经营战略和发展趋势。

可持续增长率的分解过程如图 11-3 所示，该框架是对净资产收益率分析式的延伸，将企业的经营目标和价值驱动因素纳入了一个综合分析框架。

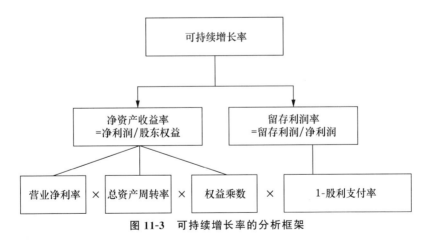

图 11-3　可持续增长率的分析框架

---

① 　克里金·G. 佩普，保罗·M. 希利，维克多·L. 伯纳德. 运用财务报表进行企业分析与评价：教材与案例（第二版）[M]. 孔宁宁，丁志杰译. 北京：中信出版社，2004.

[例] 某公司报告年度的营业净利率为 10.87％，总资产周转率为 0.38，资产负债率为 60％，这也是企业的目标资产负债率。当年的净利润为 33 亿元，分配现金股利为 10 亿元。假设该公司未来的盈利能力、融资政策和股利政策保持不变。则：

净资产收益率＝10.87％×0.38×［1/（1－60％）］＝10.33％

利润留存率＝1－10/33＝69.70％

可持续增长率＝（10.33％×69.70％）/（1－10.33％×69.70％）＝7.76％

（三）可持续增长率对于财务报表分析的意义

可持续增长率是与企业可获得的财务资源保持平衡的增长率。但实际增长率经常会偏离可持续增长率。如果实际增长率低于可持续增长率，企业的资金可能会沉淀下来；如果实际增长率超过可持续增长率，表示企业增长过快，可能会导致资金短缺。可持续增长率的基本理念是企业应平衡可获得的财务资源与增长率之间的关系，而非盲目追求过快的增长速度。企业的管理人员则应事先预计并采取措施解决公司实际增长超过或低于可持续增长率时所导致的财务资源问题。

Higgins（2015）发现，因增长过快导致破产的公司数量与因增长太慢导致破产的公司数量几乎一样多。[①] 他认为，当一个公司无法自身充分增长时，有三种选择：忽略问题、把钱退还给股东或者买入增长。其中，通过增加股利或回购股票把钱还给股东是解决闲置资源问题最为简单和直接的办法。买入增长即收购兼并其他公司是一种高增长和低增长公司常用的解决增长问题的方式，但"多半情况下，潜在收购的超级增长前景完全反映在目标公司的股票价格上，所以在支付一大笔溢价给其他公司后，买主就只剩下平平常常或者更差的投资了"。只有投资的收益超过包括所动用资本的成本在内的所有成本时，才会出现良性增长；否则就是恶性增长，而恶性增长将浪费有价值的资源。

过度增长通常伴随着一系列负面效应，如商业信用政策放宽带来更多的坏账损失、过度投资导致的投资效率损失、并购溢价过高形成的商誉、财务资源短缺、代理成本等。实务中，过快增长导致的流动性危机案例比比皆是。因此，财务报表使用者在对企业的成长性进行分析时，应理性看待企业的增长率，如是否长期存在收入和资产快速增长，但利润和现金流不匹配的现象；是否存在过快增长导致资金流中断的风险；大股东或管理层是否过度执着于增长性目标。对于企业的成长性，应结合行业发展状态、行业和产品的生命周期、增长率的计算基数、可持续性等作出独立判断。对于将规模扩张和高速增长作为首要目标的企业，应保持适度的谨慎。

---

① 罗伯特·C. 希金斯. 财务管理分析（第 10 版）[M]. 沈艺峰等译. 北京：北京大学出版社，2015.

思考与分析

名词解释

成长性　　　　　总资产增长率　　　资本保值增值率　　　资本积累率
营业收入增长率　净利润增长率　　　技术投入比率　　　　可持续增长率
内部增长率

思考题

1. 试讨论成长性对于企业盈利能力和估值的意义。
2. 常用的衡量企业成长能力的财务比率有哪些？
3. 在分析企业的发展趋势时，为什么要对发展能力比率进行几何平均？
4. 请讨论行业发展状况对行业内企业成长性的影响。
5. 技术投入如何影响公司的发展能力？
6. 企业的增长速度是否越快越好？谈谈可持续增长率的意义。
7. 如何理解股份回购对企业盈利能力和股价的影响？
8. 如何评价企业增长的质量？
9. 请简述可持续增长率的含义。哪些因素会影响企业的可持续增长？
10. 对于股东的投资决策来说，可持续增长率是否比净资产收益率更有预测价值？

案例分析题

⊙ 案例（一）

欧普照明股份有限公司（以下简称"欧普照明"，股票代码：603515），主要经营电光源、照明器具、电器开关的生产、销售和安装服务，2016 年 8 月 19 日在上海证券交易所上市。2018 年 2 月 9 日，欧普照明发布《2018 年股票期权与限制性股票激励计划》，拟授予激励对象权益（A 股普通股）总计 804.42 万份，其中，股票期权 587.28 万份，限制性股票 217.14 万份。激励对象共计 279 人，主要包括公司董事（不包括独立董事）、高级管理人员、核心技术（业务）骨干，占公司全部职工人数的 4.736％。股票期权的行权期和限制性股票的有效期均为 6 年（2018—2023 年），业绩考核标准相同，均分为公司和个人两个层面。公司层面的业绩考核标准是"净利润增长率"，以 2017 年净利润为基数，2018—2023 年的净利润增长率分别不低于 20％、44％、73％、108％、149％、199％，净利润的取值为"归属于上市公司股东的未扣除非经常性损益的净利润"。2019 年 4 月 23 日，欧普照明发布《关于 2018 年股票期权与限制性股票第一期行权解锁条件成就的公告》，经会计师事务所审计，以 2017 年净利润为基数，公司 2018 年度的净利润增长率为 32.03％，满足业绩考核条件。达到行权条件的股票期权为 904，843 份，可以解锁的限制性股票为 435，847 股。

讨论与分析：

1. 在股票期权和限制性股票激励计划中，"净利润"和"净利润增长率"指标均以"归属于上市公司股东的未扣除非经常性损益的净利润"为计量依据，这有哪些优点？又可能会引起哪些问题？

2. 有些公司上市后会出现业绩大幅度下滑的现象。欧普照明在上市后的第三年即推出以财务业绩增长为基础的业绩激励计划。那么，业绩激励计划是否会促使企业采取更激进的会计政策？

3. 该公司的股权激励计划覆盖 6 年，相当于年均增长 20%。请结合行业状况和公司经营状况，讨论公司如何能够连续 6 年保持平均 20% 的增长率。

4. 请结合所学习的财务指标，选择一家上市公司，设计一份业绩激励计划。

⊙ 案例（二）

1. 查阅伊利股份 2005—2019 年的财务报表，计算伊利股份 2007—2019 年的营业收入、净利润和股东权益的年度增长率、平均增长率和复合增长率。

2. 计算伊利股份在第 1 次和第 2 次股权激励期间的上述增长率。

3. 查找同行业的光明乳业（600697）和蒙牛乳业（02319）及行业的财务数据，结合伊利股份实施的三次股权激励计划，对伊利股份的增长率进行评价，分析影响公司收入、利润、净资产增长率的因素。

⊙ 案例（三）

中国石油化工股份有限公司（以下简称"中国石化"，股票代码：600028），在上海证券交易所主板上市。从其 2016—2019 年的资产负债表、利润表和现金流量表中摘录的有关报表项目的数据如表 11-5 所示。

表 11-5　中国石化 2016－2019 年财务报表部分数据　（单位：百万元）

项目	2019 年	2018 年	2017 年	2016 年	2015 年
营业收入	2,966,193	2,891,179	2,360,193	1,930,911	2,018,883
营业利润	90,025	101,474	86,965	77,389	52,081
归属于上市公司股东的净利润	57,591	63,089	51,119	46,416	32,207
销售商品、提供劳务收到的现金	3,174,862	3,189,004	2,644,126	2,163,695	2,305,183
经营活动产生的现金流量净额	153,420	175,868	190,935	214,543	165,818
应收账款年末余额	54,865	56,993	68,494	50,289	56,126
总资产年末余额	1,755,071	1,592,308	1,595,504	1,498,609	1,443,129
固定资产年末余额	622,423	617,812	650,774	690,594	732,577
股东权益年末余额	739,169	718,355	727,244	712,232	675,370

讨论与分析：

1. 请计算中国石化 2016—2019 年的增长率指标并进行评价。

2. 请将 2019 年的增长指标与 2017 年和 2018 年的指标进行对比，并分析其变化。

3. 请计算中国石化的营业收入和营业利润的现金含量，分析公司的增长质量。

4. 请结合生命周期理论，谈谈应如何分析和评价一家大型企业的成长性。

第五部分

前 景 分 析

[主要内容]

预测

公司估值

[学习提示]

前景分析包括预测和公司估值，是投资者财务报表分析的主要目的。

预测主要是估计未来的收益和现金流量。

估值的目的是确定公司的内在价值。

公司估值的方法主要包括绝对估值法和相对估值法。

第 12 章

预　　测

1. 理解预测的目的
2. 掌握直接估算法
3. 掌握报表项目法
4. 能够运用所学的预测方法进行案例分析

对于投资者来说，通过财务报表分析获得公司经营战略、会计政策和会计估计以及公司经营持续状态的信息，其最终的目的是预测公司前景并进行估值，以便进行投资决策。尽管财务报表数据是公司历史经营业绩的反映，但这些历史数据可以预示未来。比如说，比较公司最近五年的销售增长率，发现年增长率在10％—15％之间波动，而且产品市场和要素市场的状况没有发生大的变化，那么就可以合理预期公司在未来的一段时间内仍然保持较快增长，保守的估计可能就是10％左右。因此，前景分析的主要内容，就是财务报表分析者根据公司过去一段时期财务活动所形成的历史资料，分析其会计政策和会计估计，并结合公司当前所处的外部环境和内部环境，以及公司未来发展趋势，对历史会计数据进行适度修正，运用一定的预测技术对公司未来财务状况和经营成果作出较为精确的估算，以用之于公司价值估算决策的过程。

一家公司的价值最终不是由其当前的收益和现金流决定的，而是由公司预期的未来收益和现金流决定的，因此，对公司未来收益和现金流进行合理的估算是合理估值的关键。根据预测依赖的对象，公司未来收益预测方法分为历史增长率回归法和报表项目法。历史增长率法和回归法合称为直接估算法，可用于直接估算公司估值所需要的每股收益或者每股现金流量；报表项目法称为间接估算法，是通过估算预计资产负债表、预计利润表和预计现金流量表的方法估计未来收益和现金流量的方法。

第 1 节　直接估算法

一、历史增长率法

公司的每股收益或每股现金流量当期增长率是历史的未来增长率，在可预期的时间范围内，如果公司的经营环境没有发生大的变化，一般而言，这种增长是可持续的。因此，用历史增长率法预测公司每股收益和每股现金流量存在这样的假设：公司的历史增长模式在未来还能继续保持下去。因此，在预测公司未来收益或现金流时，就可以使用公司历史增长率的平均值作为预期未来增长率。

由于平均值有算术平均值和几何平均值两种形式，故公司未来收益或现金流的历史增长率的平均值也有使用算术平均值或几何平均值之别，两种方法的预测结果可能存在很大差异，几何平均值考虑了复利计算的影响，其计算的值通常要小于算术平均值。到底选择哪一种平均值？这依赖于增长率的规律性，如果公司收益或现金流量的增长无规律时，一般采用几何平均值，因为相比于算术平均值法，它更准确地反映了历史盈利的真实增长。

[**例**] SC 公司 2014—2019 年每股收益（EPS）的数据如表 12-1 所示。

表 12-1　SC 公司 2014—2019 年每股收益（EPS）

年份	2014 年	2015 年	2016 年	2017 年	2018 年	2019 年
EPS(元)	1.050	1.310	1.460	1.910	2.200	2.610
EPS 增加值(元)	0.11	0.22	0.15	0.45	0.29	0.41
增长率	11.70%	24.80%	11.50%	30.80%	15.20%	18.60%

预测参照的历史期为 2015—2019 年。从表 12-1 可以看出，SC 公司 2015—2019 年连续 5 年每年收益都呈增长趋势，则：

算术平均增长率为：（24.8%＋11.5%＋30.8%＋15.2%＋18.6%）÷5 ＝20.18%

几何平均增长率为：$\sqrt[5]{2.61 \div 1.31} - 1 = 14.8\%$

显然，这两种方法预测出来的结果有很大偏差，算术平均值要远远大于几何平均值，这导致未来预测的 EPS 在两种方法下差异也较大。以 2020 年 EPS 的预测值为例：

算术平均增长率法下的 2020 年 EPS＝2.61×20.18%＝0.53（元/股）

几何平均增长率法下的 2020 年 EPS＝2.61×14.8%＝0.39（元/股）

两种方法相比差额为 0.14 元/股，但估算到公司价值中，则可能会使价格产生天壤之别。为缓解算术平均值与几何平均值两种方法之间的差异，实务界通常采用年数总和加权的算术平均值法，其要点是离预测期越近的年份赋予权重越高，离预测期越远的年份赋权越低。

按照年数总和算术平均法预测的 2020 年 EPS 如下：

EPS＝（24.8％×1＋11.5％×2＋30.8％×3＋15.2％×4＋18.6％×5）÷（1＋2＋3＋4＋5）＝19.6％

如果改变预测期间，预测的 EPS 也会发生变化。例如，把预测参照历史期改为 2014—2019 年，则：

SC 公司的算术平均增长率为：（11.7％＋24.8％＋11.5％＋30.8％＋15.2％＋18.6％）÷6＝18.8％

其几何平均增长率为：$\sqrt[6]{2.61 \div 1.05} - 1 = 16.4\%$

此时，年数总和算术平均法下的 2020 年 EPS 如下：

EPS＝（11.7％×1＋24.8％×2＋11.5％×3＋30.8％×4＋15.2％×5＋18.6％×6）÷（1＋2＋3＋4＋5＋6）＝19.4％

预测期增加 1 年，公司 EPS 估计的增长率则有很大差异，这意味着预测参照期的长度会影响增长率的估算，表 12-2 为其差异比较。

表 12-2　不同预测期下的 EPS 差异比较

参照期	2014—2019 年	2015—2019 年	差异
算术平均增长率	18.80％	20.20％	−1.40％
几何平均增长率	16.40％	14.80％	1.60％
加权平均增长率	19.40％	19.60％	−0.20％

根据每股收益预期增长率，公司未来第 i 年的每股收益预测值的计算公式如下：

$$EPS_{t+i} = EPS_t \times (1 + g)^i$$

承上例，如果投资者选择 14.8％作为每股收益的增长率，则 2020—2024 年预测的每股收益依次为：

$$EPS_{2020} = 2.61 \times (1 + 14.8\%)^1 = 3.00$$
$$EPS_{2021} = 2.61 \times (1 + 14.8\%)^2 = 3.44$$
$$EPS_{2022} = 2.61 \times (1 + 14.8\%)^3 = 3.95$$
$$EPS_{2023} = 2.61 \times (1 + 14.8\%)^4 = 4.53$$
$$EPS_{2024} = 2.61 \times (1 + 14.8\%)^5 = 5.20$$

二、回归法

在预测每股盈余或每股现金流量时，历史增长率法没有考虑时间序列因素的影响，而这些问题可以通过回归分析法得到部分解决。回归法有两种基本模型：一种是每股盈余对时间的回归模型，另一种是每股盈余对上一年度每股盈余再加上一个调整项的回归模型。

前者的基本形式是：

$$EPS_t = a + b \times t$$

其中，EPS_t 表示公司 t 期的每股收益，t 表示 t 期的时间变量。

后者的基本形式是：

$$EPS_t = a + b \times EPS_{t-1} + c \times ADJ$$

其中，ADJ 是调整项，可以用公司数据，也可以是行业数据。

[例] 表 12-3 是 PF 公司 1999—2019 年的每股收益的数据。

表 12-3　PF 公司 1999—2019 年 EPS 值

年度	EPS	时间 t
1999	0.439	1
2000	0.397	2
2001	0.441	3
2002	0.356	4
2003	0.403	5
2004	0.490	6
2005	0.635	7
2006	0.850	8
2007	1.263	9
2008	2.211	10
2009	1.621	11
2010	1.604	12
2011	1.463	13
2012	1.833	14
2013	2.194	15
2014	2.521	16
2015	2.665	17
2016	2.404	18
2017	1.840	19
2018	1.850	20
2019	1.950	21

（一）每股收益对时间的回归模型

以 1999 年为时间 1，依次把各年度转换为时间 t，用 Excel 绘制 EPS 的散点图，虚线为趋势线，图 12-1 清晰反映了 PF 公司 EPS 整体呈增长趋势。

用 EPS 对 t 进行回归，回归结果如下：

$$EPS = 0.1667 + 0.1122t$$

回归模型通过统计显著性检验，回归系数为 0.1122，表示每过去一年，公司盈余就在上年基础上增加 0.1122 元，以此值估算 2020—2024 年 EPS 值，则有：

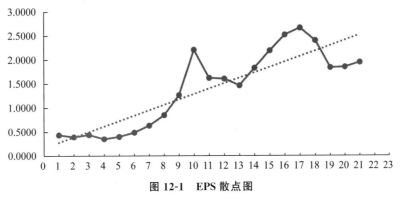

图 12-1 EPS 散点图

$$EPS_{2020}=0.1667+0.1122\times22=2.64$$
$$EPS_{2021}=0.1667+0.1122\times23=2.75$$
$$EPS_{2022}=0.1667+0.1122\times24=2.86$$
$$EPS_{2023}=0.1667+0.1122\times25=2.97$$
$$EPS_{2024}=0.1667+0.1122\times26=3.08$$

$EPS_t=a+bt$ 模型刻画了 EPS 绝对值随时间 t 变化的情形。如果将 EPS 取对数，则基本模型由线性模型转换为对数模型，此时回归系数刻画的是盈余增长率，回归模型如下：

$$Ln（EPS_t）=a+b\times t$$

仍用上例，回归结果如下：

$$Ln（EPS_t）=-0.445+0.045t$$

回归模型通过统计显著性检验，回归系数为 0.045 表示公司盈余增长率的预测值为 4.5%，以此值估算 2020—2024 年的 EPS 值，则有：

$$EPS_{2020}=e^{-0.445+0.045\times22}=1.72$$
$$EPS_{2021}=e^{-0.445+0.045\times23}=1.80$$
$$EPS_{2022}=e^{-0.445+0.045\times24}=1.89$$
$$EPS_{2023}=e^{-0.445+0.045\times25}=1.97$$
$$EPS_{2024}=e^{-0.445+0.045\times26}=2.06$$

（二）带调整项的一阶自回归法

调整项采用行业销售增长率，行业销售增长率越高意味着公司所处行业整体经营环境较好，带该调整项的一阶自回归模型如下：

$$EPS_t=a+b\times EPS_{t-1}+c\times GROWTH_{ind}$$

［例］沿用上例，PF 公司当期 EPS、上期 EPS 以及公司所在行业销售增长率的相关数据如表 12-4 所示。

表 12-4　PF 公司 EPS 以及所在行业销售增长率情况

年度	EPS_t	EPS_{t-1}	$GROWTH_{ind}$（%）
2000	0.397	0.439	4.31
2001	0.441	0.397	10.50
2002	0.356	0.441	（7.31）
2003	0.403	0.356	（3.36）
2004	0.490	0.403	（8.22）
2005	0.635	0.490	24.65
2006	0.850	0.635	17.64
2007	1.263	0.850	39.94
2008	2.211	1.263	23.90
2009	1.621	2.211	1.33
2010	1.604	1.621	26.23
2011	1.463	1.604	27.22
2012	1.833	1.463	16.23
2013	2.194	1.833	12.15
2014	2.521	2.194	14.47
2015	2.665	2.521	9.33
2016	2.404	2.665	0.80
2017	1.840	2.404	2.69
2018	1.850	1.840	8.28
2019	1.950	1.850	10.23

注:（　）内为负数。

使用 $EPS_t = a + b \times EPS_{t-1} + c \times GROWTH_{ind}$ 模型对表 12-4 的数据进行回归，回归结果如下：

$$EPS_t = 0.081 + 0.884 \times EPS_{t-1} + 0.013 \times GROWTH_{ind}$$

回归参数通过统计显著性检验，回归系数 0.884 表明上期 EPS 每增加 1 元，本期 EPS 就增加 0.884 元，回归系数 0.013 表明行业增长率每增加 1 个百分点，公司本期 EPS 就增加 0.013 元。据此，可以利用这些参数预测未来每股收益。如果预期 2020 年行业销售增长率为 6.266（2015—2019 年行业销售增长率的算术平均值），则 2020 年公司预期的每股收益为：

$$EPS_{2020} = 0.081 + 0.884 \times 1.95 + 0.013 \times 6.266 = 1.89$$

EPS_{t-1} 前面的回归系数 0.884，又称盈余持续性，它是用来说明（$t-1$）期获得的盈余在 t 期能够维持的可能性，该值越高，表示维持的可能性越高。如果公司（$t-1$）期与 t 期经营环境完全相同，理论上该系数为 1。

第 2 节　报表项目法

一、报表项目法的基本步骤

营业收入是盈利的基础，也是预测和估值的起点。营业收入是公司所有已消耗价值的补偿和创造价值实现的资源流入，这些资源的流入是以一定资源消耗和占用为前提的，因此从资源流入和流出（或占用）配比的角度，营业收入与报表项目之间存在一定的关系，公司的盈余或者现金流量就是基于这些关系进行考量后计算的结果。据此，我们可以认为，报表项目法盈余预测或现金流量预测的起点是收入预测。

（一）收入预测

收入预测可根据目标公司近几年的经营状况和财务状况，选用历史增长率法或者回归预测法进行估计。

[例] 某上市公司 2015—2019 年营业收入情况如表 12-5 所示。

表 12-5　某上市公司 2015—2019 年营业收入情况

年份	2015 年	2016 年	2017 年	2018 年	2019 年
营业收入（万元）	628,540	695,147	806,237	931,311	1,094,466
营业收入增长率		10.60%	15.98%	15.51%	17.52%

假设营业收入未来增长率是公司前三年增长率的平均值，则 2020—2024 年营业收入的预测值如表 12-6 所示。

表 12-6　2020—2024 年预测的营业收入

年份	2020 年	2021 年	2022 年	2023 年	2024 年
营业收入（万元）	1,273,277	1,481,301	1,723,310	2,004,859	2,332,406
营业收入增长率	16.34%	16.34%	16.34%	16.34%	16.34%

（二）基本假设

由于报表项目与营业收入之间存在一定的关系，因此，在报表项目预测时，要对这些关系进行基本假设。这些假设主要包括：收入成本费用假设、资产与负债假设、投资项目假设、筹资项目假设。

（1）收入成本费用假设。根据利润表项目内容，收入成本费用假设又细分为经营收益假设、非经营收益假设以及利润分配假设，具体内容如表 12-7 所示。

表 12-7 收入成本费用假设的内容

假设类型	报表项目	比率	备注
经营收益假设	营业成本	营业成本/营业收入	相对值
	税金及附加	税金及附加/营业收入	相对值
	销售费用	销售费用/营业收入	相对值
	管理费用	管理费用/营业收入	相对值
	其他财务费用	其他财务费用/营业收入	相对值
	资产减值损失	—	绝对值
	其他经营性净收益	—	绝对值
	所得税	实际所得税率	相对值
非经营收益假设	公允价值变动损益	—	绝对值
	资产处置收益	—	绝对值
	其他非经营性收益	—	绝对值
利润分配假设	少数股东损益	少数股东损益/税后利润	相对值
	普通股股利	股利/归属母公司股东的净利润	相对值

由于资产减值损失、其他经营性净收益、公允价值变动损益、资产处置收益、其他非经营性收益等项目与营业收入不存在某种固定关系，因此在预测时可无需采用比率法，直接用绝对数预测。

（2）资产负债假设。同理，与营业收入存在一定联系的资产和负债项目，在预测时选用比率值，与营业收入不存在一定关系的报表项目，在预测时选用绝对值，具体内容如表 12-8 所示。

表 12-8 资产负债假设的内容

类型	报表项目	比率	备注
资产	交易性金融资产	—	绝对值
	应收票据及账款	营业收入/平均应收票据及账款	相对值
	预付账款	营业收入/平均预付账款	相对值
	其他应收款	营业收入/平均其他应收款	相对值
	存货	营业成本/平均存货	相对值
	混业经营金融类资产	—	绝对值
	其他流动资产	—	绝对值
	长期应收款	—	绝对值
	金融资产投资	—	绝对值
	其他非流动资产	—	绝对值

（续表）

类型	报表项目	比率	备注
负债	交易性金融负债	—	绝对值
	应付票据及账款	营业收入/平均应付票据及账款	相对值
	预收账款	营业收入/平均预收账款	相对值
	其他应付款	—	绝对值
	混业经营金融类负债	—	绝对值
	其他流动负债	—	绝对值
	长期应付款	—	绝对值
	专项应付款	—	绝对值
	预计负债	—	绝对值
	其他非流动负债	—	绝对值
所有者权益	资本公积—新增其他资本公积	—	绝对值

（3）投资项目假设。投资项目假设涉及固定资产、无形资产、投资性房地产、长期股权投资以及长期待摊费用等项目，其具体内容如表 12-9 所示。

表 12-9 投资假设的内容

项目	内容	备注
固定资产	折旧年限（年）	
	剩余建设期（年）	
无形资产	摊销年限（年）	
	剩余开发期（年）	
投资性房地产	核算方法	如果是成本法,要确定折旧年限
长期股权投资	投资成本	
	新增长期股权投资	
	对联营和合营企业的投资收益	
	收到现金股利、出售处理收益	
长期待摊费用	摊销年限（年）	

（4）筹资项目假设。筹资项目假设主要涉及融资预计方法（权益还是债务，还是两者兼而有之）、目标资本结构、最低现金余额（通常用最低现金余额/营业收入表示）、银行存款利率、短期借款利率、长期借款利率。

（三）编制预测报表

基于上述假设，结合报表项目与营业收入之间的关系采用历史增长率法、回归法或者其他分析方法对资产负债表、利润表和现金流量表报表项目进行预测，编制预计资产负债表、预计流量表和预计现金流量表。根据编制完成的预计财务报表，就可预测公司估值所依赖的公司盈利或者现金流量。下面通过具体的案例说明报表项目法。

二、报表项目法案例分析

[例] SC 公司 2015—2019 年的财务报表如表 12-10—表 12-13 所示。

表 12-10　SC 公司 2015—2019 年利润表　　　　（单位：万元）

项目	2015 年	2016 年	2017 年	2018 年	2019 年
1. 经营活动收益					
营业收入	628,540	695,147	806,238	931,312	1,094,467
减：营业成本	339,771	381,414	404,592	449,935	534,022
税金及附加	13,262	5,954	2,105	2,218	1,007
销售费用	1,245	1,318	717	107	8
管理费用	21,128	22,366	24,003	24,330	26,503
利息费用	(18,536)	(14,685)	(12,145)	(19,399)	(20,898)
资产减值损失	15	(19)	58	36	0
加：其他经营性损益	0	0	0	0	(1,689)
税前经营利润	271,639	298,779	386,878	474,084	552,109
减：经营活动所得税	55,946	60,437	78,656	100,926	116,483
税后经营利润	215,693	238,342	308,222	373,158	435,626
所得税税率	0.25	0.25	0.25	0.25	0.25
2. 非经营活动收益					
投资收益—对联营和合营企业的投资收益	60,847	72,968	96,847	89,064	114,991
加：投资收益—其他	0	0	632	260	0
公允价值变动收益	0	0	0	0	0
资产处置收益	(202)	(125)	0	0	0
其他非经营性损益	5,760	145	(0)	(453)	(701)
税前非经营利润	66,405	72,988	97,480	88,872	114,290
减：非经营利润所得税	13,677	14,764	19,819	18,920	24,113
加：税收减免或返还	0	0	(40)	8	76
税后非经营利润	52,728	58,224	77,621	69,960	90,253
税后利润合计	268,421	296,566	385,843	443,118	525,879
减：少数股东损益	15,278	16,001	17,385	19,995	23,065
归属母公司股东的净利润					
计算值	253,143	280,565	368,457	423,123	502,813
实际值	253,143	280,565	368,341	423,143	503,021
差额	0	0	116	(20)	(208)
减：普通股股利	67,444	82,859	84,786	111,764	127,179
本期留存收益	185,700	197,706	283,671	311,359	375,634

注：( )内为负数。

表 12-11 SC 公司 2015—2019 年末的资产负债表　　　　　　（单位：万元）

项目	2015 年	2016 年	2017 年	2018 年	2019 年
1. 资产					
货币资金	960,330	916,167	764,161	755,733	929,340
交易性金融资产	0	0	0	0	0
应收票据及应收账款	88,984	102,926	118,879	131,433	166,203
预付账款	921	513	3,353	1,895	82
其他应收款	1,068	999	1,142	655	1,285
存货	1,966	2,048	1,870	1,996	1,434
混业经营金融类资产	0	0	0	0	0
其他流动资产	0	451	42	46,349	35,752
流动资产合计	1,053,268	1,023,104	889,448	938,059	1,134,096
长期应收款	0	0	0	0	0
长期股权投资	234,033	236,231	273,727	324,492	392,995
金融资产投资	180	180	180	180	0
投资性房地产	0	0	0	0	0
固定资产、生物资产、油气资产	1,051,708	976,625	905,877	851,157	1,976,891
在建工程、工程物资	79,285	322,381	531,038	815,581	46,495
无形资产	33,582	34,267	34,736	34,792	49,935
开发支出	0	0	0	0	0
商誉	0	0	0	0	0
长期待摊费用	696	780	548	2,361	1,960
其他非流动资产	384	886	11	0	1,025
非流动资产合计	1,399,868	1,571,350	1,746,117	2,028,563	2,469,301
资产总计	2,453,136	2,594,454	2,635,565	2,966,622	3,603,397
2. 负债					
短期借款	0	0	0	0	0
交易性金融负债	0	0	0	0	0
应付票据及应付账款	12,131	14,918	28,667	45,405	57,475
预收账款	406	460	318	314	1,391
其他应付款	121,134	66,893	58,503	57,453	299,559
混业经营金融类负债	0	0	0	0	0
其他流动负债	0	249,768	0	0	0
流动负债合计	133,670	332,039	87,487	103,171	358,424
长期借款	0	0	0	0	0
应付债券	249,695	0	0	0	0
长期应付款	0	0	0	0	0
专项应付款	0	0	0	0	0
预计负债	0	0	0	0	0
其他非流动负债	0	0	0	0	0

（续表）

项目	2015 年	2016 年	2017 年	2018 年	2019 年
非流动负债合计	249,695	0	0	0	0
负债总计	383,365	332,039	87,487	103,171	358,424
3. 股东权益					
股本	192,696	192,696	192,696	192,696	192,696
资本公积金	257,550	257,550	257,550	257,550	257,550
历史期累积留存收益	1,581,715	1,779,421	2,062,975	2,374,355	2,750,197
预测期累积留存收益	1,581,715	1,779,421	2,062,975	2,374,355	2,750,197
归属母公司股东的权益	2,031,960	2,229,666	2,513,221	2,824,601	3,200,442
少数股东权益	37,810	32,749	34,856	38,850	44,530
股东权益总计	2,069,771	2,262,415	2,548,077	2,863,451	3,244,972
负债和股东权益总计	2,453,136	2,594,454	2,635,565	2,966,622	3,603,397

注：（　）内为负数。

表 12-12　SC 公司 2015—2019 年的现金流量表　　　　（单位：万元）

项目	2015 年	2016 年	2017 年	2018 年	2019 年
1. 将净利润调节为经营活动的现金流量					
税后经营利润	207,773	223,723	288,566	354,103	411,384
折旧与摊销	78,707	83,149	83,675	78,736	89,066
资产减值损失	15	(19)	58	36	0
利息费用（收益以"—"填列）	13,273	13,301	8,907	(7)	(2)
其他财务费用	16	21	30	0	27
存货的减少（增加"—"）	(24)	(82)	177	(125)	561
经营性应收项目的减少（增加"—"）	(18,510)	(5,086)	(5,442)	(53,415)	(28,651)
经营性应付项目的增加（减少"—"）	29,586	(57,268)	35,645	67,510	14,949
其他	9,916	(238)	(185)	(87)	(492)
经营活动产生的现金流量净额	320,753	257,499	411,432	446,752	486,843
2. 投资活动产生的现金流量					
收回投资收到的现金	0	8,844	999	2,876	10,050
取得投资收益收到的现金	58,690	63,449	70,379	90,494	45,090
资产处置收益	19	1	13	5	104
收到的其他与投资活动有关的现金	0	0	750	0	0
购建固定资产、无形资产和其他长期资产所支付的现金	91,096	258,352	229,139	356,952	230,213
长期股权投资支付的现金	50,240	0	12,000	56,677	6,000
交易性金融资产的增加	0	0	0	0	0
金融资产投资增加（减少"—"）	0	0	0	0	0
支付其他与投资活动有关的现金	0	0	0	0	0
投资活动产生的现金流量净额	(82,627)	(186,058)	(168,997)	(320,255)	(180,969)

（续表）

项目	2015 年	2016 年	2017 年	2018 年	2019 年
3. 筹资活动产生的现金流量					
吸收投资所收到的现金	0	0	0	0	0
借款收到的现金	0	0	0	0	0
收到的其他与筹资活动有关的现金	0	0	0	0	0
偿还债务所支付的现金	0	0	250,000	0	0
分配股利、利润或偿付利息所支付的现金	92,752	116,157	112,630	126,349	148,110
支付其他与筹资活动有关的现金	0	0	0	0	0
筹资活动产生的现金流量净额	(92,752)	(116,157)	(362,630)	(126,349)	(148,110)
4. 汇率变动对现金及现金等价物的影响	8	9	(8)	7	2
5. 现金及现金等价物净增加额	145,383	(44,706)	(120,203)	155	157,767
现金及现金等价物期初余额	895,990	1,041,356	996,629	876,397	876,551
现金及现金等价物期末余额	1,041,356	996,629	876,397	876,551	1,035,980

注：（　）内为负数。

表 12-13　SC 公司 2015—2019 年的报表附注（部分）　　　（单位：万元）

项目	2015 年	2016 年	2017 年	2018 年	2019 年
1. 主要资产原值					
固定资产原值	1,869,573	1,872,039	1,872,177	1,886,937	3,085,529
固定资产累计折旧	817,865	895,414	966,300	1,035,781	1,108,639
无形资产原值	53,889	55,786	57,836	60,584	79,154
无形资产累计摊销	20,307	21,519	23,100	25,792	29,219
投资性房地产原值	0	0	0	0	0
投资性房地产累计折旧	0	0	0	0	0
2. 财务费用明细					
利息支出	13,281	13,310	8,899	0	0
利息收入	31,817	27,995	21,044	19,399	20,898
其他财务费用	16	21	30	0	27

（一）确定盈余预测的基本假设

根据历史报表，分析目标公司近几年的经营状况和财务状况，确定盈余预测的基本假设，如表 12-14—表 12-17 所示。

表 12-14　盈余预测的基本假设－收入与成本假设

	指标定义	备注
经营收益假设		
营业收入	增长率	比率＝三年均值
营业成本	营业成本/营业收入	比率＝三年均值
税金及附加	税金及附加/营业收入	比率＝三年均值
销售费用	销售费用/营业收入	比率＝最新年报

（续表）

	指标定义	备注
管理费用	管理费用/营业收入	比率=最新年报
其他财务费用	其他财务费用/营业收入	比率=三年均值
资产减值损失	—	金额=三年均值
其他经营性净收益	—	金额=最新年报
所得税	所得税率	比率=最新年报
非经营收益假设：		
公允价值变动收益（金融资产）	—	金额=0
资产处置收益	—	金额=最新年报
其他非经营性收益	—	金额=最新年报
税收减免或返还（追缴以"－"填列）	—	金额=最新年报
利润分配假设：		
少数股东损益	少数股东损益/税后利润合计	比率=三年均值
普通股股利	股利/归属母公司股东的净利润	比率=三年均值

表 12-15　盈余预测的基本假设－资产与负债假设

	指标定义	备注
资产假设		
交易性金融资产	—	金额=最新年报
应收款项	营业收入/平均款项	比率=三年均值
预付账款	营业收入/平均预付账款	比率=三年均值
其他应收款	营业收入/平均其他应收款	比率=三年均值
存货	营业成本/平均存货	比率=三年均值
混业经营金融类资产	—	金额=最新年报
其他流动资产	—	金额=最新年报
长期应收款	—	金额=最新年报
金融资产投资	—	金额=最新年报
其他非流动资产	—	金额=最新年报
负债假设：		
交易性金融负债	—	金额=0
应付票据及账款	营业收入/平均应付票据及账款	比率=三年均值
预收账款	营业收入/平均预收账款	比率=三年均值
其他应付款	—	金额=最新年报
混业经营金融类负债	—	金额=最新年报
其他流动负债	—	金额=最新年报
长期应付款	—	金额=最新年报
专项应付款	—	金额=最新年报
预计负债	—	金额=最新年报
其他非流动负债	—	金额=最新年报
股东权益		保持不变
资本公积－新增其他资本公积	—	金额=0

表 12-16　盈余预测的基本假设－投资假设

	指标定义	备注
固定资产		
折旧年限（年）	10	10 年直线法折旧
剩余建设期（年）	1	
无形资产		
摊销年限（年）	10	10 年直线法摊销
剩余开发期（年）	1	
投资性房地产		
核算方法	成本法	10 年直线法折旧
长期股权投资	无新增、无减值、无处置	
长期待摊费用	2 年平均摊销，无增加	

表 12-17　盈余预测的基本假设－筹资假设

	指标定义	备注
融资额预计方法		债务融资
债务筹资/资金缺口	100.00%	长期带息债务增加
长期带息债务筹资/资金缺口	70.00%	
银行存款利率	2.25%	
短期借款利率	5.31%	
长期借款利率	5.76%	
最低现金余额/营业收入	1.00%	

（二）确定预测收入与成本

根据基本假设的预测依据和指标定义，确定预测期收入与成本，如表 12-18 所示。

表 12-18　2020—2024 年预测收入与成本

项目	预测依据	2019 年	2020 年	2021 年	2022 年	2023 年	2024 年
营业收入（万元）	三年均值	1,094,467	1,273,277	1,481,301	1,723,310	2,004,859	2,332,406
增长率			17.52%	16.34%	16.34%	16.34%	16.34%	16.34%
营业成本（万元）	三年均值	534,022	625,126	727,257	846,074	984,303	1,145,115
毛利率			51.21%	50.90%	50.90%	50.90%	50.90%	50.90%

（三）根据基本假设预测与投资相关项目

（1）固定资产折旧。固定资产折旧如表 12-19 所示。

表 12-19　2020—2024 年固定资产折旧预测值　　　　（单位：万元）

项目	2020 年 12 月 31 日	2021 年 12 月 31 日	2022 年 12 月 31 日	2023 年 12 月 31 日	2024 年 12 月 31 日
初始固定资产折旧	308,553	308,553	308,553	308,553	308,553
新增固定资产折旧	4,650	4,650	4,650	4,650	4,650
当期计提折旧	313,202	313,202	313,202	313,202	313,202
期末固定资产	1,710,183	1,396,981	1,083,778	770,576	457,373
在建工程	0	0	0	0	0

（2）无形资产摊销。无形资产摊销如表 12-20 所示。

表 12-20　2020—2024 年无形资产摊销预测值　　　（单位：万元）

项目	2020 年 12 月 31 日	2021 年 12 月 31 日	2022 年 12 月 31 日	2023 年 12 月 31 日	2024 年 12 月 31 日
当期计提摊销	7,915	7,915	7,915	7,915	7,915
期末无形资产	42,020	34,104	26,189	18,273	10,358
期末开发支出	0	0	0	0	0

（3）长期股权投资。如表 12-21 所示。

表 12-21　2020—2024 年长期股权投资预测值　　　（单位：万元）

项目	2020 年 12 月 31 日	2021 年 12 月 31 日	2022 年 12 月 31 日	2023 年 12 月 31 日	2024 年 12 月 31 日
期初长期股权投资	392,995	392,995	392,995	392,995	392,995
期末长期股权投资	392,995	392,995	392,995	392,995	392,995

（4）长期待摊费用。如表 12-22 所示。

表 12-22　2020—2024 年长期待摊费用预测值　　　（单位：万元）

项目	2020 年 12 月 31 日	2021 年 12 月 31 日	2022 年 12 月 31 日	2023 年 12 月 31 日	2024 年 12 月 31 日
当期计提摊销	980	980	0	0	0
期末长期待摊费用	980	0	0	0	0

（四）预测融资额

根据基本假设和历史数据，2020—2024 年融资预测情况如表 12-23 所示。

表 12-23　2020—2024 年融资预测　　　（单位：万元）

项目	2020 年 12 月 31 日	2021 年 12 月 31 日	2022 年 12 月 31 日	2023 年 12 月 31 日	2024 年 12 月 31 日
期初现金余额	929,340	1,572,444	2,328,904	3,107,000	4,019,456
加：经营现金净流量	729,724	848,068	876,373	1,019,366	1,077,330
投资现金净流量	(450)	(450)	(450)	(450)	(450)
减：最低现金余额	12,733	14,813	17,233	20,049	23,324
现金剩余（缺口"—"）	1,645,881	2,405,249	3,187,594	4,105,868	5,073,012
长期带息债务增加（减少"—"）	0	0	0	0	0
股权筹资额	0	0	0	0	0

注：（　）内为负数。

（五）预测期末现金余额

根据基本假设和历史数据，预测 2020—2024 年期末现金余额，如表 12-24 所示。

表 12-24　2020—2024 年期末现金余额预测值　（单位：万元）

项目	2020 年 12 月 31 日	2021 年 12 月 31 日	2022 年 12 月 31 日	2023 年 12 月 31 日	2024 年 12 月 31 日
期初现金余额	929,340	1,572,444	2,328,904	3,107,000	4,019,456
加:经营现金净流量	729,724	848,068	876,373	1,019,366	1,077,330
投资现金净流量	(450)	(450)	(450)	(450)	(450)
计入短期借款前融资流入	(86,170)	(91,158)	(97,827)	(106,460)	(117,380)
减:最低现金余额	12,733	14,813	17,233	20,049	23,324
现金剩余(缺口为"-")	1,559,711	2,314,091	3,089,767	3,999,408	4,955,632
加:短期借款增加(减少为"-")	0	0	0	0	0
期末现金余额	1,572,444	2,328,904	3,107,000	4,019,456	4,978,956

注:(1) 期末现金余额＝现金剩余＋最低现金余额＋短期借款增加。

(2) ( )内为负数。

（六）预测利息费用

根据基本假设和历史数据，预测 2020—2024 年利息费用，如表 12-25 所示。

表 12-25　2020—2024 年利息费用预测值　（单位：万元）

项目	2020 年 12 月 31 日	2021 年 12 月 31 日	2022 年 12 月 31 日	2023 年 12 月 31 日	2024 年 12 月 31 日
货币资金期初余额	929,340	1,572,444	2,328,904	3,107,000	4,019,456
货币资金增加	643,104	756,460	778,096	912,456	959,500
货币资金期末余额	1,572,444	2,328,904	3,107,000	4,019,456	4,978,956
银行存款利息收入	28,145	43,890	61,154	80,173	101,232
利息支出	0	0	0	0	0
利息收入	28,145	43,890	61,154	80,173	101,232
利息费用	(28,145)	(43,890)	(61,154)	(80,173)	(101,232)

注:( )内为负数。

（七）编制预计利润表

根据基本假设、历史会计数据和前述预测值编制 2020—2024 年预计利润表，如表 12-26 所示。

表 12-26　2020—2024 年预计利润表　（单位：万元）

项目	2019 年	2020 年	2021 年	2022 年	2023 年	2024 年	备注
1. 经营活动收益							
营业收入	1,094,467	1,273,277	1,481,301	1,723,310	2,004,859	2,332,406	预测依据
减:营业成本	534,022	625,126	727,257	846,074	984,303	1,145,115	
税金及附加	1,007	2,509	2,919	3,396	3,951	4,597	占营业收入比率＝三年均值
销售费用	8	9	10	12	14	16	占营业收入比率＝最新年报
管理费用	26,503	30,834	35,871	41,732	48,549	56,481	占营业收入比率＝最新年报
利息费用	(20,898)	(28,145)	(43,890)	(61,154)	(80,173)	(101,232)	

（续表）

项目	2019 年	2020 年	2021 年	2022 年	2023 年	2024 年	备注
其他财务费用	27	26	31	36	42	48	占营业收入比率＝三年均值
资产减值损失	0	32	32	32	32	32	金额＝三年均值
加：其他经营性净收益	(1,689)	(1,689)	(1,689)	(1,689)	(1,689)	(1,689)	金额＝最新年报
税前经营利润	552,109	641,197	757,382	891,495	1,046,452	1,225,660	
减：经营利润所得税	116,483	160,299	189,346	222,874	261,613	306,415	占营业收入比率＝最新年报
税后经营利润	435,626	480,898	568,036	668,621	784,839	919,245	
2. 非经营活动收益							
对联营和合营企业的投资收益	114991	0	0	0	0	0	
收到现金股利、出售处理收益		0	0	0	0	0	
长期股权投资初始计量收益		0	0	0	0	0	
公允价值变动收益（金融资产）	0	0	0	0	0	0	金额＝0
公允价值变动收益（投资性房地产）		0	0	0	0	0	
资产处置收益	0	0	0	0	0	0	金额＝最新年报
其他非经营性收益	(701)	(701)	(701)	(701)	(701)	(701)	金额＝最新年报
税前非经营利润	114,290	(701)	(701)	(701)	(701)	(701)	
减：非经营利润所得税	24,113	(175)	(175)	(175)	(175)	(175)	
加：税收减免或返还（追缴以"－"填列）	76	76	76	76	76	76	金额＝最新年报
税后非经营利润	90,253	(450)	(450)	(450)	(450)	(450)	
3. 利润分配							
税后利润合计	525,879	480,448	567,586	668,171	784,389	918,795	
减：少数股东损益	23,065	21,467	25,360	29,854	35,047	41,052	占税后利润比率＝三年均值
归属母公司股东的净利润	502,813	458,981	542,226	638,316	749,342	877,743	
减：普通股股利	127,179	114,315	135,048	158,980	186,633	218,613	占归属母公司净利润比率＝三年均值
本期利润留存	375,634	344,666	407,178	479,336	562,709	659,130	

项目	2019 年	2020 年	2021 年	2022 年	2023 年	2024 年	备注
4. EBIT、EBITDA 的计算							
税前经营利润	552,109	641,197	757,382	891,495	1,046,452	1,225,660	
加：税前非经营利润	114,290	(701)	(701)	(701)	(701)	(701)	
利息费用	(20,898)	(28,145)	(43,890)	(61,154)	(80,173)	(101,232)	
EBIT	645,501	612,351	712,790	829,639	965,579	1,123,727	
加：折旧与摊销	89,066	322,098	322,098	321,118	321,118	321,118	
EBITDA	734,567	934,449	1,034,888	1,150,757	1,286,696	1,444,845	
5. 非经常性损益							
金融资产公允价值变动收益	0	0	0	0	0	0	
加：投资性房地产公允价值变动收益	0	0	0	0	0	0	
资产处置收益	0	0	0	0	0	0	
其他非经营性收益	(701)	(701)	(701)	(701)	(701)	(701)	
非经常性损益合计	(701)	(701)	(701)	(701)	(701)	(701)	
减：所得税费用	(175)	(175)	(175)	(175)	(175)	(175)	
税后非经常性损益	(526)	(526)	(526)	(526)	(526)	(526)	
6. 扣除非经常损益后的净利润	526,405	480,974	568,112	668,697	784,915	919,321	

注：（　）内为负数。

（八）编制预计资产负债表

根据基本假设、历史会计数据和前述预测值编制 2020—2024 年预计资产负债表，如表 12-27 所示。表内项目的金额数据均取年度报告。

表 12-27　2020—2024 年预计资产负债表　　　　（单位：万元）

项目	2019 年	2020 年	2021 年	2022 年	2023 年	2024 年
1. 资产：						
货币资金	929,340	1,572,444	2,328,904	3,107,000	4,019,456	4,978,956
交易性金融资产	0	0	0	0	0	0
应收票据及账款	166,203	180,025	222,769	245,833	299,327	334,899
预付账款	82	3,990	747	4,764	1,647	5,811
其他应收款	1,285	1,333	1,712	1,831	2,291	2,505
存货	1,434	3,562	2,251	4,512	3,355	5,797
混业经营金融类资产	0	0	0	0	0	0
其他流动资产	35,752	35,752	35,752	35,752	35,752	35,752
流动资产合计	1,134,096	1,797,107	2,592,135	3,399,691	4,361,829	5,363,719
长期应收款	0	0	0	0	0	0
长期股权投资	392,995	392,995	392,995	392,995	392,995	392,995
投资性房地产	0	0	0	0	0	0

（续表）

项目	2019 年	2020 年	2021 年	2022 年	2023 年	2024 年
固定资产	1,976,891	1,710,152	1,396,918	1,083,684	770,450	457,216
在建工程	46,495	0	0	0	0	0
无形资产	49,935	42,020	34,104	26,189	18,273	10,358
开发支出	0	0	0	0	0	0
商誉	0	0	0	0	0	0
金融资产投资	0	0	0	0	0	0
长期待摊费用	1,960	980	0	0	0	0
其他非流动资产	1,025	1,025	1,025	1,025	1,025	1,025
非流动资产合计	2,469,301	2,147,172	1,825,042	1,503,893	1,182,744	861,594
资产总计	3,603,397	3,944,278	4,417,177	4,903,584	5,544,573	6,225,313
2. 负债：						
短期借款	0	0	0	0	0	0
交易性金融负债	0	0				
应付票据及账款	57,475	33,793	72,386	51,141	92,568	74,619
预收账款	1,391	(179)	1,588	51	1,856	362
其他应付款	299,559	299,559	299,559	299,559	299,559	299,559
混业经营金融类负债	0	0	0	0	0	0
其他流动负债	0	0	0	0	0	0
流动负债合计	358,424	333,173	373,533	350,750	393,983	374,540
长期带息债务	0	0	0	0	0	0
长期应付款	0	0	0	0	0	0
专项应付款	0	0	0	0	0	0
预计负债	0	0	0	0	0	0
其他非流动负债	0	0	0	0	0	0
非流动负债合计	0	0	0	0	0	0
负债合计	358,424	333,173	373,533	350,750	393,983	374,540
3. 股东权益：						
股本	192,696	192,696	192,696	192,696	192,696	192,696
资本公积	257,550	257,550	257,550	257,550	257,550	257,550
其中:期初资本公积	257,550	257,550	257,550	257,550	257,550	257,550
本期发行溢价		0	0	0	0	0
新增其他资本公积						
累计留存收益	2,750,197	3,094,863	3,502,041	3,981,377	4,544,086	5,203,217
其中:期初留存收益	2,374,355	2,750,197	3,094,863	3,502,041	3,981,377	4,544,086
当期留存收益	375,634	344,666	407,178	479,336	562,709	659,130
归属母公司股东的权益	3,200,442	3,545,109	3,952,287	4,431,623	4,994,332	5,653,462
少数股东权益	44,530	65,997	91,357	121,211	156,258	197,311
股东权益合计	3,244,972	3,611,105	4,043,644	4,552,834	5,150,590	5,850,773

（续表）

项目	2019 年	2020 年	2021 年	2022 年	2023 年	2024 年
负债和股东权益合计	3,603,397	3,944,278	4,417,177	4,903,584	5,544,573	6,225,313
带息债务：						
带息短债	0	0	0	0	0	0
带息长债	0	0	0	0	0	0
带息债务合计	0	0	0	0	0	0
带息债务增量：	0	0	0	0	0	0
经营营运资本						
流动资产	1,134,096	1,797,107	2,592,135	3,399,691	4,361,829	5,363,719
超额现金	918,396	1,559,711	2,314,091	3,089,767	3,999,408	4,955,632
交易性金融资产	0	0	0	0	0	0
经营流动资产	215,700	237,395	278,044	309,924	362,422	408,087
流动负债：	358,424	333,173	373,533	350,750	393,983	374,540
短期借款	0	0	0	0	0	0
交易性金融负债	0	0	0	0	0	0
经营流动负债	358,424	333,173	373,533	350,750	393,983	374,540
经营营运资本：	(142,724)	(95,778)	(95,490)	(40,826)	(31,561)	33,547
经营营运资本增量	(231,192)	46,947	288	54,664	9,265	65,108
投资资本：						
净资产	3,200,442	3,545,109	3,952,287	4,431,623	4,994,332	5,653,462
加:少数股东权益	44,530	65,997	91,357	121,211	156,258	197,311
带息债务合计	0	0	0	0	0	0
减:超额现金	918,396	1,559,711	2,314,091	3,089,767	3,999,408	4,955,632
非经营性资产	0	0	0	0	0	0
投资资本	2,326,577	2,051,394	1,729,553	1,463,067	1,151,183	895,141
本期净投资	209,726	(275,183)	(321,842)	(266,486)	(311,884)	(256,041)

注:( )内为负数。

（九）编制预计现金流量表

根据基本假设、历史会计数据和前述预测值编制 2020—2024 年预计现金流量表，如表 12-28 所示。

表 12-28　2020—2024 年预计现金流量表　　　　　　（单位：万元）

项目	2019 年	2020 年	2021 年	2022 年	2023 年	2024 年
1. 将净利润调节为经营活动的现金流量						
税后经营利润	411,384	480,898	568,036	668,621	784,839	919,245
加:折旧与摊销	89,066	322,098	322,098	321,118	321,118	321,118
资产减值损失	0	32	32	32	32	32
利息费用	(2)	(28,145)	(43,890)	(61,154)	(80,173)	(101,232)
存货的减少(增加"—")	561	(2,128)	1,311	(2,261)	1,156	(2,442)

（续表）

项目	2019 年	2020 年	2021 年	2022 年	2023 年	2024 年
经营性应收项目的减少(增加"—")	(28,651)	(17,779)	(39,880)	(27,199)	(50,839)	(39,949)
经营性应付项目的增加(减少"—")	14,949	(25,252)	40,361	(22,783)	43,232	(19,442)
其他经营活动有关的现金流量	(492)	0	0	0	0	0
经营活动产生的现金流量净额	486,843	729,724	848,068	876,373	1,019,366	1,077,330
2. 投资活动产生的现金流量						
交易性金融资产的减少(增加"—")		0	0	0	0	0
加:金融资产投资的减少(增加"—")		0	0	0	0	0
取得投资收益收到的现金	45,090	0	0	0	0	0
资产处置收益收到的现金	104	0	0	0	0	0
减:固定资产投资		0	0	0	0	0
无形资产投资		0	0	0	0	0
投资性房地产投资		0	0	0	0	0
长期股权投资增加		0	0	0	0	0
长期待摊费用增加	—	0	0	0	0	0
加:其他投资活动有关现金流量	0	(450)	(450)	(450)	(450)	(450)
投资活动产生的现金流量净额	(180,969)	(450)	(450)	(450)	(450)	(450)
3. 筹资活动产生的现金流量						
股权筹资额		0	0	0	0	0
加:长期带息债务增加/(减少)		0	0	0	0	0
减:支付普通股股利		114,315	135,048	158,980	186,633	218,613
偿付利息		(28,145)	(43,890)	(61,154)	(80,173)	(101,232)
加:其他筹资活动有关的现金流量	0	0	0	0	0	0
计入短期借款前融资流入		(86,170)	(91,158)	(97,827)	(106,460)	(117,380)
加:短期借款增加/(减少)		0	0	0	0	0
筹资活动产生的现金流量净额	(148,110)	(86,170)	(91,158)	(97,827)	(106,460)	(117,380)
4. 现金及现金等价物净增加						
现金及现金等价物净增加额	157,767	643,104	756,460	778,096	912,456	959,500
现金及现金等价物期初余额	876,551	929,340	1,572,444	2,328,904	3,107,000	4,019,456
现金及现金等价物期末余额	929,340	1,572,444	2,328,904	3,107,000	4,019,456	4,978,956

注:( )内为负数。

根据表 12-28 整理计算的实体现金流量和股权现金流量如表 12-29 所示。

表 12-29　2020—2024 年的预计实体现金流量和股权现金流量　　（单位：万元）

项目	2019 年	2020 年	2021 年	2022 年	2023 年	2024 年
实体现金流量(FCFF)						
NOPLAT	510,732	459,865	535,195	622,831	724,786	843,397
加:折旧与摊销	89,066	322,098	322,098	321,118	321,118	321,118
经营现金毛流量	599,798	781,963	857,292	943,949	1,045,903	1,164,515

（续表）

项目	2019 年	2020 年	2021 年	2022 年	2023 年	2024 年
减:经营营运资本增加	(231,192)	46,947	288	54,664	9,265	65,108
经营现金净流量	830,990	735,016	857,005	889,286	1,036,638	1,099,407
减:资本支出	230,213	0	0	0	0	0
实体现金流量	600,778	735,016	857,005	889,286	1,036,638	1,099,407
股权现金流量(FCFE)						
实体现金流量	600,778	735,016	857,005	889,286	1,036,638	1,099,407
减:税后利息支出	(15,673)	(21,109)	(32,918)	(45,865)	(60,130)	(75,924)
偿还长期带息债务(新借债务"-")	0	0	0	0	0	0
偿还短期借款(新借债务"-")	0	0	0	0	0	0
股权现金流量	616,451	756,125	889,922	935,151	1,096,768	1,175,331

注:( )内为负数。

思考与分析

名词解释

前景分析　　　　　预测　　　　　　　直接估算法

历史增长率法　　　回归法　　　　　　报表项目法

思考题

1. 请简述前景分析的内容与目的。

2. 请讲述前景分析的基本方法及每种方法的适用性。

3. 请简述历史增长率法的基本步骤。

4. 请简述报表项目法的基本步骤。

5. 如何根据现金流量计算公司的实体现金流量和股权现金流量?

第 13 章

公 司 估 值

学习目的

1. 了解公司估值的目的
2. 掌握绝对估值方法的具体运用
3. 掌握相对估值方法的具体运用
4. 能够运用所学的估值方法进行案例分析

公司价值有两种表达方式：内在价值和市场价值。公司内在价值，在经济学范畴上属于价值概念，是凝聚在公司中无差别的人类劳动。公司市场价值，在经济学范畴上属于价格概念，是资本市场调节投资者的不同预期，进而达到均衡的结果。一个公司价值几何？这是一个非常专业和复杂的问题，它通常指公司内在价值为多少，需要用到一系列技术手段进行估算，而这些手段就是我们所要学习的公司价值评估方法。

公司价值评估，简称公司估值，一般是指对公司内在价值进行评估，以得到一个理论股价。投资者通过比较公司估值方法得出的公司理论股价与市场价格的差异，做出有利于自身利益的投资行为。公司的内在价值或者理论股价取决于公司的资产及其获利能力，因此投资者将资金投入公司前，需要对公司资产及其获利能力等基本面情况进行分析，以估量其将占有的权益价值所对应的公司内在价值情况。公司估值是资本市场中投资、融资和交易行为的基础，也反映了资本市场中交易决策的基本逻辑——基本面决定价值，价值决定价格。

按照不同分类标准，公司估值方法可划分不同的类别。按照估值方式，估值方法分为绝对估值法、相对估值法和清算估值法；按照输入信息源的不同方式，估值方法分为市场法、收益法和成本法。相对估值法和绝对估值法在上市公司估值中运用较多，故又称为上市公司估值法；市场法、收益法和成本法在非上市公司估值中运用较多，故又称为非上市公司估值法。由于公开市场中的财务报表分析通常针对上市公司，因此，本章主要讲解公司估值的绝对估值法和相对估值法。

第 1 节　绝对估值法

绝对估值法，又称贴现法或折现法，是通过对公司历史经营情况进行分析并对其未来经营情况的现金流量或会计利润进行预测，并贴现到当前价值的一种估算公司内在价值的方法。目前常见的方法有股利贴现法、自由现金流折现法和剩余收益估值法。

一、股利贴现法

股利贴现法，是采用股利贴现模型（dividend discount model，简称 DDM）估量公司价值的一种方法，它是股票内在价值评估的最基本模型，由威廉姆斯（Williams）和戈登（Gordon）于 1938 年提出。该模型为定量估计公司（无论是上市公司还是非上市公司）价值奠定了理论基础，也为资本市场证券投资提供了基本分析的模型。DDM 模型把公司的价值与未来发放的股利进行了关联，它的基本思想是用某一确定的折现率对未来预期各期发放的股利折现至期初，并加之求和作为公司价值，其基本公式表达为：

$$P_0 = \frac{D_1}{1+r} + \frac{D_2}{(1+r)^2} + \frac{D_3}{(1+r)^3} + \cdots + \frac{D_n}{(1+r)^n} + \cdots$$

其中，P_0 表示 0 期时公司的价值，D_i 表示第 i（$i=1$，2，3……）期发放的股利，r 表示折现率，即股东要求的回报率。该式的两边同时除以公司股票数量，则该式的含义为公司股票价格等于未来发放的每股股利现值之和。需要注意的是，在该模型中，没有出现当期的股利 D_0，是因为当期 D_0 已经发放，不再包含在公司股票内在价值的估算中，下述遇类似情形同理。

在用 DDM 模型进行公司估值时，有时会遇到如果公司未来不发放股利，该模型是否适用的问题。一般而言，这种担心是不必要的。因为在使用该模型进行估值时，该模型潜在的假设是该公司未来能够获得这些股利，只要公司能够获得这些股利，就说明公司价值已经实现。为此，在用 DDM 模型估值时，假定公司会发放这些股利。但在估值实践中，如果这种假定具有较大的不确定性，即公司盈利难以预测且分红政策不稳定，所以通常不建议使用该模型。因此，DDM 模型通常适用于经营稳定、现金流充足，并且支付的股利具有可预测性的公司。

在上式中，仅从分母来看，这是一个等比数列，因此，根据不同年份分发股利的关系，该模型可分为三种基本表达形式：零增长模型、固定增长模型和多阶段增长模型。

（一）零增长模型

如果每期股利相等，即 $D_{i+1}=D_i$，表明公司股利增长率为 0，未来各期股利都按固定金额发放，其表达式为：

$$P_0 = \frac{D_1}{1+r} + \frac{D_1}{(1+r)^2} + \frac{D_1}{(1+r)^3} + \cdots + \frac{D_1}{(1+r)^n}$$

在 $n \to +\infty$ 的情形下，P_0 收敛于 $\frac{D_1}{r}$，即 $P_0 = \frac{D_1}{r}$。

下面通过例子予以说明。

假设 A 公司拟收购 B 公司，B 公司在收购当年的股利支付是每股 0.5 元，A 公司要求的投资回报率为 10%，预期 B 公司以后年度每年股利支付都是每股 0.5 元，则 B 公司每股股价的内在价值是多少？

由题意可知，$D_1 = 0.5$，$r = 10\%$

则：

$$P = \frac{D_1}{r} = \frac{0.5}{10\%} = 5(元／股)$$

（二）固定增长模型

如果每期股利都按照固定增长率 g（$g < r$）增长，即 $D_{i+1} = D_i \times (1+g)$，则其表达式为：

$$P_0 = \frac{D_1}{1+r} + \frac{D_1 \times (1+g)}{(1+r)^2} + \frac{D_1 \times (1+g)^2}{(1+r)^3} + \cdots + \frac{D_1 \times (1+g)^{n-1}}{(1+r)^n}$$

在 $n \to +\infty$ 的情形下，P_0 收敛于 $\frac{D_1}{(r-g)}$，即 $P_0 = \frac{D_1}{(r-g)}$。

承上例，假设 A 公司拟收购 B 公司，A 公司要求的投资回报率为 10%，收购当年度的股利支付是每股 0.5 元，预期 B 公司以后年度每年支付的股利在上一年度基础上增加 2%，则 B 公司每股股价的内在价值是多少？

由题意可知，$D_1 = 0.5 \times (1+2\%)$，$r = 10\%$

则：

$$P = \frac{D_1}{r} = \frac{0.5 \times (1+2\%)}{10\%} = 5.1(元／股)$$

需要注意的是，当年度支付的股利 0.5 元是公式中 D_0 的值，不是 D_1 的值，D_1 与 D_0 的关系如下：$D_1 = D_0 \times (1+2\%)$。

（三）多阶段增长模型

公司在发展过程中，股利发放可能呈现阶段性特征，本部分介绍两种情形：一种是两阶段增长模型，另一种是三阶段增长模型。多阶段增长采用分阶段计算现值再相加求和的方法。

（1）两阶段增长模型。两阶段增长模型假设在第一阶段 m 期内，股利按照 g_m 增长率增长，在第二阶段 n 期内，股利按照 g_n 增长，且 $g_n < g_m < r$，则：

股票价值＝m 期内股利现值＋n 期内股利现值

其计算公式如下：

$$P_0 = \frac{D_1}{1+r} + \frac{D_1 \times (1+g_m)}{(1+r)^2} + \frac{D_1 \times (1+g_m)^2}{(1+r)^3} + \cdots + \frac{D_1 \times (1+g_m)^{m-1}}{(1+r)^m}$$

$$+ \frac{D_1 \times (1+g_m)^{m-1} \times (1+g_n)}{(1+r)^{m+1}} + \frac{D_1 \times (1+g_m)^{m-1} \times (1+g_n)^2}{(1+r)^{m+2}} + \cdots$$

$$+ \frac{D_1 \times (1+g_m)^{m-1} \times (1+g_n)^{m+n-1}}{(1+r)^{m+n}}$$

即：

$$P_0 = D_1 \times \frac{1 - \left(\frac{1+g_m}{1+r}\right)^m}{r - g_m} + D_1 \times (1+g_m)^{m-1} \times \frac{1 - \left(\frac{1+g_n}{1+r}\right)^n}{r - g_n} \times \frac{1}{(1+r)^m}$$

在 $n \to +\infty$ 的情形下，有

$$P_0 = D_1 \times \frac{1 - \left(\frac{1+g_m}{1+r}\right)^m}{r - g_m} + \frac{D_1 \times (1+g_m)^{m-1}}{(r - g_n)(1+r)^m}$$

该模型适用于具有如下特征的公司：在特定阶段公司盈利高速增长，此阶段过后所有高速增长的原因全部消失，然后以稳定的速度增长。

承上例，假设 A 公司拟收购 B 公司，A 公司要求的投资回报率为 10%，收购当年度支付的股利是每股 0.5 元，预期 B 公司在以后的 5 年内，每年支付的股利在上一年度基础上增加 5%，但从第 6 年起，每年支付的股利在上一年度基础上增加 2%，则 B 公司每股股价的内在价值是多少？

由题意可知，$R = 10\%$，$D_0 = 0.5$，$m = 5$，$g_m = 5\%$，$g_n = 2\%$

则：

$$P = D_1 \times \frac{1 - \left(\frac{1+g_m}{1+r}\right)^m}{r - g_m} + \frac{D_1 \times (1+g_m)^{m-1}}{(r - g_n)(1+r)^m}$$

$$= 0.5 \times (1+5\%) \times \frac{1 - \left(\frac{1+5\%}{1+10\%}\right)^5}{10\% - 5\%} + \frac{0.5 \times (1+5\%) \times (1+5\%)^{5-1}}{(10\% - 2\%)(1+10\%)^5}$$

$$= 2.18 + 4.95 = 7.13(元 / 股)$$

（2）三阶段增长模型。如同产品的生命周期，公司的成长也会有类似的过程。三阶段增长模型假设公司的成长会经历三个阶段：超速成长期、增长率下降期和稳定期，如图 13-1。在超速成长期阶段，由于公司新产品推出市场份额不断扩大，公司收益以较高的增长速度（g_1）快速增长。在增长率下降阶段，公司市场份额稳定，收益成熟并且经济增长率开始下降减速，直至增长率以 g_2 的速度稳定发展。在超常增长阶段，股利增长率为常数 g_1；在稳定增长阶段，股利增长率为常数 g_2，$g_1 > g_2$。

则，三阶段增长模型的表达式为：

$$P_0 = \sum_{t=1}^{t_1} \frac{D_0 \times (1+g_1)^t}{(1+r)^t} + \sum_{t=t_1+1}^{t_2} \frac{D_t}{(1+r)^t} + \frac{D_{t2} \times (1+g_2)}{(r - g_2)(1+r)^{t_2}}$$

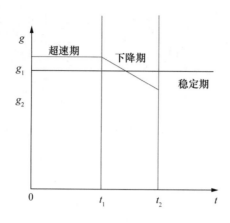

图 13-1　公司成长三阶段

[例] 假定某公司在 0 期支付的股利为 0.5 元/股，预期在未来的两年内每年股利增长率为 6%，从第三年起股利增长率开始递减，每年减少 1%，直至第 5 年的 3%，之后的年度保持 3% 的增长速度。股东要求的报酬率为 10%，则该公司的股票价格为多少？

由三阶段增长模型公式可能：

$$P = \sum_{t=1}^{t_1} \frac{D_0 \times (1+g_1)^t}{(1+r)^t} + \sum_{t=t_1+1}^{t_2} \frac{D_t}{(1+r)^t} + \frac{D_{t_2} \times (1+g_2)}{(r-g_2)(1+r)^{t_2}}$$

$$P = \sum_{t=1}^{2} \frac{0.5 \times (1+6\%)^t}{(1+10\%)^t} + \sum_{t=3}^{5} \frac{0.5 \times (1+6\%)^2 \times \left(1+\frac{6-(t-2)}{100}\right)^{t-2}}{(1+10\%)^t}$$

$$+ \frac{0.5 \times (1+6\%)^2 \times (1+5\%) \times (1+4\%) \times (1+3\%) \times (1+3\%)}{(10\%-3\%)(1+10\%)^5}$$

$$= 17.17(元/股)$$

二、自由现金流折现法

自由现金流量是公司价值评估的一种技术和方法，最早由美国西北大学拉巴波特、哈佛大学詹森等学者于 20 世纪 80 年代提出。自美国安然、世通等丑闻事件后，这一方法逐渐为世人所接受并成为企业价值评估中使用最广泛的一种方法。公司支付给股东股利需要考虑公司能够可持续发展，只有在可持续发展的前提下，用股利折现模型估算出的公司内在价值才有意义。因此，采用 DDM 模型估计公司内在价值，理论上要求公司支付给股东的股利是公司自由现金流。自由现金流是公司满足再投资需要之后剩余的现金流量，是公司在不影响持续发展的前提下可供分配给股东的最大现金额。然而，在实际操作过程中，公司股利支付受到公司管理层以及控股大股东机会主义行为的影响，因而股利支付体现了他们的意志而不是公司经济发展的自然状态。考虑到公司内部人机会主义行为的影响，DDM 模型估计出的公司内在价值可能偏离公司真实的内在价值。如果支付给股东的股利低于可供分配给股东的现金额，那么用 DDM 模型估算出的内在价值就会偏低；如果支付给股东的股利高于可供分配给股东的现金额，如投资成本的返还，则用 DDM 模型估算出的内在价值偏高。因此，使用自由现金流折现模型（DCF 模型）评估公司价值可避免 DDM 模型中由于公司内部控制人机会主义行为动机对公司估值的影响。

自由现金流量等于企业的税后净营业利润（即将公司不包括利息收支的营业利润扣除实付所得税税金之后的数额）加上折旧及摊销等非现金支出，再减去营运资本的追加和厂房设备及其他资产方面的投入。它是公司所产生的税后现金流量总额，可以分配给公司资本的所有供应者，包括债权人和股东。由于资本供给者有股东和债权人之分，故自由现金流量的表现形式也有两种：股权自由现金流量（free cash flow of equity，简称 FCFE）和公司自由现金流量（free cash flow of firm，简称 FCFF）。

（1）股权自由现金流量。股权自由现金流量是公司支付所有营运费用、再投资支出、所得税和净债务支付（即利息、本金支付减去发行新债务的净额）后可分配给公司股东的剩余现金流量，其计算公式如下：

$$\text{FCFE} = 净收益 + 折旧 - 资本性支出 - 营运资本追加额$$
$$- 债务本金偿还 + 新发行债务$$

或者：

$$\text{FCFE} = 净收益（\text{NI}） - 净资本支出（\Delta \text{BVA}） + 净债务增加（\Delta \text{VND}）$$

其中，

$$资本支出 = 资本性支出 + 营运资本追加额 - 折旧$$
$$净债务增加 = 新发行债务 - 债务本金偿还$$

（2）公司自由现金流量。公司自由现金流量是公司支付了所有营运费用、进行了必需的固定资产与营运资产投资后可以向所有投资者分派的税后现金流量。公司自由现金流量反映了公司所有权利要求者，包括普通股股东、优先股股东和债权人的现金流总和，其计算公式如下：

$$\text{FCFF} = \text{EBIT} \times (1 - t) - \Delta \text{BVA}$$

其中，EBIT 表示息税前利润，t 是企业所得税税率。

现金流量折现法基本思想就是对企业未来的现金流量进行科学估计，并对其风险进行评价，进而选择相应的折现率将预估的未来现金流量折成现值。

其基本模型如下：

$$V = \frac{\text{FCF}_1}{(1+R)^1} + \frac{\text{FCF}_2}{(1+R)^2} + \frac{\text{FCF}_3}{(1+R)^3} + \cdots + \frac{\text{FCF}_n}{(1+R)^n}$$

其中，V 表示公司价值；FCF_i 表示公司第 i 年度的自由现金流量；R 表示投资回报率。

公司价值有狭义和广义之分，狭义的公司价值仅指股权价值，广义的公司价值不仅包含股权价值，也包含债权价值。按照狭义的公司价值模型确定的股权价值模型如下：

$$P = \frac{\text{FCFE}_1}{(1+r)^1} + \frac{\text{FCFE}_2}{(1+r)^2} + \frac{\text{FCFE}_3}{(1+r)^3} + \cdots + \frac{\text{FCFE}_n}{(1+r)^n}$$

其中，P 表示股权价值；r 表示股东要求的回报率；FCFE 表示股权自由现金流量，其计算公式如下：

$$\text{FCFE} = \text{NI} - \Delta\text{BVA} + \Delta\text{VND}$$

广义的公司价值模型，即包含债权价值的公司价值模型如下：

$$V = \frac{\text{FCFF}_1}{(1+\text{WACC})^1} + \frac{\text{FCFF}_2}{(1+\text{WACC})^2} + \frac{\text{FCFF}_3}{(1+\text{WACC})^3} + \cdots + \frac{\text{FCFF}_n}{(1+\text{WACC})^n}$$

其中，V 表示公司价值；WACC 表示加权平均资本成本，其计算公式如下：

$$\text{WACC} = \text{权益资本成本} \times \left(\frac{\text{权益}}{\text{资本}}\right) + \text{债务成本} \times \left(\frac{\text{负债}}{\text{资本}}\right)^{①}$$

由于公司价值＝股权价值＋债权价值，故股权价值也可表达为：

股东价值＝公司价值－债券价值

[例] 某上市公司的报告期为 2015—2019 年，预测期为 2020—2024 年，其他情况如下：

(1) 营业收入。公司 2015—2019 年收入情况如表 13-1 所示。

表 13-1　2015—2019 年营业收入情况

报告期日期	2015 年	2016 年	2017 年	2018 年	2019 年
营业收入（万元）	6,043,163	8,315,547	9,931,620	11,862,795	13,775,036
营业收入增长率		0.38	0.19	0.19	0.16

预计 2020 年收入增长会有大幅度下降，增长率降到 4%，到 2021 年增长率会上升到 10%，且 2022 年增长率会维持在 10%，之后两年增长率会略微下降至 8%。但从 2025 年起，公司营业收入会保持稳定的增长率，估计永续期的增长率为 4%，自由现金流量增长率为 2%。2020—2024 年预测的营业收入如表 13-2 所示。

表 13-2　2020—2024 年预测的营业收入情况

报告期日期	2019 年	2020 年	2021 年	2022 年	2023 年	2024 年
营业收入（万元）	13,775,036	14,352,539	15,740,844	17,267,929	18,648,042	20,049,062
营业收入增长率		0.04	0.10	0.10	0.08	0.08

(2) 营业成本。公司营业成本资料如表 13-3 所示，受材料价格下降以及产品结构影响，公司营业成本与营业收入比总体呈下降趋势，估计随着行业整体发展，该比率下降趋势渐缓，预期未来该公司的营业成本占营业收入比率保持在 60%。

---

① 权益资本成本一般依据 CAPM 模型：$K_e = R_f + \beta \times (R_m - R_f)$。其中，$R_f$ 为无风险报酬率，β 为该股票的贝塔系数，R_m 为平均风险股票报酬率。

表 13-3　2015—2019 年营业收入情况

报告期日期	2015 年	2016 年	2017 年	2018 年	2019 年
营业成本(万元)	4,740,919	6,813,212	7,320,308	8,038,594	8,802,213
营业成本/营业收入	0.78	0.82	0.74	0.68	0.64

（3）销售费用与管理费用。公司销售费用与管理费用如表 13-4 所示，预测期的销售费用占营业收入比率与管理费用占营业收入比率，分别取 2015—2019 年五年的平均值 0.1565 和 0.0370。

表 13-4　2015—2019 年销售费用、管理费用情况

报告期日期	2015 年	2016 年	2017 年	2018 年	2019 年
销售费用(万元)	841,014	805,041	1,462,623	2,250,893	2,889,000
销售费用/营业收入	0.14	0.10	0.15	0.19	0.21
管理费用(万元)	197,805	278,327	405,581	508,957	481,817
管理费用/营业收入	0.03	0.03	0.04	0.04	0.04

（4）税金及附加。公司税金及附加历史资料如表 13-5 所示，从该表数值来看，各年的税金及附加所占比重较小且变化幅度不大，因此取这五年的平均值 0.0078 作为预测比率。

表 13-5　2015—2019 年税金及附加情况

报告期日期	2015 年	2016 年	2017 年	2018 年	2019 年
税金及附加(万元)	53,882	49,791	58,995	95,617	136,242
税金及附加/营业收入	0.01	0.01	0.01	0.01	0.01

（5）长期经营资产。长期经营资产主要包括长期股权投资、固定资产、在建工程、无形资产、递延所得税，如表 13-6 所示。由此可以看出，各年的长期经营资产所占营业收入百分比变化在 15%—20% 之间，因此取这五年的平均值 19% 作为预测比率。

表 13-6　2015—2019 年长期经营资产情况

报告期日期	2015 年 12 月 31 日	2016 年 12 月 31 日	2017 年 12 月 31 日	2018 年 12 月 31 日	2019 年 12 月 31 日
长期股权投资(万元)	2,179	1,688	2,816	9,757	9,221
固定资产(万元)	582,798	870,914	1,270,950	1,404,043	1,494,900
在建工程(万元)	100,516	217,166	240,432	186,168	125,435
无形资产(万元)	104,949	182,216	163,527	237,018	248,029
递延所得税资产(万元)	162,990	188,973	291,109	568,261	819,296
总计(万元)	953,431	1,460,957	1,968,834	2,405,247	2,696,682
营业收入(万元)	6,043,163	8,315,547	9,831,620	11,862,795	13,775,036
占营业收入百分比	16%	18%	20%	20%	20%

（6）经营性流动资产。经营性流动资产主要为货币资金、应收票据及应收账款、预付账款、其他应收款、存货，如表13-7所示。从2015—2019年经营性流动资产情况表可以看出，各年经营性流动资产占营业收入百分比虽有波动，但幅度不大，因此取这五年的平均值86.3%作为经营性流动资产预测所用的比率。

表13-7 2015—2019年经营性流动资产情况

报告期日期	2015年12月31日	2016年12月31日	2017年12月31日	2018年12月31日	2019年12月31日
货币资金（万元）	1,516,613	1,604,081	2,894,392	3,854,168	5,454,567
应收票据及应收账款（万元）	2,316,474	3,489,188	3,576,704	4,814,652	5,314,192
预付款项（万元）	255,980	231,562	173,871	149,865	159,149
其他应收款（万元）	31,246	63,448	100,722	107,698	162,274
存货（万元）	1,155,917	1,750,811	1,723,504	1,312,373	859,910
经营性流动资产总计（万元）	5,276,230	7,139,089	8,469,194	10,238,756	11,950,092
营业收入（万元）	6,043,163	8,315,547	9,931,620	11,862,795	13,775,036
占营业收入百分比	87%	86%	85%	86%	87%

（7）经营性流动负债。经营性流动负债主要包括应付票据及应付账款、预收账款、应付职工薪酬、应交税费、其他应付款，如表13-8所示。从2015—2019年经营性流动负债情况表来看，除2019年变化较大外，其他各年数据在50%—60%之间，故取这五年的平均值52.33%作为预测比率。

表13-8 2015—2019年经营性流动负债情况

报告期日期	2015年12月31日	2016年12月31日	2017年12月31日	2018年12月31日	2019年12月31日
应付票据及应付账款（万元）	2,073,948	2,528,252	3,064,869	3,566,470	3,366,692
预收款项（万元）	1,200,621	1,975,269	1,653,011	1,198,643	642,772
应付职工薪酬（万元）	71,276	72,943	135,767	164,016	155,050
应交税费（万元）	83,356	67,957	252,210	615,149	830,887
其他应付款（合计）（万元）	98,074	133,644	546,252	481,887	258,326
经营性流动负债合计（万元）	3,527,275	4,778,064	5,652,110	6,026,165	5,253,727
营业收入（万元）	6,043,163	8,315,547	9,931,620	11,862,795	13,775,036
占营收百分比	58%	57%	57%	51%	38%

（8）自由现金流量预测。综合上述各项指标的预测，对该公司2020年至2024年自由现金流量的预测如表13-9所示。

表 13-9　2020—2024 年自由现金流量预测　　　　　　（单位：万元）

年度	2020 年	2021 年	2022 年	2023 年	2024 年
营业收入	14,352,539	15,740,844	17,267,929	18,648,042	20,049,062
减:营业成本	8,611,524	9,444,506	10,360,757	11,188,825	12,029,437
减:销售费用	2,246,172	2,463,442	2,702,431	2,918,419	3,137,678
减:管理费用	531,044	582,411	638,913	689,978	741,815
减:税金及附加	111,950	122,779	134,690	145,455	156,383
税前经营净利润	2,851,850	3,127,706	3,431,137	3,705,366	3,983,749
减:所得税费用	427,777	469,156	514,671	555,805	597,562
税后经营净利润	2,424,072	2,658,550	2,916,467	3,149,561	3,386,186
减:营运资本增加	(1,820,807)	471,607	518,751	468,825	475,927
减:长期经营资产增加	(19,933)	258,919	284,801	257,391	261,290
自由现金流	4,264,813	1,928,024	2,112,915	2,423,345	2,648,970

注:( )内为负数。

从 2025 年起，每年的自由现金流 $FCFF_{2024+i} = 2648969.50 \times (1+2\%)^i$。

（9）加权平均资本成本。资本成本是债务资本成本和权益资本成本的加权平均，因此，首先需要分别计算债务资本成本和权益资本成本。

债务资本成本：该公司长期贷款平均利率为 6%（税前），该公司适用的企业所得税为 15%，由此可得税后债务成本为 6%×（1−15%）=5.1%。

权益资本成本：可以用资本资产定价模型计算。公式如下：

$$K_e = R_f + \beta \times (R_m - R_f)$$

无风险收益率取 2019 年发行的五年期国债的收益率：$R_f = 4.27\%$。

利用 2019 年度该上市公司股票日回报率与上证综指日回报率回归得到的 $\widetilde{\beta}$ 值作为权益成本公式中的 β 值，$\beta = 0.8681$。

取上海交易所 A 股平均收益率 7.03% 为目标市场组合收益率，

风险溢价为：$R_m - R_f = 7.03\% - 4.27\% = 2.76\%$。

综上，权益资本成本为：$K_e = 4.27\% + 0.8681 \times 2.76\% = 6.67\%$

表 13-10 反映了该公司 2015—2019 年长期负债与所有者权益情况。

表 13-10　2015—2019 年长期负债与所有者权益

日期	2015-12-31	2016-12-31	2017-12-31	2018-12-31	2019-12-31
长期负债(万元)	191,800	264,100	115,600	180,037	271,100
所有者权益(万元)	1,401,000	1,838,000	2,758,000	3,537,000	4,513,000
资本结构比率	12.04%	12.56%	4.02%	4.94%	5.67%

注:资本结构比率=长期负债/（长期负债＋所有者权益）。

预计该公司资本结构比率从 2020 年起维持在 5%。

由此计算得到加权平均资本成本：

$$\text{WACC} = \text{权益资本成本} \times \left(\frac{\text{权益}}{\text{资本}}\right) + \text{债务成本} \times \left(\frac{\text{负债}}{\text{资本}}\right) = 6.67\% \times 95\% + 5.1\% \times 5\% = 6.59\%$$

（10）估算企业价值。根据上述参数，对公司价值进行估计，具体过程如下：

$$V = \frac{\text{FCFF}_{2020}}{(1+\text{WACC})^1} + \frac{\text{FCFF}_{2021}}{(1+\text{WACC})^2} + \frac{\text{FCFF}_{2022}}{(1+\text{WACC})^3} + \frac{\text{FCFF}_{2023}}{(1+\text{WACC})^4}$$

$$+ \frac{\text{FCFF}_{2025}}{(1+\text{WACC})^5} + \sum_{i=6}^{n} \frac{\text{FCFF}_{2019+i} \times (1+4\%)^{i-5}}{(1+\text{WACC})^i}$$

$$= \frac{4,264,813}{1+6.59\%} + \frac{1,928,023}{(1+6.59\%)^2} + \frac{2,112,915}{(1+6.59\%)^3} + \frac{2,423,345}{(1+6.59\%)^4}$$

$$+ \frac{2,648,970}{(1+6.59\%)^5} + \sum_{i=6}^{n} \frac{2,648,970 \times (1+2\%)^{i-5}}{(1+6.59\%)^i}$$

$$= 53,190,698(\text{万元})$$

股权价值等于整体价值减去债务价值，即：

股权价值 = 53,190,698 − 271,100 = 52,919,598（万元）

三、剩余收益估值模型

在 DDM 和 DCF 模型广为使用之时，人们一度认为会计利润意义不大，甚至有人怀疑会计利润在资本市场中估值方面的意义。1995 年，美国学者奥尔森（Ohlson）在其《权益估价中的收益、账面价值和股利》一文中对会计利润在资本市场估值中的意义进行了系统阐述，建立了公司权益价值与会计变量之间的关系，发展出剩余收益估值模型，该模型得到理论界的重视，并使人们重拾对会计利润在公司估值中起重要作用的信心。剩余收益估值模型基本思想是：公司价值是当前投入公司资本与其未来超额收益现值之和，简言之，公司内在价值等于公司未来的剩余收益按照要求的投资报酬率折成期初现值加上期初股东权益账面价值之和。其基本公式为：

$$P = \text{BV}_0 + \sum_{t=1}^{\infty} \frac{\text{NI}_t - r \cdot \text{BV}_{t-1}}{(1+r)^t} = \text{BV}_0 + \sum_{t=1}^{\infty} \frac{\text{RI}_t}{(1+r)^t}$$

$$\text{RI}_t = \text{NI}_t - r \cdot \text{BV}_{t-1}$$

其中，BV_0 为公司期初净资产的账面价值，NI_t 表示公司第 t 期的税后净收益（即净利润），r 表示股东要求的必要报酬率，BV_{t-1} 为企业第（$t-1$）期的股东权益账面价值，RI_t 为第 t 期的剩余收益。

由于：

$$P = \text{BV}_0 + \sum_{t=1}^{\infty} \frac{\text{NI}_t - r \cdot \text{BV}_{t-1}}{(1+r)^t}$$

有：

$$P = \text{BV}_0 - \sum_{t=1}^{\infty} \frac{r \cdot \text{BV}_{t-1}}{(1+r)^t} + \sum_{t=1}^{\infty} \frac{\text{NI}_t}{(1+r)^t}$$

如果 $BV_0 = BV_{t-1}$，且 $NI = FCF$，则有：

$$P = \sum_{t=1}^{\infty} \frac{FCF_t}{(1+r)^t}$$

这就与前述股利折现模型保持一致。因此，从本质上来说，剩余收益模型是股利折现模型的一种变形，其内涵仍是公司未来经济利润现值的总和。当公司剩余收益为正数时，就表示公司获取的收益超过股东要求的基本回报，给股东带来了超额收益，增加了公司的的价值；当剩余收益为零时，表明公司没有获得超额回报，获取的收益与股东要求的回报相等；但如果剩余收益为负数时，表明公司资产运营获得的回报低于股东要求的回报，损害了股东价值。不过，相比于 DDM 和 DCF 模型，该模型估值公司价值无需依赖现金流量，即使现金流量为负且公司的剩余收益为负，也不影响公司的估值。尤为重要的是，在该估值模型下，公司会计政策的变化或者会计利润的操纵对公司估值没有影响（不考虑所得税的影响）。

为简化论述，我们假设公司在第 1 期利用会计政策操纵了利润金额为 a，即第 1 期利润为 NI_{1+a}，操纵的利润部分在下期转回，则第 2 期利润为 NI_{2-a}，并且假设公司不分配利润。那么，公司估值模型由

$$P = BV_0 + \sum_{t=1}^{\infty} \frac{NI_t - r \cdot BV_{t-1}}{(1+r)^t}$$

变为：

$$P' = BV_0 + \frac{NI_1 + a - r \cdot BV_0}{1+r} + \frac{NI_1 - a - r \cdot (BV_0 + NI_1 + a)}{(1+r)^2} + \sum_{t=3}^{\infty} \frac{NI_t - r \cdot BV_{t-1}}{(1+r)^t}$$

对上述整理，有：

$$P' = BV_0 + \frac{NI_1 - r \cdot BV_0}{1+r} + \frac{a}{1+r} + \frac{NI_1 - r \cdot (BV_0 + NI_1) - a \cdot (1+r)}{(1+r)^2} + \sum_{t=3}^{\infty} \frac{NI_t - r \cdot BV_{t-1}}{(1+r)^t}$$

$$= BV_0 + \frac{NI_1 - r \cdot BV_0}{1+r} + \frac{NI_1 - r \cdot (BV_0 + NI_1)}{(1+r)^2} + \sum_{t=3}^{\infty} \frac{NI_t - r \cdot BV_{t-1}}{(1+r)^t}$$

$$= BV_0 + \sum_{t=1}^{\infty} \frac{NI_t - r \cdot BV_{t-1}}{(1+r)^t}$$

$$= P$$

从上面的推导可以看出，公司通过会计政策改变公司利润在不同期间的分布，但是最终对公司估值的影响微乎其微，这也是剩余收益估值模型的魅力所在。

如果把剩余收益模型的左边 P 看作股票的市场价格，两边同时除以期初净资产 BV_0，则模型的左边就是市净率（P/B），新表达式如下：

$$P/B = 1 + \sum_{t=1}^{n} \frac{NI_t - r \cdot BV_{t-1}}{BV_0 \cdot (1+r)^t}$$

由于 t 期利润是 t 期初净资产的收益，故 t 期利润就是 t 期初净资产与其收益率（ROE_t）的乘积，即 $NI_t = ROE_t \cdot BV_{t-1}$

又由于：

净资产收益率（ROE）＝销售净利率（ROS）×总资产周转率（TOA）×权益

乘数（EM）

故：

$$NI_t - r \cdot BV_{t-1} = (ROE_t - r) \cdot BV_{t-1} = (ROS_t \times TOA_t \times EM_t - r) \cdot BV_{t-1}$$

需要说明的是，由于总资产周转率和权益乘数中总资产采用期初与期末总资产的加权平均，故我们采用 t 期的概念，如果仅用期初总资产，则 TOA_t 和 EM_t 用 TOA_{t-1} 和 EM_{t-1} 代替。计算公式如下：

$$P/B = 1 + \sum_{t=1}^{n} \frac{NI_t - r \cdot BV_{t-1}}{BV_0 \cdot (1+r)^t}$$

$$= 1 + \sum_{t=1}^{n} \frac{(ROE_t - r) \cdot BV_{t-1}}{BV_0 \cdot (1+r)^t}$$

$$= 1 + \sum_{t=1}^{n} \frac{(ROS_t \times TOA_t \times EM_t - r) \cdot BV_{t-1}}{BV_0 \cdot (1+r)^t}$$

进一步地，假设净资产收益率（ROE）各期保持不变，则 $NI_t = BV_{t-1} \times ROE$

$$BV_1 = BV_0 + BV_0 \times ROE = BV_0 \times (1 + ROE)$$

$$BV_2 = BV_1 + BV_1 \times ROE = BV_1 \times (1 + ROE) = BV_0 \times (1 + ROE)^2$$

……

$$BV_n = BV_0 \times (1 + ROE)^n$$

则有

$$NI_t - r \cdot BV_{t-1} = (ROE - r) \cdot BV_{t-1} = (ROE - r) \cdot BV_0 \cdot (1 + ROE)^{t-1}$$

把该式代入 P/B 等式中，有

$$P/B = 1 + \sum_{t=1}^{\infty} \frac{(ROE - r) \cdot BV_0 \cdot (1 + ROE)^{t-1}}{BV_0 \cdot (1+r)^t}$$

$$= 1 + \sum_{t=1}^{\infty} \frac{(ROE - r) \cdot (1 + ROE)^t}{(1 + ROE) \cdot (1+r)^t}$$

$$= \left(\frac{1 + ROE}{1 + r}\right)^{n-1} + \frac{ROE - r}{1 + ROE}$$

此时，我们就可以用 ROE 和 r 清晰地表达公司市净率的内涵。本质上来看，公司内在的价值在于公司运营取得的收益能否超过股东要求的回报率。

为便于认识 ROE 与 r 的关系对于 P/B 的影响，后文中的 ROE 取值 15%，r 取值 10% 和 6%，表 13-11 反映了市净率随 n 变化的情况。

表 13-11　市净率随年限变化的情况

项目		n(年)						
	r	5	10	20	30	40	50	100
P/B 值	10%	2.24	2.54	3.37	4.67	6.70	9.87	82.55
	6%	2.46	3.16	5.78	11.70	25.08	55.30	3191.19

尽管我们在使用净剩余收益模型进行公司价值估计假设企业持续经营，但从上表内容可以看出，以剩余收益模型评估公司价值与评估者对未来预期的时间以及 ROE

与 r 偏离程度高度相关，P/B 值随时间延长不断增大，P/B 值随 ROE 与 r 偏离程度增大而增大，显然与企业生命周期理论相违背。在经历初创期、成长期和成熟期后，会有一个衰退期，因此无限期预测未来剩余收益在实际中并不可行。考虑到公司的生命周期一般为 5—8 年，在实践中，很多估值采用的是 5 年期限，为体现一般性，我们用 m 表示这个固定的期限。计算公式如下：

$$P/B = 1 + \sum_{t=1}^{m} \frac{(\mathrm{ROE}_t - r) \cdot \mathrm{BV}_{t-1}}{\mathrm{BV}_0 \cdot (1+r)^t}$$

或者表达为：

$$P = \mathrm{BV}_0 + \sum_{t=1}^{m} \frac{(\mathrm{ROE}_t - r) \cdot \mathrm{BV}_{t-1}}{(1+r)^t} + \sum_{t=m+1}^{n} \frac{(r-r) \cdot \mathrm{BV}_{t-1}}{(1+r)^t}$$

这实质上把公司的发展看作两个阶段，第一阶段是 $\mathrm{ROE}_t > r$ 阶段，第二阶段是 $\mathrm{ROE}_t = r$ 的阶段。当然，在估值时，也可以把第二个阶段看作 $\mathrm{ROE}_t > r$，但是 $(\mathrm{ROE}_t - r) \cdot \mathrm{BV}_{t-1}$ 是一个固定的收益 CV，那么：

$$\sum_{t=m+1}^{n} \frac{(r-r) \cdot \mathrm{BV}_{t-1}}{(1+r)^t}$$

可表达为：

$$\sum_{t=m+1}^{n} \frac{\mathrm{CV}_t}{(1+r)^t}$$

这是永续年金的表达形式，当 n 趋向于正无穷时：

$$\sum_{t=m+1}^{n} \frac{\mathrm{CV}}{(1+r)^t} = \frac{\mathrm{CV}}{r \cdot (1+r)^m}$$

则有：

$$P = \mathrm{BV}_0 + \sum_{t=1}^{m} \frac{(\mathrm{ROE}_t - r) \cdot \mathrm{BV}_{t-1}}{(1+r)^t} + \frac{\mathrm{CV}}{r \cdot (1+r)^m}$$

在前述基础上，也可以把 $(\mathrm{ROE}_t - r) \cdot \mathrm{BV}_{t-1}$ 看作一个收益固定增长的情形，$\mathrm{CV}_{t+1} = \mathrm{CV}_t \times (1+g)$，$g$ 是净剩余利润的增长率，$g < r$，则公司估值模型如下：

$$P = \mathrm{BV}_0 + \sum_{t=1}^{m} \frac{(\mathrm{ROE}_t - r) \cdot \mathrm{BV}_{t-1}}{(1+r)^t} + \frac{\mathrm{CV}}{(r-g) \cdot (1+r)^m}$$

［例］GMM 公司是一家已上市 27 年的公司，拟以 2019 年度为基准，计算其公司价值。

1. 期初权益账面价值

2019 年 12 月 31 日，权益账面价值 BV_0 的值为 5，492，360.28 万元。

2. 预测期（2020—2024 年）剩余收益的计算

（1）营业收入（S_t）预测

该公司自上市以来，营业收入一直呈上升趋势，因此利用下列回归拟合的方式预测出 2020—2024 年的营业收入，如表 13-12 所示。

$$S_t = \partial_1 + \partial_2 \times S_{t-1} + \partial_3 \times (S_{t-1} - S_{t-6})$$

表 13-12　营业收入预测

年份	2020 年	2021 年	2022 年	2023 年	2024 年
营业收入（万元）	11,118,734	14,347,972	18,206,236	22,490,010	27,979,194

（2）销售净利率（ROS_t）预测

销售净利率＝综合收益／销售收入

销售净利率利用下列回归拟合方程进行预测，预测结果如表 13-13 所示。

$$ROS_t = \beta_1 + \beta_2 \times ROS_{t-1} + \beta_3 \times (ROS_{t-1} - ROS_{t-6})$$

表 13-13　销售净利率预测

年份	2020 年	2021 年	2022 年	2023 年	2024 年
销售净利率（%）	14.88	13.66	12.03	12.26	13.57

（3）总资产周转率（TOA_t）预测

该公司 2015—2019 年的总资产周转率如表 13-14 所示，各年间波动较小，取 2015—2019 年五年平均值 0.84 作为未来五年资产周转率。

表 13-14　2015—2019 年总资产周转率

年份	2015 年	2016 年	2017 年	2018 年	2019 年
总资产周转率	0.836	0.843	0.839	0.841	0.841

（4）权益乘数（EM_{t-1}）预测

权益乘数＝资产总额／权益总额

该公司 2015—2019 年的权益乘数如表 13-15 所示，呈递减趋势，故在预测以后年度权益乘数时，采用 5 年移动加权平均的方式，即：

$$EM_t = \frac{\sum_{i=1}^{5} EM_{t-i}}{5}$$

则 2020—2024 年预测的权益乘数如表 13-16 所示。

表 13-15　2015—2019 年权益乘数值

年份	2015 年	2016 年	2017 年	2018 年	2019 年
权益乘数	2.49	2.47	2.43	2.35	2.3

表 13-16　2020—2024 年权益乘数预测值

年份	2020 年	2021 年	2022 年	2023 年	2024 年
权益乘数	2.41	2.39	2.38	2.37	2.37

（5）权益资本成本（r）预测

依据 CAPM 模型：$K_e = R_f + \beta \times (R_m - R_f)$

无风险收益率取 2019 年发行的五年期国债的收益率为：$R_f = 4.27\%$，

取 Wind 数据库中该上市公司股票 2019 年全年日收益，并对其进行加权平均计算，得到 $\beta = 1.2051$。

取上海证券交易所 A 股平均收益率 7.03% 作为目标市场组合收益率，则：

风险溢价 $R_m - R_f = 7.03\% - 4.27\% = 2.76\%$

综上，权益资本成本 $K_e = 4.27\% + 1.2051 \times 2.76\% = 7.6\%$

（6）预测期（2020—2024 年）剩余收益（RI）

由上述资料可得出预测期 2020—2024 年的剩余收益，如表 13-17 所示。

表 13-17　预测期剩余收益计算表

项目	2020 年	2021 年	2022 年	2023 年	2024 年
营业收入 S_t（万元）	11,118,734	14,347,972	18,206,236	22,490,010	27,979,194
销售净利率 ROS	14.88%	13.66%	12.03%	12.26%	13.57%
资产周转率 TOA	0.84	0.84	0.84	0.84	0.84
权益乘数 EM	2.41	2.39	2.38	2.37	2.37
权益资本成本	7.60%	7.60%	7.60%	7.60%	7.60%
期初净资产（万元）	5,492,360	7,146,828	9,106,761	11,296,971	14,054,246
剩余收益 RI（万元）	1,237,048	1,416,774	1,498,096	1,898,705	2,728,654
剩余收益现值（万元）	1,149,673	1,223,703	1,202,549	1,416,474	1,891,852

3. 预测期期末持续经营价值（CV）的计算

预计该公司自 2026 年起能够稳健地获得固定的剩余收益，剩余收益为 2020—2024 年剩余收益的平均值，则：

$$\overline{RI} = (RI_{2020} + RI_{2021} + RI_{2022} + RI_{2023} + RI_{2024}) \div 5 = 1,755,856（万元）$$

有 $CV = \dfrac{\overline{RI}}{r} = \dfrac{1755855.591}{0.076} = 23,103,363（万元）$

综上，企业价值估计如下：

$$V = BV_{2020} + \sum_{t=1}^{5} \frac{RI_t}{(1+r)^t} + \frac{CV}{(1+r)^5}$$

$$= 5,492,360 + 1,149,673 + 1,223,703 + 1,202,549$$
$$+ 1,416,474 + 1,891,852 + 160,18,205$$
$$= 28,394,816（万元）$$

四、经济附加值法

净剩余收益模型采纳 DDM 和 DCF 模型中货币的时间价值和折现思想，但与之不同的是，该方法不是从利润分配角度，而是从价值创造角度估算公司价值，把投入资产的价值和增长机会的价值结合在一起，使得公司估值行为回到公司的财务报表中去，将估值行为与公司价值创造活动成果紧密联系在一起，以反映公司价值创造过程和公司经营情况。该模型在公司不派发或少派发现金股利的情况下，尤其受到青睐。从净剩余收益概念出发，实务界又创造了用于公司估值的方法，经济附加值法（EVA法）就是其中使用较多的一种方法。

现行会计准则核算的会计利润，没有扣除股东投入资本的成本，不能反映公司真正的经济利润。EVA法的思想就是在计算利润时扣除股东投入资本的成本，强调不仅债权资本成本费用化，股权资本成本也应费用化，它打破了传统的股权资本成本隐藏在利润中的计算模式，避免了会计利润就是管理层勤勉努力结果的评价误区。也就是说，公司经营产生的会计利润就是为股东创造价值的传统理念在EVA法思想下可能是错误的，这是因为如果公司盈利没有覆盖股东投入的资本成本，那么公司价值仍然受到损害。因此，在EVA法下，把股东投入资本的成本从经营利润中扣除，就能够真实反映一个公司在某个会计期间创造或损害的公司价值量。换言之，当EVA＞0时，说明公司为股东真正创造了财富；当EVA＜0时，表明公司损害了股东利益。

EVA的基本表达式如下：

EVA＝税后利润（NI）－股权资本（S）×股权资本报酬率（r）

$$
\begin{aligned}
\text{EVA} &= \text{NI} - S \times r \\
&= (\text{EBIT} - I) \times (1-t) - S \times r \\
&= \text{EBIT} \times (1-t) - I \times (1-t) - S \times r \\
&= \text{EBIT} \times (1-t) - [I \times (1-t) + S \times r] \\
&= \text{EBIT} \times (1-t) - [B \times i \times (1-t) + S \times r] \\
&= \text{EBIT} \times (1-t) - (B+S) \times \left[\frac{B}{B+S} \times i \times (1-t) + \frac{S}{B+S} \times r\right]
\end{aligned}
$$

其中，NI表示税后净利润；S表示股权资本；r表示股权资本报酬率；EBIT表示息税前利润；I表示利息，即：$I = B \times i$；t表示企业所得税税率；i表示债权利率；B表示债务资本；$B+S$表示投入资本总额。

由此可知：

EVA＝税后净营业利润－资本总额×加权平均资本成本率

则用EVA估值的表达式可表示如下：

$$
V = \text{IC}_0 + \sum_{t=1}^{n} \frac{\text{EVA}_t}{(1 + \text{WACC})^t}
$$

即公司的价值等于初始资本投入（IC_0）与预期EVA现值之和。

同DDM和DCF模型，根据EVA增长规律，可以把EVA折现模型分为零增长模型，固定增长模型和两阶段增长模型。

（1）零增长模型。零增长模型假设公司未来各期EVA都保持相同水平，在n趋向于正无穷时，有：

$$\lim_{n \to +\infty} \sum_{t=1}^{n} \frac{\mathrm{EVA}_t}{(1+\mathrm{WACC})^t} = \frac{\mathrm{EVA}}{\mathrm{WACC}}$$

则：

$$V = \mathrm{IC}_0 + \frac{\mathrm{EVA}}{\mathrm{WACC}}$$

（2）固定增长模型。在固定增长模型下，公司未来各期 EVA 的增长都保持一个固定的增长率 g（$<$WACC），即：

$$V = \mathrm{IC}_0 + \sum_{t=1}^{n} \frac{\mathrm{EVA}_t \times (1+g)^{t-1}}{(1+\mathrm{WACC})^t}$$

在 n 趋向于正无穷时，有：

$$V = \mathrm{IC}_0 + \frac{\mathrm{EVA}_1}{\mathrm{WACC} - g}$$

（3）两阶段模型。两阶段模型假设公司 EVA 增长分为两个阶段：第一个阶段是高速增长阶段，第二个阶段则是 EVA 稳定增长阶段，用等式表示为：

$$V = \mathrm{IC}_0 + \sum_{t=1}^{m} \frac{\mathrm{EVA}_t}{(1+\mathrm{WACC})^t} + \sum_{t=m+1}^{n} \frac{\mathrm{EVA}_m \times (1+g)^{t-m}}{(1+\mathrm{WACC})^t}$$

所以，企业未来 EVA 的现值为企业高速增长期的 EVA 折现值与企业稳定增长期的 EVA 折现值之和，即：

$$V = \mathrm{IC}_0 + \sum_{t=1}^{m} \frac{\mathrm{EVA}_t}{(1+\mathrm{WACC})^t} + \frac{\mathrm{EVA}_m \times (1+g)}{(\mathrm{WACC} - g)(1+\mathrm{WACC})^m}$$

需要注意的是，EVA 计算公式中的税后净利润并不等于利润表中的税后净利润，需要对资产减值损失、信用减值损失、研发费用、营业外净收入等项目进行调整。

EVA 计算公式中的利息费用可以用财务费用替代，尽管利润表中的财务费用项目包含利息支出、利息收入、汇兑损益等项目，但是对于一般性非金融类公司而言，利息收入以及汇兑损益的金额相对较小，根据会计重要性原则，这部分金额可以忽略不计，直接用财务费用替代利息支出，对 EVA 计算准确性的影响甚微。

EVA 计算公式中的所得税率从理论上来讲应采用实际税率估计，实际税率＝实际缴纳的企业所得税额/应纳税所得额。但在实际操作过程中，分析的报表是合并报表，母公司及其下属子公司的所得税税率可能是不相同的，报表中公布的实际缴纳的企业所得税额是由不同税率情形计算出的一个综合数，在这种情况下估算精确的实际税率较为困难，可以用母公司公布的所得税率或者法定所得税税率或者用实际缴纳的企业所得税额/税前净利润计算出的比率作为 EVA 估值法采用的所得税率。不同税率的选用，会产生不同的 EVA 值，从而出现不同的公司价值，在决策时，投资者通常会选择对自己最有利的一个估值。

资产减值损失、信用减值损失并非企业实际发生的损失，是公司基于谨慎性原则于每个会计期期末对资产进行减值测试的估算数，是公司根据市场情况作出的判断和估计，并非公司资产的实体性损失，所以在计算 EVA 时，要调整加回税后净营业利润中。营业外收支是企业非日常经营业务形成的利得或者损失，具有较大的波动性以及偶然性，在确定 EVA 时，应根据稳健性原则，着重反映企业日常业务所形成的经营成果，剔除与公司日常经营业务无关的营业外收支，提高 EVA 的准确性。

研发费用，按照现行的会计准则规定，尽管一次性进入利润表作为当期费用处理，但其本质上是对公司未来价值进行的一种投资，可以给公司带来未来收益。从 EVA 的视角出发，如果把研发费用都作为当期费用处理，则会使未来收益与费用不配比，无法衡量公司真正的价值。因此，在 EVA 计算时，要把研发费用加入净营业利润，并在一定的年限内对研发费用进行摊销。摊销年限可以选择同类专利权保护的法律年限，或者研发产品（或同类产品）的平均经济寿命年限。

[例]MR 公司计划于 2020 年 3 月 1 日收购 GR 公司，GR 公司是一家集研发、生产、销售、服务于一体的国际化家电企业，其 2016—2019 年的销售收入分别为 11,011,300 万元、15,002,000 万元、20,002,400 万元、20,050,800 万元，预计 2020 年收入增长率为－5％，之后保持 5％的增长率不变。2016—2019 年的税后净营业利润分别为 1,552,500 万元、2,250,900 万元、2,637,900 万元、2,482,700 万元，资本总额分别为 18,237,000 万元、21,496,800 万元、25,123,400 万元、28,297,200 万元。

MR 公司拟采用 EVA 法评估 GR 公司。MR 公司在尽职调查 GR 公司时，得到如下信息。

（1）预计从 2025 年起，该公司 EVA 值每年以 3％的速度增长。

（2）营业成本占营业收入的比例，预测年度值是其前 5 年的平均数。

（3）税金及附加占营业收入的比例，预测年度值是其前 5 年的平均数。

（4）销售费用占营业收入的比例，预测年度值是其上一年度值减 0.1％。

（5）管理费用占营业收入的比例，预测年度值是其前 5 年的平均数。

（6）实际所得税率，预测年度保持 2019 年度水平不变。

（7）少数股东损益，预测年度保持 2019 年度水平不变。

（8）已发行普通股数，预测年度保持 2019 年度水平不变。

（9）固定资产购建占营业收入的比例，预测年度保持 2017—2019 年度平均水平。

（10）折旧占期初固定资产的比例，预测年度保持 2019 年度的水平。

（11）无形资产购置占营业收入的比例，预测年度保持 2016—2019 年度平均水平。

（12）无形资产摊销占期初无形资产的比例，预测年度保持 2019 年度的水平。

（13）长期待摊费用摊销与期初长期待摊费用的比例，预测年度保持 2019 年度的水平。

（14）应收款项占营业收入的比例，预测年度保持 2019 年度的水平。

（15）预付款项占营业成本的比例，预测年度保持 2019 年度的水平。

（16）存货占营业成本的比例，预测年度保持 2019 年度的水平。

（17）其他经营性流动资产占营业收入的比例，预测年度保持 2019 年度的水平。

（18）应付款项占营业成本的比例，预测年度保持 2019 年度的水平。

（19）预收款项占营业收入的比例，预测年度保持 2017—2019 年度平均水平。

（20）其他经营性流动负债占营业收入的比例，预测年度保持 2019 年度的水平。

（21）递延所得税资产／（所得税＋税金及附加），预测年度保持 2019 年度的水平。

（22）递延所得税负债／（所得税＋税金及附加），预测年度保持 2019 年度的水平。

（23）借款利率，预测年度值是其前两年度的平均值。

（24）现金收益率，预测年度值是其前两年度的平均值。

（25）非核心资产（流动），预测年度保持 2019 年度的水平。

（26）非核心资产（非流动），预测年度保持 2020 年度的水平。

（27）其他长期经营性资产占营业收入的比例，预测年度值保持 5％的水平。

（28）长期经营性负债占营业收入的比例，预测年度保持 2019 年度的水平。

（29）股本及资本公积，预测年度保持 2019 年度的水平。

（30）加权资本成本预计未来保持 2019 年度水平不变。

（31）GR 公司法定所得税税率为 25％。

利用经济增加值进行估值的过程如下：

第一步，收入预测。

以 2016—2019 年作为历史期，2020—2024 年为预测期。

GR 公司 2020 年预计销售收入增长率为－5％，之后保持 5％不变的增长率，则 2020—2024 年公司的收入情况如表 13-18 所示。

表 13-18　2016—2024 年收入情况

年度	2016	2017	2018	2019	2020	2021	2022	2023	2024
收入 （百万元）	110,113	150,020	200,024	200,508	190,483	200,007	210,007	220,508	231,533
增长率		36.20％	33.30％	0.20％	（5.00％）	5.00％	5.00％	5.00％	5.00％

注：（　）内为负数。

第二步，利润表与资产负债表项目预测。

表 13-19 反映了 2015—2019 年利润表与资产负债表中各项目构成比率情况，以及预测年度（2020—2024 年）各报表项目构成比率的预测值，预测方法详见备注说明。

表 13-19 利润表与资产负债表中各项目的构成与比率

项目	2015 年	2016 年	2017 年	2018 年	2019 年	2020 年	2021 年	2022 年	2023 年	2024 年	预测值
营业成本/营业收入	66.3%	66.3%	66.5%	69.1%	71.6%	68.0%	68.3%	68.7%	69.1%	69.1%	前 5 年平均数
税金及附加/营业收入	0.7%	1.3%	1.0%	0.9%	0.8%	0.9%	1.0%	0.9%	0.9%	0.9%	前 5 年平均数
销售费用/营业收入	15.4%	15.0%	11.1%	9.4%	9.1%	9.0%	8.9%	8.8%	8.7%	8.6%	上一年度值减 0.1%
管理费用/营业收入	5.0%	5.0%	4.0%	5.7%	4.8%	4.9%	4.9%	4.9%	5.0%	4.9%	前 5 年的平均数
其他经营性损益/营业收入											
非经常性或非经营性损益											
实际所得税率	15.3%	16.2%	15.4%	15.7%	15.4%	15.4%	15.4%	15.4%	15.4%	15.4%	与 2019 度相同
少数股东损益(百万元)	91	104	107	176	131	131	131	131	131	131	与 2019 年相同
已发行普通股数(万股)	6,016	6,016	6,016	6,016	6,016	6,016	6,016	6,016	6,016	6,016	与 2019 年相同
固定资产购建/营业收入		3.6%	1.1%	1.9%	1.9%	1.6%	1.6%	1.6%	1.6%	1.6%	等于 2017—2019 年度平均数
折旧/期初固定资产		11.2%	11.0%	16.4%	16.2%	16.2%	16.2%	16.2%	16.2%	16.2%	与 2019 年相同
无形资产购置/营业收入		0.7%	0.2%	0.9%	0.2%	0.5%	0.5%	0.5%	0.5%	0.5%	等于 2016—2019 年度平均数
无形资产摊销/期初无形资产		2.8%	2.5%	6.9%	4.1%	4.1%	4.1%	4.1%	4.1%	4.1%	与 2019 年相同
新增长期待摊费用/营业收入		0.0%	0.0%	0.0%	0.0%	0.0%	0.0%	0.0%	0.0%	0.0%	无
长期待摊费用摊销/期初长期待摊费用		106.6%	34.3%	44.3%	35.8%	35.8%	35.8%	35.8%	35.8%	35.8%	与 2019 年相同
应收款项/营业收入	17.7%	29.9%	25.4%	21.8%	4.2%	4.2%	4.2%	4.2%	4.2%	4.2%	与 2019 年相同
预付款项/营业成本	1.3%	2.5%	3.7%	1.6%	1.7%	1.7%	1.7%	1.7%	1.7%	1.7%	与 2019 年相同
存货/营业成本	14.2%	12.4%	16.6%	14.5%	16.8%	16.8%	16.8%	16.8%	16.8%	16.8%	与 2019 年相同
其他经营性流动资产/营业收入	3.0%	3.0%	8.3%	9.8%	11.6%	11.6%	11.6%	11.6%	11.6%	11.6%	与 2019 年相同
应付款项/营业成本	48.3%	53.0%	44.4%	36.0%	46.6%	46.6%	46.6%	46.6%	46.6%	46.6%	与 2019 年相同
预收款项/营业收入	7.6%	9.1%	9.4%	4.9%	4.1%	6.1%	6.1%	6.1%	6.1%	6.1%	等于 2017—2019 年度平均数
其他经营性流动负债/营业收入	62.0%	60.8%	46.3%	37.7%	37.4%	37.4%	37.4%	37.4%	37.4%	37.4%	与 2019 年相同
递延所得税资产/(所得税+税金及附加)		217.9%	192.8%	171.0%	206.7%	206.7%	206.7%	206.7%	206.7%	206.7%	与 2019 年相同
递延所得税负债/(所得税+税金及附加)		6.3%	7.2%	8.1%	15.3%	15.3%	15.3%	15.3%	15.3%	15.3%	与 2019 年相同
借款利率		0.0%	0.0%	5.1%	7.6%	6.3%	7.0%	6.7%	6.8%	6.7%	前两年的平均值
现金收益率		0.0%	0.0%	2.2%	2.8%	2.5%	2.6%	2.6%	2.6%	2.6%	前两年的平均值
非核心资产(流动)(百万元)	1,000	251	1,083	1,183	1,493	1,493	1,493	1,493	1,493	1,493	与 2019 年相同
非核心资产(非流动)(百万元)	11,164	6,823	9,475	14,076	28,932	28,932	28,932	28,932	28,932	28,932	与 2020 年相同
其他长期经营性资产/营业收入	11.4%	1.7%	1.4%	1.3%	1.8%	5.0%	5.0%	5.0%	5.0%	5.0%	保持 5%的水平
长期经营性负债/营业收入	0.5%	0.3%	0.2%	0.1%	0.2%	0.2%	0.2%	0.2%	0.2%	0.2%	与 2019 年相同
股本及资本公积(百万元)	6,202	6,199	6,120	6,109	6,109	6,109	6,109	6,109	6,109	6,109	与 2019 年相同

第三步，构建预计利润表和预计资产负债表。

根据表 13-19 中的预测值，可以构建 2020—2024 年公司的预测利润表和预测
资产负债表，如表 13-20 与表 13-21 所示。

表 13-20　预计利润表　　　　　　　　（单位：百万元）

项目	2016 年	2017 年	2018 年	2019 年	2020 年	2021 年	2022 年	2023 年	2024 年
营业总收入	110,113	150,020	200,024	200,508	190,483	200,007	210,007	220,508	231,533
营业收入	110,113	150,020	200,024	200,508	190,483	200,007	210,007	220,508	231,533
营业成本	72,979	99,759	138,280	143,611	129,462	136,603	144,282	152,469	160,098
税金及附加	1,430	1,513	1,742	1,543	1,789	1,955	1,918	1,971	2,081
销售费用	16,477	16,660	18,900	18,310	17,204	17,864	18,547	19,254	19,985
管理费用	5,489	6,071	11,354	9,687	9,356	9,781	10,230	11,105	11,364
其他经营性损益	0	401	409	936	936	936	936	936	936
EBIT	13,737	26,417	30,157	28,294	33,608	34,741	35,967	36,644	38,941
财务费用	(4,846)	431	(948)	(2,427)	(2,928)	(3,803)	(4,653)	(5,679)	(6,669)
投资收益	(2,221)	397	107	(227)	107	107	107	107	107
非经常性或非经营性损益	2,170	235	62	(1,142)	(1,142)	(1,142)	(1,142)	(1,142)	(1,142)
利润总额	18,531	26,617	31,274	29,353	35,501	37,509	39,585	41,288	44,576
所得税	3,007	4,109	4,894	4,525	5,473	5,783	6,103	6,366	6,872
净利润	15,525	22,509	26,379	24,827	30,028	31,726	33,482	34,923	37,703
少数股东损益	104	107	176	131	131	131	131	131	131
归属于母公司股东的净利润	15,421	22,402	26,203	24,697	29,897	31,595	33,351	34,792	37,572
已发行普通股数(百万股)	6,016	6,016	6,016	6,016	6,016	6,016	6,016	6,016	6,016
每股收益(元/股)	2.56	3.72	4.36	4.11	4.97	5.25	5.54	5.78	6.25

注：( )内为负数。

表 13-21　预计资产负债表　　　　　　　（单位：百万元）

项目	2016 年	2017 年	2018 年	2019 年	2020 年	2021 年	2022 年	2023 年	2024 年
资产									
货币资金	95,613	99,610	113,079	153,627	177,959	212,519	249,332	287,659	328,047
应收款项	32,924	38,071	43,611	8,513	8,088	8,492	8,917	9,362	9,831
预付款项	1,815	3,718	2,162	2,396	2,160	2,279	2,407	2,543	2,671
存货	9,025	16,568	20,012	24,085	21,712	22,910	24,197	25,570	26,850
其他经营性流动资产	3,283	12,484	19,665	23,250	22,088	23,192	24,352	25,569	26,848
非核心资产(流动)	251	1,083	1,183	1,493	1,493	1,493	1,493	1,493	1,493
流动资产合计	142,911	171,535	199,711	213,364	233,499	270,885	310,698	352,198	395,739
非核心资产(非流动)	6,823	9,475	14,076	28,932	28,932	28,932	28,932	28,932	28,932
固定资产	17,719	17,482	18,386	19,122	19,120	19,274	19,565	19,980	20,506
无形资产	3,355	3,604	5,205	5,306	6,041	6,794	7,566	8,359	9,174
长期待摊费用	1	2	4	3	4	4	5	5	6
其他长期经营性资产	1,893	2,031	2,503	3,705	3,705	3,705	3,705	3,705	3,705
递延所得税资产	9,668	10,838	11,350	12,541	15,008	15,991	16,575	17,229	18,503
非流动资产合计	39,459	43,433	51,523	69,608	72,810	74,700	76,348	78,210	80,825

（续表）

项目	2016 年	2017 年	2018 年	2019 年	2020 年	2021 年	2022 年	2023 年	2024 年
资产总计	182,370	214,968	251,234	282,972	306,309	345,585	387,046	430,407	476,564
负债									
融资缺口									
短期借款	11,245	19,529	22,641	19,372	19,372	19,372	19,372	19,372	19,372
应付款项	38,669	44,320	49,823	66,942	60,347	63,675	67,255	71,071	74,627
预收款项	10,022	14,143	9,792	8,226	11,699	12,284	12,898	13,543	14,220
其他经营性流动负债	66,940	69,499	75,430	75,029	71,277	74,841	78,583	82,513	86,638
流动负债合计	126,876	147,491	157,686	169,568	162,695	170,172	178,108	186,499	194,858
长期借款	0	0	0	47	47	47	47	47	47
长期经营性负债	290	239	297	382	382	382	382	382	382
递延所得税负债	280	403	536	928	1,110	1,183	1,226	1,275	1,369
负债合计	127,446	148,133	158,519	170,925	164,234	171,784	179,763	188,202	196,655
股本及资本公积	6,199	6,120	6,109	6,109	6,109	6,109	6,109	6,109	6,109
留存收益	47,665	59,475	85,218	104,044	134,072	165,798	199,280	234,203	271,906
归属于母公司股东权益合计	53,864	65,595	91,327	110,154	140,181	171,907	205,389	240,312	278,015
少数股东权益	1,060	1,240	1,388	1,894	1,894	1,894	1,894	1,894	1,894
股东权益合计	54,924	66,835	92,715	112,048	142,076	173,801	207,283	242,206	279,909
负债和股东权益总计	182,370	214,968	251,234	282,972	306,309	345,585	387,046	430,407	476,564
平衡测试	OK	OK	OK	OK	OK	OK	OK	OK	OK
投资资本（来源）	56,781	75,929	104,542	119,853	146,804	177,719	210,363	244,592	280,905
付息债务	11,245	19,529	22,641	19,419	19,419	19,419	19,419	19,419	19,419
递延税款	(9,388)	(10,435)	(10,813)	(11,613)	(14,690)	(15,501)	(16,339)	(17,032)	(18,422)
少数股东权益	1,060	1,240	1,388	1,894	1,894	1,894	1,894	1,894	1,894
归属母公司所有者权益	53,864	65,595	91,327	110,154	140,181	171,907	205,389	240,312	278,015

注：（ ）内为负数。

第四步，计算加权平均资本成本。

股权资本成本依据资本资产定价模型计算：$K_e = R_f + \beta \times (R_m - R_f)$

2019 年的资金无风险收益率为 3.173%，市场风险溢价为 7%，行业平均 β 值为 0.8839，据此计算出 2019 年加权平均资本成本，如表 13-22 所示。

表 13-22 2019 年加权平均资本成本

项目	2019 年度
无风险收益	3.17%
市场收益率	7%
β	0.87
付息债务比重	14.80%
权益比重	85.20%
债务成本	7.60%
税后债务成本	5.70%
权益成本	6.56%
加权平均资本成本	6.40%

第五步，计算 EVA 值。

综上可得 GR 公司 2020—2024 年各年 EVA 值，如表 13-23 所示。

表 13-23　GR 公司 2020—2024 年各年 EVA 值

项目	2020 年	2021 年	2022 年	2023 年	2024 年
EBIT	33,608	34,741	35,967	36,644	38,941
调整税后所得税	5,182	5,356	5,545	5,650	6,004
EBIAT/NOPLAT	28,426	29,385	30,422	30,994	32,937
期初投入资本	119,853	146,804	177,719	210,363	244,592
WACC	6.40%	6.40%	6.40%	6.40%	6.40%
EVA	20,704	19,925	18,970	17,439	17,176
EVA 现值	19,450	17,586	15,729	13,585	12,570

从 2025 年起，该公司 EVA 值每年以 3% 的速度增长，则以后年度固定增速的 EVA 现值为：

$$EVA_{2025} 现值 = \frac{1,717,600 \times (1+3\%)}{6.4\% - 3\%} \times \frac{1}{(1+6.4\%)^5} = 37,595,600（万元）$$

$$\begin{aligned} EVA 现值之和 &= 1,945,000 + 1,758,600 + 1,572,900 \\ &\quad + 1,358,500 + 1,257,000 + 37,595,600 \\ &= 45,487,600（万元） \end{aligned}$$

第五步，计算公司价值。

$$\begin{aligned} V &= 2019 年初始投资资本 + EVA 现值 \\ &= 11,985,300 + 45,487,600 \\ &= 57,472,900（万元） \end{aligned}$$

第 2 节　相对估值法

与绝对估值法相比，相对估值法无须考虑公司未来估值的参数，只需要找到参照系（可比公司）即可，因而应用简单易懂，也更广泛。依据价值驱动因素不同，可分为以收益为基础的估值方法和以资产为基础的估值方法。前者主要包括市盈率法（PE法）、PEG 倍数法、市现率法（P/CF 法）、市销率法（PS 比率法）和企业价值倍数法（EV/EBITDA 法），后者主要包括市净率法（PB 比率法）和投入资本价值倍数法（EV/IC 法）等。

一、以收益为基础的估值方法

（一）市盈率法

市盈率法，也称 PE 法、PE 倍数法、价格/收益率倍数法或市盈率乘数法。该方法以参照系公司市盈率（或同类可比公司平均市盈率）作为乘数乘以公司预期的下一年度每股盈余计算得出公司价值。参照系公司市盈率可以是公司自身的市盈率，也可以是同行业某可比公司的市盈率，或是同行业平均市盈率。参照系的选择没有固定标准，要根据公司在行业的地位和发展前景以及投资者对风险承受的水平确定。但在用该方法进行价值估算时，有一个隐含的假设，该公司未来的发展前景至少在行业平均水平之上，因此，市盈率标准通常选择同行业当前平均市盈率作为参考基准。

其计算公式为：

公司价值＝公司预期的下一年度每股盈余×可比公司市盈率

[例] 假设某公司当前的市盈率为 20，公司下一期每股收益为 0.5 元，该公司所在行业共有 10 家公司，每家公司的市盈率情况如表 13-24 所示。

表 13-24　行业中各公司市盈率情况

公司名称	A1	A2	A3	A4	A5	A6	A7	A8	A9	A10
P/E	17	19	19	20	17	16	18	19	16	19

那么，该公司的估值为多少？

如果按照该公司当前的市盈率计算，则该公司的股票价值为：

$$0.5×20＝10（元/股）$$

如果按照行业平均市盈率计算，10 家公司的平均市盈率为 18，则该公司的股票价值为：

$$0.5×18＝9（元/股）$$

由于市盈率数值易于获得，未来一年预期收益也不难预测，因此市盈率法在公司估值实践中被广泛应用。但是市盈率法的运用也要注意以下问题。首先，公司盈余须为正且具有一定的稳定性。盈余为正，很好理解，因为如果盈余为负，用该方法计算出来的价格为负，没有经济意义。盈余具有一定的稳定性，是指在观察公司盈余历史数据的时间序列时，要求盈余波动较小，因为在计算 PE 乘数时，采用了行业的平均值，实质上平滑了不同公司之间的波动，PE 值是一个相对稳定的乘数，因此在估算目标公司价值时，该公司的每股盈余要求具有一定的平稳性。其次，要关注公司所在行业的特性。如果估值公司所在行业是一个盈余波动较大的行业，意味着估算的 PE 波动也较大，这使得行业平均 PE 的参照性不具有稳定性，尽管 PE 计算是行业各个公司的平均值，已经经过一次平滑，但是站在行业角度来看，行业中的系统性风险没有分散，会导致不同时期 PE 值差异较大，使该参照系在不同年份差异较大，使其不能作为一个衡量标准，因为衡量标准作为一把尺子，需要一定的稳定性。为此，周期性行业一般不适用 PE 估值法。

（二）PEG 倍数法

由前述 PE 法得出的股票价值为：

$$P_1 = PE × E_1 = P_0/E_0 × E_1$$

有：

$$\frac{P_1}{P_0} = \frac{E_1}{E_0}$$

或者：

$$P_1 = \frac{E_1}{E_0} \times P_0$$

此处下标 0、1 的含义是指预测时的实际值与预测值。

这也可以看作估值公司价值与可比公司价值的比，等于两个公司收益比，或者看作估值公司价值是经过收益比调整后的可比公司价值。

如果可比公司价值是依据零增长模型计算所得，则有：

$$P_1 = \frac{E_1}{E_0} \times P_0 = \frac{E_1}{E_0} \times \frac{E_0}{r} = \frac{E_1}{r}$$

这又回到零增长收益模型的假设中，但也有可能公司的盈利是呈持续增长的情形，那么此时 PE 法就需要考虑公司盈余增长的速度，此时就产生了新的估值方法——PEG 倍数法。

PEG 倍数法是用市盈率除以盈利增长速度所得的比率作为乘数估计公司价值，在实务操作中，通常是用上市公司的市盈率除以公司未来 3—5 年的盈利增长速度表示。

其计算公式为：

$$\text{PEG} = \frac{PE}{g \times 100}$$

其中，g 为盈余增长率，一般为 3—5 年的盈余年均复合增长率。

$$\text{PEG} = \frac{P}{E \times g \times 100} = \frac{P}{E \times G}$$

如果把 g 看作盈余的倍数（G），那么 PEG 可以看作公司市值与公司净利润倍数的比。G 越高，表示公司成长性越好，PEG 越小，表明公司的价值被低估得越厉害，公司越有投资价值。例如，假设某公司的市盈率为 20，该公司未来 5 年的年均复合增长率 g 为 10%，那么该公司的 PEG 为 20÷（10%×100）＝2；如果未来 5 年的年均复合增长率为 20%，则 PEG 为 20÷（20%×100）＝1。如果未来 5 年的年均复合增长率为 40%，则 PEG 为 20÷（40%×100）＝0.5。显然，PEG 值越小，说明该公司盈利增长率越高，从而越具有投资价值。

一般而言，如果公司价值市场定价合理，市盈率应与盈余增长率相等，即有 PEG＝1。如果 PEG 小于 1，表明公司价值被低估，反之，PEG 大于 1 代表公司价值被高估。据此，PEG 可用于公司估值，估值的基准就是 PEG＝1。

由于 PEG＝1，则有：

$$\text{PEG} = \frac{P}{E \times g \times 100} = \frac{P}{E \times G} = 1$$

即：

$$P = E \times g \times 100 = E \times G$$

[例] 假设某公司半年度的每股收益0.5元，流通在外的股数为10，000万股，未来5年盈利复合增长率为20％，则可以估算出该公司价值：

全年的每股收益为：0.5×2＝1（元）

合理股价＝1×20％×100＝20（元/股）

公司价值＝20×10000＝200，000（万元）

由于PEG需要对未来3—5年的业绩进行预测，因此预测的难度较高，需要对利润组成部分中盈余持续性不高的报表项目进行剔除，尽量使用盈余持续性较高的利润组成项目进行估计。

（三）市现率法

前述两种方法采用的都是会计利润作为估值的参数。会计利润是按照权责发生制计量的公司经营成果，对应的还有按照收付实现制计量的公司经营成果——经营活动现流量净额。相比于会计利润，公司管理层粉饰经营活动现金流的难度较高，经营活动现流量净额反映了更高质量水平的会计利润，因而，从一定程度上说，相比于市盈率，市现率能更准确地反映公司内在价值。因此，用经营活动现流量净额取代PE法中的每股收益，则构成新的估值方法，即市现率法。

市现率是股票价格与每股现金流量的比率，用其作为公司估值乘数的方法，称为市现率法，简称P/CF法。市现率可用于评价股票的价格水平和风险水平，该值越小，表明在一定经营活动净现流量的水平下，公司价格水平较低，意味着公司价值越被低估；或者在一定的价格水平下，上市公司每股净现流量越多，公司可动用的来自经营活动现金越多，公司经营压力越小。

市现率的计算公式如下：

市现率＝市值÷经营性现金流净额

用市现率进行公司估值的计算公式如下：

公司价值＝预期下一年度的每股净现流量×可比公司市现率

与PE法同理，可比公司市现率可以是估值公司自身市现率，也可以是同行业与估值公司各项指标较为接近的可比公司市现率，抑或是同行业平均的市现率。一般而言，在实践操作中较常见的是行业平均市现率。

[例] 假设某公司当前市现率为25，公司下一期每股净现流量为0.8元，该公司所在行业共有10家公司，每家公司的市现率情况如表13-25所示。

表13-25　行业中各公司市现率情况

公司名	A1	A2	A3	A4	A5	A6	A7	A8	A9	A10
P/E	17	19	19	20	17	16	18	19	16	19

那么，该公司的估值为多少？

如果按照该公司当前市现率计算，则该公司的价值为：

$$0.8 \times 25 = 20 \text{（元／股）}$$

如果按照行业平均市现率计算，10 家公司的平均市现率为 18，则该公司的价值为：

$$0.8 \times 18 = 14.4 \text{（元／股）}$$

尽管相比于市盈率法，因市现率估值的现金流往往比收益更稳定而使估值更能反映公司内在价值，但需要注意的是，市现率法只采用现金流量表中经营活动产生的净现金流量，没有考虑投资活动和筹资活动产生的净现金流量，因此在实务操作中也有用自由现金流量来替代经营活动产生的净现金流量进行估值的方式，当然在计算自由现金流量时，其简便程度就不如经营活动产生的净现金流量。此外，用每股经营活动产生的净现金流量进行估值，没有考虑资产折旧产生的影响。如果估值公司是资产密集型的公司，其资产折旧在利润计算中所占比重较高，非常有可能出现公司经营活动净现金流高于收益，这些资产折旧不是公司经营活动收益创造的增量，而是公司资产价值的转回并构成了未来固定资产更换的储备资金，不能作为公司盈利能力衡量放入公司估值，因此对于资产密集型的公司而言，如果不加调整，直接用每股经营活动产生的净现金流量作为公司估值参数有可能低估公司价值。

　　[例] 假设某公司所在行业是资产密集型的行业，该公司规模预期在未来很长一段时间保持不变，每年固定资产折旧折合成现金流量约为每股净现金流量 0.4 元，本期股票市价为 10 元，本期每股经营活动净现流量为 0.8 元，预期下一期每股经营活动净现金流量为 1.2 元，那么，以该公司当前市现率作为估计基础，该公司价值为多少？

　　如果不考虑固定资产折旧的影响，则：

　　股票价值＝预期下一期每股经营活动现金净流量×公司当前市现率

$$= 1.2 \times (10 \div 0.8) = 15 \text{（元／股）}$$

　　如果考虑固定资产折旧的影响，则：

　　预期下一期每股经营活动现金净流量（调整后）＝1.2－0.4＝0.8（元／股）

　　公司当前的市现率（调整后）＝10÷（0.8－0.4）＝25

　　股票价值＝预期下一期每股经营活动现金净流量（调整后）

$$\times \text{公司当前市现率（调整后）} = 0.8 \times 25 = 20 \text{（元／股）}$$

　　从上述计算结果可以看出，在预期未来经营活动现金净流量增加的情形下，充分考虑折旧影响后得到的公司价值较高，则说明未考虑固定资产折旧影响计算出来的价值偏低。

　　当然，如果只考虑调整预期下一期每股经营活动净现金流量，而不调整市现率乘数，则

　　公司价值＝预期下一期每股经营活动现金净流量（调整后）

$$\times \text{公司当前市现率} = 0.8 \times (10 \div 0.8) = 10 \text{（元／股）}$$

该值与未考虑固定资产折旧影响计算出的公司价值相比较低，说明未考虑固定资产折旧影响的市现率估值法计算的价值偏高。

上述情形，是考虑了预期下一期每股经营活动现金净流量比本期高的情形，如果情况相反，预期下一期每股经营活动净现金流量低于本期，则假设预期下一期每股经营活动现金净流量不是 1.2 元，而是 0.6 元，低于本期每股经营活动净现金流量（0.8 元），则在不考虑固定资产折旧影响的情形下，

公司价值＝预期下一期每股经营活动现金净流量×公司当前市现率

＝0.6×（10÷0.8）＝7.5（元/股）

如果考虑固定资产折旧的影响，

预期下一期每股经营活动现金净流量（调整后）＝0.6－0.4＝0.2（元/股）

公司当前市现率（调整后）＝10÷（0.8－0.4）＝25

公司价值＝预期下一期每股经营活动现金净流量（调整后）

×公司当前市现率（调整后）＝0.2×25＝5（元/股）

从上述计算结果可以看出，在预期未来经营活动现金净流量减少的情形下，充分考虑折旧影响后得到的公司价值较低，则说明未考虑固定资产折旧影响计算出来的价值偏高。

当然，如果只考虑调整下一期每股经营活动现金净流量的预期值，而不调整市现率乘数，则

公司价值＝预期下一期每股经营活动现金净流量（调整后）

×公司当前市现率＝0.2×（10÷0.8）＝2.5（元/股）

该值与未考虑固定资产折旧影响计算出的公司价值相比较低，说明未考虑固定资产折旧影响的市现率估值法计算出的价值偏高。

（四）市销率法

市销率法，又称价格/销售收入比率估值法，简称 PS 比率法，是用可比公司的市销率作为乘数与目标公司销售收入相乘以估计目标公司价值。

市销率的计算公式如下：

市销率＝每股股票价格÷每股销售收入

则，目标公司价值估值的计算公式为：

公司价值＝公司销售收入×可比公司市销率

销售收入一般用利润表中的主营业务收入代替，可比公司的界定同市盈率法，可比公司市销率一般采用同行业的平均值。如果公司不停产，主营业务收入不可能出现零或负值，因此 PS 比率法不会像 PE 法由于 PE 为负或为 0 而使该方法失去意义，并且相比于会计利润，销售收入受管理层的操纵性程度较低，且几乎不受会计政策的影响，因而 PS 比率法的适用范围更广泛。下面举例说明之。

[**例**] 某公司当前的市销率为 20，公司下一期销售收入为 50 亿元，该公司

所在行业共有 10 家公司，每家公司的市销率情况如表 13-26 所示。

表 13-26　行业中各公司市销率情况

公司名	A1	A2	A3	A4	A5	A6	A7	A8	A9	A10
PS 值	17	19	19	20	17	16	18	19	16	19

该公司的估值为多少？

如果按照该公司当前市销率计算，则该公司的价值为：

$$50 \times 20 = 1000 （亿元）$$

如果按照行业平均市销率计算，10 家公司的平均市销率为 18，则该公司的价值为：

$$50 \times 18 = 900 （亿元）$$

市销率法只有销售收入参数，故无法识别公司的盈利能力，而公司价值通常与公司未来创造超额收益能力相关，因此，用市销率法估计公司价值存在一个潜在假设，即销售收入具有持续稳定性，不具有偶发性。例如，估值公司在估值期间接到了一笔非正常的大额订单，但由于这笔订单是偶发的，并不具有持续性，因此在估值时，要把这笔订单的销售收入剔除。与此同时，销售收入需与盈余之间存在较为稳定的关系，即销售利润率在一定时期内保持一定的稳定性，波动程度较低。只有销售利润率保持一定程度的不变，收入的增加才意味着经营利润会以一定比例（即销售利润率）同比增加，因为经营利润＝销售收入×销售利润率，而公司价值又是会计利润的函数，会计利润增加则公司价值也随之增加。此外，在运用市销率法时还需注意的是，公式中的销售收入是公司利润表中提供的销售收入，它没有剔除关联方销售金额，因此可能会导致公司价值过高估计，因此，在用市销率估算公司价值时，要考虑目标公司的关联方交易及其程度，并进行适当调整。

与 PE 估值法受到参照系行业影响一样，PS 比率法的市销率也会受到行业周期性的影响，因此 PS 比率法不适用销售收入和净利润率不稳定的行业。

（五）企业价值倍数法

前四种估值方法都是基于股东视角的公司价值估值方法，没有考虑债权价值。因此，公司估值也可以把股权价值与债权价值合并起来从全体投资人的视角出发进行估值，计算公司总价值，然后用公司总价值减去债权价值，剩下来的那部分就是股权价值。具体方法的使用可由 PE 法延伸。在 PE 法下，PE 比率的分子是公司股票价格，代表股东投入，分母是税后净利润，代表归属于股东的投资收益，我们把 PE 的分子和分母同加上与债权相关的参数，则分子就为股权和债权价值总和，分母就为股东投资收益和债权人借款收益，即

$$全体投资人视角下的 PE = \frac{股权价值＋债权价值}{股权收益＋债权收益}$$

该等式右边的分子为全体投资人的投入，分母为全体投资人的收益，在会计指标

表达的内涵上，分子表示公司总价值，分母表示公司息税前利润。该方法被称为企业价值倍数法（EV/EBIT 倍数），企业价值倍数表达式为：

$$EV/EBIT \text{ 倍数} = \frac{\text{公司价值（EV）}}{EBIT}$$

其中：

$$EV = \text{股权价值} + \text{债权价值}$$

$$EBIT = \text{税后利润} + \text{所得税费用} + \text{利息}$$

则用 EV/EBIT 倍数估值公司价值的计算公式如下：

公司价值（EV）＝预期下一年度 EBIT×可比公司 EV/EBIT 倍数

公司股权价值（P）＝公司价值－债权价值

[**例**] 假设某公司期初净资产为 20 亿元，债务为 50 亿元，流通在外股权的价值为 100 亿元，负债的账面价值与公允价值保持一致，并且公司融资政策预期长期不会改变，都是保持实际价值为 50 亿元的负债水平，预期下一期 EBIT 为 8 亿元，且该公司当前 EV/EBIT 倍数为 20，则该公司股权价值为多少？

该例中，可比公司 EV/EBIT 倍数选择了公司当前 EV/EBIT 倍数，为 20，那么：

公司价值＝预期下一年度 EBIT×可比公司 EV/EBIT 倍数

＝8×20＝160（亿元）

则：

公司股权价值（P）＝公司价值－债权价值

＝160－50＝110（亿元）

由于 EBIT 指标不受所得税率、财务费用等因素影响，更容易在公司之间进行比较，因而企业价值倍数法使用范围更广。但由于该方法并不考虑公司未来的成长，所以可比公司的选择显得至关重要，只有与可比公司增长前景相似的情况下，该方法方能适用。

由于 EV/EBIT 倍数法的原理同 PE 法，故该方法使用的前提与 PE 法一致，要求预测的公司未来收益水平能够较好地反映公司未来的现金流量和风险状况，并且公司的收益波动具有一定的平稳性。但是由于下述原因，EV/EBIT 倍数法的使用范围可能比 PE 法更广。首先，相比于会计净利润，EBIT 已加入所得税，因此所得税税率的差异对 EV/EBIT 倍数法估值公司价值影响不大。其次，相比于只用股权价值进行估值，EV 不仅包含股权价值而且也包含债权价值，因此股权价值与债权价值比例不同可能对公司估值造成的影响，在 EV/EBIT 倍数法下不存在，即公司的资本结构不影响 EV/EBIT 倍数法估计公司的价值。与此同时，由于 EBIT＝税后利润＋所得税费用＋利息，所以相比于 PE 法下税后利润为负不能使用的情形，EV/EBIT 倍数法仍可用于估值，因为所得税费用和利息通常都是正数而且金额较大，即便税后利润为负，但税后利润、所得税费用与利息三者之和仍然可能为正，即 EBIT 仍可能为正。

此外，在实务中应用 EV/EBIT 倍数法时，可能会放宽 EBIT 的计算项目，从而产生不同的 EBIT 用于公司价值估计。如加入折旧摊销费用，EBIT 就变为 EBITDA，此时公司估值就可以避免折旧政策差异或者管理层操纵折旧政策对公司价值估计合理性的影响。

总之，相比于 PE 法，尽管使用原理一致，但 EV/EBIT 倍数法在运用中灵活性更强，合理性也更强。

二、以资产为基础的估值法

（一）市净率法（PB 比率法）

市净率是公司股价与公司净资产的比率，又称价格账面值比率，用市净率作为参照系进行的估值方法为市净率法，又称 PB 比率法或者 PB 估值法。

市净率的表达式为：市净率＝公司股票价格÷每股净资产

用市净率法估计公司价值的表达式为：

公司价值＝公司净资产的账面价值×可比公司 PB 比率

公司净资产的账面价值可以从资产负债表中直接获得，用总资产减去负债后的余额表示，代表企业清算后能够退还给投资者的价值。然而，总资产和负债的账面价值受会计政策或者管理层动机的影响，完全按照公司资产负债表上的数字进行估算，可能会产生很大偏差，因此在使用市净率法估计公司价值时，需要对公司的资产和负债项目进行适当调整。

[例] 某公司总资产为 50 亿元，总负债为 30 亿元。在对公司资产和负债进行核查时，发现有一项固定资产发生 2 亿元的减值；有一项负债原账面价值为 3 亿元，现公允价值为 5 亿元。该公司所在行业共有 10 家公司，每家公司的市净率情况如表 13-27 所示。

表 13-27 行业中各公司市净率情况

公司名称	A1	A2	A3	A4	A5	A6	A7	A8	A9	A10
PS 值	1.7	1.9	1.9	2.0	1.7	1.6	1.8	1.9	1.6	1.9

该公司的估值为多少？

首先，计算公司净资产的账面价值。

调整后的公司净资产账面价值＝公司净资产账面价值原值－固定资产减值－负债升值＝50－30－2－（5－3）＝16（亿元）

其次，计算行业平均市净率，10 家公司的平均市净率为 1.8，则该公司的价值为：

$$16×1.8＝28.8（亿元）。$$

相比于以收益为基础的估值方法，以净资产账面价值作为估值基础的市净率法不需要考虑公司盈利情况，也无须经过复杂计算现金流贴现过程，因此更直观简便。由于市净率法更重视公司净资产，因此市净率法更适用于重资产类型的公司，如银行、非银行金融、建筑、化工、房地产、公用事业等行业的公司。此外，由于市净率法没有考虑公司盈利问题，故从公司清算的角度来看，市净率法为投资者提供了决策依据，即如果以现在的价格买下这家公司，然后清算，这笔买卖是否有利可图。为此，对于一些周期性行业的公司、盈利能力差的公司或者业绩不稳定的公司，市净率法更适合。

（二）投入资本价值倍数法

PB 比率法是站在股东角度对公司价值进行估计，其分子是股票价格，分母是股东投入资本。如果站在全体投资人的角度来说，采用 PB 比率法模式，则分子应是股票总价格和债权总价值之和（EV），分母是股东和债权人投入资本之和（IC），两者相除，就构成了一个新的估值方法——投入资本价值倍数法，又称 EV/IC 估值法。

$$\text{投入资本价值倍数} = \text{EV/IC} = \frac{\text{股权价值} + \text{债权价值}}{\text{股东投入资本} + \text{长期债权}}$$

用投入资本价值倍数估值的表达式为：

$$\text{公司价值} = \text{公司总投入资本} \times \text{可比公司投入资本价值倍数}$$

则：

$$\text{股权价值（P）} = \text{公司价值（EV）} - \text{债权价值（B）}$$

［例］假设某公司股东投入资本为 30 亿元，长期借款为 20 亿元，长期借款账面价值与公允价值一致，可比公司投入资本价值倍数为 3，则该公司的价值为：

$$\text{EV} = （30 + 20） \times 3 = 150 （\text{亿元}）$$

股权价值为：

$$\text{P} = \text{EV} - \text{B} = 150 - 20 = 130 （\text{亿元}）$$

从 EV/IC 估值法的公式可知，该估值方法更注重公司长期资本的价值，按照筹资管理的一般原理，长期资本通常融通公司非流动性经营资产，故 EV/IC 估值法更能体现公司核心资产带来的价值水平。从而，EV/IC 估值法适用于以有形资产为主的公司估值，对那些基础设施投资较高的行业具有较好的应用价值。

进一步地，如果假设公司总价值 EV 是公司投入资本（股权和债务资本）未来收益的折现，则有：

$$\text{EV} = \frac{\text{IC} \times \text{ROIC}}{\text{WACC}}$$

其中，ROIC 为公司投入资本的收益率，WACC 为公司加权资本回报率。

则：

$$\frac{\text{EV}}{\text{IC}} = \frac{\dfrac{\text{IC} \times \text{ROIC}}{\text{WACC}}}{\text{IC}} = \frac{\text{ROIC}}{\text{WACC}}$$

由上述公式可知，投入资本价值倍数实质上反映了公司投资资本形成经营性资产获得的收益率与投资人要求回报率之间的比率，如果该值大于 1，表明公司为投资人创造了价值。在估值中，我们可以依据该等式的关系来判断公司价值是否存在被低估的可能。

第一步，计算 EV 值。

股权价值和债券价值的信息可以从资本市场中获得，

$$EV＝股权价值＋债券价值＋非债券类长期债权价值$$

非债券类长期债权价值，如获得的银行长期借款，一般可以用账面价值估计。如果利率变动较大，可以按照市场利率对其进行调整。调整后的价值为：

$$非债券类长期债务价值 = \sum_{t=1}^{n} \frac{NBDEBT \times i}{(1+k)^t} + \frac{NBDEBT}{(1+k)^n}$$

其中，NBDEBT 表示非债券类长期债务账面价值；i 表示非债券类长期债务获得时的利率；k 表示非债券类长期债务评估时的利率。

第二步，计算 IC 值。

IC 值可以用期初净资产的账面价值和期初长期负债相加所得。但由于从期初至评估时，净资产和长期负债都有可能发生变化，如要精确计算 IC 值，需要计算加权平均值，但由于公司会计信息披露时，不可能随时披露这些信息，因此可以用简单加权平均计算法，或直接用评估时的净资产和长期负债的账面价值。

第三步，计算 EV/IC 值。

用上述计算出的 EV 除以股东和债权人的初始投入 IC，即可得 EV/IC。

第四步，计算投入资本收益率 ROIC，可用（经营净利润＋税后利息）/IC 表示。

第五步，计算 WACC 加权平均资本成本率。

$$WACC = \frac{S}{S+B} \times r + \frac{B}{S+B} \times i \times (1-t)$$

其中，S 表示股权资本；B 表示债权资本；r 表示股权资本要求的回报率；i 表示债权资本要求的回报率；t 表示企业所得税税率。

（1）股权资本要求回报率。

用公司和资本市场的历史数据（如估算日 50 天）借助 CAPM 模型估算 β：

$$r_t = \alpha + \beta \times R_{m,t} + \varepsilon$$

把估计值 $\widetilde{\beta}$ 代入下述公式：

$$r = r_f + \widetilde{\beta} \times (R_m - r_f)$$

其中，r_f 为无风险率，$\widetilde{\beta}$ 为 CAPM 模型估计出的风险调整系数，R_m 为市场平均报酬率。

或者用 CAPM 模型回归得到 α 和 β 的估计值：$\widetilde{\alpha}$ 和 $\widetilde{\beta}$。

估算日市场回报率为 $\dot{R}_m$。则估算日的股权资本要求回报率为：

$$r = \widetilde{\alpha} + \widetilde{\beta} \times \dot{R}_m$$

（2）债权资本要求回报率。

可以用财务费用除以长期负债所得比率估算，但可能遇到公司财务费用较低但长期负债较高的情形①，此时用财务费用与长期负债比率估算会低估债权资本要求的回报率，可以用公司年报会计报表附注中披露的主要债务的利率数据，计算加权平均资本成本来估计。

计算出 WACC 后，用 ROIC 除以 WACC，得到 ROIC/WACC 的值。

第六步，比较 EV/IC 值与 ROIC/WACC。

如果 EV/IC 值小于 ROIC/WACC 值，尤其差距较大时，说明公司价值可能被低估。

思考与分析

名词解释

估值　　　绝对估值法　　　相对估值法　　　自由现金流量折现法　　　市盈率法
市销率法　　企业价值倍数法　　市净率法　　　PEG 倍数法

思考题

1. 请简述绝对价值估值法与相对价值估值法的区别与联系。
2. 请简述以市场为基础的估值法及其适用性。
3. 在对公司进行估值时，PEG 倍数法是否优于市盈率法？请陈述理由。
4. 什么是 EVA？请简述 EVA 在公司估值中的应用及其局限性。
5. 请比较股利折现法与自由现金流折现法的适用性。
6. 请比较以收益为基础的估值和以资产为基础的估值的具体方法及特点。

案例分析题

2019 年 12 月 30 日，一投资人拟购买 MD 公司的股票，MD 公司经营范围包括针纺织品、服装的制造、加工，棉花收购、加工、销售；公司自产产品及技术的出口业务，公司生产所需原辅材料、机械设备及技术的进口，承办合资、合作、"三来一补"业务；工业生产资料（国家有专项规定除外）、建筑材料、装潢材料、百货、五金、交电、化工产品（危险品除外）、劳保用品、日用杂货（烟花爆竹除外）、针纺织品销售。MD 公司 2014—2019 年利润表和资产负债表简要信息如表 13-28、表 13-29 所示，

---

① 因为财务费用中可能包含利息收入。

MD 公司 2019 年 10—12 月市场股价变化情况及其上证指数变化情况如表 13-30 所示，2019 年度市场平均回报率为 7.03%，2019 年 4 月发行的三年期国债利率为 4%，五年期国债利率为 4.27%。

　　要求：请观察 MD 公司财务数据的特征，并从收集相应的信息数据，选用适合的模型评估 MD 公司在 2019 年 12 月 30 日的股票价格是否存在低估，并替投资者决策是否应购买 MD 公司的股票。

表 13-28　利润表　　　　　　　　　　　　　　（单位：万元）

会计期间	2014 年度	2015 年度	2016 年度	2017 年度	2018 年度	2019 年度
营业收入	5,274,652,985	5,380,146,045	5,487,748,966	5,597,503,945	5,709,454,024	5,823,643,104
营业成本	4,393,439,840	4,481,308,636	4,570,934,809	4,662,353,505	4,755,600,575	4,850,712,587
税金及附加	186,452,610	190,181,662	193,985,295	197,865,001	201,822,301	205,858,747
销售费用	71,897,957	73,335,916	74,802,634	76,298,687	77,824,660	79,381,154
管理费用	182,227,887	185,872,445	189,589,893	193,381,691	197,249,325	201,194,312
财务费用	(17,072,767)	(17,414,222)	(17,762,507)	(18,117,757)	(18,480,112)	(18,849,714)
资产减值损失	35,147,821	35,850,777	36,567,793	37,299,149	38,045,131	38,806,034
投资收益	8,957,762	9,136,917	9,319,655	9,506,048	9,696,169	9,890,093
营业利润	431,517,401	440,147,749	448,950,703	457,929,718	467,088,312	476,430,078
营业外收入	7,542,264	7,693,109	7,846,971	8,003,911	8,163,989	8,327,269
营业外支出	5,298,951	5,404,930	5,513,028	5,623,289	5,735,755	5,850,470
利润总额	433,760,714	442,435,928	451,284,646	460,310,339	469,516,546	478,906,877
所得税费用	114,684,778	116,978,474	119,318,044	121,704,404	124,138,492	126,621,262
净利润	319,075,935	325,457,454	331,966,603	338,605,935	345,378,054	352,285,615
股利分配	95,722,781	97,637,236	99,589,981	101,581,780	103,613,416	105,685,684

注：（　）内为负数。

表 13-29　资产负债表　　　　　　　　　　　　（单位：万元）

会计期间	2014 年 12 月 31 日	2015 年 12 月 31 日	2016 年 12 月 31 日	2017 年 12 月 31 日	2018 年 12 月 31 日	2019 年 12 月 31 日
货币资金	1,892,274,300	2,081,501,730	2,289,651,903	2,518,617,093	2,770,478,802	3,047,526,683
应收票据净额	33,002,587	36,302,846	39,933,130	43,926,444	48,319,088	53,150,997
应收账款净额	2,569,575,471	2,826,533,018	3,109,186,320	3,420,104,951	3,762,115,447	4,138,326,991
预付款项净额	364,910,699	401,401,768	441,541,945	485,696,140	534,265,754	587,692,329
应收股利净额	14,482,801	15,931,081	17,524,189	19,276,607	21,204,268	23,324,695
其他应收款净额	61,422,622	67,564,885	74,321,373	81,753,510	89,928,861	98,921,748
存货净额	6,762,131,399	7,438,344,539	8,182,178,993	9,000,396,892	9,900,436,581	10,890,480,240
其他流动资产	3,233,256,892	3,556,582,581	3,912,240,840	4,303,464,924	4,733,811,416	5,207,192,558

（续表）

会计期间	2014 年 12 月 31 日	2015 年 12 月 31 日	2016 年 12 月 31 日	2017 年 12 月 31 日	2018 年 12 月 31 日	2019 年 12 月 31 日
流动资产合计	14,931,056,770	16,424,162,447	18,066,578,692	19,873,236,561	21,860,560,218	24,046,616,239
长期股权投资净额	8,217,284	9,039,012	9,942,913	10,937,205	12,030,925	13,234,018
投资性房地产净额	345,306,299	379,836,929	417,820,622	459,602,684	505,562,952	556,119,247
固定资产净额	638,249,552	702,074,507	772,281,958	849,510,153	934,461,169	1,027,907,285
在建工程净额	8,743,060	9,617,366	10,579,102	11,637,013	12,800,714	14,080,785
无形资产净额	33,180,391	36,498,430	40,148,273	44,163,100	48,579,410	53,437,351
递延所得税资产	69,683,238	76,651,561	84,316,718	92,748,389	102,023,228	112,225,551
非流动资产合计	1,103,379,823	1,213,717,805	1,335,089,585	1,468,598,544	1,615,458,398	1,777,004,238
资产总计	16,034,436,593	17,637,880,252	19,401,668,278	21,341,835,105	23,476,018,616	25,823,620,477
短期借款	411,795,481	452,975,029	498,272,532	548,099,785	602,909,764	663,200,740
应付票据	175,185,866	192,704,453	211,974,898	233,172,388	256,489,626	282,138,589
应付账款	1,390,423,124	1,529,465,436	1,682,411,980	1,850,653,178	2,035,718,496	2,239,290,345
预收款项	559,250,288	615,175,317	676,692,848	744,362,133	818,798,346	900,678,181
应付职工薪酬	40,111,998	44,123,198	48,535,517	53,389,069	58,727,976	64,600,774
应交税费	85,206,608	93,727,269	103,099,996	113,409,996	124,750,995	137,226,095
应付利息	74,051,390	81,456,528	89,602,181	98,562,399	108,418,639	119,260,503
应付股利	569,059	625,965	688,561	757,418	833,159	916,475
其他应付款	581,898,245	640,088,069	704,096,876	774,506,563	851,957,220	937,152,942
一年内到期的非流动负债	3,573,791,620	3,931,170,782	4,324,287,860	4,756,716,646	5,232,388,310	5,755,627,141
其他流动负债	802,206,171	882,426,788	970,669,467	1,067,736,414	1,174,510,055	1,291,961,060
流动负债合计	7,694,489,849	8,463,938,834	9,310,332,717	10,241,365,989	11,265,502,587	12,392,052,846
长期借款	792,895,287	872,184,816	959,403,297	1,055,343,627	1,160,877,990	1,276,965,789
应付债券	2,050,000,000	2,255,000,000	2,480,500,000	2,728,550,000	3,001,405,000	3,301,545,500
其他非流动负债	500,000,000	550,000,000	605,000,000	665,500,000	732,050,000	805,255,000
非流动负债合计	3,342,895,287	3,677,184,816	4,044,903,297	4,449,393,627	4,894,332,990	5,383,766,289
负债合计	11,037,385,136	12,141,123,649	13,355,236,014	14,690,759,615	16,159,835,577	17,775,819,135
实收资本(或股本)	795,522,700	875,074,970	962,582,467	1,058,840,714	1,164,724,785	1,281,197,264
资本公积	1,671,481,594	1,838,629,754	2,022,492,729	2,224,742,002	2,447,216,202	2,691,937,823
盈余公积	346,974,383	381,671,821	419,839,003	461,822,903	508,005,194	558,805,713
未分配利润	1,836,496,719	2,020,146,391	2,222,161,030	2,444,377,133	2,688,814,846	2,957,696,331
归属于母公司所有者权益合计	4,650,475,396	5,115,522,936	5,627,075,229	6,189,782,752	6,808,761,027	7,489,637,130
少数股东权益	346,576,061	381,233,668	419,357,034	461,292,738	507,422,012	558,164,213
所有者权益合计	4,997,051,457	5,496,756,603	6,046,432,264	6,651,075,490	7,316,183,039	8,047,801,343
负债与所有者权益总计	16,034,436,593	17,637,880,252	19,401,668,278	21,341,835,105	23,476,018,616	25,823,620,477

表 13-30　MD 公司 2019 年 10—12 月市场股价变化情况及上证指数变化情况

时间	公司股价	上证综合指数	日个股回报	日市场回报
2019 年 10 月 08 日	6.36	2,913.57		
2019 年 10 月 09 日	6.40	2,924.86	0.0063	0.0039
2019 年 10 月 10 日	6.37	2,947.71	(0.0047)	0.0078
2019 年 10 月 11 日	6.48	2,973.66	0.0173	0.0088
2019 年 10 月 14 日	6.62	3,007.88	0.0216	0.0115
2019 年 10 月 15 日	6.66	2,991.05	0.0060	(0.0056)
2019 年 10 月 16 日	6.51	2,978.71	(0.0225)	(0.0041)
2019 年 10 月 17 日	6.56	2,977.33	0.0077	(0.0005)
2019 年 10 月 18 日	6.45	2,938.14	(0.0168)	(0.0132)
2019 年 10 月 21 日	6.37	2,939.62	(0.0124)	0.0005
2019 年 10 月 22 日	6.39	2,954.38	0.0031	0.0050
2019 年 10 月 23 日	6.22	2,941.62	(0.0266)	(0.0043)
2019 年 10 月 24 日	6.56	2,940.92	0.0547	(0.0002)
2019 年 10 月 25 日	6.57	2,954.93	0.0015	0.0048
2019 年 10 月 28 日	6.79	2,980.05	0.0335	0.0085
2019 年 10 月 29 日	6.74	2,954.18	(0.0074)	(0.0087)
2019 年 10 月 30 日	6.74	2,939.32	0.0000	(0.0050)
2019 年 10 月 31 日	6.65	2,929.06	(0.0134)	(0.0035)
2019 年 11 月 01 日	6.70	2,958.20	0.0075	0.0099
2019 年 11 月 04 日	6.67	2,975.49	(0.0045)	0.0058
2019 年 11 月 05 日	6.70	2,991.56	0.0045	0.0054
2019 年 11 月 06 日	6.65	2,978.60	(0.0075)	(0.0043)
2019 年 11 月 07 日	6.58	2,978.71	(0.0105)	0.0000
2019 年 11 月 08 日	6.47	2,964.19	(0.0167)	(0.0049)
2019 年 11 月 11 日	6.41	2,909.98	(0.0093)	(0.0183)
2019 年 11 月 12 日	6.50	2,914.82	0.0140	0.0017
2019 年 11 月 13 日	6.31	2,905.24	(0.0292)	(0.0033)
2019 年 11 月 14 日	6.34	2,909.87	0.0048	0.0016
2019 年 11 月 15 日	6.21	2,891.34	(0.0205)	(0.0064)
2019 年 11 月 18 日	6.46	2,909.20	0.0403	0.0062
2019 年 11 月 19 日	6.46	2,933.99	0.0000	0.0085
2019 年 11 月 20 日	6.33	2,911.05	(0.0201)	(0.0078)
2019 年 11 月 21 日	6.30	2,903.64	(0.0047)	(0.0025)
2019 年 11 月 22 日	6.38	2,885.29	0.0127	(0.0063)
2019 年 11 月 25 日	6.25	2,906.17	(0.0204)	0.0072
2019 年 11 月 26 日	6.35	2,907.06	0.0160	0.0003
2019 年 11 月 27 日	6.27	2,903.20	(0.0126)	(0.0013)
2019 年 11 月 28 日	6.16	2,889.69	(0.0175)	(0.0047)

（续表）

时间	公司股价	上证综合指数	日个股回报	日市场回报
2019 年 11 月 29 日	6.16	2,871.98	0.0000	(0.0061)
2019 年 12 月 02 日	6.13	2,875.81	(0.0049)	0.0013
2019 年 12 月 03 日	6.18	2,884.70	0.0082	0.0031
2019 年 12 月 04 日	6.21	2,878.12	0.0049	(0.0023)
2019 年 12 月 05 日	6.19	2,899.47	(0.0032)	0.0074
2019 年 12 月 06 日	6.20	2,912.01	0.0016	0.0043
2019 年 12 月 09 日	6.19	2,914.48	(0.0016)	0.0008
2019 年 12 月 10 日	6.14	2,917.32	(0.0081)	0.0010
2019 年 12 月 11 日	6.17	2,924.42	0.0049	0.0024
2019 年 12 月 12 日	6.20	2,915.70	0.0049	(0.0030)
2019 年 12 月 13 日	6.26	2,967.68	0.0097	0.0178
2019 年 12 月 16 日	6.33	2,984.39	0.0112	0.0056
2019 年 12 月 17 日	6.42	3,022.42	0.0142	0.0127
2019 年 12 月 18 日	6.41	3,017.04	(0.0016)	(0.0018)
2019 年 12 月 19 日	6.44	3,017.07	0.0047	0.0000
2019 年 12 月 20 日	6.41	3,004.94	(0.0047)	(0.0040)
2019 年 12 月 23 日	6.36	2,962.75	(0.0078)	(0.0140)
2019 年 12 月 24 日	6.46	2,982.68	0.0157	0.0067
2019 年 12 月 25 日	6.59	2,981.88	0.0201	(0.0003)
2019 年 12 月 26 日	6.59	3,007.36	0.0000	0.0085
2019 年 12 月 27 日	6.62	3,005.04	0.0046	(0.0008)
2019 年 12 月 30 日	6.81	3,040.02	0.0287	0.0116

注:(　)内为负数。

主要参考文献

1. 亚历山大·奥斯特瓦德，伊夫·皮尼厄. 商业模式新生代 ［M］. 王帅，毛心宇，严威译. 北京：机械工业出版社，2012.

2. 本哈德·裴仁斯，约哈姆·盖森，鲁尔夫·乌沃·弗拜尔，托斯特·塞尔霍恩，王煦逸. 国际财务报告准则：阐释与应用（第三版）［M］. 上海：上海财经大学出版社，2019.

3. Chang C.，Chen X.，Liao G. What are the Reliability Important Determinants of Capital Structure in China? ［J］. *Pacific-Basin Finance Journal*，2014：87—113.

4. 查尔斯·H. 吉布森. 财务报表分析（第 12 版）［M］. 胡玉明译. 大连：东北财经大学出版社，2012.

5. 伊查克·爱迪思. 企业生命周期 ［M］. 王玥译. 北京：中国人民大学出版社，2017.

6. 克里舍·G. 佩普，保罗·M. 希利，维克多·L. 伯纳德. 运用财务报表进行企业分析与估价：教材与案例（第二版）［M］. 孔宁宁，丁志杰译. 北京：中信出版社，2004.

7. 克蕾沙·G. 帕利普，保罗·M. 希利. 经营分析与评价（第四版）［M］. 朱荣译. 大连：东北财经大学出版社，2008.

8. Fred Langerak，Erik Jan Hultink，Henry S. J. Robben. The Impact of Market Orientation，Product Advantage，and Launch Proficiency on New Product Performance and Organizational Performance ［J］. *Journal of Product Innovation Management*，2004，21（2）：79—94.

9. 马丁·弗里德森，费尔南多·阿尔瓦雷斯. 财务报表分析（第四版）［M］. 刘婷译. 北京：中国人民大学出版社，2016.

10. 波特. 竞争战略 ［M］. 姚宗明，林国龙译. 北京：生活·读书·新知三联书店，1988.

11. 迈克尔·波特. 竞争优势 ［M］. 陈丽芳译. 北京：中信出版社，2014.

12. 帕特·多尔西. 巴菲特的护城河 ［M］. 刘寅龙译. 北京：中国经济出版社，2019.

13. Joseph D. Piotroski，T. J. Wong. Institutions and Information Environment of Chinese Listed Firms ［J］. *National Bureau of Economic Research*，2012（12）：201—242.

14. 罗伯特·C. 希金斯. 财务管理分析（第 10 版）［M］. 沈艺峰译. 北京：北京大学出版社，2015.

15. K. R. 苏布拉马尼亚姆，约翰·J. 怀尔德. 财务报表分析（第 10 版）［M］. 宋小明译. 北京：中国人民大学出版社，2009.

16. Stephen A. Ross，Randolph W. Westerfield，Jeffrey Jaffe，Bradford D. Jordan. *Corporate Finance*（11th）. New York：McGraw-Hill Education，2016.

17. 罗斯·L. 瓦茨，杰罗尔德·L. 齐默尔曼. 实证会计理论 ［M］. 陈少华，黄世忠，陈光，陈箭深译. 大连：东北财经大学出版社，1999.

18. 威廉·R. 斯科特. 财务会计理论（第 5 版）［M］. 陈汉文译. 大连：东北财经大学出版

社，2011.

19. 财政部会计司编写组. 企业会计准则讲解（2010）[M]. 北京：人民出版社，2010.

20. 财政部. 金融负债与权益工具的区分及相关会计处理规定（财会〔2014〕13号）.

21. 财政部. 关于修订印发2018年度一般企业财务报表格式的通知（财会〔2018〕15号）.

22. D. 福克纳，C. 鲍曼. 竞争战略 [M]. 李维刚译. 北京：中信出版社，1997.

23. 国际会计准则理事会. 国际财务报告准则. 2015.

24. 郭永清. 基于多公司案例分析的投资活动现金流量与公司战略探讨 [J]. 商业会计，2017（8）：6—10.

25. 黄世忠. 财务报表分析：理论·框架·方法与案例 [M]. 北京：中国财政经济出版社，2007.

26. 姜付秀，张敏，陆正飞，陈才东. 管理者过度自信、企业扩张与财务困境 [J]. 经济研究，2009（1）：131—143.

27. 江伟，孙源，胡玉明. 客户集中度与成本结构决策——来自中国关系导向营商环境的经验证据 [J]. 会计研究，2018（11）：70—76.

28. 李锋森，李常青. 上市公司"管理层讨论与分析"的有用性研究 [J]. 证券市场导报，2008（12）：67—73.

29. 李冠辰. 华为为什么能：不在非战略机会点上消耗战略竞争力量 [M]. 北京：中国青年出版社，2019.

30. 李心合，王亚星，叶玲. 债务异质性假说与资本结构选择理论的新解释 [J]. 会计研究，2014（12）：3—10.

31. 刘向东，王庚，李子文. 国内零售业盈利模式研究——基于需求不确定性下的零供博弈分析 [J]. 财贸经济，2015（9）：108—117.

32. 陆正飞. 财务报告与分析（第二版）[M]. 北京：北京大学出版社，2014.

33. 陆正飞，何捷，窦欢. 谁更过度负债：国有还是非国有企业？[J]. 经济研究，2015（12）：54—67.

34. 罗珉，李亮宇. 互联网时代的商业模式创新：价值创造视角 [J]. 中国工业经济，2015（1）：95—107.

35. 冉渝，李秉成. 货币政策、过度投资与财务困境 [J]. 财会通讯，2017（3）：3—7.

36. 上海国家会计学院. 财务报表分析 [M]. 北京：经济科学出版社，2012.

37. 宋建波，文雯. 长期股权投资成本法转权益法的会计处理探讨——基于大富科技的案例研究 [J]. 国际商务会计，2015（8）：16—19.

38. 王成方，叶若慧，鲍宗客. 所得税率、所有权性质与债务结构 [J]. 财经论丛，2017（10）：18—26.

39. 王宁. 上市公司违约风险生成的路径识别——基于异质性随机前沿模型的实证分析 [J]. 当代经济研究，2019（2）：99—107

40. 魏炜，朱武祥. 商业模式案例与公案教学（第一季）[M]. 北京：机械工业出版社，2016.

41. 吴溪，杨育龙，陆正飞. 会计估计变更伴随着更激进的盈余效应吗？[J]. 会计研究，2015（4）：11—19.

42. 谢德仁. 企业剩余索取权：分享安排与剩余计量 [M]. 上海：上海三联书店，上海人民出版社，2001.

43. 杨方文. 现金流量的五种状态 [J]. 经济论坛，2003 (16)：49—50.

44. 袁卫秋，董秋萍. 营运资本管理研究综述 [J]. 经济问题探索，2011 (12)：157—162.

45. 张新民，钱爱民. 财务报表分析（第 3 版）[M]. 北京：中国人民大学出版社，2014.

46. 中国证监会. 公开发行证券的公司信息披露规范问答第 1 号——非经常性损益（2007 年修订）.

47. 中国证监会. 公开发行证券的公司信息披露编报规则第 9 号——净资产收益率和每股收益的计算及披露（2010 年修订）.

48. 中国注册会计师协会. 财务成本管理 [M]. 北京：中国财政经济出版社，2020.

49. 中国注册会计师协会. 会计 [M]. 北京：中国财政经济出版社，2020.

50. 曾庆生，周波，张程，陈信元. 年报语调与内部人交易："表里如一"还是"口是心非"？[J]. 管理世界，2018 (9)：143—160.